LITERATURA Y ECONOMIA

Selecta - 48

JEAN VILAR BERROGAIN

LITERATURA
Y ECONOMIA

La figura satírica del arbitrista
en el Siglo de Oro

TRADUCIDO DEL FRANCES POR

FRANCISCO BUSTELO G.ª DEL REAL

Selecta

de

Revista de Occidente, S. A.

Bárbara de Braganza, 12

MADRID

© Jean Vilar Berrogain - 1973
Revista de Occidente, S. A.
Madrid (España) - 1973
I S B N 84.292-2.048-8
Depósito legal: M. 29.412 - 1973
Printed in Spain - Impreso en España
por Ediciones Castilla, S. A.
Maestro Alonso, 23. Madrid.

Indice

	Págs.
Introducción	11

PRIMERA PARTE. LOS DATOS: VOCABLOS Y TEXTOS

Capítulo primero: Semántica de «arbitrio» y «arbitrista»	23
1. Arbitrio	23
Orígenes	23
Uso literario	31
Uso técnico: las Cortes	36
2. Arbitrista	48
Nacimiento	48
Después de 1620	51
Traducciones	55
Ortografía	57
Capítulo II: El arbitrista en la prosa novelística	59
Cervantes, *Coloquio de los perros* (1613)	60
Cervantes, *Quijote,* II, I (1615)	68
Salas Barbadillo, *El sagaz Estacio, marido examinado* (1620).	71
Liñán y Verdugo, *Guía y avisos de forasteros...* (1620)	75
Quevedo, *La vida del Buscón,* publicado en 1626	78
Fernández de Ribera, *Mesón del Mundo* (1631)	85
Castillo Solórzano, *La niña de los embustes Teresa de Manzanares* (1632)	88
Quevedo, *La hora de todos, o la fortuna con seso* (1636) ...	92
Vélez de Guevara, *El diablo cojuelo* (1641)	100

Capítulo III: El arbitrista en el teatro   103

1. El entremés   103
   Castillo Solórzano, *El casamentero*   103
   Anónimo, *Del arbitrista y órgano de los gatos*   107

2. La comedia   111
   Una alusión de Lope de Vega. *La mocedad de Roldán.*   111
   Tirso de Molina, *Próspera fortuna de don Álvaro de
   Luna* (1616)   114
   Alarcón, *La crueldad por el honor* (entre 1622 y 1633).   121
   La paloma de Toledo (atribuida a Lope de Vega)   126
   Moreto, *El mejor amigo, el rey*   131

SEGUNDA PARTE. LOS PROBLEMAS: LITERATURA Y ECONOMÍA

Capítulo IV: El tema literario y sus límites   139

Delimitación del tipo   140
Extensión del tema   147
El tema en el tiempo y en el extranjero   154

Capítulo V: La elaboración de una figura   161

La mecanización del tipo   162
La imitación: la proliferación arbitrista ... ...·... ...   172
La imitación: el estilo arbitrista   185

1. El empleo de las palabras clave   185
2. Los tipos de soluciones   195
3. La jerga científica y las filiaciones intelectuales   212

La imitación: el personaje   221

1. Los rasgos de extravagancia   222
2. Fracasos y esperanzas del arbitrista   225
3. El arbitrista, peligro social   235

Capítulo VI: La cuestión del arbitrismo   237

Arbitrismo, literatura y decadencia   237

1. Los problemas generales; diferentes aspectos de la de-
   cadencia   238
   El problema de las finanzas del Estado   238
   El problema monetario   240

El problema económico general   241
El problema nacional e imperial   244
El problema del gobierno   245

2. Los problemas particulares; los cargos contra el arbi-
    trista   247
    ¿Pobre diablo o peligro público?   247
    El entrometido y el derecho a opinar: Estado y so-
    ciedad   253
    ¿Ciencia o quimera?   257
    ¿Innovación social o lucha contra la naturaleza?   261

Ensayo de clasificación de las actitudes   263

1. Una creación ambigua. Cervantes, 1604-1605   263
2. El español ante la invención lucrativa. Liñán   264
3. La comprensión irónica. 1625-1635   265
4. La exclusión. Quevedo y los políticos. 1635-1645 ...   267
5. La razón y el desdén. Saavedra Fajardo y Gracián.
    1640-1653   273

El caso Camerino: literatura, política y arbitrismo   276

1. La aventura literaria   276
2. La aventura histórica   282

¿La otra cara del arbitrismo?   288

APÉNDICES

Apéndice I   297
Apéndice II   301
Apéndice III   308
Apéndice IV   315
Apéndice V   323

Índice de nombres   321

Introducción

Los datos esenciales de este libro fueron reunidos para una memoria universitaria que presentamos en la Sorbona hace algunos años. Confiábamos entonces haber logrado situar, para analizarlas como fenómeno destacado de creación satírica, las apariciones más relevantes del personaje cómico del «arbitrista» en la literatura española del *Siglo de Oro*. Más aleatoria nos parecía la rehabilitación histórica, que sugeríamos como colofón del trabajo, de los proyectos económicos de la época más importantes. Podía creerse que los antiguos estudios de Manuel Colmeiro sobre el tema —su *Biblioteca de Economistas españoles* y sobre todo su *Historia de la economía española*—, lejos de apaciguar la polémica tan injustamente suscitada por Cervantes y Quevedo, no habían hecho más que reavivarla. Un reciente trabajo de Modesto Ulloa sobre las finanzas de Felipe II todavía se hace eco de esa polémica. Así, la tenacidad del prejuicio antiarbitrista explicaba que el esfuerzo de compilación suscitado en los fondos de Simancas y de El Escorial por los archiveros Espejo, Zarco Cuevas y González Palencia hubiera quedado interrumpido. Más próxima a nosotros, la rica bibliografía de textos antiguos que presenta Hamilton en sus obras, y los largos extractos citados por Carrera Pujal o Larraz no habían despertado de inmediato el interés que ese material nuevo merecía. Y el *Discurso* muy documentado de Sáinz Rodríguez sobre la historia de las teorías relativas a la decadencia española tuvo que esperar casi cuarenta años para que se reeditara.

Al habernos descubierto el breve trabajo que aquí presentamos las riquezas de un campo mal explotado y subestimado, decidimos efectuar una investigación de mayores alcances. Con la aprobación y el aliento de nuestro maestro, el profesor Charles V. Aubrun, director del Instituto de Estudios Hispánicos de la Sorbona, nos hemos dedicado desde entonces a recoger sistemáticamente los datos *globales* de lo que Herrero García denomina la «autoconciencia» de la España del Siglo de Oro, con la idea de confrontar la imagen literaria legada por los grandes escritores con la imagen concreta (incluso deformada) que presentan las obras de los «arbitristas». En nuestra opinión, esta investigación solo tenía sentido si procedía a una recopilación extensa y minuciosa de *textos-serie,* tarea que esperábamos no tener que realizar aisladamente.

Ahora bien, en esa misma época —hará unos quince años— la historiografía empezaba a acudir cada vez más a esa clase de fuentes y nuestros temores desaparecían. Autores calificados antaño de arbitristas empezaban a ser considerados, en palabras de P. Vilar, como los «primitivos» del pensamiento económico moderno. Los trabajos de Antonio Domínguez Ortiz, al esclarecer de manera decisiva los reinados de Felipe III y Felipe IV, rendían tributo tanto al espíritu de análisis como al valor de testimonio de viejos textos olvidados. De Inglaterra, de los Estados Unidos, de Hungría, nos llegaban los ecos de trabajos realizados o anunciados que seguían la misma vía.

El Profesor Gonzalo Anes, Catedrático de la Facultad de

Ciencias Económicas de Madrid, nos aconsejó entonces que publicásemos el modesto estudio que había despertado nuestro interés por el tema. Este estudio habría podido servir de introducción a la amplia exploración en la que estamos trabajando o aportarle algún refuerzo documentario, si no encontrara, a nuestro juicio, su justificación y su autonomía en una perspectiva estrictamente literaria.

Esperamos que el lector no encuentre un «rebrote de las antiguas tesis positivistas» (la expresión es de Leo Spitzer) en un trabajo en el que hemos procurado sobre todo seguir la génesis de una determinada *figura* satírica, propia de la expresión literaria de la época. El caso del arbitrista nos ha parecido especial por sus *límites* y por su *precisión*. En torno a tres o cuatro textos célebres y citados a menudo, había que buscar y reagrupar las apariciones secundarias del personaje, cuyo número y constantes permitiesen afirmar que tuvo verdadera difusión y que su existencia literaria no solo se limitó a una serie de alusiones ocasionales. Por último, y aunque los historiadores hayan retenido paradójicamente del personaje del arbitrista los rasgos que había trazado la sátira literaria, los autores habían partido de una realidad bien precisa, nueva, actual, y de la que importaba encontrar los datos originales.

Los tres textos universalmente conocidos que podían servir de base a nuestra investigación son el *Coloquio de los Perros* de Cervantes, el *Buscón* y la *Hora de todos* de Quevedo.

En las ediciones comentadas de estas obras se hacían alguna que otra referencia a otras alusiones literarias: González de Amezúa, en su gran edición del *Casamiento engañoso,* de 1912, todavía citaba solo el *Quijote* (II, I) y el *Diablo Cojuelo* de Vélez de Guevara. Rodríguez Marín, en su edición del *Quijote* de 1927, agregaba la *Próspera for-*

tuna de don Alvaro de Luna, atribuida a Tirso de Molina. Por último, Romera Navarro, en el tomo II de su edición del *Criticón,* reunía esos datos dispersos y hacía una primera bibliografía algo más completa (1934).

Para intentar ir más allá, hemos dispuesto en primer lugar del fichero del *Diccionario Histórico,* que empezaba entonces a preparar la Real Academia de la Lengua, donde, en las palabras «arbitrio» y «arbitrista» se proponía hacer una reseña completa de su utilización a lo largo del tiempo. Además, existían los catálogos sistemáticos de obras literarias inéditas como los de La Barrera y Paz y Meliá, y naturalmente las grandes recopilaciones de novelas, obras de teatro y obras políticas o memorias.

Como no era posible intentar verlo todo, hubo que buscar en algunas direcciones que parecían *a priori* más indicadas: en primer lugar, las memorias, relaciones, «avisos» —donde Cabrera y Córdoba y Barrionuevo nos han aportado en efecto algunos elementos; después, la colección de entremeses, autos y loas de Cotarelo y Mori (tomo XVII de la N. B. A. E.), donde tuvimos la decepción —significativa por lo demás en parte— de no encontrar ninguna aparición del personaje del arbitrista. En cambio, el *Tiempo de regocijo* de Castillo Solórzano contiene un entremés *El Casamentero,* donde aparece la figura; y en los entremeses manuscritos de la Biblioteca Nacional de Madrid, otro ejemplo no fechado, sin duda tardío, está enteramente dedicado a una farsa sobre el arbitrista.

Valía la pena orientarse hacia las obras del tipo de *Tiempo de regocijo,* hacia las piezas costumbristas destinadas a divertir y moralizar. No obstante, aquí también pudimos comprobar que maestros tardíos del género como Zabaleta y Francisco Santos no se interesaron en el tema.

En realidad, la sátira del arbitrista parece haberse limitado a las obras de mayor envergadura. Para el teatro, se disponía de un criterio bastante sencillo; el arbitrista desempeña siempre en ese género el papel de gracioso y como su actividad está vinculada a las intrigas en torno a monarcas, había que buscar en las piezas palaciegas; en las más de ellas, aparte de dos grandes ejemplos atribuidos a Tirso y a Lope, solo se encuentran alusiones.

Lo más sorprendente, en realidad, de la literatura antiarbitrista es la violencia del tono del Quevedo de la *Hora de Todos* y de la *Política de Dios*. El carácter de primerísima actualidad y de preocupación política y doctrinal resulta tan aparente que obligaba a consultar los trabajos especializados de los autores llamados «políticos». Adelantándose a las conclusiones despectivas de Gracián, un texto bastante largo de Saavedra Fajardo adquiere tanto mayor valor cuanto que los otros «políticos» son más silenciosos o más esquemáticos, como el Padre Márquez o Enríquez.

Una veintena de grandes textos, una decena de alusiones muy claras, una utilización de la palabra «arbitrio», cierto es, mucho más frecuente y bastante delicada de explicar, ¿merecía todo ello un largo estudio? El tema no parecía ni muy extenso ni muy constante. Y al mismo tiempo, sin embargo, el personaje evocado aparecía vivamente caracterizado por algunos rasgos, y ello en los cinco o seis autores más importantes del Siglo de Oro. Precisamente porque se trata de grandes autores, se advertían por otra parte diferencias bastante grandes de interpretación en el uso de esa nueva «figura», que, no obstante, guarda siempre relación con personajes elaborados mucho antes: el astrólogo, el alquimista, el médico... ¿Y cómo podía explicarse que ese mismo nombre de «arbitrista» se haya atribuido durante un tiempo a Don Quijote y a la vez a «graciosos» inventivos sin malicia ni grandeza y que haya sido objeto finalmente de la peor de las maldiciones del siglo: Judas en Quevedo, Satanás en el panfletario judaizante Enríquez Gómez?

Así, el «tipo», el «tema», que nada o casi nada permite incorporar a las tradiciones anecdóticas, moralizantes o folklóricas del siglo XVI, nace con Cervantes, obtiene súbitamente gran éxito pero no es interpretado en absoluto de la misma manera por los autores de primera fila que lo utilizan. Las contradicciones son muy vivas: ¿es el arbitrista un peligroso y alto personaje que «destruye el reino y al rey», o un pobre maníaco de ensueños reformadores que muere en el manicomio o en el hospital? Esto depende del sentido que se dé a la *palabra* «arbitrio»: ¿expediente financiero de gran alcance, o memorial científico o pseudocientífico sobre los males del reino y su remedio?

Para resolver la contradicción o para explicarla, había que consultar: 1), los trabajos sistemáticos sobre la semántica de la palabra «arbitrio» (afortunadamente existía la recopilación, siquiera parcial, de la Real Academia Española); 2), los historiadores; 3), los textos de los arbitrios auténticos y de los autores típicamente arbitristas, para comparar el tipo literario y el personaje real o, al menos, al ser los textos más accesibles que los personajes, la parodia y el modelo.

El estudio de la palabra «arbitrio», si quieren conocerse sus primeros pasos, obliga a remontarse bastante en el empleo político del término y llegar al siglo XVI. Los textos de las Cortes lo permiten por fortuna y abundantemente. El historiador Colmeiro y el crítico González de Amezúa habían dejado en este punto el camino expedito. Pero una exploración más detallada nos ha permitido esclarecer mejor el problema de la evolución de los significados del vocablo. Solo esta evolución permite captar definitivamente por qué surge la palabra «arbitrista». Este trabajo de clarificación era tanto más necesario cuanto que había que disipar no solo las confusiones habituales de los historiadores que emplean viejos términos, sino también las confusiones espontáneas (o sistemáticas) practicadas en torno a las palabras «arbitrio» y «arbitrista» por los hombres del Siglo de Oro.

González de Amezúa había señalado, no sin razón, que toda tentativa de esclarecer el uso literario de la palabra «arbitrista» tenía que proceder de la historia. Pero los trabajos de los historiadores (que no se trataba de rehacer ni de completar) ¿brindaban siquiera una orientación más segura? En realidad, hoy todavía, la referencia básica sobre el fenómeno histórico del «arbitrismo» es la de Manuel Colmeiro, que trabajó entre 1855 y 1870. Colmeiro nos ofrece su *Biblioteca,* que no es más que un catálogo de fuentes (pero donde no se localizan muchos textos antiguos) y su *Historia,* que recurre mucho a los viejos «arbitristas» y cuyo último capítulo está dedicado especialmente a definirlos. Pero como ya hemos dicho, a *causa precisamente de la sátira literaria,* intenta limitar el calificativo de «arbitrista» a los textos ridículos o peligrosos.

Desde los tiempos de Colmeiro, la historia general ha progresado; autores como Hamilton han aclarado algunos grandes fenómenos económicos; Carrera Pujal ha intentado completar a Colmeiro citando con mayor abundancia y precisión textos antiguos (pero sin plantearse en ningún momento el problema del carácter «arbitrista»); Viñas Mey, Larraz y el Consejo Superior de Investigaciones Científicas han rendido homenaje a hombres como L. Ortiz, Mercado o Moncada; en definitiva, ya no se considera que el pensamiento español antiguo en materia de política o de economía sea cosa de poca monta.

¿Cómo podíamos nosotros beneficiarnos de esos progresos, esclarecer gracias a ellos los diversos sentidos de la sátira literaria, y el «tipo» —o el «estilo»— de los hombres y de las obras que esa sátira quiso atacar?

Lo más indicado era dirigirse a los textos; pero en lugar de intentar inferir inmediatamente su sentido histórico y su contenido doctrinal o científico, bastaba combinar las indicaciones que los personajes preocupados de la salvación material de España, entre 1600 y 1665, daban sobre sí mismos voluntaria o involuntariamente.

Hemos tenido que limitarnos —y ya era un mundo— a las fuentes que se conservan en la Biblioteca Nacional de Madrid (manuscritos y obras de la sección de «varios» en gran parte ignoradas) y a algunas obras antiguas (incluidos algunos manuscritos) que existían igualmente sobre este tema en la Biblioteca Nacional de París y en la *Bibliothèque Mazarine* de esa misma ciudad. Exploraciones ulteriores, aprovechadas aquí en parte, debían confirmarnos la importancia del primero de esos fondos para el tema.

Esto nos ha permitido constituir, frente a la imagen literaria obtenida de novelistas y autores teatrales, el catálogo de los rasgos reales del personaje del «arbitrista» y de las características del «arbitrio»: la coincidencia de las parodias y de la caricatura con los modelos auténticos, tanto de los personajes como de las obras, resulta muy notable.

Y sin embargo, era imposible contentarse con la comprobación de que los mismos rasgos no se aplicaban a los peligrosos personajes aborrecidos por Quevedo y a los pobres diablos de Cervantes, al loco de Vélez de Guevara y a los bufones de la comedia.

En realidad, ha sido tarea fácil mostrar en una última parte del trabajo cómo la época —la terrible crisis que atravesó España después de 1600— había suscitado el fenómeno del «arbitrismo» masivo y cómo la reacción del público y de la literatura, ante la enorme presión fiscal y las desventuras políticas había confundido (con mayor o menor profundidad, con más o menos malevolencia, según los tiempos y los casos) responsables políticos y personas que proponían remedios. Espíritus sensatos como Sebastián de Covarrubias y Saavedra Fajardo presentan por lo demás una visión del fenómeno mucho menos superficial o menos apasionada.

Para este trabajo, pasé en Madrid el invierno de 1955 a 1956. Gracias a la ayuda de los profesores Rafael Lapesa y Salvador Fernández Ramírez pude trabajar en la Real Academia de la Lengua, donde ambos ingresaron después tan merecidamente. La consulta del fichero preparatorio establecido por el seminario de lexicología que dirigía don Julio Casares me permitió iniciar rápidamente las investigaciones.

En las secciones *Raros, Manuscritos* y *Varios* de la Biblioteca Nacional, utilicé algunas ediciones antiguas, encontré y estudié gran número de «arbitrios» históricos, inéditos o impresos en tiradas confidenciales, a fin de reconstituir precisamente las bases de la elaboración de los *arbitrios* satíricos o paródicos citados en el teatro o la novela.

Para esta labor encontré un apoyo precioso en la amistad de don Vicente Navarro Reverter, que dirigía entonces la sección de Varios, y de la señorita Celina Iñiguez, bibliotecaria de esa sección. Gracias a ambos, pude consultar documentos que se estaban clasificando y que por lo tanto no estaban entonces a disposición del público.

Quiero dar las gracias aquí, muy respetuosamente, a esos eruditos españoles cuya ayuda me permitió hacer en Madrid una fructuosa labor y me incitó a proseguir mi carrera de investigador por los fondos españoles.

Quiero dar las gracias igualmente a mis maestros del hispanismo francés, muy especialmente al profesor Ch. V. Aubrun que me hizo ver el alcance del tema y orientó su planteamiento, y al profesor Marcel Bataillon que se interesó en las prolongaciones posibles de mis primeros trabajos, invitándome a proseguirlos en la Casa de Velázquez y en el C.N.R.S. El profesor Amédée Mas me permitió igualmente consultar sus archivos personales sobre Quevedo.

Pero para el joven investigador el recuerdo más emotivo será el del Rector Sarrailh que tuvo la amabilidad de evocar ante mí sus primeros pasos en el hispanismo, siguiendo las huellas del autor de la *Guía y avisos de forasteros que vienen a la Corte.*

Primera parte

Los datos: vocablos y textos

Capítulo primero

Semántica de «arbitrio» y «arbitrista»

1. Arbitrio

Orígenes

Arbitrio. Del nombre latino *arbitrium,* que en puro castellano llamamos alvedrío [...] Vide «alvedrío».

Alvedrío. Díxose del nombre latino *arbitrium, a verbo arbitror, aris, existimo, censeo;* comúnmente le tomamos por la voluntad regulada con razón o con propio apetito. Y assí dezimos libre alvedrío por voluntad libre [...].

> ... A alvedrío de buen varón se juzgan algunas cosas para atajar pleitos, concurriendo en ello las partes, que del nombre latino *arbitrium* le llamamos juez árbitro, y arbitrio su sentencia. Y otras vezes arbitrio vale tanto como parecer que uno da; y el día de oy ase estrechado a sinificar una cosa bien perjudicial, que es dar traças como sacar dineros y destruyr el Reyno; porque de ordinario los que dan estos arbitrios son gente perdida. Verdad es que a estos tales

pocas vezes se les da oydos, porque como ha de passar el arbitrio por hombres de ciencia y conciencia, se los rechaçan, y entre otros males que hazen es acovardar a los que podrían darlos, por el mal nombre que han puesto a este género de suplir necessidades y remediar faltas [1].

Nos sorprendería ver así un artículo de diccionario rebasar la definición de una palabra para hacerse eco de una controversia pública, si no supiéramos que Sebastián de Covarrubias, al planear su obra monumental, se reservaba el derecho de tomar posición, llegado el caso, sobre los problemas de fondo, «reservando la doctrina para executarla cuando se ofreciesse la ocasión» [2].

El hecho significativo estriba en que la ocasión haya sido esa. Revela que la gran controversia sobre el arbitrismo, de la que este trabajo quiere mostrar el aspecto literario, puede tener sus raíces en una confusión de *palabras*. Un breve estudio preliminar de orientación semántica no estará pues de más. La situación del idioma español en el siglo XVII justifica además, por lo general, todo intento de precisar el origen de las palabras, su empleo y la evolución de sus significados. Ese intento se hará en primer lugar para la palabra «arbitrio»; en su artículo, Covarrubias esboza ya las líneas fundamentales. En cambio, el vocablo «arbitrista» no fue incluido en 1611 en el *Tesoro*: habrá que plantear por lo tanto el problema de su aparición.

Al hacer derivar *arbitrium* del verbo *arbitror*, Covarrubias olvida señalar el origen común de esas dos palabras que hay que buscar en *arbiter*: «testigo ocular o auricular».

[1] S. de Covarrubias, *Tesoro de la lengua castellana* (Madrid, 1611, reeditado por Martín de Riquer, Barcelona, 1943), s. v. ARBITRIO y ALVEDRÍO.
[2] *Respuesta a la carta del Licenciado Don Baltasar Sebastián Navarro de Arroyta*, en reed. cit., p. 15.

Este sentido primero domina las acepciones ulteriores de «testigo cuyo testimonio prevalece», de donde viene el significado de «árbitro» y finalmente «juez que aprecia la buena fe entre las partes». Como el fallo es «libre y sin apelación», el verbo *arbitror* quiere decir a la vez «soy testigo...» y «soy de la opinión, afirmo...» [3]. *Arbitrium* es por lo tanto un término jurídico en sus orígenes, que significa en primer lugar «arbitraje», «sentencia de arbitraje», después «poder de decisión», finalmente «dictamen libre». Todos estos sentidos pesarán, por influencia recíproca, sobre la evolución de la palabra española «arbitrio». Conviene tener especialmente en cuenta la confluencia posible de los dos sentidos: «poder de decisión arbitral» (con el matiz peyorativo que ya aparece en latín) y «opinión dada libremente» (de *arbitror*): aquí se encuentran los dos matices peyorativos adscritos a la idea de expediente, de expediente *financiero* (que se deja al poder arbitrario del rey) y de mal consejo dado al rey en ese sentido.

Según los ficheros que se han constituido en la Real Academia de la Lengua para la preparación del *Diccionario Histórico* [4], los dos sentidos de la palabra «arbitrio» que

[3] Según Ernout-Meillet, *Dictionnaire étymologique de la langue latine,* y Gaffiot, *Dictionnaire latin-français,* s. v. ÁRBITER, ARBITRIUM, ARBITROR. Las equivalencias aquí citadas han sido traducidas del francés. Véase también el *Diccionario crítico-etimológico de la lengua castellana* (t. I, Berna, 1954), s. v. ALBEDRÍO, de J. Corominas.

[4] Real Academia Española, Seminario de Lexicografía, *Diccionario Histórico de la Lengua Española,* siete fascículos publicados, entre 1960 y 1966, de A a AGA. Por depender en parte de los datos recogidos por el que fue su director e iniciador don Julio Casares, hemos respetado los procedimientos utilizados por este en su *Introducción a la lexicografía moderna* (Madrid, 1950), para la constitución del stemma de «*ordo*». Las revoluciones metodológicas intervenidas o divulgadas desde entonces en el campo de la semántica y de la lexicografía no anulan, para nuestro propósito, la validez de un estudio que mereció los cálidos elogios de W. von Wartburg.

dominan antes del siglo XVI no están vinculados en modo
alguno a la idea de «decisión real» o a la de «consejo dado
al rey».

En los siglos XIV y XV, «arbitrio» tiene ante todo un
sentido estrecho, jurídico, de «sentencia de arbitraje» e incluso, por confusión con «árbitro», el significado de «juez
árbitro»[5]. Ese sentido se conservará ulteriormente, pero
«arbitrio» —la sentencia o laudo— y «árbitro» —el juez—
ya no se confundirán. Covarrubias es muy claro sobre esta
acepción, que se conservará y que no plantea problema.

Hay además *un segundo sentido,* que es en cambio *muy
amplio* y que entra en el gran vocabulario filosófico, sentido
que debió parecer a Covarrubias el más común en su tiempo, ya que le reservó el primer lugar. Pero lo considera bajo
la forma de «alvedrío», que va a tender, en efecto, en el
siglo XVII, a prevalecer en el lenguaje filosófico sobre la
otra forma, es decir, sobre «arbitrio», que es sin embargo la
forma más culta[6]. En los ejemplos del siglo XV, en español

---

[5] Ejemplos: *Memorias de Fernando IV,* ed. Acad. Hist., t. II,
p. 418. «Nos don Jaime y don Dionis [...] reyes *arbitrios,* ami-
gables componedores...» *Ibid.,* t. I, p. 131: «el pleyto de don
Alfonso que los *arbitrios* avian de librar...» Para el sentido de «sentencia», *ibid.,* t. II, p. 391: «segunt se contiene en el arbitrio dado».
Corominas, en el citado *Diccionario,* confirma ser este texto el primero en documentar los vocablos ARBITRIO y ARBITRAR (su
fecha, 1295-1317). Para el siglo XVI, Bartolomé de las Casas, *Apologética historia de las Indias,* N.B.AA.EE., t. XIII, p. 362: «gobernadores a los cuales era sometida la gobernación de la república
y juicio y *arbitrio* de todos los pleytos». El sentido tiende ya hacia
«decisión».

[6] Las fichas de la Academia, en la palabra «arbitrio», contienen
muchas equivalencias de «alvedrío» antes del siglo XVI (*Crónica
del Rey Sancho,* Pérez del Pulgar, Pérez de Guzmán, Santillana).
En cambio, Calderón distingue: «en tu mano tu *albedrío...* y en
tu *arbitrio* tu fortuna». (*Los tres afectos de amor,* B.AA.EE., t. III,
p. 335).

como en francés antiguo [7], la noción de «arbitrio» en este sentido, va acompañada de un adjetivo: «franco arbitrio» o «libre arbitrio» [8]. Parece que el empleo más exclusivo del término filosófico o religioso «albedrío» haya hecho en seguida inútil esa calificación: Covarrubias precisa que «alvedrío» es «la voluntad regulada con razón *o con propio apetito*». A partir de este sentido la idea de voluntad «arbitraria» (peyorativamente o no) se agrega a la de decisión «arbitral» (igualmente libre y sin apelación).

Muy al principio del siglo XVI, Hernán Pérez del Pulgar emplea la palabra «arbitrio» de forma tal que nos permite captar muy bien cómo se pasó de los dos significados primeros a los que van a desarrollarse.

1) De «libre arbitrio» se pasa a hacer una cosa *porque sí* (en francés, *bon plaisir)* con un matiz de desconfianza:

> Don Enrique ... era hombre que las más cosas facia *por sólo su arbitrio* [9].

2) De «decisión de experto» se pasa a «opinión competente»:

> la una y la otra parte ... muchas veces se remitían *a su arbitrio y parescer* [10].

[7]   En francés antiguo se dice, *franc arbitre*. «Ils accordent que le nom *d'arbitre* se doit rapporter à la raison... que le titre de libre ou franc, lequel on adjouste avec, appartient proprement à la volonté» (Calvin, *Institution chrétienne*, citado por Littré).

[8]   Pérez del Pulgar, *Claros varones,* ed. 1775, p. 5: «aquella gracia del *libre arbitrio*...» Santillana, *Obras,* Ed. Acad., p. 321: «lo que conviene a tal conquista es el *franco arbitrio,* segunt el Psalmista».

[9]   Pérez del Pulgar, *obra citada,* p. 98 (la obra es de 1505).

[10]   *Ibid.,* p. 21. Igual *sentido jurídico figurado* en Juan de Ávila: «y assí los philosophos dixeron que las particulares circunstancias... dexanse al *arbitrio del prudente varón*». *Epistolario espiritual,* ed. 1578, p. 82.

3) De estos dos sentidos se pasa a «capacidad de escoger medios hábiles»:

> y en el mayor discrimen de las cosas tenía *mejor arbitrio* para las entender *y remediar* [11].

El primer sentido de «hacer una cosa porque sí» será sumamente frecuente en los siglos XVI y XVII, sobre todo en la expresión «*al arbitrio* de...». Puede comportar un matiz de confianza: del caballero ante su vencedor, del hijo ante sus padres, del soldado ante su jefe, del súbdito ante su rey [12]. Puede ser neutro, significar «a voluntad» en los consejos culinarios [13]. Mucho más a menudo tiene el sentido peyorativo de «a la merced de»: a la merced de los otros, de los enemigos, del extranjero, de las mujeres, de las armas, de la avidez, de la fortuna, del destino, del azar [14], y por último del *Príncipe* [15], en el que no se tiene

[11] Pérez del Pulgar, *obra citada*, p. 41.

[12] El caballero: *Amadís de Gaula*. Ed. Rivadeneyra, p. 106 (a): «este infante *en su arbitrio* se ponía...» Los hijos: Fr. Juan de Pineda, *Agricultura cristiana* (1589), t. I, p. 352: «no dexavan los hijos *en el arbitrio* de sus padres». El soldado: Mosquera, *Comentarios de disciplina militar*, 1596: «castigados *a arbitrio del* Marqués». El súbdito: Melo, *Guerra de Cataluña* (1645), ed. Academ., p. 30, *al arbitrio real*.

[13] Diego Granado, *Libro de arte de cocina,* Madrid, 1599, p. 74: «y estará *en arbitrio* dejar enjugar el arroz antes de cuajarlo en el mortero».

[14] A la merced de otro: Fr. Luis de León, *Vida retirada* (1558?), ed. 1790, p. 2: «*en el ajeno arbitrio*»; más adelante (1640) Saavedra Fajardo, *Obras,* Rivadeneyra, p. 213 (a): «en lo que pende *de arbitrio ajeno*». Del enemigo: Hurtado de Mendoza, *Guerra de Granada,* Ed. Rivadeneyra, p. 72 (a): «en poder *y arbitrio* de enemigos»; Quevedo (1635), *Obras* (ed. Astrana Marín, 1945), p. 327 (a): «*en el arbitrio* de su mayor contrario». Del extranjero: Melo, *Guerra de Cataluña* (1645), ed. citada, p. 53 (b): «castigados por el arbitrio de extranjeros». De las mujeres: Calderón, *Las armas de la hermosura* (III, 16. B.AA.EE., t. III, p. 209): «todo el honor de los hombres *a arbitrio* de las mujeres». De las armas: Solís, *Conquista de Méjico* (1684), ed. Rivadeneyra, p. 360 (a): «al arbitrio de mis

siempre absoluta confianza, sobre todo cuando tiene la reputación, como el Don Enrique de Pérez del Pulgar, de actuar «por sólo su arbitrio».

El segundo sentido, al pasarse de «decisión de experto» a «opinión competente» corresponde al que indica Covarrubias:

> y otras veces *arbitrio* vale tanto como *parecer que uno da.*

Sentido que se mantiene en el siglo XVII en la literatura técnica: «el arte depende del uso, y arbitrio de los hombres» [16] (en arquitectura), en la literatura político-jurídica, en Suárez de Figueroa, Solís, Melo y en ciertas «actas» públicas [17]. Se encuentran ejemplos de ese sentido en todos los grandes clásicos, quienes hablan de «docto arbitrio», de

armas». De la avidez: id., *ibid.,* p. 342 (b): «donde se consideraban *al arbitrio* de la codicia las riquezas y las propiedades». De la fortuna: Cervantes, *La Galatea* (1584), ed. Rivadeneyra, p. 55 (a): *«Debajo del arbitrio* de lo que llamamos fortuna y caso.» Del destino: Calderón, *Amado y aborrecido* (I.5. B.AA.EE, t. III, p. 212): «de mí, sin mí discurriendo *al arbitrio* del destino». Del azar: L. B. de Argensola, *Poesías,* ed. Rivadeneyra, p. 355 (b): «naces en honra no entendido si sujeta *al arbitrio* de la suerte»; en el mismo sentido Saavedra Fajardo (1646), en *Obras,* ed. Rivadeneyra, p. 573 (a) *(Corona gótica): «*sujetó los dioses y reyes *al arbitrio* de la elección».

[15] Saavedra Fajardo, *Idea de un Príncipe,* en *Obras,* ed. Rivadeneyra, p. 57 a): «no se atribuyen las sentencias a la pasión o conveniencia o *al arbitrio* del Príncipe».

[16] García S., *Arquitectura* (1681), ed. 1941, p. 94.

[17] Suárez de Figueroa, *El Pasajero* (ed. Madrid, 1913), p. 227: «lo que según su arbitrio parece más acertado.» Melo, *Guerra de Cataluña,* ed. 1645, p. 31: «Paraban todos sus arbitrios en que el Principado se aliviase de las armas que le oprimían.» Solís, *Conquista,* ed. Rivadeneyra, p. 374: «aprobaron todos el arbitrio...» Actas del Cabildo de Santiago de Chile (1623) (ed. 1902, p. 1822): «los prudentes arbitrios del dicho general...»

«cuerdo arbitrio», de «justo arbitrio» [18] y, en algunos casos (Calderón especialmente), de «arbitrio» simplemente, en el sentido de «sabiduría», «buen sentido», «medida» [19]. Pero es una corriente muy débil, frente a la tendencia inversa en la que predominará la connotación peyorativa. «Arbitrio», pese a todo, no deja nunca de significar «opinión» —como lo demuestran en particular las traducciones francesas e italianas [20].

El tercer sentido, que parece vinculado a la vez a la idea de «decisión», y de «elección», a la de «opinión dada», a la de habilidad y competencia, se orienta, al tener una resonancia cada vez más irónica y de desconfianza, desde

[18] Guillén de Castro, *Obras*, ed. Acad., t. II, p. 611: «El prefecto Marciano dio un docto arbitrio.» Lope de Vega, *Roma abrasada*, I.I. (ed. Acad., t. VI, p. 407): «Arbitrio, César, ha sido provechoso y conveniente.» Cf. id. (t. XII, p. 395): «necesario y justo arbitrio». Tirso de Molina, *Cigarrales de Toledo:* «discreto y sútil arbitrio». Quevedo, ed. Rivadeneyra, I, p. 32: «y todo esto les dio con darles el postrer arbitrio en todo lo que les consultasen». Calderón, *Alcalde de Zalamea*, II.21 (B.AA.EE., t. III, p. 78): «de aspirar de cuerdo arbitrio —a ser más...»— (que pasa a tener el sentido de «sabiduría»).

[19] Otro ejemplo del sentido de «sabiduría»: Calderón, *Juego de Dios,* II, 20 (B.AA.EE., III, p. 323): «Como no hay en mi — arbitrio para atender...» Cf. también, *Comedias,* ed. Vera Tassis (t. I, p. 517): «sin razón, sin arbitrio y sin consuelo». Cf. también, Solís, *Poesías,* Madrid, 1692 (p. 96): «tal a la llama que arde... quien la ceba sin arbitrio» (mesura).

[20] En francés del siglo XVII *advis,* en italiano *avviso.* Cf. las traducciones del *Buscón* y del *Coloquio de los perros: L'aventurier Buscon, histoire facétieuse,* París, 1633, fo. 133. *Historia della vita dell'astutissime sagacissimo Buscone chiamato don Paolo,* Venecia, 1634. *Les nouvelles de Miguel Cervantes Saavedra,* París, 1615, p. 192. *Il novelliere castigliano di Michiel di Cervantes Saavedra,* Venecia, 1629, fo. 716. Véase para las traducciones de los *diccionarios* extranjeros antiguos, el *Tesoro lexicográfico (1492-1726),* de Samuel Gili Gaya (t. I, Madrid, 1947), s. v. Arbitrio. Hemos consultado las obras de Oudin, Pallet, Percival y Vittori.

«medio propuesto», «remedio preconizado», hacia «expediente» (más especialmente en sentido financiero) y finalmente hacia «truco», «estratagema».

Uso literario

Si esta evolución se siguiera únicamente en los textos literarios —esta es casi la única fuente del fichero preparatorio del *Diccionario Histórico* de la Academia— será difícil de explicar. E importa tanto más buscar esa explicación cuanto que se la adivina en estrecha relación con el nacimiento de la palabra «arbitrista» y con una sátira del *arbitrismo* que exige en torno al término de «arbitrio» la aparición previa de una tonalidad peyorativa.

Ahora bien, la inmensa mayoría de los ejemplos literarios en los que «arbitrio» significa «medio», «remedio», «truco», «estratagema», son del siglo XVII y a menudo de un siglo XVII avanzado. Se encuentran en Lope de Vega, Suárez de Figueroa, Tirso de Molina, pero sobre todo en Moreto, Solís, Calderón, o en el panfletista Pedro de Godoy [21]. Habría, pues, motivo para pensar que este significado es *tardío*.

[21] Suárez de Figueroa, *El Pasajero* (1617), ed. 1913, p. 105: «Para granjear abundosamente el sustento con el *arbitrio* y *traza* que te pienso dar.» Lope de Vega, *El desdén vengado,* II, 1, ed. Acad., t. XV, p. 414: «Quiero dar a Vuestra Alteza —un *arbitrio* que he pensado— con que sepa si es amado.» Id., *El cuerdo loco* (I, verso 175): «... estos *arbitrios* en tu bien trazados». Tirso de Molina, *Cigarrales de Toledo,* ed. 1913, p. 52: «Después de varios *arbitrios* escogió por el más acertado...» Moreto, *Comedias,* B.AA.EE. *(El poder de la amistad,* III, 3): «Vuestra gala, vuestro talle, ¿necesitan de otro *arbitrio* para rendir voluntades?...» (p. 35); id. *(Lo que puede la aprehensión,* I, 3): «*Arbitrios* — le pido yo a Vuestra Alteza — porque cuantos yo imagino — tienen gran riesgo...» (p. 169); id. *(No puede ser,* II, 17): «No es sino amor — el que me da *estos arbitrios.*» (p. 201); *ibid.,* pp. 262, 264, 408. Solís,

31

Y, por esa misma razón, dicho significado parece depender del sorprendente florecimiento, entre 1610 y 1650, del empleo de la palabra «arbitrio» en un sentido análogo pero más estrecho: el sentido de «medio», «remedio», «truco», «artificio» —pero aplicado a los medios *propuestos,* al Rey y a los poderes públicos principalmente, a los particulares a veces, *como remedios a sus problemas*—. En el más de los casos, se trata de problemas *financieros,* de medios *lucrativos* por tanto; más raramente se trata de soluciones *políticas* o de grandes proyectos *técnicos.* Pero lo más notable es que las alusiones literarias a tales proyectos son exclusivamente satíricas, de suerte que *arbitrio* termina por significar «proyecto ridículo» o «remedio absurdo».

Al ser esta utilización «arbitrio» el objeto mismo de nuestra investigación, los ejemplos se darán y analizarán más adelante[22]. Ahora importa señalar únicamente las fechas, las particularidades y los precedentes que, al esclarecer el sentido de la palabra, orientan hacia el origen del fenómeno.

De limitarse a los textos literarios, como hace el fichero de la Academia, la palabra «arbitrio», en el sentido de «remedio propuesto a los problemas del Rey», aparece impresa con Cervantes, en el *Coloquio de los perros,* en 1613. Las alusiones que se hacen cada vez más frecuentes entre 1620 y 1636, cuando Quevedo, en *La hora de todos,* describe una sociedad imaginaria —pero en la que la alusión a España no ofrece dudas— en la que los niños «decían

Conquista de Méjico, ed. Rivadeneyra, p. 367: «Dicen que fue *arbitrio* de su mismo emperador para echar delante alguna gente...» Calderón, B.AA.EE., t. III, p. 347 *(Los tres afectos del amor,* I, 2): «Que fuera que yo te diera — *arbitrio* con que dar un golpe...» Godoy (Pedro de), *Segundo Discurso serio-jocoso* (1682), fol. 13: «havia llegado al castellano, y ofrecidole dos *arbitrios:* el uno que pues la artillería los maltratava tanto, que embiase a clavarla...»

[22] Para referencias exactas véase la segunda parte.

arbitrio por decir taita», lo que prueba la difusión de la
cosa y de la palabra. Hacia 1650, en Moreto, Gracián, Polo
de Medina, «arbitrio» se emplea todavía muy corriente-
mente en este sentido preciso y casi técnico de propuesta
imaginada y presentada por particulares a los poderes públicos; pero en la misma época, el sentido mucho más
amplio de «estratagema», de «truco», tras haber adquirido
en torno al sentido «expediente financiero» un matiz peyorativo, se hace frecuente. Y hacia fin de siglo, después de
haberse agotado el verbo satírico contra los «arbitrios», la
palabra termina por aplicarse mucho más a menudo en
sentido amplio que en sentido estricto.

El empleo de «arbitrio» limitado a proposición lucrativa
que se presenta a los poderes públicos puede encontrarse con
bastante comodidad en las *expresiones hechas* en las que
aparece esa palabra.

Se trata en primer lugar de «dar arbitrios», que señala
la vocación y casi la profesión del que se designará con el
nombre de arbitrista.

> he dado muchos arbitrios (Cervantes).
> arbitrio que dan a Su Magestad (Id.).
> hombres que dan arbitrios (Liñán).
> dos mil arbitrios que he dado (Moreto).

Evidentemente, «dar el arbitrio» es la última operación, a
saber, la presentación al Rey. Existen variantes para las
fases de preparación:

> ando con un arbitrio (Quevedo).
> traíale desvelado un arbitrio (Castillo Solórzano).
> explicar su arbitrio, maquinando en un arbitrio (Id.).
> hallar un arbitrio (Polo de Medina).

33

A menudo, basta una breve frase *tópica* para definir el fin clásico de estos «medios» que son los arbitrios:

> con sus arbitrios enriquecer el Rey (Salas Barbadillo).
> arbitrios que son tales
> que le valdrán un millón (Lope de Vega).
> estos arbitrios que tengo
> son el remedio de todo (Tirso de Molina).

Por último, el procedimiento *paródico* ampliamente utilizado por los escritores en sus sátiras contra el arbitrio hace aparecer con frecuencia la expresión de «arbitrio para...» seguido de promesas más o menos disparatadas.

Por esta dirección, precisamente, se va a pasar a la nueva *generalización* de la palabra en el sentido de «proyecto extravagante»:

> .... ¿Cómo no hacen
> los coches como casas de la plaza
> con seis o siete altos y se alquilan
> de por sí cada cuarto?
>   *Ese es arbitrio*
> en daño de Madrid y de sus casas [23].

Otra dirección, cuyas manifestaciones son sin embargo muy raras en la literatura propiamente dicha, supone en cambio una *restricción* del sentido de la palabra que pasa a significar sencillamente *derecho fiscal* que se aplica por vez primera a determinada actividad o mercancía. Lope de Vega, en *La Dorotea,* sugiere que se haga pagar un derecho

---

[23] Salas Barbadillo, *El caballero puntual* (Segunda parte, Madrid, 1619), cap. V, en «Colección de escritores castellanos», *Obras* de Salas, t. II, p. 233. Cf. también Lope de Vega, *El sembrar en buena tierra* (1616):

ensartaré en una cuerda	que vi en el Prado el domingo;
por servirte quatro o cinco	serán rosario de cocos.
coches de damas muy feas	—No me disgusta el arbitrio.

a todo el que quiera echar una mirada demasiado curiosa a las personas que se bañan en el Manzanares [24]; en ese caso se dice *echar un arbitrio*.

No obstante, generalizado o restringido, el empleo de «arbitrio» ha adquirido de forma creciente, en la literatura de la primera mitad del siglo XVII, una intención exclusivamente *cómica, satírica*. La persona que los inventa es motivo de burla. «¿Y de arbitrios cómo va?» acaba preguntando un personaje de comedia a un *gracioso* imaginativo [25].

Es evidente que esta intensificación del sentido satírico solo ha podido aplicarse a un hecho preciso: esas propuestas al Rey o a sus ministros o a la colectividad para sugerir medios de resolver sus problemas, han tenido evidentemente que existir para que hayan provocado la reacción vigorosa de la sátira, y existir con el nombre de «arbitrios», derivado del sentido general de «medio», vinculado al de «opinión competente».

Es exactamente lo que dice en 1611 Covarrubias:

> y el día de oy *ase estrechado* a significar una cosa bien perjudicial que es dar traças como sacar dineros y destruyr el Reyno.

Lo extraño es que esa frase del *Tesoro* preceda en dos años a la publicación del primer texto *literario* perfectamente claro en el que se emplea la palabra en ese sentido preciso; nuestras investigaciones no nos han permitido encontrar apariciones anteriores al *Coloquio de los perros,* primer texto que aparece en el fichero de la Academia de la Lengua.

La frase de Covarrubias debe pues registrar a la vez la existencia de un *uso corriente* y de un *uso escrito no litera-*

---

[24]   *La Dorotea,* II, 4 (Ed. Rivadeneyra, t. II, p. 188, y ed. Morby, p. 157, nota 66).
[25]   Véase *infra,* p. 127.

rio del término «arbitrio», en el sentido de «expediente financiero». La interpretación del movimiento satírico en torno a las nociones de «arbitrio» y de «arbitrista» exige evidentemente que nos remontemos a los orígenes de esos usos.

Uso técnico: las Cortes

Un texto fundamental citado por Colmeiro [26] y por Cánovas del Castillo [27], muestra que es en las discusiones de las Cortes de Castilla donde conviene buscar los orígenes del fenómeno del arbitrismo y de su vocabulario. Ni Colmeiro ni Cánovas, por otra parte, fueron muy lejos en el análisis de ese texto y en la investigación de las circunstancias que lo rodearon. Ahora bien, ese texto esclarece a la vez, si se sitúa en esas circunstancias, muchos problemas reales y muchos problemas lingüísticos.

Se trata de una petición a Felipe II de las Cortes de 1588. Citaremos en primer lugar lo que creyó conveniente destacar Colmeiro. Después agregaremos otros ejemplos del empleo de arbitrio en la misma petición y en las discusiones previas. La misma incertidumbre que ese empleo revela señala las confusiones que han podido producirse alrededor de la noción «arbitrio» y de los promotores de «arbitrios».

> Porque ay muchos que tienen por modo de vivir andarse desvelando *imaginando medios y arbitrios con que saquen dineros,* siempre que ellos *funden asientos y contrataciones* para consumir la sustancia de estos reinos, y a vueltas de estas *trazas y asientos* [...] ay nú-

[26] Colmeiro, *Historia de la economía política,* cap. último, *De los Arbitristas,* ed. 1965, t. II, p. 1181.
[27] Cánovas del Castillo, *Problemas contemporáneos,* t. I, pp. 305-329.

mero grande de gentes que gastan su vida en la Corte en estas *quimeras de pensar arbitrios, medios y novedades,* que fabrican en sus lugares, y por la mayor parte hombres de corto entendimiento, y después vienen a la Corte a ocupar a V. M. y a sus ministros con largas audiencias [...] y lo que es peor, encarecen de darles lugar a tratar de esto, siendo hombres de tan poco momento, publicando están entretenidos para este efecto, con quiebra de la reputación, pareciendo que *por ser plática de sacar dineros* les es lícito andar *sonando los medios y arbitrios* [...] Suplican que estas pláticas y materias cesen, y no se admitan ni se dé lugar a que sean oídas de los ministros de V. M. ni tratadas en los Consejos, y que los ministros de estas *novedades tan perniciosas a la república* salgan de la Corte [28].

De ese texto resulta que unos veinticinco años antes de la publicación de Covarrubias y del *Coloquio de los perros* [29], las Cortes (y la opinión pública por lo tanto) conocían ya la noción de arbitrios y la de autores de arbitrios en los aspectos siguientes:

1) Muchos *personajes* afluían a la Corte para proponer expedientes financieros; eran *hombres de poca monta;* el Rey y sus ministros los escuchaban, incluso discutían con ellos y les dejaban vanagloriarse de ese hecho.

2) La palabra «arbitrios», que designaba esas propuestas de expedientes, iba acompañada a menudo de la palabra más vaga «medios», pero se asociaba también a otros conceptos, algunos de ellos muy reveladores en su precisión: «sacar dineros», «asientos», «contrataciones», otros menos

[28] En Colmeiro, obra citada, nota citada.
[29] Los hechos a que hace alusión el texto (arbitrio del vino) son de 1586 y la reunión de las Cortes de 1588-1590.

netos, pero también impopulares, sin duda alguna: «quimeras», y «novedades».

La aportación de ese texto para explicar a la vez a Covarrubias (que recoge del mismo algunos términos) y a la intensificación de la sátira en los años 1610 a 1630, es ya muy grande. Pero ¿por qué ese cuarto de siglo entre hechos tan claros y la reacción de los escritores? No ha llegado todavía el momento de examinar ese problema. Bástenos por ahora registrar el sentido que tenía «arbitrio» para los oídos de los procuradores del Reino en 1588.

Pero, además, los fragmentos de la petición que no recoge Colmeiro y el resto de los debates de esa larga reunión de las Cortes [30] nos permite otras observaciones útiles.

En primer lugar, la gran protesta de las Cortes que podría parecer dirigida contra una categoría de gentes modestas y contra un fenómeno muy general, está motivada en realidad por un «arbitrio» muy preciso: la propuesta de un italiano, transmitida por intermedio de un hombre de paja español, de hacerse cargo del *monopolio de la venta del vino* en todos los dominios de Castilla. La cosa es tan enorme que no se realizará. Pero la emoción es violenta. «Arbitrio», en esto, se asimila confusamente a «asiento» (es decir a «trato» en el antiguo vocabulario, a «adjudicación» en el vocabulario actual) y el «asiento» se asimila a «estanco» (es decir al monopolio comercial). La asimilación es tan fuerte y la discusión del asunto tan profunda que se conocen en la subasta de la adjudicación las cifras de la puja, que se denomina «postura del arbitrio» [31]. Se advertirá el carácter financiero muy concreto de la palabra.

[30] *Actas de las Cortes de Castilla,* t. XI, *Cortes de Madrid, 1588-1590.* La petición citada es la petición X (y no la IX como dice Colmeiro).
[31] Cf. la sesión del 16 de diciembre de 1589, pp. 163 y 164, el memorial dirigido al rey sobre ese problema. Cf. pp. 152 y 153, el informe de Valladolid sobre el mismo objeto. Se trata de Esteban

Por otra parte, «arbitrio», sin embargo, no ha dejado de significar «opinión», «remedio propuesto», «expediente inventado». En efecto, la cita de Colmeiro no reproducía el principio de la petición, que acusa claramente al Rey de ser el causante, por sus llamamientos, del aflujo a la Corte de gentes que traen arbitrios:

> como V. M. refiere en la respuesta del dicho capítulo y precedente que para sus necesidades ha sido necesario usar de algunos *medios y arbitrios,* ha imbuido tanto esta voz en todos los naturales y extranjeros que en los Reynos residen, que muchos dellos tienen por modo de ser bien andarse desvelando... [etc.] [32].

Este encabezamiento de la petición, omitido por Colmeiro, aclara bastante bien como de «medio y arbitrio» se pasaba a «arbitrio», equivalente de «asiento». Es el camino de «medio solicitado» a «medio propuesto» y después a «medio concedido». Precisamente las Cortes habrían deseado seguir decidiendo la *forma y arbitrio* de todos los servicios concedidos al Rey [33]. Y el Rey les respondía [34]:

> A esto vos respondemos que las necesidades han ido creciendo como es notorio de manera que no se ha podido escusar de los *arbitrios* de que se ha usado.

de Lezcaro, quien solicita el monopolio. Sus intereses están representados por el abogado español Arsenio López. La oferta es de 300.000 ducados, más 100.000 por año durante doce años. Se ofrecen 2.000 ducados a todo el que quiera pujar en la subasta. Ese informe (p. 165) se termina pidiendo que se expulse de la Corte a los «ociosos tratando de estos *otros arbitrios*». Este es por lo tanto el origen de la petición general.

[32]   *Actas,* t. XI, p. 515. Más adelante, Colmeiro cita: «imaginando»; las *Actas* dicen: «y maquinando».
[33]   T. XII, p. 155.
[34]   T. XI, p. 516.

Ultima lección de las Cortes de 1588: por otra vía, partiendo tanto de «albedrío» como de «arbitrio», se observa cómo esta última palabra adopta igualmente el sentido de «gravamen cuyas modalidades de cobro se dejan en manos de las colectividades». En el tomo X se lee en efecto:

> [pág. 287]: El licenciado don Diego de Orozco dixo que *entre los medios* que el Reyno ha platicado y conferido han sido emprestito general y sisa, *y el remitirlo al albedrío de las ciudades,* que es el que ha parecido más conveniente.
> [pág. 288]: Iñigo López dixo que se remite al voto de González López de Polanco con la adición de D. Pedro González y con que *en los medios y arbitrios que las ciudades tomaren,* sea reservado siempre el estado de los hijosdalgo.
> [pág. 289], para que las ciudades y villas *puedan arbitrar* en lo que han de sacar lo que les cupiera.

Así, «arbitrio» puede ser también un impuesto municipal que se recauda para prestar servicio al Rey, pero de *la forma que decida la ciudad,* al menos en cuanto a su reparto. De aquí (como hemos visto el ejemplo en Lope) [35], la expresión «echar un arbitrio», y el único empleo *actual* de la palabra «arbitrio» con sentido fiscal, a saber, tasa local [36].

Aunque los orígenes de «arbitrio» en el sentido que nos interesa hayan sido bastante aclarados por estos texos de 1588, no carece de interés estudiar brevemente la frecuencia y el significado de «arbitrio», en los textos de las Cortes anteriores a esa fecha, para apreciar el período transcurrido entre la aparición del término político-financiero en la lite-

---

[35] Véase *supra,* p. 34.
[36] Casares, *Diccionario ideológico,* s. v. ARBITRIO: «derecho o impuesto para gastos públicos». *Octroi,* en francés, ha seguido una evolución análoga.

ratura histórica y su brusca irrupción en el dominio de la novela y del teatro satíricos.

Resulta bastante curioso advertir que las Cortes de 1575 y las de 1586, tan próximas a la reunión de 1588 en la que la palabra «arbitrio» aparece en casi todas las páginas, no la empleen prácticamente [37]. Encontramos «memorial», «remedio», «proposición», «expedientes», «expedientes e industrias», «negocio», «medio y traza», «experiencia», en casos en que parece que se hubiera empleado más tarde «arbitrio». En particular, se discuten largamente dos casos: la impresión del libro de Valverde Arrieta sobre la agricultura [38] y el proyecto de un sacerdote técnico, Alonso Sánchez Cerrudo, sobre un nuevo método de moler el grano [39]. Ahora bien, esos dos ejemplos perfectos de literatura arbitrista, en el sentido que adoptarán Liñán, Quevedo, Lope de Vega [40], no se denominan «arbitrios».

¿Habría, pues, que limitarse a fechar en 1588 y no antes la aparición de «arbitrio» en el lenguaje de las Cortes? No, porque en 1576, la palabra se ha empleado una vez: al

---

[37] *Actas de las Cortes,* tomos VII-IX. La palabra *arbitrio* no figura en el índice (lo cual es significativo) y puede habérsenos escapado alguna aparición aislada. Hemos comprobado, por otra parte, que muchos eruditos y archiveros del siglo pasado o del nuestro, al redactar índices y catálogos, y al proponer título para documentos que carecen de él, emplean la palabra *arbitrio* cuando el texto original no la lleva.

[38] La obra del clérigo Arrieta, intitulada *Despertador,* o *Tratado o Diálogos de la fertilidad de España,* probablemente impresa hacia 1578, fue presentada ya a los procuradores en la sesión de 1576-1577 (cuyas Actas se perdieron). Los procuradores de 1580 acuerdan, no sin reticencias, una reedición de 200 ejemplares *(Actas,* VI, pp. 299-302 y 623). En 1585, ante el interés real, ayudan al autor «por ser pobre» *(Actas,* VII, p. 613). A partir de 1598 el *Despertador* vendrá editado e incansablemente reeditado con el *Libro de Agricultura* de Gabriel Alonso de Herrera, hasta 1819.

[39] Asunto Sánchez Cerrudo, *Actas,* t. VIII, pp. 207, 208, 222-223, 448-449, 482-487, 547-548.

[40] Véase *infra,* pp. 75 y 111, caps. II y III.

quejarse de los derechos sobre la sal, las cartas, el solimán, la moneda [41], la asamblea agrega «*y otros arbitrios* y nuevas rentas». La palabra tiene aquí significado de «tasa fiscal *extraordinaria*», inventada para satisfacer necesidades provisionales, significado que puede verse, por tanto, cómo se mantiene. En 1573, arbitrio solo se emplea igualmente una vez con un sentido algo más amplio (puesto que va unido a «formas»), en el de «*cualquier medio fiscal*» inventado o que puede inventarse:

> [...] ni havía rentas ordinarias ni extraordinarias por situar, ni subsidio ni excusado y las otras *formas y arbitrios* por consignar hasta muchos años... [42].

En 1570, aparece también una utilización aislada, al confesar el Rey que ha sido «forzado proceder en adelante *el uso de los arbitrios*» y pedir los «medios y orden» para subvenir a sus necesidades sin poner al país en peligro [43].

En 1566, no sin sorpresa, se tropieza con una abundancia tal de la palabra arbitrio que recuerda la floración de 1588. No obstante, la acepción del término es aquí mucho más restringida: arbitrio va *siempre* unido a la palabra renta o a la palabra medios, a la que se agrega una vez la palabra «crescimientos» [44]. Se advierte muy bien que además de las «rentas ordinarias» y de los «servicios», el fisco acaba de obtener una serie de «nuevas rentas» y de nuevos medios de procurarse dinero —«arbitrios»—. Si la palabra surge a menudo, es porque cada ciudad, cada procurador y, por último, cada «petición» colectiva reiteran el deseo de que cese esa fiscalidad *extraordinaria*. ¿Cuándo ha aparecido

---

[41] «Moneda forera», *Actas,* t. V, pp. 529-530 (cf. *Índice,* s. v. *arbitrio*).
[42] *Ibid.,* t. IV, p. 27.
[43] *Ibid.,* t. III, p. 14.
[44] *Ibid.,* t. II, pp. 80, 82, 123, 124, 150, 181.

entonces? No es el hecho histórico el que puede interesarnos aquí, sino el complemento que aporta a nuestra noción de *arbitrio*. Ahora bien, si las Cortes de 1563 están casi mudas al respecto[45], las de 1558 en cambio, aunque de esa fecha ya no tengamos los debates, nos dan nuevamente un texto fundamental:

Propuesta de diversos arbitrios para aumentar las rentas públicas[46], y los «items» se suceden: vender oficios, adjudicar escribanías, títulos de hidalguía, jurisdicciones perpetuas y toda suerte de expedientes. La palabra aquí se impone; cada párrafo se termina bastante cómicamente diciendo «de que se piensa sacar también buen golpe de dinero» (o «una buena gran suma»); se diría ya los arbitrios paródicos de Cervantes o de Lope de Vega.

Más allá, para textos mucho menos completos, cierto es, la documentación publicada de las Cortes no ofrece ya ejemplos (que sepamos nosotros) de la palabra arbitrio.

Recapitulemos. En el siglo XVI, en el que la palabra *arbitrio*, con el último significado que le atribuyó Covarrubias en 1611, no aparece en la *literatura*, su empleo en la jerga política y fiscal está en cambio bien establecido y corresponde exactamente a la definición del lexicógrafo: *«traças para sacar dineros»*. Es sorprendente advertir que incluidas en períodos en los que aparece muy modestamente, casi siempre acompañado de otro vocablo y con el sentido de «impuestos excepcionales», de «tasas extraordinarias», hay dos ocasiones en que la palabra adquiere extraordinario relieve, precisamente el mismo que le dará la sátira: en 1558, acto seguido de una quiebra resonante[47], y fecha del primer (y mucho tiempo único) «memorial» que denuncia la grave

[45] *Actas,* t. I, pp. 30-31.
[46] *Cortes de Castilla y León,* t. IV, pp. 726-727.
[47] Sobre su resonancia, véase Hauser, *Peuples et Civilisations,* t. VIII, pp. 568-573.

situación de España [48] (el *Memorial* de Luis Ortiz), *la pala-bra aparece,* con un sentido muy claro de «expediente»; después, en 1588, a raíz del desastre de la Armada Invencible que exige un terrible esfuerzo financiero, *la palabra se multiplica* con sentidos menos precisos, más variados, precisamente porque pasa a significar a la vez el «medio» aconsejado y el resultado de ese medio (monopolio, gravamen nuevo, etc.). Ahora bien, aquí, al mismo tiempo que la palabra, aparecen grupos, *personajes:* las «personas que proponen arbitrios», que procuran que el Rey y sus ministros adopten unos «medios» en los que los propios consejeros tendrán mucho que ganar. *En 1594,* este sistema de consejeros a la vez espontáneos e interesados será reconocido oficialmente al reunirse una Junta encargada de examinar los «arbitrios»; es el primer jalón de una larga serie de *Juntas de medios* [49], que al servicio de los Consejos y paralelamente a las Cortes, serán organismos de apelación sistemática al expediente, al empréstito. En esta fecha nace oficialmente, por decirlo así, el *arbitrismo.* Aunque cierto número de obras del siglo XVI puedan en rigor clasificarse en esa corriente, la gran *Biblioteca* de Colmeiro [50] y el intento que hemos hecho de completarla dejan una impresión muy clara: el arbitrismo que ha dejado huellas, escritos importantes, *co-*

[48] Texto muy estudiado por Hamilton, Larraz, Carrera Pujal, Pierre Vilar, y publicado por M. Fernández Álvarez, en *Anales de Economía,* 1957, pp. 101-200, y en *Economía, Sociedad, Corona,* 1963, pp. 52-68 y 375-462. Hay una edición de lujo de J. Larraz, Madrid, 1970.

[49] Cf. Canga Argüelles, *Diccionario de Hacienda,* s. v. *Junta de medios.* Cristóbal Espejo, «Enumeración y atribuciones de algunas juntas de la administración española desde el siglo XVI hasta el año 1800», *Rev. de la Bibl., Archivo y Museo del Ayuntamiento de Madrid,* Año VIII, Oct. 1931, núm. 32, pp. 325 a 362, y el reciente y completo estudio de Modesto Ulloa, *La Hacienda Real de Castilla en el reinado de Felipe II,* Roma, 1963.

[50] *Biblioteca de economistas españoles de los siglos XVII y XVIII,* reedición de 1954, por la Academia de Ciencias Morales y Políticas.

mienza en los cinco años últimos del siglo. Para el uso de la palabra arbitrio por ese tipo de literatura, nos remitimos a los muchos textos citados en la segunda parte de este trabajo.

Si el vínculo entre la cronología histórica y el término «arbitrio» es por lo tanto bastante claro, no ocurre lo mismo con la filiación exacta de los diversos sentidos de la palabra. Diríase una constante contaminación recíproca, y por otra parte enriquecedora, de los diversos orígenes.

Así, cuando en 1558 aparecen las «Propuestas de diversos arbitrios para aumentar las rentas públicas», *arbitrio* tiene claramente en esa expresión sentido de «medio». Pero si se considera que los expedientes propuestos son todos de tipo *extraordinario* y *no han sido aprobados en Cortes* —de lo que éstas se quejarán abundantemente— cabe pensar que el término arbitrio implica también un matiz de autoridad, es decir, que significa un medio fiscal impuesto por la sola voluntad del Rey. La prueba está en que cuando el Rey *delega* su poder de gravar, por ejemplo, a las ciudades, se plantea de nuevo la duda entre los dos sentidos: el arbitrio municipal ¿es el gravamen que se deja «al arbitrio» de la comunidad?, o bien ¿es el «medio» que ha encontrado la comunidad para procurarse dinero del «servicio»? Muy probablemente el término se adopta porque significa *las dos cosas a la vez.* Y se ve inmediatamente la implicación peyorativa que ello entraña: este «medio» es un medio «arbitrario», incontrolado. No hay que olvidar que en el caso de «asiento» —cuando un particular tenía el disfrute de un derecho— los medios de levantar ese asiento quedaban igualmente «al arbitrio». Proponer un arbitrio de esa categoría, era buscar un medio «arbitrario» de hacer fortuna.

Más difícil de captar es otra contaminación que se da entre dos sentidos inicialmente diferentes. Si hay que hablar de ello es porque varios escritores antiarbitristas, y de los mayores, como Quevedo y Lope de Vega, vieron en la persona que proponía arbitrios, al *inventor,* al *técnico,* al lado del financiero, del economista o del negociante. Ahora bien, en este punto, las Cortes del siglo XVI no nos sirven de ayuda. En el único caso en que hablan de técnicos, acabamos de ver que sus propuestas no se denominan «arbitrios».

Un solo texto, bastante precoz, de fray Bartolomé de las Casas utiliza arbitrio en el sentido de «habilidad técnica» y no de «invención». En el siglo XVII, algunos ejemplos dejan entrever una significación técnica adscrita a la palabra, pero más próxima del sentido de «truco» que del de gran proyecto [51]. Cuando Liñán llama «arbitrio» a una invención de molino mecánico, cuando Quevedo atribuye a su «loco repúblico» planes hidráulicos dignos de Juanelo [52], parece, pues, que piensa más en el aspecto *lucrativo* que tienen esas propuestas para quienes las hacen que en sus características técnicas. Es muy posible que algunos autores —y sobre todo Quevedo— desconfiaran de las «novedades» antinaturales de los inventores, por convicción y temperamento, pero si los llaman «arbitrios», es porque asimilan esas novedades a las propuestas financieras que reciben ese nombre; aquí, la mala reputación de la palabra sirve para comprometer la causa a la que se aplica.

Así, el «ase estrechado» de Covarrubias es justo en un sentido: hacia 1610, el español que oye la palabra «arbitrio» piensa inmediatamente en «traças para sacar dinero —y destruir el reyno»—. Pero este *sentido* estricto abunda

[51] Bartolomé de las Casas, *Apologética historia de las Indias,* N.B.AA.EE., t. XIII, p. 109 (a): «la industria de cazar venados y aves... para lo cual usavan de *muy buen arbitrio* haciendo lazos y redes y otros aderezos». Carducho, *Diálogo de la pintura,* Madrid, 1633, p. 54: «Un río tiene este ameno sitio que con *artificioso arbitrio* se pasean en él separadamente:«truchas, barbos, anguilas..., etcétera». Solís, *Conquista,* ed. citada, p. 361 (b) dirá: «acequia... *al arbitrio* de unas compuertas que dispensaban el agua según la necesidad». Aquí el sentido es doble: voluntad y artificio.
[52] Véase *infra,* p. 83.

en resonancias muy variadas: la mera voluntad real, fuera del control de los súbditos, asegura el éxito de esos expedientes; y a menudo esa voluntad real se delega y la imposición de nuevos gravámenes está «al arbitrio» de autoridades municipales sin prestigio o de particulares codiciosos. A menudo son los propios particulares los que han dado el «consejo», el «aviso» que se dice competente, que finalmente redunda en beneficio del autor. En forma de un «medio propuesto», de un «remedio imaginado», se han limitado a menudo a promover un expediente más, nueva fuente de ruina pública. Pero el éxito de las personas que presentan «avisos» multiplica el número de los autores de proyectos. Se temen las novedades que salen de su imaginación —desde el proyecto de grandes obras públicas a los cambios monetarios—. Ciertas extravagancias estimulan durante cierto tiempo la sátira que se agota después y deja a *arbitrio* el sentido más débil de estratagema sospechosa.

Un cuadro puede ayudar a resumir esas filiaciones y vínculos:

En 1611, sin embargo, si bien todo el mundo sabe lo que es un *arbitrio,* ¿se da ya un nombre a los que se han especializado en proponer al Rey remedios para el reino? Covarrubias no nos dice nada al respecto. Pero quizá el pueblo ha forjado ya un término nuevo. Si no lo ha hecho, los escritores no tardarán en hablar en su nombre.

2. Arbitrista

Nacimiento

> Digo que en las cuatro camas que están al cabo desta enfermería en la una estaba un alquimista, en la otra un poeta, en la otra un matemático, y en la otra *uno de los que llaman arbitristas.*

Tal es, salvo mejor parecer, la partida de nacimiento de la palabra en su uso literario. Está firmada por Cervantes, en el *Coloquio de los perros,* publicado en 1613 [53].

Como siempre en un caso parecido, se duda entre la aceptación pura y simple de lo que sugiere Cervantes —la existencia anterior de la palabra que emplea— y la atribución total de la paternidad del vocablo a un autor que no carecía de invención verbal ni de habilidad para hacer aceptar sus innovaciones.

La elección, en todo caso, es excelente para el uso satírico que inaugura. El sufijo *-ista* es ese sufijo profesional que adquiere un matiz peyorativo en cuanto se agrega a un término que no debía en principio designar una profesión; al igual que el francés familiar reciente ha forjado *arriviste*

---

[53] Para la referencia y la discusión del texto completo cf. *infra,* p. 60. Hagamos constar aquí que todo lo subrayado en las citas de este estudio, lo es por nosotros, salvo indicación contraria.

(de donde procede el español arribista) o *affairiste,* la noción
de arbitrio podía y debía dar lugar a esa designación de
los hombres que las Cortes de 1588 pedían que se expul-
saran de la Corte.

La hipótesis de un origen popular, espontáneo al menos,
(ya que nada indica que la sátira de las costumbres políticas
no fuese también incumbencia de la calle y no solo de círculos distinguidos) no puede rechazarse sin examen cuando se
trata de la palabra «arbitrista». En efecto, un testimonio
de 1610 muestra que la propia palabra *arbitrio,* en el sentido
a la vez estricto y complejo al que nos hemos referido, for-
maba parte del vocabulario corriente, pero desdeñado por la
élite literaria. El doctor Pérez de Herrera, médico de galeras, especialista de los problemas de asistencia pública y
cuya evolución hacia el arbitrismo más caracterizado veremos, decía de sus propias obras:

> que por tratar de cosas tocantes al bien público no
> merecen estos mis pensamientos el nombre de «arbi-
> trios» (*que el vulgo llama*) [54].

Por ello, siempre o casi siempre en la literatura, «arbitrio», en ese sentido e incluso en otros, solo se empleará
irónicamente. Había llegado el momento de designar a los
especialistas de ese género de producción detestado por el
público. El literato no tenía más que recoger en alguna
tertulia una palabra que hacía gracia, o que inventarla.

Nuestros ficheros recientes constan de dos datos docu-
mentales que indican un empleo de la palabra anterior a
este de Cervantes.

El primero puede ser de 1606. Se trata de una carta

---

[54]   Citado por A. G. de Amezúa y Mayo, en su edición del *Casamiento engañoso* de Cervantes, nota 351. Para la obra de Pérez
de Herrera y su sentido arbitrista, véase *infra,* p. 180.

de Pedro de Valencia al licenciado Mardones, escrita desde Zafra, en 27 de octubre de aquel año, y conservada por una *copia* de la Biblioteca Nacional de Madrid (ms. 1.160, fol. 22). Dice el gran humanista:

> De mi digo que aunque aborrezco todo este genero *de los que llaman* arvitrios y deseo servir a S. M. *no de Arvitrista,* sino de Antidoto y defensor del Reyno contra el veneno lisongero y engañoso de los Arvitristas...

Publicó en parte esta carta Serrano y Sanz en un artículo de la *Revista de Bibliotecas* (3.ª ép., t. III, 1899, pág. 161) sin mencionar que su fuente era una copia a todas luces muy tardía. Pero con todo, no hay motivos para dudar de la verosimilitud de su fecha.

El segundo documento es de más estricta autenticidad. A finales de julio de 1611, el conde de Añover escribe desde Bruselas a Felipe III sobre unos «arbitrios de la moneda» que le habían sido propuestos. El 18 de agosto, el Consejo de Estado advierte al Rey:

> que no se inclina... a q. vengan [los autores del proyecto] antes de saber q. es cosa de sustancia por la poca fee que tiene con arbitristas y ser esta la traça mas segura.

Esta nota, redactada en plena sesión del Consejo se conserva en el Archivo General de Simancas, fondo *Estado* (Flandes) (legajo 262 a, n.º 241). En el mismo lugar (n.º 243), hay un traslado de esta misma nota donde la palabra *arbitrista* se copia con mucha vacilación, recargando el subfijo *-istas* sobre un «arbitrios» errado. Este levísimo fallo de un calígrafo oficial delata cómo un término surgido espontáneamente entre los más distinguidos ministros reales, no es todavía muy familiar. Pudo aparecer la palabra, por lo tanto, en el medio de los burócratas palaciegos de toda ralea, que por su cometido centralizaban la mayoría de los proyectos a ellos dirigidos desde todo el ámbito de la «monarquía» imperial.

Así, en 1613, el lector de las *Novelas ejemplares* encuentra por primera vez en un texto literario un vocablo, quizás prestado por el *argot* de los covachuelistas reales. La expresión «los que llaman» en Pedro de Valencia, en Herrera, en Cervantes, no se trata todavía de una palabra universalmente admitida. En efecto, para designar a un personaje del mismo género (con matices quizás un poco diferentes) Liñán empleará en 1620 a su vez el «a que llaman», y dirá:

> hombres...a que llaman *arbitrarios* u hombres que dan arbitrios [55].

Quevedo, en el *Buscón,* publicado más tarde pero escrito sin duda antes de 1610 [56], presenta un «loco repúblico o de gobierno» y no emplea la palabra «arbitrista».

Por último, el primer ejemplo a la vez característico y bien fechado de un arbitrista en el teatro no se designa ni es designado así, aunque su papel consiste en una presentación de arbitrios típicos (1616) [57].

Después de 1620

En 1620, sin embargo, es decir, en el mismo año que Liñán, Salas Barbadillo utilizaba el término en *El sagaz Estacio,* y el éxito, a partir de esa fecha, está asegurado. Pese

[55] Véase *infra,* p. 75.
[56] Sobre el delicado problema de la fecha de redacción del *Buscón,* debemos ahora remitirnos a la sabia edición del profesor Lázaro Carreter (Madrid. C.S.I.C., 1966).
[57] Tirso de Molina, *Próspera fortuna de don Álvaro de Luna.* Véase *infra,* p. 114.

a ello y hasta en los textos más tardíos, como ese entremés inédito que se llama *El arbitrista o el órgano de los gatos,* quizá del siglo XVIII, es raro que no se insista en el carácter excepcional y poco familiar de semejante calificación profesional; en la extrañeza de los personajes ante la palabra radica durante mucho tiempo el secreto de la *vis comica* de la figura.

Algunos textos prueban que la palabra no dejaba de formar parte, a mediados de siglo, del vocabulario de los autores serios: sin dejar de tener carácter peyorativo, pero sin matiz cómico, Gracián la emplea para designar los autores de una literatura política de segundo orden [58]; Barrionuevo, en sus crónicas de Madrid, dirigidas a provincianos, la aplica con toda naturalidad a las personas que proponen arbitrios [59].

Agreguemos simplemente que en los siglos XVIII y XIX, cuando «arbitrio» habrá perdido su sentido de expediente financiero y de proyecto extravagante para conservar solo sus antiguas acepciones y la muy restringida de tasa local, la palabra «arbitrista» sobrevivirá, con la implicación peyorativa que le ha dado la literatura [60]; pero terminará por

[58]   Véase *infra,* p. 175.
[59]   En *Avisos,* ed. 1852, t. II, p. 262. En 1599, un proyectista como Andrés Ortega habla de los «muchos *abiseros*» que han acudido a la Corte (ms. en *Papeles Varios de Jesuitas,* t. 186, pa. 8, R. A. de la Historia).
[60]   Torres Villarroel, *Obras,* Madrid, 1794 (*Sueños morales,* t. X, p. 146): «Ándase un arbitrista —como hacen todos— cambiando sus ideas por plata y oro.» Cf. *ibid.,* pp. 141, 268, y t. XI, pp. 53, 94 y 169. A principios del siglo XIX, Bartolomé José Gallardo hablará de «literatos arbitristas» (*Obras escogidas,* t. I, p. 122, col. «Clásicos olvidados»). Duque de Rivas, *Obras,* Madrid, 1854, t. III, p. 181: «arbitrista sin blanca», y t. V, p. 376: «absurdo arbitrista». Perdura el sentido burlón y despreciativo del vocablo, aplicado a personajes de la actualidad, en autores modernos, como G. Miró (*Palma rota*) y C. J. Cela (*El gallego y su cuadrilla*). Por otra parte, al querer fijar los deslindes que separan los conceptos de *proyecto* y *arbitrio,* José Múñoz Pérez no aporta desgraciada-

designar una categoría histórica pasada: los autores de proyectos y los comentadores del tiempo de la decadencia, lo que es más o menos exacto, sin serlo totalmente. Colmeiro, para distinguir entre los tratadistas o políticos de gran mérito y los arbitristas, aplica su criterio personal de economista liberal del siglo XIX.

Los diccionarios históricos más recientes [61] le seguirán, incluso en sus prejuicios más evidentes. Cánovas del Castillo, basando su documentación igualmente en Colmeiro, dedicó a los arbitristas una conferencia y un artículo para concluir asimilándoles a los periodistas incompetentes [62].

Existe aquí una ligera deformación del sentido original de la palabra y de la sátira. Los hombres del siglo XVII no habían atacado tanto la incompetencia *técnica* de los arbitristas como la ingerencia de esos hombres de poca monta en los problemas de alto bordo del Reino y el peligro, sobre todo, de los consejos interesados en materia de expedientes fiscales. En verdad, el problema es más complejo todavía y el fenómeno que hay que estudiar en torno a *arbitrio* y *arbitrismo,* no es único. Al final del siglo XVII, sin embargo, y comienzos del XVIII, cuando se redactaba el *Diccionarios de Autoridades,* se definía así «arbitrista», invocando a Cervantes y Quevedo:

> ARBITRISTA. s.m. El que discurre y propone
> medios para acrecentar el Erario público, o las rentas
> del Príncipe. Viene del nombre «arbitrio», pero esta

mente referencias textuales de la competencia entre ambos vocablos durante el siglo XVIII. Véase su interesantísimo artículo: «Los proyectos sobre España e Indias en el siglo XVIII: el proyectismo como género», *Rev. de Estudios Políticos,* vol. LIV, núm. 81, Madrid, mayo-junio, 1955.

[61] *Diccionario de Historia de España,* s. v. ARBITRISTA, por F. E. [Fabián Estapé], Madrid, 1954.

[62] Cánovas del Castillo, *Problemas contemporáneos,* Madrid, 1884 (*Obras,* t. I, pp. 305-328).

voz comúnmente se toma en mala parte, y con universal aversión, respecto de que por lo regular los Arbitristas han sido muy perjudiciales a los Príncipes, y mui gravosos al común sus trazas y arbitrios. LAT. «Homo plerumque noxius, qui Principibus et rebus publicitis rationis suggerit augendis populorum vectigalibus»[63].

Pero quizá esa definición sea un poco demasiado severa. Solo retiene el aspecto solemne y serio de las condenas. El mismo *Diccionario de Autoridades* atenúa la impresión y se aproxima a los aspectos jocosos y a las risas de la sátira, al insertar los equivalentes literarios que se han intentado emplear de la palabra arbitrista: «ARBITRARIO: lo mismo que arbitrista. Voz jocosa...» «ARBITRERÍA: equivale a semilla de arbitrios o generación de arbitristas. Es voz jocosa e inventada.» «ARBITRIANO: lo mismo que arbitrista. Es voz jocosa e inventada.»

Nadie se sorprenderá de encontrar solo a Quevedo como «autoridad» invocada para esas «voces jocosas e inventadas». «Arbitrario», sin embargo, parece tomarse más en serio por Liñán en 1620; es sin duda la palabra que se pronunciaba al mismo tiempo que «arbitrista» antes de la consagración literaria de este último término.

Queda, en fin, «ARBITRANTE: lo mismo que arbitrista. Es voz de poco uso», dice el *Diccionario de Autoridades.* Pero Cervantes la dice dos veces en el *Coloquio:*

Riyéronse todos del arbitrio y del arbitrante,

y en el *Quijote:*

en pensamiento de arbitrante alguno[64].

[63] *Diccionario de Autoridades,* ed. 1726.
[64] *Infra,* p. 69.

Ahora bien, aquí la palabra no es una invención literaria. Sale directamente del vocabulario peculiar de los arbitrios. Si bien ningún auténtico arbitrista se designa a sí mismo con ese calificativo, en las discusiones se llama a veces «arbitrante» a la persona a quien se contradice [65]. La palabra era graciosa y ha gustado a Cervantes. Pero «arbitrista» era más cruel.

Traducciones

Queda por hacer referencia, para acabar de esclarecer lo que los hombres del siglo XVII entendieron por «arbitrista», a las traducciones extranjeras de la palabra española y a los términos extranjeros que los españoles han creído que debían traducir por «arbitrista» [66].

En francés, «arbitrista», sin discusión alguna, es *donneur d'avis.* «Moy, messieurs, suis Donneur d'avis», dice el arbitrista del *Coloquio,* en la traducción de Audiguier (París, 1615).

Todavía en el siglo XVIII, los traductores del *Quijote* traducen siempre arbitrio por *advis* [67]; señalemos que Viardot, en el siglo XIX, querrá ser más explícito para sus lectores diciendo *expédient* [68]. Y es que se ha olvidado entonces algo que en la Corte de Francia equivalía (pero de muy lejos sin duda en cuanto a la intensidad del fenómeno) a la apelación a los «arbitrios» del tiempo de Felipe II y Feli-

[65] Madrid, B.N.., R.-Varios, 198-73, *Memorial contra el arbitrio sobre el consumo del vellón:* «aunque el *arbitrante* como lo propone no lo cumple...»
[66] Para las equivalencias propuestas por los diccionarios extranjeros coetáneos, véase el citado *Tesoro lexicográfico* de Gili Gaya, cuyas primeras referencias son de 1705-1706.
[67] *Histoire de l'admirable don Quichotte de la Manche,* ed. 1771, París, por la Cie des Libraires, t. III, p. 4.
[68] En ed. Bordas (R. Larrieu), t. II, p. 12.

pe III: era el «droit d'avis», que le valía por otra parte una retribución a quien lo ejercía[69].

Por «arbitrista», los italianos traducirán *avvisatore*[70], y los ingleses, a principios del siglo XVIII, decían *projector*[71], lo que no carece de interés, al haber escogido unos el matiz «opinión» y los otros el matiz «proyecto», ambos incluidos en la noción de arbitrio.

Por último, en 1634, aparece una traducción española de los *Ragguagli* de Boccalini, publicados en italiano en 1612; un capítulo entero está dedicado a la sátira antiarbitrista; al menos es por «arbitrista» que el traductor —un portugués— ha creído traducir lo que solo es en italiano, visiblemente, una «voz jocosa e inventada»: *arcigogolanti*, decía Boccalini[72]. Ningún diccionario italiano ha podido aclararnos el sentido de esa palabra, en la que parece entrar el griego *archeia*, es decir, gobierno, y quizá *goes* —čuya primera acepción es «que se lamenta» y la segunda «brujo» y después «charlatán», «impostor». Los arbitrios de esos *arcigogolanti* se llaman «arcigogoli»; incluso abren una tienda de «arcigogolaria». Pero la descripción apunta, sin duda, a los grandes «asentistas» genoveses y florentinos de las finanzas públicas europeas y su «arte» se confunde

<hr>

[69] Cf. Molière, *Les Fâcheux*, III, 3 e *infra*, p. 159, Pérez de Herrera (*Remedios*, fol. 31) dice que no solicitará «arbitrio», pareciendo dar a «arbitrio» ese sentido de «derecho de autor», pero es el único caso.

[70] *Il novelliere castigliano*, fol. 714.

[71] *Tesoro lexicográfico*, de S. Gili Gaya, s. v. ARBITRISTA (según J. Stevens, *A new Spanish and English dictionary*, Londres, 1706). Resulta interesante la iniciativa de Morel-Fatio, quien llama *idéologue* al arbitrista cervantino: *Etudes sur l'Espagne*, t. I, pp. 323-324.

[72] Boccalini (Trajano), *Ragguagli di Parnaso*, en «Scrittore d'Italia», ed. Giuseppe Rua, 1912, t. II, p. 208 (t. 39 de los «Scrittore»). Para los *Avisos*, en la traducción española de Fernando Peres de Sousa, cf. *infra*, pp. 93 y 156.

con «l'importantissimo negozio delle gabelle». La acepción financiera está, pues, fuera de duda.

La fantasía verbal de Boccalini es muy próxima de la de Quevedo y ha podido inspirarlo. De ahí a traducir por *arbitrista* la palabra de Quevedo «Alkemiastos», nombre que da a un personaje de *La Isla de los Monopantos,* la audacia es quizá un poco excesiva [73]. Es verdad que el personaje descrito, identificable por otro anagrama, es el Padre jesuita Salazar, supuesto inventor del papel sellado y por ende prototipo mismo del arbitrista tanto a los ojos de las personas cultas como del pueblo, ya que es de él del que se cantaba:

> El arbitrista cruel
> Del dozavo y de la sal
> Para acabar de hacer mal
> Echó el sello en el papel [74].

Nos encontramos aquí en un lugar donde concurren la sátira de la calle y la labor literaria antiarbitrista.

Ortografía

La grafía de ambas palabras, dentro de la aparente anarquía de la época, refleja en parte la multitud de problemas semánticos que acabamos de evocar, así como los azares de su aceptación.

Las vacilaciones más corrientes ilustran la gran contienda

---

[73] Quevedo, *Obras completas, Verso,* ed. Astrana Marín, Madrid, Aguilar, 1943, *Prólogo,* p. XLVIII (a). Astrana Marín escribe «Aykemiastros» y traduce «arbitrista inicuo»; pero el texto dice «Alkemiastos».
[74] Libelo contra la pragmática «del papel sellado» de 1636, citado por Cotarelo, *El conde de Villamediana, estudio histórico-crítico,* Apéndice IX, «Sobre la literatura satírica en España», p. 324, nota 1.

ortográfica entre la tendencia culta, etimológica, y la tendencia popular, fonética. *Arbitrio* es una palabra culta, pero muy manoseada (en el ámbito administrativo-jurídico-hacendístico) por «escribanos» buenos pendolistas, pero no muy letrados. Además, encierra un grupo consonántico —*rb*— nada fácil de salvar por la pronunciación corriente[75].

La grafía *advitrio* y *aduitrio* domina en los centenares de documentos manuscritos que hemos llegado a manejar en los archivos[76]. Se transmite a veces al derivado *advitrista*[77]. La relativa falta de familiaridad se trasluce en grafías aberrantes como la de *adbitio*[78]. Al pasar por el crisol de la impresión —donde intervienen correctores más humanistas— se impone la opción *arvitrio* o *arbitrio*. Las vacilaciones se notan hasta muy entrado el siglo XVIII.

[75] Sobre el genovés *abretio* (derivado de *ad arbitriu),* véase E. H. Tuttle, *The Romanic Rewiew,* vol. VI, 1915, p. 343 (Etimolojic notes).

[76] Véase J. Torre Revello, *Rev. de Filología Hispánica,* VII, 1945, p. 39 (nota). «*Adbitrio*» no se puede atribuir «casi ciertamente» a ningún autor particular, como parece suponerlo I. S. Révah, a propósito de Enríquez Gómez *(Revue des Etudes Juives,* 4.ª serie, t. 1, p. 114). El ms C del *Buscón,* de Quevedo, da *advitro* (ed. Lázaro Carreter, pp. 99-101); un ms de Luis Fernández de Paredes sobre la «Fundación de Erarios» (B.N.M. 6.783) escribe «*arbitro*». En un documento de Simancas (Patronato Real, leg. 15-5) de 1621, el amanuense corrige «*Advitrio*» en «*Aruitrios*».

[77] Así, en 1620, en un memorial de Jorge de Henín, típico arbitrista antiarbitrista. La misma grafía, en la edición príncipe del *Diablo Cojuelo,* de Vélez de Guevara (1641): véase ed. Bonilla San Martín, Madrid, 1910 (Bibliófilos Madrileños), pp. 29 y 122-123.

[78] En una nota transversal a unos papeles de Cristóbal de Cabezón, de agosto de 1604 (Biblioteca y Archivo del Duque de Alba, Ca 131, pieza 73).

Capítulo II

El arbitrista en la prosa novelística

L os textos que vamos a presentar tienen como característica común el pertenecer a la ficción literaria. Con matices que van del efecto cómico de pura fantasía a las sentencias morales más graves, los autores de la novela, del entremés o de la comedia han realizado todos, a este respecto, en grado diverso, un trabajo de elaboración creadora. Su propósito no es en modo alguno aportar directamente elementos concretos para la descripción del fenómeno ni plantear sus problemas con la abstracción necesaria. Si lo abordan, es relacionando el tema con un personaje inventado, como una *figura*.

Los textos literarios que tratan *directamente* de los hechos del arbitrismo y de las cuestiones que plantea se presentarán más adelante, ya que pueden esclarecer las intenciones y el mecanismo de esa elaboración.

Cada género literario tiene sus normas y da su sello particular a la presentación de un personaje que, como el arbitrista, es común a varios de ellos. Por ello se imponía aquí la clasificación por géneros, sin perjuicio de reservar para más adelante un breve examen en orden cronológico, capaz de mostrar otras conexiones, y a pesar de la relativa inadecuación de este concepto a la producción literaria clásica.

La novela, en general, guarda al menos la apariencia de una «historia de la vida». Cuando se convierte, como *La hora de todos,* en un «tratadillo», en una «fantasía moral», respeta mucho menos los requisitos de la verosimilitud. El paso del personaje de la novela al escenario en el entremés no hace más que reforzar esa evolución. La ficción cobra finalmente todo su auge en el gran género de la comedia.

Además, en seguida se advierte que esa progresión, que corresponde a un perfeccionamiento paulatino del grado de elaboración literaria, se ajusta precisamente a la sucesión cronológica de las obras; es normal, en efecto, que entre estas exista una relación estrecha. Presentamos a continuación, en el orden cronológico de sus primeras publicaciones, los elementos que hemos recogido a través del género llamado novelesco, el cual debe tanto aún, por aquellas fechas, a sus modelos italianos.

Cervantes, *Coloquio de los perros* (1613)[1]

Es en Cervantes en donde hay que buscar el texto primordial, en el sentido estricto de la palabra, ya que muy probablemente es el primero que da al tipo del arbitrista una expresión literaria, *el primero, al menos de los textos publicados,* que muestra su originalidad, el primero, como sabemos, que inventa o recoge su nombre.

También se trata del texto más célebre. Todos los co-

---

[1] Cervantes, *El casamiento engañoso y El coloquio de los perros,* ed. crítica de A. González de Amezúa y Mayo, Madrid, 1912. Véase *Introducción,* pp. 147-151 y notas 349-351.

mentaristas se han apoyado en él y a menudo solo en él[2]. No obstante, no han agotado ni con mucho su riqueza. Lo han considerado además y sobre todo como un testimonio y no como el origen más característico de la elaboración literaria de un tipo ficticio. Ahora bien, insuficiente a todas luces como testimonio, fija en cambio la figura del arbitrista, establece los rasgos caricaturales que la harán tan famosa.

Y la primera prueba de que Cervantes ha concebido al arbitrista, personaje nuevo, a la manera de un *tipo,* está en que lo asocia a personajes que ellos sí son tradicionales: el poeta, el alquimista, el matemático.

Berganza, en el hospital de Valladolid, ha observado cuatro enfermos, «cuarto juntos en cuatro camas apareadas».

> Digo que en las cuatro camas que están al cabo desta enfermería, en la una estaba un alquimista, en la otra un poeta, en la otra un matemático y en la otra uno de los que llaman arbitristas.

Cuatro pobres diablos, cuatro pensamientos en ebullición; ese contraste entre la altura quimérica de sus preocupaciones y la miseria de su situación fija el rasgo común de una categoría caricaturesca, a la que el arbitrista va a encontrarse vinculado a partir de entonces.

La novedad estriba en que a los tres desvaríos clásicos: ficción caballeresca, transmutación de metales, cuadratura del círculo, viene a agregarse el nuevo despropósito del remedio único de los males del Estado.

Cada personaje dibuja su propio retrato. Y es este el mejor procedimiento cómico. La vocación propia del arbi-

---

[2] Véase nuestra Introd., y, entre otros, J. Zarco Cuevas, «Introducción» a las *Relaciones* de Pueblos del Obispado de Cuenca, 1927, p. LX, notas 1 y 2, y Modesto Ulloa, *La Hacienda real de Castilla en el reinado de Felipe II,* s. f., p. 425.

trista ¿da un sabor original a la presentación que hace de sí mismo?

> Yo, señores, soy arbitrista, y he dado a Su Majestad en diferentes tiempos muchos y diferentes arbitrios, todos en provecho suyo, y sin daño del reino; y ahora tengo hecho un memorial, donde le suplico me señale persona con quien comunique un nuevo arbitrio que tengo, tal que ha de ser la total restauración de sus empeños; pero por lo que me ha sucedido con otros memoriales, entiendo que este también me ha de pasar en el carnero. Mas porque Vuestras Mercedes no me tengan por mentecato, aunque mi arbitrio quede desde este punto público, le quiero decir que es éste...

Que estén tomados de la realidad, inventados o forzados para agudizar la sátira, los elementos de este autorretrato —desconocidos hasta entonces en Cervantes— reaparecerán en lo sucesivo hasta en sus menores detalles, como automáticamente, en cada evocación literaria del arbitrista.

Por lo pronto, el arbitrista se designa a sí mismo con ese nombre, y la aceptación de ese término por el personaje, cuando se trata de una palabra nueva, inhabitual, popular quizá, peyorativa sin duda, sorprende y hace reír al lector de la época. El teatro sacará provecho de este hallazgo.

Otro efecto garantizado es el que produce la confesión —y casi el orgullo— de una abundancia inagotable en la imaginación productora: «en diferentes tiempos muchos y diferentes arbitrios», seguida inmediatamente de una afirmación grandilocuente de maravillosa eficacia. El efecto satírico tiene aquí enorme alcance, al obligar al lector a preguntarse si la conciliación de los intereses financieros del rey con la prosperidad del reino no es una quimera que haya que clasificar al lado de la transmutación de los metales y de la cuadratura del círculo. Además, el concepto de «restauración total» —lugar común más característico del arbitrismo— parece dar todavía mayor fuerza a la inverosimilitud de las pretensiones anunciadas.

Y, en seguida, el empleo del contraste, de que tanto gusta Cervantes: el hombre no cree del todo en su propia ilusión; vuelve a la tierra para comprobar que casi ni se le escucha; es un fracasado y lo sabe; sabe incluso que sus interlocutores le considerarán, a primera vista, un mentecato. Es la vía que conduce al *loco-arbitrista,* uno de los desarrollos del tema.

Por último, al arbitrista le gusta perorar; arde en deseos de exponer sus proposiciones, pero al mismo tiempo, por orgullo y por interés, se deja llevar por el afán del *secreto* —secreto de Estado y secreto técnico—. Cervantes, siempre sutil, solo indica ese juego contradictorio por una alusión: «aunque mi arbitrio quede desde este punto público». Todos los otros autores usarán y a veces abusarán de este recurso cómico del tipo.

Recurso que tiene otro aspecto más: el arbitrista que nos presenta la literatura es a la vez soñador *e interesado;* la sátira que se le hace es más concreta, más actual que la que se refiere al alquimista o al matemático; siempre hay la sospecha de que sugerirá al Rey alguna nueva exacción fiscal, de la que sacará él mismo provecho; y es en esto en lo que debía pensar el lector cuando encontraba en Cervantes la profesión de fe que, incluso muriéndose de hambre, hace un arbitrista:

Y reniego yo de oficios y ejercicios que ni entretienen ni dan de comer a sus dueños.

Tal es pues el arbitrista. Pero toda la comicidad del tema no se reduce al personaje o a la evocación imprecisa de sus preocupaciones. Reside también en la *forma* en que expresa su vocación. Del mismo modo que existe una poesía pedante o una ciencia abstrusa cuyas fórmulas se prestan a la parodia, de igual manera que la jerga jurídica de las *Premáticas* tentó al genio mimético de Quevedo, el confusionismo de «Memoriales», «Discursos», «Advertimientos», «Arbitrios», sugería a los escritores fáciles efectos cómicos. Así, después de presentarse, el arbitrista de Cervantes nos da una muestra del estilo de su memorial, procedimiento que se mantendrá en toda la serie de evocaciones parecidas:

> Hase de pedir en Cortes que todos los vasallos de Su Majestad, desde edad de catorce a sesenta años, sean obligados a ayunar una vez en el mes a pan y agua, y esto ha de ser el día que se escogiere y señalare, y que todo el gasto que en otros condumios de fruta, carne y pescado, vino, huevos y legumbres que han de gastar aquel día, se reduzga a dinero, y se dé a Su Majestad sin defraudarle un ardite, so cargo de juramento, y con esto en veinte años queda libre de socaliñas y desempeñado.

Así, la total restauración, el único remedio, es el «plato único», que se impone además una sola vez al mes. Entre la solemnidad del anuncio, la pompa del estilo, y el simplismo de la proposición, entre la gravedad de los problemas públicos (que todo el mundo conoce) y la ingenuidad de la solución, el desequilibrio suscita la risa. La ocasión no podía escapar a los autores cómicos y satíricos de toda condición.

Por lo tanto, si el orden cronológico de las publicaciones no engaña demasiado, si no hemos dejado escapar ningún texto importante anterior al 1613, y si no circulaba entonces algún manuscrito que hubiese podido inspirar a Cervantes [3], el *Coloquio* con el arbitrista, ofrece verdaderamente una *creación*.

---

[3] Véase *infra*, p. 78, sobre la posible anterioridad del *Buscón*, de Quevedo.

No es todavía el momento de examinar *todos* los aspectos de esta creación, ya que algunos de ellos se refieren a problemas más generales que solo se abordarán en la tercera parte de este estudio. El arbitrio que se da en el Hospital de Valladolid, en un pasaje que no hemos citado, está tan exactamente calcado de ciertos arbitrios auténticos, que será más fructuoso analizarlo cuando se hable de las fuentes concretas del tema en general.

¿Cuál es la conclusión, sin embargo, que puede inferirse desde ahora? ¿Cuál es el «ejemplo provechoso» propuesto por Cervantes a su lector —es decir, en realidad, su opinión sobre la figura que ha creado?

¿Ha querido hacer odioso a su personaje —como ocurrirá con otros autores?—. Ciertamente, no. Solo lo ha hecho un pobre hombre. Un pobre hombre ridículo, desde luego, ya que Cervantes, cuando la opinión popular se ha pronunciado, se guardaría mucho de no estar con los que ríen.

Y, sin embargo, nos espera un efecto de sorpresa muy cervantino.

Riyéronse todos del arbitrio y del arbitrante, y él también se riyó de sus disparates, y yo quedé admirado de haberlos oído, y de ver que, por la mayor parte, los de semejantes humores venían a morir en los hospitales.

Esta risa final del personaje sobre sí mismo —y esta especie de absolución de los cuatro locos— muestra cierta simpatía.

Y sería un error sin duda limitarse, para penetrar en las intenciones profundas del episodio, a la única réplica de Berganza donde se nombra al arbitrista. Unas líneas más lejos, el perro evoca otro recuerdo de hospital. ¿Es el mismo enfermo de antes quien le ha sugerido que realice una

65

5

gestión que corresponde exactamente al del arbitrismo? El hecho es que el perro se empeña en hablar al corregidor

> para decirle ciertos advertimientos que había oído decir a un viejo enfermo de este hospital acerca de cómo se podía remediar la perdición tan notoria de las mozas vagamundas...

«Advertimiento»..., «remediar»..., «plaga intolerable»..., «eficaz remedio». Todo el vocabulario está asimilado. Berganza se ha vuelto arbitrista y esta vez, sin duda alguna, es un arbitrista «de buena intención».

Ahora bien, ¿qué es lo que le ocurre? La vuelta a lo real se realiza en los confines de la angustia:

> Digo que queriendo decírselo, alcé la voz, pensando que tenía habla, y en lugar de pronunciar razones concertadas, ladré con tanta priesa y con tan levantado tono que, enfadado el corregidor, dió voces a sus criados que me echasen de la sala de palos...

¿A quién se condena aquí: al arbitrista que solo sabe «ladrar con priesa y con levantado tono», o al corregidor que solo quiere oír ladridos en lo que dice el arbitrista? ¿Quién tiene razón?: Berganza, que protesta —«me parece que no merecía tal castigo mi buena intención»— o Cipión que, haciendo de Sancho Panza, concluye en un conformismo banal pero sólido: —«mira Berganza, nadie se ha de meter donde no le llaman» y «nunca el consejo del pobre, por bueno que sea, fue admitido».

Por cierto, algunas actitudes del Guzmán de Alfarache, como personaje, participan de la misma ambigüedad. Solo por no aparecer en la novela de Mateo Alemán acepciones claras de los vocablos *arbitrio* y *arbitrista,* la hemos descartado de nuestra filiación literaria.

En el pícaro joven de la *Primera Parte* (1599) asoma el mismo aspecto semi-folklórico y fácil del pobre hablador y entrometido «que tan bien gobierna como todos». Según el refrán, «hombre pobre todo es trazas», y el ocio propio de la condición pícara favorece la recolección y la transmisión de los bulos políticos:

> Cada corrillo y casa se hace Consejo de Estado. La de los pícaros no se duerme, que también gobierna como todos, haciendo discursos, dando trazas y pareceres...
> que allí también son las aulas y generales de los discursos, donde se ventilan cuestiones y dudas, donde se limita el poder del turco, reforman los consejos y culpan los ministros. (1.ª parte, libro II, cap VII).

El Guzmán experimentado de la *Segunda Parte,* en su famoso discurso sobre el Hurto (L. II, cap. VII) confiesa claramente su ínfulas de arbitrista al decir:

> Bien sé yo como se pudiera todo remediar con mucha facilidad en aumento y de consentimiento de la república, en servicio de Dios y de sus príncipes; mas, ¿heme yo de andar tras de ellos, dando memoriales, y, cuando más y mejor tenga entablado el negocio, llegue de través don Fulano y diga ser disparate, porque le tocan las generales, y de con su poder por el suelo con mi pobreza? ... *Por decir verdades me tienen arrinconado, por dar consejos me llaman pícaro y me los despiden.*

Publicada en 1604, esta página no puede dejar de figurar en el complejo expediente de la controversia sobre el arbitrismo. Cervantes pudo inspirarse en esta posición de Mateo Alemán. El estricto descriptivismo ahorra cualquier enjuiciamiento. Pero al abrigo de las ridiculeces del personaje,

¿no queda vigente el *contenido* de las críticas y de las propuestas formuladas por el pícaro-arbitrista? Sobre la corrupción de los funcionarios municipales, los contratos matrimoniales o las «contraescrituras» (mohatras), Mateo Alemán redacta auténticos memoriales novelizados; estos completan e ilustran los grandes tratados teológico-morales del siglo XVI sobre los «contratos» que se anticipan a la literatura propiamente arbitrista, a la cual viene tan vinculado [4].

Cervantes, *Quijote, II, I* (1615) [5]

Berganza-arbitrista está incluso tan próximo a Don Quijote que sería muy extraño no percibir en este ningún rasgo de arbitrista. Y ese rasgo nos aparece justamente en un pasaje de particular importancia en la composición de la obra, a saber, en la exposición que se hace nuevamente de los caracteres, al principio de la segunda parte, a los diez años de publicada la primera.

Es curioso advertir que para hacer pasar a Don Quijote un «examen» de buen sentido, para asegurarse que ha sanado, el cura y el barbero adoptan como criterio la sabiduría de sus intervenciones en una discusión política. La ironía de Cervantes con respecto a esa tertulia de aldeanos que condenan, reforman, corrigen,

> y de tal manera renovaron la república que no pareció sino que la habían puesto en una fragua y sacado otra de la que pusieron...

[4] Su imitador pirata Mateo Luján le sigue los pasos, con una diferencia: transcribe en términos propios las mejores páginas del gran arbitrista Pérez de Herrera. Véase B. Labourdique y M. Cavillac, «Quelques sources du 'Guzman apocryphe'», *Bulletin Hispanique,* t. LXXI, 1969, pp. 191-217. Sobre Herrera y Alemán véase p. 181.
[5] Ed. definitiva de Rodríguez Marín, t. IV, 1948, p. 44.

nos permite situar más exactamente en qué momento, en el espíritu de Cervantes, se manifiesta el arbitrismo propiamente dicho. La discusión política no es el arbitrismo. La voluntad abstracta de reformar hace sonreír, pero no entraña locura alguna. El cura y el barbero participan en la discusión. La sobrina y el ama no tienen nada que objetar. Solo cuando Don Quijote abandona el tono del simple cambio de opiniones para anunciar su intención de dar consejos al rey, es cuando el cura y el barbero piensan a la vez: pobre Don Quijote, «que te despeñas de la alta cumbre de tu locura *hasta el profundo abismo de tu simplicidad*». La frase mide la distancia que separa, a los ojos de esas gentes sencillas, el sueño de la caballería, locura noble, del arbitrismo, manía de pobre y pobre manía.

Porque se trata efectivamente del arbitrismo. Don Quijote, en cuanto se pone en duda la sabiduría de su «advertimiento», adopta la actitud tajante que corresponde y que toda una literatura ilustrará.

> El mío, señor rapador —dijo don Quijote—, no será impertinente, sino perteneciente.

A lo que el barbero —voz popular— contesta:

> ...tiene mostrado la esperiencia que todos o los más arbitrios que se dan a Su Majestad o son imposibles, o disparatados, o en daño del rey o del reino.

Entonces don Quijote reviste por unos instantes los atributos de la figura del arbitrista que ya había perfilado el *Coloquio,* habla de su «pensamiento de arbitrante» y parece estar orgulloso de ello; su arbitrio es «el más fácil, el más justo y el más mañero y breve»; se le solicita que precise ese arbitrio, pero comienza por invocar el secreto —y ello por razones de interés, ya que no quiere dejarse robar ni su recompensa ni su gloria.

No querría que le dijese yo aquí agora, y amaneciese mañana en los oídos de los señores consejeros, y se llevase otro las gracias y el premio de mi trabajo.

Pero, naturalmente, arde en deseos de revelar su secreto y lo hace a pesar de la extraña manera que tienen el cura y el barbero de jurarle discreción:

Hay más sino mandar su majestad por público pregón que se junten en la Corte para un día señalado todos los caballeros andantes que vagan por España, que aunque no viniesen sino media docena, tal podría venir entre ellos que solo bastase a destruir toda la potestad del Turco...

Don Quijote ha vuelto pues a su locura primitiva. El rodeo por el arbitrismo era solo un procedimiento utilizado por Cervantes para reanudar el hilo ininterrumpido de su relato. Pero el estilo sigue siendo el del arbitrio («hay más sino mandar»..., «público pregón»..., «día señalado», apariencia de un cálculo matemático de fuerzas...), y el problema que se ofrece a resolver la caballería andante es un problema político verdadero, la amenaza turca, sobre el que razonarán tantos otros arbitristas, verdaderos o ficticios [6].

Así, la controversia del arbitrismo ha sido evocada en el corazón del *Quijote*. La expresión del prejuicio antiarbitrista se ha confiado, voluntariamente, a las figuras que representan al *vulgo*. No es seguro que Cervantes se asocie con ellos. Ha encarnado fugitivamente al arbitrista en Don Quijote;

[6] Véase Albert Mas, *Les Turcs dans la littérature espagnole du Siècle d'Or*, París, 1967, 2 vols.

ha situado pues la locura de esa figura más alto de lo que lo hacía la opinión pública, que no veía en ella más que «simplicidad» o mala fe. No sin razón, esos soñadores de la batalla política, los arbitristas de buena intención, participan aquí de la grandeza del héroe. [7].

Salas Barbadillo, *El sagaz Estacio, marido examinado* (1620) [8].

Esta novela dialogada introduce al arbitrista, como había hecho el *Coloquio de los perros,* en una serie de figuras que son convencionales, aunque en grado muy diverso: el médico, el tahur, el mercader, el avaro, el aventurero de la carrera de las Indias, el charlatán («autor de milagros»), el inevitable astrólogo.

El arbitrista, entre el aventurero y el charlatán, tiene derecho a una intervención especialmente larga. El procedimiento que se sigue en la exposición no puede ser más artificial: cada personaje es un pretendiente que se presenta por procuración a una ramera que quiere casarse. Sobre el fondo general de la sátira del matrimonio y de las mujeres,

[7] Hemos intentado valorar el alcance de esta página en nuestro artículo «*Don Quijote-arbitrista.* Sobre la reformación en tiempos de Cervantes», *Beitraege zur Romanischen Philologie,* Berlín, 1967. J. Casalduero llega hasta decir: «Este malestar social, con el desasosiego que produce, tan fuertemente presentado al comienzo de la novela, da el tono al segundo *Quijote*» (*Sentido y forma del Quijote, Madrid,* 1949). El ensayo de Maravall sobre *El humanismo de las armas en Don Quijote* señalaba ya, en 1948, el sentido global reformador-utopista de la obra. Su prologuista don Ramón Menéndez Pidal afirmaba (p. XII): «Don Quijote no es un enfermo de la razón, es *un colosal arbitrario.*» «Arbitrario» por no decir «arbitrista», en sentido despectivo.

[8] Salas Barbadillo, *El sagaz Estacio, marido examinado,* Madrid, 1620.

es la ocasión de hacer desfilar algunos fantoches no menos esperados, revestidos cada uno de sus rasgos característicos.

El arbitrista, como corresponde, ha enviado a la ramera un «memorial»... Pero su retrato lo resume así Medina, encargado de leer las cartas de los pretendientes:

> Sus partes son: edad en los años larga, desaliño en la persona, recato grande en la bolsa.

Viejo —ya que hace falta que sea un fracasado—. Poco cuidadoso de su persona —ya que debe ser a la vez pobre y estar perdido en sus sueños—. Necesitado —ya que sus esperanzas de enriquecer al Estado le producen más gastos que beneficios—. Marcela protesta. Pero el criado hace como si creyera que se trata de un candidato de gran futuro:

> Advierta vuessa merced que es hombre de grande traça, y que piensa con sus arbitrios enriquezer al Rey, y enmendar al Reyno.

La viva respuesta de Marcela corresponde a la reacción misma del lector medio, en cuanto el arbitrista se ha dado a conocer claramente por sus fórmulas:

> Iesus Señor, esse hombre es loco, y de los más incurables, pobre de mí, lo que menos me conviene, porque hombre que se entremete en governar la República, no tocándole a él este cuydado, que intentará hazer en su casa, de quien solo será dueño?

Hecha desde el punto de vista del matrimonio y de la casa, esa crítica muestra claramente los dos rasgos que quiere atribuirle la literatura: loco y entrometido; es el hombre que lleva hasta la manía el defecto de mezclarse en lo que no le incumbe.

Naturalmente, la réplica de Marcela es la expresión espontánea de una banalidad superficial. El criado —que en esta novela dialogada hace el papel del *gracioso* de la comedia— va ahora a realizar la tarea satírica de la novela; el procedimiento será doble: por la forma, ridiculizará el arbitrio; por el fondo, recogerá dos temas no menos clásicos: sátira de los afeites, sátira de los «enfadosos».

> Cierto que él da un arbitrio digno de alabança, y es que se eche un tributo en los afeites de las mugeres, por cuya causa los hombres les contribuyen a ellas, y dize, que de qualquier manera ha de ser útil, porque si ellas dexaren de gastallos por no pagar tan grandes derechos, nosotros gozaremos mugeres más limpias, y si prosiguiesen en su error, el Rey aumentará sus rentas.

Este arbitrio económico y fiscal, como la inmensa mayoría de los arbitrios verdaderos, provoca un comentario enjundioso, que parodia a su vez las polémicas entre arbitristas:

> MARCELA. Lo segundo será lo cierto, y todo en daño de las bolsas de los hombres, porque nosotras las que hazemos este oficio hemos de vender nuestras personas con la costa que nos tuvieren, y más nuestra ganancia.

¡Es la teoría tomista del justo precio!
Segundo arbitrio: el impuesto sobre los que causan enfado.

> MEDINA. También dize, que todos los hombres que entre los de buen gusto fueren condenados por enfadosos, paguen un tanto, y los que no tuvieren para satisfazer la condenación, sean puestos en la

plaça a la vergüença, en el mismo lugar que las
regatonas que hazen pesos falsos, para que entonces, haziéndose allí ridículos, den al pueblo otro
tanto plazer cómo le han causado pesar.

MARCELA. Paréceme que él fuera el primero en
quien se executara la ley, porque no sé yo que entre
los hombres de buen gusto nadie sea más enfadoso
que un arbitrista.

La condena no es malévola. ¿Podía limitarse a ella el autor?
Se imponía una sentencia moral más dura y solemne. De ella
se encarga el grave don Pedro, «protector» de Marcela:

Esso es tan cierto que las Repúblicas no pueden
tener mayor alivio que exonerarse de tan perverso linage de hombres, que las más vezes, sin mirar el bien
del Príncipe, ni el de la República, por el provecho
particular solicitan el daño y perdición común [9].

Se da así un paso más en la sátira, sin duda con miras a
otro público distinto, mejor informado de los dramas financieros y de la literatura político-moral, para quien el
arbitrista financiero es, por excelencia, «perverso linage» [10].
La excepción posible —«las más vezes»— se admite, sin
embargo. Es el buen sentido quien habla, no la pasión.

En definitiva, el ridículo de la figura del arbitrista predo-
domina en Salas Barbadillo sobre lo odioso, lo que es natural en la sátira cómica. La conclusión de don Pedro deja
adivinar sin embargo que el sujeto no era exclusivamente
motivo de risa. En cuanto la intención cómica cede el paso
al puro juicio moral, como en los *Avisos* de Liñán, la evocación del arbitrista suscita un eco más serio y más complejo.

[9] La traducción francesa *Le matois mary, ou la courtizanne attra-
pée,* París, 1634, propone interesantes equivalencias lexicales.
[10] Véase *infra,* p. 235.

Liñán y Verdugo, *Guía y avisos de forasteros...* (1620)[11]

El mismo año que *El sagaz Estacio,* aparecía en Madrid la *Guía y avisos de forasteros* de Liñán. La «Novela y escarmiento décimo» está dedicada a poner en guardia al visitante de la Corte contra cierto «género de gente» en el que no tenemos más remedio —aunque con alguna duda y vacilación— que reconocer a un pariente de nuestro arbitrista.

La duda viene de que el relato de Liñán plantea —con notable vigor— el eterno problema del *inventor,* del inventor desgraciado, y el del *simple,* del ingenuo que atraído por el afán de lucro, participa en la ilusión del inventor y acaba finalmente arruinándose. El caso puede parecer muy diferente al del arbitrista que busca soluciones (y sobre todo soluciones financieras) a los males del Estado.

Además, como la primera parte de este estudio nos lo ha indicado, el texto de Liñán, en años de pleno éxito de la palabra arbitrista, no la adopta y recurriendo a la fórmula vacilante «hombres... a que llaman arbitrarios u hombres que dan arbitrios», parece que se mantiene bastante alejado de la gran corriente elaboradora del tipo.

Por último, como se trata del inventor de un *molino,* se siente uno tentado a relacionar el personaje de Liñán con ciertos casos históricos conocidos del siglo XVI [12]; pero por

---

[11] *Guía y Avisos de forasteros, adonde se les enseña a huir de los peligros que hay en la vida de Corte...* en Madrid, por la viuda de Alonso Martín, 1620. Hay reed, por M. de Sandoval (Biblioteca selecta de clásicos españoles, 1923) con una tirada reciente.

[12] En la *Bibliothèque Mazarine* de París, hay un manuscrito (ms. 1907, fols. 151-178) del «ingeniero» italiano Juan Francisco Sitón, el cual, además de inspeccionar los canales públicos, trata con el municipio de Colmenar Viejo de molienda y de riegos (ha-

esto mismo, el «suceso» que hubiera podido inspirar eventualmente al autor, o la historieta clásica que oyera contar y reprodujera, parecen un poco anacrónicos en un período en el que la actividad técnica está en plena decadencia. Esto sugiere la hipótesis —que nada permite sin embargo apuntalar con más fundamento— de una elaboración relativamente precoz de la novela de Liñán o bien de la transposición a la misma de tradiciones anteriores. Esto mismo lo tendremos que aplicar al caso del *Buscón,* que no emplea la palabra arbitrista y pone en escena un «ingeniero»; ya se sabe que, publicado en 1626, el *Buscón* debió de escribirse hacia 1605 [13].

Una vez dicho todo esto, no cabe duda de que la novela de Liñán tiene su lugar en la literatura del arbitrismo.

En primer lugar, su «ingeniero-arbitrario» se sitúa, como los otros casos ya estudiados, en el centro de una *serie* de tipos elaborados: entre el astrólogo (¡una vez más!) y el tendero que engaña («baratero») se trata, por lo tanto, a pesar de la sorprendente verosimilitud de relato, del mismo género moralizante.

cia 1578). En las *Actas* de las Cortes de Castilla (t. VIII, 1586-1588, p. 207, 222, 448, 482, 485, 547) se habla mucho del invento del sacerdote Alonso Sánchez Cerrudo, hijo de molinero, que parece mejorar notablemente el rendimiento de los molinos. A París (B.N., Oa 198 Iº) ha ido a parar el extraño *Tratado* manuscrito de un tal García «en que se contiene el orden del circular movimiento perteneciente a molinos y a tahonas de moler trigo, norias, batanes, ingenios de plata... que importan mucho a el aumento de las Rentas del Rey nuestro señor y su Real corona». Promete con esto «nuevas Yndias» (y da pruebas de clarísima alienación mental). Más serios parecen ser los proyectos que abundan, según los índices de los Catálogos, en algunas secciones de archivos españoles, singularmente en la de *Estado* (Italia) de Simancas.

[13] Véase *infra,* p. 78. En cuanto a la guía de Liñán, y a la personalidad de su autor, la investigación no ha progresado mucho desde J. Sarrailh, «Algunos datos acerca de don Antonio de Liñán y Verdugo, autor de la *Guía y Avisos de forasteros*», *Revista de Filología Española,* VI, 1919 y 1921, pp. 346-363, y VIII, pp. 156-160.

Después, la presentación del cuento interpolado por el propio autor y el «escarmiento» que de él se deduce se conjugan muy bien y de muy cerca con el carácter del arbitrista:

> Otros hombres —prosiguió el Maestro— hay peores que estos, y que suelen hacer mayores tiros a los forasteros que se meten con ellos, a que llaman arbitrarios u hombres que dan arbitrios. Contaros he lo que sucedió a un pobre labrador de mi tierra que vino a ciertos negocios suyos a esta Corte, con uno de esos que llaman arbitrarios u hombres de arbitrio, con quien encontró su fortuna.

El hombre de arbitrios, como el enfermo del Hospital de Valladolid, da su receta desde el fondo de su lecho, esta vez en una posada madrileña de tres al cuarto donde ha caído enfermo de melancolía porque no ha logrado reunir el dinero que permitiese llevar a la práctica su invención. Las palabras mismas que califican al arbitrista —«ingenioso», «tracista»—, se utilizan en este caso. Pero nadie quiere creer que la maqueta de su molino, que guarda a su vera, pueda convertirse en una realidad rentable.

> Ni le creían a este hombre ni se podían persuadir los que le comunicaban a que tuviese tan grandioso el efecto como el decía...

Aquí cesa la exposición de los rasgos del personaje, tan próximo al arbitrista, que es este inventor o «ingeniero», En realidad, el relato de Liñán, al poner en guardia a don Diego, el viajero, contra los peligros de Madrid, insiste más en el carácter del labrador del cuento y en el error que cometió al querer aplicar el arbitrio. Las conclusiones prácticas son todas ellas banales: «entremeterse en más que en sus negocios» es siempre causa de ruina. En cambio, el cuerpo del relato es excepcionalmente rico en observaciones profundas, en sugerencias sobre los problemas generales del espíritu de invención, del espíritu de empresa, del valor económico de la inteligencia, de la resistencia de la rutina a las innovaciones técnicas. Pero por esto mismo, esa sátira del inventor desgraciado y del prestamista imprudente va mucho más lejos, en las cuestiones de fondo, que la de los consejeros «impertinentes» del Rey y del Estado. En este sentido, se aparta de la simple elaboración literaria de un tipo. Su gran valor nos obligará a utilizar, en la tercera parte, varias de sus sugerencias, y a hacerla figurar, para comodidad del lector, en nuestros apéndices [14].

Quevedo, *La vida del Buscón,* publicado en 1626 [15]

Como no podía menos de suceder, después del arbitrista de Cervantes, son los arbitristas de Quevedo los que se han citado con mayor frecuencia, tanto en la crítica literaria como en la historia.

Sin embargo, el del *Buscón,* al igual que el de Liñán, no es ni el tipo más caracterizado ni la descripción más conseguida.

Probablemente, esto se explica por la fecha de elaboración del *Buscón,* que se admite fue muy anterior a 1626, año de su publicación. Se ha buscado precisamente en la alusión al sitio de Ostende, problema que propone resolver el arbitrista, un argumento para fechar en 1604 la obra de Quevedo. Astrana Marín critica esa deducción y su cronología

---

[14] Véase *infra,* pp. 297-301.
[15] Citamos según la ed. Astrana Marín, *Obras en prosa,* Madrid, 1941, pp. 101-102. Esta edición pretende restablecer la ordenación del ms. de Bueno, donde figura nuestro texto en el capítulo I del Libro II. En la edición científica del profesor F. Lázaro Carreter («Clásicos hispánicos», Salamanca, 1965), que sigue la misma división, véase pp. 98-101.

precoz pero considera 1610 el límite más tardío aceptable. En su edición monumental, las deducciones del profesor Lázaro Carreter, confirman, por lo general, esa aproximación [16]. En ese caso, la creación de Quevedo podría ser anterior a la de Cervantes. Pero hay que confesar que no se sabe nada de las relaciones posibles entre ambas obras. En esas condiciones, más vale situarse simplemente en el punto de vista del lector corriente, tomando las fechas de publicación.

Astrana Marín ha descubierto afortunadamente, en una correspondencia de 1626, las impresiones espontáneas de uno de los primeros lectores del *Buscón*. Ese lector no ha vacilado, para designar al personaje que encuentra Pablillos en la ruta de Alcalá a Segovia, en emplear la palabra «arbitrista». Y ello es tanto más interesante para nuestra finalidad cuanto que la palabra arbitrista *no figura* en el *Buscón*. Hay más: el autor de la carta no parece encantado de la manera como ese «estado» —hoy diríamos *tipo*— ha sido descrito satíricamente (entre otros) por la novela. Encuentra

> trayda por los cabellos y pesada una introducion
> de un arbitrista, un diestro y un poeta... que siendo
> el fin de satyriçar todos estos estados en que el otras
> vezes a dicho maravillas en este libro dize maravillo-
> sas frialdades... [17].

Así, en 1626, porque está en boga el tipo literario del arbitrista en la novela y en el teatro, el lector de Quevedo le reprocha haber desempeñado bastante mal, en este punto

[16] Véase: Astrana Marín, en el prólogo a su edición de las *Obras completas. Verso,* de Quevedo (Madrid, 1943, pp. XX-XXI), y Valbuena Prat, *La novela picaresca española,* Madrid, 1943 (Prólogo, p. LIX), y sobre todo, la ed. de Lázaro Carreter (Introducción, p. LIII), en la que se recuerda los esfuerzos de Barlaymont en 1601 y de Pompeyo Targone en 1603 para fortificar Ostende.

[17] En la citada ed. de Astrana, p. XXIII, según el códice de sign. 12-15-2-75, de la Biblioteca de la Real Academia de la Historia.

y en otros, su tarea. Lo que ocurre es que después de 1610 el tipo se ha precisado, se ha elaborado. Quevedo, al escribir el *Buscón,* no le había dado todavía todos los rasgos. que dieciséis años más tarde cabrá *esperar* de ese tipo. Ni siquiera le había nombrado. Esto aboga, por otra parte, en favor de su prioridad en la invención. La intención, sin embargo, estaba ya bastante clara para que la identificación del personaje no plantease problema alguno en 1626.

El compañero de ruta de Pablillos es efectivamente, sin ningún género de dudas, un arbitrista; pero un arbitrista bastante diferente de casi todos los que vendrán después.

Ibame entreteniendo por el camino, considerando en estas cosas, cuando, pasado Torote, encontré con un hombre en un macho de albarda, el cual iba hablando entre sí con muy gran prisa, y tan embebecido que, aun estando a su lado, no me vía. Saludéle y saludóme. Pregúntele dónde iba, y después que nos pagamos las respuestas, comenzamos luego a tratar de si bajaba el Turco y de las fuerzas del rey. Comenzó a decir de que manera se podía conquistar la Tierra Santa, y como se ganaría Argel; en los cuales discursos eché de ver que era loco repúblico y de gobierno. Procedimos en la conversación propia de pícaros, y vinimos a dar, de una cosa en otra, en Flandes.

El retrato, hasta ahí, es benigno. En el innumerable lote de pícaros que cruzan durante unos instantes el camino del pícaro Pablillos, aparece un distraído, un maníaco, un charlatán. Al igual que en la aldea de don Quijote, a los dos viajeros no les parece insólito hablar de política —y de gran política: el Turco, Argel, Flandes—. Lo que despierta el interés de Pablillos no es el tema de la conversación, sino el tono que emplea su interlocutor; preguntarse «si baja el Turco» o evaluar las fuerzas del rey, era una preocupación cotidiana; «ganar» Argel, «conquistar» la Tierra Santa, aquí comenzaba el signo de la locura.

«Loco repúblico o de gobierno»: la expresión hubiera podido hacer fortuna; y quizá representa la invención verbal de Quevedo para caracterizar al *tipo* que tiene en la mente, exactamente igual que el arbitrista fue la invención —o más probablemente el descubrimiento— de Cervantes [18]. Pero en su origen, la imagen que inspira a Quevedo parece mucho menos precisa: es el estratega de café, es el barbero o el cura recomponiendo la República con don Quijote.

El arbitrismo comienza con proyectos concretos sobre problemas precisos: en este caso, será la solución del sitio de Ostende.

Quevedo hace que su hombre aborde el tema con arte consumado. En una frase le hace decir las dos paradojas más divertidas que están sin cesar presentes en el alma del autor de proyectos: sentirse frustrado por todo lo que el proyecto hubiera hecho ganar al rey si se hubiese aplicado y no sospechar en su obra más que un defecto: el de ser inaplicable.

> Más me cuestan a mí esos estados que al rey, porque ha catorce años que ando con un arbitrio que, si como es imposible, no lo fuera, ya estuviera todo sosegado.

Esta confesión involuntaria —antes de la exposición del arbitrio— tiene el mismo valor cómico que el «soy arbitrista» de Cervantes.

---

[18] Cabe recordar aquí el enigmático final del *Licenciado Vidriera,* cuando Tomás Rueda, tras haber recobrado, con la cordura, sus vestidos de *letrado,* entra por el «patio de los Consejos» de Palacio. Por estas fechas, el oficio de abogado o procurador de los reales Consejos venía a ser lo mismo que consejero político del Estado.

Las dos réplicas siguientes ofrecen un ejemplo de esta comicidad de las palabras, mecánica en sus apariencias, simple confusión de vocabulario en los interlocutores, pero donde se encierran algunos de los más terribles problemas de la vida social: ¿por qué lo que tan manifiestamente convendría a la comunidad resulta imposible? Y esta imposibilidad ¿es de orden material o proviene de los obstáculos sicológicos y sociales opuestos a las buenas voluntades individuales?

> ¿Qué cosa puede ser —le dije yo— que, conviniendo tanto, sea imposible y no se pueda hacer?
> —¿Quién le dice a v. m., dijo luego, que no se puede hacer? hacerse puede, que ser imposible es otra cosa.

El «loco república», en el espíritu de Quevedo, es el que prefiere ver los obstáculos decisivos en los hombres y se niega a percibirlos en las cosas. Y es esta tendencia la que condena. Al poner como ejemplo de arbitrio una cosa totalmente absurda, el autor del *Buscón* quiere tachar de locura toda solución cuyo carácter resultase forzado.

Y de esta suerte se ve obligado a dirigir la sátira contra una categoría de autores de proyectos que no será en modo alguno el blanco más habitual del resto de la literatura: en lugar de criticar el expediente financiero, el razonamiento económico, ataca, en esta primera escaramuza, la ciencia del técnico.

Ridiculizará al técnico en sus atributos: los opúsculos, los «trabajillos» que tiene en el bolsillo, el plano que desenrolla solemnemente, la orden que da —«yo doy orden»—, todo ello para secar con esponjas el mar que separa Ostende de sus sitiadores. La risa de Pablillos, como la de todos los auditores benévolos que le han precedido, es considerada por el autor del proyecto como una manifestación de alegría ante semejante noticia. Se trata sin más de la ceguera de un iluminado.

Pero no es indiferente que esa locura sea un desvarío que se traduce en una locura de invención técnica. En su inmensa mayoría, las evocaciones literarias del arbitrista presentan personas que dan «avisos» financieros, más bien que autores de proyectos técnicos. El propio Quevedo, en una fase ulterior, estimará que el verdadero peligro es la proliferación de proyectos fiscales o económicos descabellados. Hacia 1610, sin duda, no ocurre todavía así. Los manuales de artillería y de fortificación, el prestigio de los trabajos hidráulicos que había pedido Felipe II a flamencos e italianos, hacían que suscitara entonces mayor interés la imaginación de carácter técnico [19]. Cabría poner esto en tela de juicio, pensar que Quevedo ha inventado sencillamente una forma absurda de resolver el problema militar que preocupaba entonces a la opinión; esponjar el mar no es una técnica científica; y la indicación podría ser gratuita o denunciar, en cambio, a los falsos técnicos. Pero los «trabajillos» impresos, el plan desplegado y la evocación de la obra de Juanelo [20], obligan a pensar que aquellos a quienes se ataca no son tanto los estrategas aficionados como los transformadores de la naturaleza.

> fuera de que yo tengo invención para hundir la mar por aquella parte doce estados.
> No le osé replicar, de miedo que me dijese que tenía arbitrio para tirar el cielo acá abajo. No vi en

[19] Además de los citados por Lázaro Carreter (véase nota 16, *supra*), la *Historia de España*, de Ballesteros (t. IV, 2, p. 339), da cuenta de unos 33 autores de tratados de artillería e ingeniería militar para los reinados de Carlos V y Felipe II.

[20] Juanelo Turriano, de Cremona, sirvió a los reyes de España desde 1529 hasta su muerte en 1575. La célebre máquina hidráulica de Toledo alcanzó a funcionar hasta 1639.

mi vida tal orate. Decíame que Juanelo no había hecho nada; que él trazaba ahora de subir toda el agua del Tajo a Toledo de otra manera más fácil; y sabido lo que era, dijo que por ensalmo.

La vacilación continúa. Ese técnico no es un verdadero técnico. Como tampoco el astrólogo es un sabio verdadero ni el profesor de esgrima autor de cálculos un buen maestro de armas. No obstante, subsiste la impresión de que tiene que haber mucha locura en la cabeza de un hombre para querer suprimir el mar o hacer remontar el agua de los ríos [21].

Un traductor francés del *Buscón,* en 1633, no se equivocó; aunque la palabra no aparezca en español, el «fol de République et de gouvernement d'estat», la persona que da «advis» (arbitrios), es calificada dos veces de *ingénieur* [22]. Sin duda habría que tomar esto ante todo en sentido militar. Pero en Liñán, el «Ingeniero» era el inventor. Hay en este significado la trama de una tradición, aunque bien tenue.

En otros puntos, el personaje del *Buscón* está más próximo del tipo ya muy desarrollado en 1626. Si el personaje se dibujó ya totalmente en 1610, Quevedo tendría entonces el mérito de haber acertado con algunas de sus líneas más características.

Una es el efecto —cuya repetición será recogida por los autores cómicos— del «hombre que tiene respuesta a todo» [23]. A la primera objeción de Pablillos sobre las dificultades de esponjar el mar, su compañero pone una fórmula

[21] El prejuicio general de los españoles de la época en contra de la invención técnica, con fines lucrativos, es denunciado ya por algunos autores contemporáneos. Véase Herrero García, *Ideas de los Españoles del siglo XVII,* ed. 1966, p. 96.

[22] En *L'Aventurier Buscon, histoire facétieuse,* París, 1633, fol. 130.

[23] Véase *infra,* p. 205.

que acabará consagrándose: «Yo eso lo tengo muy apurado». Y esto evoca el inmenso arsenal de «respuestas» numeradas que tantos arbitrios reales oponen (ex post o ex ante) a las objeciones suscitadas [24].

Otra característica del arbitrista clásico es la preocupación de llegar al rey y obtener de él toda clase de garantías sobre los beneficios del proyecto.

> Y no le pienso poner en ejecución si primero el Rey no me da una encomienda, que la puedo tener muy bien, y tengo una ejecutoria muy honrada.

Todo arbitrista ha soñado con firmar las capitulaciones de Santa Fe.

Y es que, incluso en 1610, el autor de proyectos, el arbitrista, no es un personaje nuevo. Es muy natural que, sometidos a influencias comunes, tanto Quevedo como Cervantes hayan recogido casi en el mismo momento unos elementos preexistentes pero dispersos sobre la expresión popular o literaria del tipo. El *Coloquio* y el *Buscón* —y el comienzo de la segunda parte del *Quijote*—, presentan por tanto analogías notables. El arbitrista de Quevedo, sin embargo, aunque aparece en público únicamente en 1626, es a la vez el más original y el menos acabado.

Fernández de Ribera, *Mesón del Mundo* (1631) [25]

Si hacemos caso aparte del personaje de Quevedo, dada su incierta fecha de *creación,* habría que esperar diez años para que el arbitrista reaparezca en la novela, después de

---

[24] Véase *infra*, p. 178.
[25] En el ejemplar que consultamos (Bibl. Nac. de Madrid, R. 16282) la portada ha sufrido graves destrozos.

Liñán y Salas Barbadillo. Pero cuando Rodrigo Fernández de Ribera publica en 1631 su *Mesón del Mundo,* los lectores están ya tan preparados que el propio autor habla del «suceso del arbitrista» (fol. 482) como de un hecho de todos conocido.

Si el *mesón* de la obra tiene el valor fantástico y simbólico de un infierno muy próximo al de Quevedo, es también y ante todo un lugar real o al menos verosímil. A tal punto que el narrador, huésped recién llegado y hombre suspicaz, al proceder al examen de su cama, descubre, en lugar de las habituales chinches, ciertos papeles olvidados por su predecesor. De la lectura del título que reza así:

ARBITRIOS / *Para reducir el govierno común al buen estado, que ha menester, para vivir con seguridad de conciencia, y haziendo, assi en estos Reynos, como en los demás del Mundo, tomando cada vno lo que segun su naturaleza huviere menester dellos*

pasa a la del prólogo, delicioso «pastiche» de estilo doctrinal, donde los bellos efectos de simetría solo sirven para poner de manifiesto la inanidad del pensamiento.

Esta nueva encarnación del arbitrista es bastante original. Entre el «ingenioso» quimérico y el creador de impuestos, Fernández de Ribera presenta un personaje cultivado, amigo de las teorías generales y que no ha olvidado lo que de estudiante aprendió sobre Aristóteles y Platón. Investigaciones recientes nos han permitido observar que ciertos escritos *políticos,* aparentemente ajenos al pragmatismo de los arbitristas, suscitaban en su época la sospecha de perseguir fines muy concretos e incluso peligrosos. Cuando el héroe de Fernández de Ribera descubre esos «arbitrios o aforismos políticos», el lector advertido puede pensar en un pequeño libro, perseguido por la Inquisición, del doctor Eugenio de Narbona[26]; y la palabra *Arte* que figura tres veces en el «poco de razón de estado» del desgraciado viajero, recuerda inmediatamente el título de una célebre obra de Jerónimo de Ceballos, *político* y *arbitrista* también, y compatriota y amigo del doctor Narbona[27].

Después de dar esta preciosa indicación, Fernández de Ribera presenta los principales «puntos» del opúsculo olvidado:

1. *Primeramente, que no se guarden las leyes.*
2. *Que para que no se quiten capas se quiten.*
3. *Que para que no haya cuartos tantos se hagan cuartos.*
4. *Que se corte una cuerda.*
5. *Que se quite la noche más larga del año.*
6. *Que no usen cuero en cosa alguna los que administran justicia y hazienda agena.*
7. *Que se deshaga un monton.*
8. *Que se corten los braços.*

La adivinanza, el «nonsense», la *perogrullada* hacen olvidar de momento la sátira *directa* del arbitrismo para dejar paso a otras críticas que apuntan sucesivamente —como lo confirma el índice que acabamos de ver— al olvido de las leyes, la hipocresía espiritual, los traficantes de divisas, los políticos corrompidos, la inmoralidad de la gente adinerada y, para terminar, la plaga bien conocida de los barberos[28].

El procedimiento, como ya hemos visto, es propio del primer Quevedo, cuyas «Pragmáticas» y otros «Aranceles»

[26] Jean Vilar, «Intellectuels et noblesse: le Doctor Eugenio de Narbona. (Une admiration politique de Lope de Vega)», en *Etudes Ibériques*, III, Rennes, 1968.
[27] *Arte Real para el buen govierno de Reyes...*, Madrid, 1623.
[28] Véase *Apéndice*, p. 319.

critican menos el abuso de los decretos sin efecto que todos los menudos defectos de la sociedad de su tiempo.

Señalemos igualmente que Rodrigo Fernández de Ribera deja en segundo plano al *personaje* del arbitrista —que solo conocemos a través del recuerdo confuso que de él conserva la criada del mesón— para hacer la parodia del texto del arbitrio. Es más, Fernández de Ribera parece guardarle ciertas consideraciones, al subrayar su desinterés, su entusiasmo, su sentido del sacrificio. Unos años antes, no lo había sometido al examen de sus *Antojos de mejor vista* [29] donde se encuentra sin embargo la nomenclatura casi completa de las *figuras* ridículas que con mayor frecuencia aparecen en la literatura satírica de segundo orden.

Castillo Solórzano, *La niña de los embustes Teresa de Manzanares* (1632) [30]

El *Buscón* presentaba al «loco repúblico» en el marco picaresco y como un pícaro más encontrado al azar. No indicaba que el personaje hiciera de sus proyectos un medio de vida y de estafa consciente. El inventor de Liñán, por su parte, podía causar la pérdida de los ingenuos que confiaban en él; no aparecía como un ladrón consciente; al menos creía en su molino y lo había hecho con sus manos y sacado de su cerebro.

El segundo ejemplo del pícaro-arbitrista es un personaje más negro. Reúne en él varios *tópicos* de la picaresca,

---

[29] *Los antoios de meior vista, / obra muy vtil i provechosa / compuesta por MR Pierres de Tal,* sin fecha (c. 1620-25), reed., Sevilla, 1871.

[30] Alonso de Castillo Solórzano, *La niña de los embustes Teresa de Mançanares,* Barcelona, 1633 (cit. según ed. Cotarelo y Mori, Madrid, 1906, cap. III).

por una parte, y de la figura artificial procedente de Quevedo y de Cervantes, por otra.

En *Teresa de Manzanares* de Castillo Solórzano, la madre de la heroína, que tiene una posada, está amancebada
con un huésped de la misma. El hombre espera vivir a
costa de ella sin perjuicio de completar sus recursos con
los medios subsidiarios habituales en los pícaros. Aquí
esos medios resultan ser arbitrios.

Era la profesión del huésped familiar de mi madre
arbitrista, hombre de grandes máquinas, fabricadas
entre sueños y puestas en ejecución despierto, por
una que acertó a salirle bien (hurtada de un amigo
suyo que murió siendo compañero de posada, en que
medró con el ingenio del otro tener trescientos escudos); prosiguió con el ejercicio arbitrario, y vino a dar
con el juicio por esas paredes, cansando a ministros
y gastando memoriales en balde, pues todos se reían
de él.

Mejor le iba con el arbitrio de haber granjeado la
voluntad de mi madre, pues con ella hallaba comida
y posada de balde, y andaba vestido como un rey.
Traíale desvelado un arbitrio, que era no menos que
el desempeño de toda España, cosa que él tenía por
muy fácil, con la traza que daba, con que se prometía
una gran suma de dinero, y a mi madre hacerla rica
para su vida.

Tenía una labia en explicar su arbitrio entre la gente ignorante, que creían todos que saldría con él, y
entre los boquimuelles era una mi madre, cosa que le
costó la hacienda y la vida, porque habiendo este
hombre presentado sus memoriales en el Consejo y
comunicado con los ministros de él su arbitrio, viendo ser sin pies ni cabeza, no solo no le admitieron,
más, por eximirlo de sus cansancios y necias máqui-
quinas, le mandaron que dentro de ocho días saliese
desterrado de la Corte.

A primera vista, nada más convencional que semejante relato, en el sentido de que cada rasgo es familiar o está copiado.

En tanto que arbitrista, Cebadilla —así se llama el pícaro— fabrica «máquinas» en medio de grandes desvelos, cansa a los ministros y no para de escribir en papel de memorial, aborda el gran tema del desempeño (es decir, de la recuperación financiera) de España, no logra nada en la Corte de la que se hace expulsar vergonzosamente; todo esto nos es ya familiar.

Menos tradicional es —en 1632— presentar un arbitrista «ingeniero», autor de máquinas; en realidad, Cebadilla no es técnico él mismo: ha robado un procedimiento y esto le ha servido; parece evidente que el autor ha recogido el tema o la historia ya hecha, contada por Liñán; pero ha hecho del inventor el engañado; y el personaje del que se da al arbitrismo como profesión no es un inventor sino un estafador; cuando imagina sus procedimientos, son aquellos que el público espera ya de un arbitrista, es decir, soluciones financieras sugeridas al rey; al final de la frase ya no se sabe muy bien si «máquina» está tomada en sentido propio o figurado, y hay como una especie de juego en ese equívoco.

Lo que se sabe bien, en cambio, es que el arbitrista aquí no es sincero; no se deja envolver por sus imaginaciones; las utiliza para engañar a la gente; no es el estado quien está amenazado; son los pobres «boquimuelles», deslumbrados por el *licenciado* Cebadilla.

Finalmente, esta conjunción de las apariencias convencionales del arbitrista y del pícaro lleva a una construcción relativamente nueva. Debido a que no se toma en serio a sí mismo y a que encuentra en su labia un medio de vivir, el huésped de la posada, amante de la patrona, dista mucho del enfermo que moría en su cuarto «de melancolía» o del viejo de Valladolid. Escapa así al ridículo del iluminado y del fracasado. Por otra parte, lo que es objeto de la sátira no es ni la imaginación técnica (está aquí fuera de causa) ni incluso la imaginación política y financiera (que no está seriamente evocada) ni la credulidad del rey y sus peligros (la Corte se defiende). Solo queda una pobre mujer y gentes del pueblo que un apuesto y culto charlatán engaña, esperando la ocasión de huir con sus ahorros. Es una sátira del arbitrista muy particular.

Castillo Solórzano es un autor picaresco poco original y tardío. Se inspiró mucho en sus fuentes: la *Pícara Justina* y un entremés de Salas Barbadillo, del que copió incluso el título: *La niña de los embustes* [31]. Resulta, pues, curioso advertir que esas dos obras no habían puesto en escena ningún arbitrista.

Para este autor el tema es, por lo tanto, bastante personal. Prueba de ello es que ya lo había utilizado cinco años antes en un entremés del *Tiempo de regocijo* y en un romance burlesco de 1625. En este último se contentaba con asociar *arbitrio* y *desvelo* como «zánganos del juicio» [32]. En el entremés, insistía también en el carácter *intelectual* de la profesión arbitrista. Más adelante volveremos a plantear la cuestión de una posible sátira del intelectual, del *letrado* en cuanto tal. Se puede advertir que entre la primera alusión y la última evocación —la de *Teresa de Manzanares*— se manifiesta un vigoroso endurecimiento de la sátira, que evoluciona desde la burla de pasada hasta llegar al retrato, primero de un majadero que hay que enviar al manicomio y, luego, de un cínico rufián.

En este último caso, Castillo Solórzano conserva, a pesar de la fecha tardía de su novela de pícaros, las conven-

---

[31] Prefacio de Cotarelo a la ed. citada.
[32] Véase p. 150.

ciones habituales del género. En el artificio de sus procedimientos, mantiene las trazas de la verosimilitud.

Otra fórmula en boga en 1625 y 1650 va a rebasar con creces esta convención y abrir una libertad de ficción mayor. Género moral como la novela picaresca, esta fórmula se afirma también como «fantasía»: *La hora de todos,* de Quevedo, hace reaparecer al arbitrista en la «fantasía moral».

Quevedo, *La hora de todos, o la fortuna con seso* (1636) [33]

La *hora XVII* —*Arbitristas en Dinamarca*— da al tema todo su esplendor. Es un fuego artificial literario, donde todos los temas adoptados por la novela, el entremés, la comedia, están utilizados y asimilados, pero totalmente renovados por el geni verbal y la imaginación de Quevedo. En la fecha en que se compone *La hora de todos,* la amargura y la pasión de Quevedo han llegado al máximo; la obra se eleva a la altura del drama político del momento, anunciado en 1636 por el derrumbamiento financiero.

La hora de todos es un desfile de *tipos* que ni siquiera se reviste del pretexto de una trama novelada para justificarse: entre esos tipos, el arbitrista ocupa un lugar eminente, especialmente extenso; y su condena, cuando llega la *hora,* es una de las más violentas. Sin duda, trátase de uno de los fragmentos de la obra —tan cerca toca a la crítica del Estado— que hicieron la obra impublicable y que en 1650 todavía, hacían dudar al santo obispo Palafox de la oportunidad e incluso de la probabilidad de que se im-

---

[33] En Quevedo, *Obras completas. Prosa,* ed. Astrana Marín, Madrid, 1941, pp. 277-279. La fecha de la primera impresión conocida (1650, en Zaragoza) no da cuenta de la difusión previa de la obra, ya desde 1636 (Astrana, Prólogo, pp. XXXIII-XLVII del volumen de *Obras completas. Verso).*

primiera [34]. Pues ocurre que por vez primera el ataque se dirige no contra un tipo individual sino contra un estado de espíritu colectivo y un sistema de gobierno. Ya no aparece un «loco repúblico» como en el *Buscón,* sino una especie de «república de locos» donde todo el mundo es arbitrista y donde el soberano escucha a todos y cada uno. Es el tiempo de las «crecidas juntas, con crecidos sueldos en tiempos tan calamitosos» denunciados por el propio Quevedo en términos directos [35], de suerte que el «juntáronse legiones de arbitrianos» de la obra es una alusión evidente. Pero antes de abordar estos problemas de los estrechos lazos que existen entre actualidad y literatura, conviene analizar las aportaciones que una obra como *La hora de todos* viene a añadir a la expresión formal del tema del arbitrista.

En primer lugar, de la atmósfera convencional pero realista de la novela o del teatro, la figura del arbitrista es transportada esta vez a la ficción pura, de que gustan los espíritus del tiempo, donde en reinos imaginarios Júpiter, Prometeo o Apolo vienen a zanjar las disputas y pronunciar sus sentencias. En 1634, dos años antes de *La hora de todos,* Fernando Pérez de Sousa había traducido del toscano al español los *Avisos del Parnaso* de Traiano Boccalini [36],

[34] Ed. citada, *Verso,* p. XXXVI a. Escribe Palafox al censor Ustarroz: «pero las alusiones son tan claras en materia de gobierno que quisiera v. m. no hubiera aprobado el libro... ese no dudo se prohibirá...» (6 sept. 1650). El afán reformador del venerable obispo de la Puebla de los Ángeles, tan cercano del arbitrismo ¿habrá sido parte en este juicio?

[35] En su muy serio *Diccionario de Hacienda (s. v. Juntas de medios)* Canga Argüelles aduce estas festivas páginas de Quevedo para apoyar su crítica de las «juntas» de tiempos de Felipe IV.

[36] Boccalini (Trajano), *Discursos políticos y avisos del Parnasso de Trajano Boccalini, Cavallero Romano, tradújolos de la lengua toscana en la Española Fernando Peres de Sousa...;* Madrid, 1634. La obra es de 1612, y su influencia en España, pese al «tacitismo» del autor, es considerable, culminando en Gracián. Véase R. H. Wi-

donde cada «aviso», al igual que cada «hora», termina en solemne moraleja; en una, Apolo hace un juicio sobre la legión de arbitristas que expulsada de Italia y después de haber arruinado España y Francia recorría los mares en busca de nuevos reinos que devastar. Los *Ragguagli* databan de 1612. Pero su traducción en 1634 prueba que el tema —bajo la forma de la ficción— estaba en el ambiente en el mismo momento en que Quevedo concibió el plan de *La hora de todos*. Los arbitristas de Boccalini habían recorrido, en vano por lo demás, los reinos del norte. Quevedo sitúa a los suyos en Dinamarca. No ciertamente como una plaga de ese reino. La ficción es todavía mayor: un simple señor simbolizará al soberano, una isla con cinco aldeas el Estado en que introduce la desolación el espíritu arbitrario. En ese marco de opereta, la sátira más violenta puede encubrirse hasta la intervención de la «hora», de una apariencia de juego; juego de ballet en puro movimiento, juego de palabras, juego de caracteres.

El ballet de los arbitristas: así podía denominarse la *hora* XVII. Es una consecuencia de la ampliación del tema del arbitrismo individual al arbitrismo colectivo.

> Castigó el cielo a los vecinos y naturales desta isla con inclinación casi universal a ser arbitristas.

A partir de entonces, de la marioneta se pasa al ballet. Pero ahí donde un escritor de «bailes» y «entremeses» dejaría al «autor» (hoy director) la iniciativa de ciertos aspectos materiales de carácter convencional, Quevedo, maquetista y decorador, pinta sus muñecas arbitristas «empapeladas las pretinas y asaetadas de legajos las aberturas de los

lliams, *Boccalini in Spain,* Wisconsin, 1946; E. Correa, *Baltasar Gracián,* Madrid, 1961, pp. 269-270, y V. Frankl, *El «Antijovio»* de *Gonzalo Jiménez de Quesada,* Madrid, 1963, cap. VI.

sayos». Simple amplificación cómica del gesto de cualquier gracioso de comedia que al entregar su memoria al rey produce un efecto cómico en el teatro al equivocarse de papel [37], los personajes de Quevedo maniobran en masa y

> todos a un tiempo, echando mano a sus discursos y con cuadernos en ristre, embistieron en turba multa, y ahogándose unos en otros, por cual llegaría antes, nevaron cuatro bufetes de cartapeles...

Esta es la «entrada». Sigue un *tempo* durante la lectura de los arbitrios: el runrún de las conversaciones, aquietadas por el Señor, continúa con el runrún de las fórmulas veinte veces repetidas (el teatro había ya recurrido muchas veces a este efecto de monotonía). Pero basta una réplica desplazada para desencadenar otra vez el torbellino de los bufones:

> Alza Dios su ira, y emborúllanse en remolinos furiosos los arbitristas, chasqueando barbulla, llamándole de borracho y perro... Llamábanse unos a otros de hidearbitristas como de hideputas, contradiciéndose los arbitrios los unos a los otros y cada uno solo aprobaba el suyo.

La «hora», que interviene en forma de incendio, lleva a la apoteosis en loca aceleración:

> Y saliendo del teatro a borbotones, los unos agarraron de cuanto había en palacio, y arrojando por la ventana los camarines y la recámara, hicieron pedazos cuantas cosas tenían de precio.
> Los otros con picos derribaron una torre; otros diciendo que el fuego en respirando se moría, deshicieron gran parte de los tejados, arruinando los techos y asolándolo todo.

[37] Véase *infra*, p. 130.

Al elevar a la potencia colectiva los gestos que habían hecho clásicos la comedia y la novela, Quevedo ha acrecentado considerablemente la fuerza de la sátira y amplificado su sentido.

El juego verbal, igualmente, si bien no había sido totalmente desatendido por los utilizadores de arbitrios cómicos, conviene al genio de Quevedo y se desarrolla en toda su plenitud [38].

Con el nombre mismo de arbitrista se multiplican las vacilaciones fingidas y las aproximaciones. *Arbitrista* se convierte en arbi-*triste,* después en *armachismes.*

> Era tan inmensa la *arbitreria* que producía aquella tierra que los niños en naciendo decían *arbitrio* por decir *taita.*

Para reunir el consejo, el señor hace «*tocar a arbitrios*». Por último, el «hidearbitrista» que sustituyen a «hideputa» los arbitristas en sus disputas destaca admirablemente la costumbre, no menos corriente en los arbitrios reales que en su caricatura literaria, que tienen esos personajes de jamás considerar dirigidas a ellos las alusiones peyorativas y el vocabulario crítico, aplicándolos en cambio con facilidad a adversarios y competidores.

El juego verbal es más útil y guarda mayor relación con la sátira de fondo cuando se aplica a la parodia de los arbitrios. Contrariamente a la tradición, no es el carácter absurdo del arbitrio mismo lo que aquí se detalla. Quevedo concentra esa sátira en la serie de *títulos* de los arbitrios,

---

[38] Nos complace ver apoyado nuestro comentario por un reciente artículo de Raimundo Lida («Homenaje a Rodríguez-Moñino», Madrid, 1966, t. I, p. 320); la asombrosa libertad creadora del Quevedo estilista queda valorada a través de la «intencionada manipulación de la palabra *arbitrista,* sacando, en maligno birlibirloque, otras palabras que la destruyen».

lo que hace otras tantas confesiones involuntarias, del mismo modo que lo hacía el «si como es imposible no lo fuera» del *Buscón*. ¿Habríase inspirado en Fernández de Ribera?[39]

> Arbitrio para tener inmensa cantidad de oro y plata sin pedirla ni tomarla de nadie.
>
> Segundo: para tener inmensas riquezas en un día, quitando a todos cuanto tienen, y enriqueciéndolos con quitárselo.
>
> Tercero: arbitrio fácil y gustoso y justificado para tener gran suma de millones, en que los que los han de pagar no lo han de sentir; antes han de creer que se los dan.
>
> Cuarto arbitrio: ofrece hacer que lo que falta, sobre, sin añadir nada ni alterar cosa alguna, y sin queja de nadie.
>
> Quinto: en que se ofrece cuanto se desea; hase de tomar y quitar y pedir a todos y todos se darán a los diablos.

Se advierte que si en el *Buscón* la preocupación fundamental era estratégica y los medios que se proponían eran técnicos, aquí la preocupación única es financiera y los medios que se proponen son fiscales. Las fórmulas recuerdan ciertas parodias de nuestro tiempo, en el teatro o en la canción, de las demagogias periodísticas o electorales. Pero si la sátira ataca hoy las promesas hechas al pueblo de no hacerle pagar, la de Quevedo denuncia las promesas hechas al rey de esquilmar sus súbditos sin suscitar su cólera. Incluso los recaudadores de impuestos —tan detestados— se volverán populares:

> Y añado que los que le cobraren serán consuelo para los que le han de padecer.

[39] Véase *supra,* p. 87.

La ocasión se presta a condensar en una fórmula las relaciones entre la invención fiscal abstracta —siempre perfecta— y su desastrosa aplicación por los cobradores, contradicción temida con razón por los autores de proyectos. El «consuelo en los cobradores» es impensable,

siendo ellos la enfermedad de todos los remedios.

La palabra *remedio,* tan a menudo sinónima de arbitrio, ha servido aquí para lograr un efecto verbal especialmente conseguido. La parodia del estilo ha sido tan brillante como la descripción del personaje.

La ficción, sin embargo, no es en *La hora de todos* un fin. Es un medio. Quevedo no deja al lector la tarea de inferir por su cuenta el sentido de la página. El puro relato literario admite la intervención del panfleto. El talento que ordena el ballet y mueve las palabras pasa a la denuncia apasionada, no vacila ante la injuria y saca una moraleja retórica.

En la isla de Dinamarca, tantos habitantes, tantos arbitristas, por lo tanto, tantas personas, tantas plagas:

> ...por esta causa esta tierra era habitada de tantas plagas como personas...
> ...todos los circunvecinos se guardaban de las gentes desta isla como de pestes andantes, pues de sólo el contagio del aire que pasado por ella los tocaba, se les consumían los caudales, se les secaban las haciendas, se les desacreditaba el dinero, y se les asuraba la negociación.

Esto precisa bien la esfera que en 1636 parece corresponder al arbitrista. Pero la acusación se hace simbólica con la imagen del incendio:

y ninguno de los arbitristas acudió a matar el fuego, y todos atendieron a matar la casa, y cuanto había en ella [40].

La frase constituye sin duda la clave para penetrar en la interpretación de Quevedo sobre las relaciones entre la crisis española y el fenómeno del arbitrismo.

Cuando llega por último la «hora» del señor, éste, abiertos por fin los ojos, no hará más que desarrollar de manera clara, potentemente, la lección política. La literatura de ficción cede aquí el paso a la literatura política más directa, mezclando brevemente la agudeza del panfleto con la solemnidad del tratado. Es el trozo más hermoso de oratoria clamorosa de la literatura española sobre las nociones de arbitrios y arbitristas. Vale la pena citarlo integralmente:

Infames, vosotros sois el fuego; todos vuestros arbitrios son de esta manera; más quisiera, y me fuera más barato, haberme quemado que haberos creído; todos vuestros remedios son desta suerte; derribar toda una casa porque no se caiga un rincón; llamais defender la hacienda echarla en la calle, y socorrer el rematar; dais a comer a los príncipes sus pies y sus manos y sus miembros, y decís que le sustentáis cuando le hacéis que se coma a bocados a sí propio. Si la cabeza se come todo su cuerpo, quedará cáncer de sí misma, y no persona. Perros, el fuego venía con harta razón a quemarme a mí porque os junté y os consiento; y como me vió en poder de arbitristas, cesó y me dió por quemado. El más piadoso arbitrista es el fuego; él se ataja con el agua; vosotros

[40] En su citado prólogo (p. XLIII), Astrana enlaza la elección de esta imagen con tres sucesos contemporáneos, un incendio de noviembre de 1634, una tempestad de 1639 y otro incendio de 1640, que refieren las crónicas del tiempo en términos muy cercanos a los de Quevedo.

crecéis con ella y con todos sus elementos, y contra todos. El Anticristo ha de ser arbitrista. A todos os he de quemar vivos, y guardar vuestra ceniza para hacer della cernada, y colar las manchas de todas las repúblicas. Los Príncipes pueden ser pobres, mas en tratando con arbitristas, para dejar de ser pobres, dejan de ser Príncipes.

Estamos evidentemente muy lejos de los pobres diablos de fantoches que recitan arbitrios divertidos y mueren en el hospital. Si Quevedo ha aprovechado la elaboración común de la figura para introducir su panfleto, se ha elevado, en conclusión, a una visión completamente diferente del fenómeno. En lugar de ridiculizar un maníaco inofensivo o un estafador vulgar, piensa en los arbitristas que han triunfado, que son escuchados, y denuncia un peligro público. Aquí también tiene detrás de él una tradición, otra literatura. ¿Comprende toda la complejidad de la evolución de las cosas, detrás de las mismas palabras? Este es otro problema. El llamamiento del rey a los arbitristas, la proliferación misma del arbitrismo, expresan la angustia de una situación. Quevedo, al hacer recaer en los arbitristas y en el rey la responsabilidad del drama da en realidad su más alta expresión literaria a esa angustia.

Vélez de Guevara, *El diablo cojuelo* (1641) [41]

Bien poca cosa, después de tan alto vuelo, puede parecer el tema del arbitrista tal como lo recoge Vélez de Guevara en un episodio del *Diablo cojuelo*. Además solo se trata de una alusión. Y ningún tipo clásico falta alrededor del per-

---

[41] Véase la ed. de Rodríguez Marín, Col. Clás. Castellanos, número 38.

sonaje: el astrólogo, el poeta, que acaban esta vez no solo en el camastro del hospital sino en el manicomio. El arbitrista tiene solamente el privilegio de ser el primero que se designa, entre aquellos que los visitantes encuentran en ese lugar:

> Con esto salieron del soñado (al parecer) edificio y enfrente descubrieron otro, cuya portada estaba pintada de sonajas, guitarras... Esta era la casa de los locos... llegaron a un patio cuadrado cercado de celdas pequeñas por arriba y por abajo, que cada una de ellas ocupaba un personaje de los susodichos. A la puerta de una de ellas estaba un hombre muy bien tratado de vestido, escribiendo sobre la rodilla, y sentado en una banqueta sin levantar los ojos del papel. Y se había sacado uno con la pluma sin sentirlo. El Cojuelo le dijo: aquel es un loco arbitrista que ha dado en decir que ha de hacer la reducción de los cuartos, y ha escrito sobre eso más hojas de papel que tuvo el pleito de don Alvaro de Luna.—Bien haya quien le trajo a esta casa, dijo don Cleofás, que son los locos más perjudiciales de la República...

Un rasgo particular: el arbitrista está bien vestido. Su locura parece residir sobre todo en la prolijidad de su imaginación económica. Las circunstancias históricas son muy claras: es la crisis aguda de la inflación del vellón [42]. La «reducción de los cuartos» hacía entonces correr ríos de tinta. Más maníaco que peligroso, el arbitrista está considerado, a pesar de ello, como inofensivo desde el momento que está recluido. Aparece, es cierto, la fórmula habitual casi estereotipada: «los locos más perjudiciales de la república»;

[42] Véase Hamilton, *American treasure and the price revolution in Spain, 1501-1650,* cap. IV: *Vellon inflation in Castile,* pp. 95, 97, 100.

se hace esta afirmación como un cumplido de rigor a lo convencional. La única indicación de un humor negro lo bastante horrible como para que valga la pena señalarse, es ese ojo arrancado de un plumazo, por distracción, sin que el especialista de la cuestión monetaria, absorbido en su razonamiento, se percate. Es la sátira del economista, profesional o aficionado, cuya especialización acaba en idea fija[43]. En ese sentido, hay aquí un matiz nuevo. Todas las imitaciones, todos los convencionalismos, no impiden al *tipo* adaptarse en cada caso a las preocupaciones del autor o a las de actualidad.

[43]   Un humorista moderno, Álvaro de la Iglesia, comenta: «Mientras los economistas, en cuclillas, buscan por la alfombra de los mapas el tornillo de la cordura que han perdido, la gente improvisa remedios caseros.» (*La gallina de los huevos de plomo*, p. 29.)

Capítulo III

El arbitrista en el teatro

1. El entremés

Por algunos aspectos, la forma teatral más próxima a la novela satírica es el entremés. A veces incluso resulta difícil fijar los límites entre ambos géneros[1]. Una novela como la de Salas Barbadillo, *El sagaz Estacio,* es dialogada. Son muchos los entremeses que solo conocemos integrados en series novelescas, y nada nos asegura en esas condiciones que se hayan hecho para la representación y que se hayan representado.

Castillo Solórzano, *El casamentero*

Este es el caso del entremés *El casamentero* de Castillo Solórzano, que se encuentra en la «fiesta primera» de su

[1] Véase E. Asensio, *Itinerario del entremés,* Madrid, 1965, sobre la filiación de este género en el teatro del siglo XVI, p. 15. También: «La novela picaresca comparte con el entremés el condominio de la capa inferior de la sociedad donde campean los instintos primarios» (p. 30).

Tiempo de regocijo [2]. El marco y el pretexto nos son ya familiares, ya que el artificio que se emplea es el mismo que el de la novela.

El arzobispo de Toledo acaba de construir el célebre manicomio llamado del Nuncio de Toledo. Quiere entonces poblarlo. El mejor medio que encuentra para saber quiénes de sus feligreses están locos es que dos de sus criados establezcan una agencia matrimonial; los candidatos al matrimonio dejan siempre traslucir sus manías. Es fácil adivinar que van a presentarse sucesivamente el arbitrista, el alquimista y el poeta. Los tres tienen una intervención igual, aunque muy breve.

El arbitrista entra el primero. Se le pregunta el carácter de sus ocupaciones. Y como responde:

> Provechosas
> para el bien destos Reynos al menos

en seguida se le identifica como candidato al manicomio.

> Que me maten si cuerpo no tenemos

dice el criado.

La evolución es la misma que en la novela. No es tanto ocuparse del bien del reino lo que constituye la locura, sino *hacer de ello una profesión*. De ahí el efecto peyorativo y cómico del término arbitrista, que tiene una resonancia profesional. En esta obra, se recurre sin ambages a ese efecto:

> —Señor, soy Arbitrista.
> —Arbi... que dize?
> —Arbitrista.
> —Yo ignoro el oficio.

[2] Castillo Solórzano, *Tiempo de regocijo,* Madrid, 1627, pp. 54 y siguientes.

Y esto nos vale la definición:

> —Arbitrista, señor, es ser un hombre
> de singular ingenio, e inventiva,
> clara especulación de cosas grandes,
> fundadas en las dos Filosofías,
> y en la razón de Estado, que al provecho
> y govierno del Reyno se encamina;
> tengo trezientos y setenta arbitrios,
> en un compendio que acabé estos días,
> que intitulo: «Política arbitraria».

Como hemos indicado ya a propósito de una obra ligeramente posterior de Castillo Solórzano, este autor parece considerar, como rasgo distintivo particularmente digno de la sátira, el carácter intelectual, pedante y pretencioso del arbitrista. En esto coincide, como lo dejamos expuesto, con la visión propuesta por Rodrigo Fernández de Ribera, del *político-arbitrista.* Invoca «las dos Filosofías», como si fuese un habitual de la Universidad, la «razón de Estado», como si estuviera familiarizado con las controversias entre políticos. Confusión que Castillo Solórzano comete quizá ex profeso, a fin de englobar en su sátira a las dos categorías. No cabe duda de que ambas tienen la prolijidad como carácter común. Imaginar una «política arbitraria» compuesta de 370 arbitrios es un cruel ataque tanto a los autores de «tratados» como a los arbitristas.

Lo que sigue se ajusta más a lo que podríamos esperar. El criado encargado del reclutamiento de los locos sabe tan bien como nosotros que hay que preguntar al maníaco uno de sus secretos: este se verá entre el deseo de misterio y el de la confidencia.

> —No sabremos alguno?
>   —Esso sería
> ganar con mi trabajo otro la gloria.

—Por cierto que es notable mentecato
el bien que nos promete essa política
Y vendrále a valer?
                    —Seis mil ducados
que sacada la costa de la imprenta,
pues en surtiendo efecto, cierto intento.
—No se puede dezir?
                    —No es esta hazaña
más que juntar las Indias con España.

Por un lado los cálculos interesados, cuyos únicos elementos concretos son desgraciadamente para el arbitrista, las
facturas de la imprenta; por el otro, la locura de la empresa propuesta: los aspectos convencionales son siempre los
mismos o cabe encontrar otros en la ironía de la respuesta
del criado:

        —Esso será muy fácil...

y en las afirmaciones siguientes del arbitrista. Tiene de su
parte al Consejo, y están dispuestos a intentar la experiencia, al menos a escala reducida.

                    —El Consejo
lo ha tomado con gusto extraordinario
y manda para ver esta experiencia
que a Ibiza la junte con Valencia.
—Hase probado?
                    —Cuando los cosarios
la intentaron tomar quise traella
que assi fuera más fácil socorrerla
mas dexóse por falta de dinero.
—Olá! prisiones a este majadero!
—Como hablar en mis cosas aún no puedo?...
—Esso será en el Nuncio de Toledo.
            (salen quatro moços como palanquines y
            llévanle en braços adentro).

106

Nos hallamos aquí muy cerca de Quevedo. El arbitrio es del mismo género y la inspiración es probable; estamos en 1627, poco después de la publicación del *Buscón*. El inventor no pone en duda la posibilidad material de la empresa; la imposibilidad es financiera. Es el posible-imposible del «loco repúblico».

En el entremés, en cambio, la indicación teatral obliga a esquematizar todavía más al personaje y a hacer de él un muñeco. Aquí la influencia será recíproca. No, muy probablemente, de Castillo Solórzano sobre Quevedo, pero sí del mecanismo teatral sobre la composición de *La hora de todos*, a través de esos episodios de farsa-ballet.

Anónimo: *Del arbitrista y órgano de los gatos* [3]

Una verdadera farsa-ballet es precisamente la única obra teatral que hemos encontrado, dedicada especialmente al tema arbitrista.

Se trata, es verdad, de un manuscrito anónimo sin fecha del que es imposible afirmar que corresponda al período que en este libro se estudia.

Señalado por los Catálogos de piezas de teatro manuscritas de La Barrera y de Paz y Meliá, ese entremés figura en el número 5 del manuscrito 15.958 de la Biblioteca Nacional de Madrid. Conformes con Paz, pensamos que la letra de la copia es del siglo XVIII. No obstante, esa copia no es única, lo que hace suponer la existencia de un original más antiguo, y una hoja intercalada en el manuscrito 15.958 repite una de las páginas con grafías curiosas [4] y una letra claramente más antigua.

Se cual fuere la fecha exacta de ese entremés, representa

---

[3] Inédito. Lo publicamos en el Apéndice núm. 301.
[4] Véase nuestros comentarios ortográficos, *supra,* pp. 57-58.

a la vez una culminación y una deformación del tema del arbitrista, que merece señalarse aquí.

La aparición de la palabra arbitrista viene precedida de una larga preparación. No se trata en cambio de conseguir con esa aparición el efecto de sorpresa que buscaban los autores cómicos en los tiempos en que la palabra tenía un sabor de neologismo. El término arbitrista es familiar y es porque va asociado a la locura que la muerte, la posesión por el demonio y la fiebre tifoidea parecen poca cosa al lado de esa enfermedad singular. Es más difícil precisar el alcance de la palabra «atheista», asociada en una rima a la de arbitrista.

> Mirad pues, si los cuerdos, que son pocos,
> que en arbitristas dan se buelven locos,
> mi marido que es simple y atheista
> ¿en qué vendrá a parar siendo Arbitrista?

Simplicidad de espíritu, locura, desconocimiento de Dios e imaginación creadora desnortada parecen aquí voluntariamente mezclados para crear un ambiente de espera en torno a un extraño personaje [5]. La lista de sus sucesivas empresas es instructiva, en el sentido de que mezcla investigaciones técnicas tan perfectamente verosímiles como un proyecto de almidonado del tafetán, con la clásica fantasía del hombre invisible, con la idea, menos clásica, de hacer un día la cocina para todo un año y con el vago concepto de «remediar el mundo», es decir, con el tema del reformador universal. La risa del público responde a esta forma popular de sentido común que desconfía de toda innovación, de todo lo que pretende modificar el orden natural. Esta ex-

---

[5] La connotación antigua de la palabra «ateísta» es muy compleja. En esta época, el arbitrista metido a político se arriesga a que le confundan con la «secta de los ateístas», o sea, con los maquiavelistas.

posición podría dejar esperar un desarrollo más amplio que el simple escorzo que viene a continuación.

En ciertos aspectos, la crítica de la farsa no va más allá del chapucero, del pequeño inventor aficionado a los trucos —nivel al que se rebaja alguna vez la noción de arbitrio.

No obstante, se utilizan las viejas fórmulas. Por ejemplo es aquí que el

> Yo ya lo tengo todo remediado...
> Ya yo lo tengo todo discurrido...
> Ya yo he pensado traza...

aparece como una buena anotación de carácter y provoca una risa sana.

Igualmente, a pesar del ambiente aldeano y familiar de la escena, un arbitrio recoge el proyecto del loco de Toledo, de Castillo Solórzano, derivado a su vez del proyecto de Ostende que se halla en el *Buscón*. El mar ha dado muchos quebraderos de cabeza a los españoles. Estos sueñan siempre en suprimirlo. Puede hacerse un puente o atravesar la tierra de parte a parte,

> y libres de galiones y de arrieros
> la plata sacaremos a calderos...

Esta quimera acerca claramente este entremés inédito a los eternos problemas de los metales preciosos y de la moneda. Pero en el momento en que el entremés se escribió y representó, ¿era esta una preocupación todavía actual o bien un simple eco de tradición literaria? La segunda hipótesis parece más probable. En efecto, ese arbitrio de valor nacional, general, solo se indica como medio de procurarse dinero... a fin de asegurar la financiación de una empresa simplemente municipal: el desplazamiento de la iglesia, que está muy lejos de la aldea.

En cuanto a las técnicas del puente sobre el océano, son, en el sentido estricto de la palabra, soluciones de cocina. El sol se encargará de freír en un aceite generosamente esparcido en el mar un puente de buñuelos

> con que passar podremos sin rezelo
> y llamarle la puente del buñuelo...

Así estamos en todo momento sólidamente circunscritos al marco de la farsa y no podemos dar demasiado importancia ni a la ridiculización de la ciencia libresca:

> Yo he leído y guardado en la chola
> que es el mundo redondo como bola
> y hallé con gran trabaxo
> que las Yndias está aquí debaxo...

ni tampoco a la facilidad ligeramente irrespetuosa con la que el arbitrista descarta la objeción del infierno, posible obstáculo a su galería subterránea:

> Todo aquesto se quita
> con llevar un costal de agua bendita...

En otros momentos —para citar el ballet final— los medios imaginados por el inventivo campesino se entrecruzan también con las alusiones a la erudición libresca —mitológica esta vez— y a las graciosas combinaciones técnicas; el órgano que no funciona se ha reemplazado por una doble gama de dueñas y gatos de voz más o menos aguda, y habrá unos maniquíes de yeso que bailarán

> porque como es la Música tan vella
> se moverán las piedras al son della.

Decididamente, se evocarán toda suerte de arbitrios.

Por ello no era inútil sacar del olvido esta obra sin pretensiones, que tanto debe a la tradición de antaño sobre el arbitrista. Pero ahora no queda nada del trasfondo trágico que tenía —por ridículo que fuera— la figura del hombre obsesionado con la esperanza de salvar su país de la perdición.

2. La comedia

Creado y desarrollado por la novela como personaje cómico, recogido a ese título por el entremés, el arbitrista solo podía tener en la comedia un papel, el de *gracioso*.

Los textos permitirán obtener a la vez la imagen literaria del arbitrista en la comedia, comparándola con la imagen que brinda la novela y el empleo que hace la técnica de ese género teatral de esta figura particular.

Una alusión de Lope de Vega: *La mocedad de Roldán*

En una recopilación publicada en 1623 [6], una comedia titulada *La mocedad de Roldán* contiene una alusión de cinco versos donde se resumen con claridad la definición que de él mismo hace el arbitrista.

Si hubiera que situar esa comedia en torno a la fecha de su publicación, se trataría de un reflejo bien pálido del tipo ya existente en la novela e incluso en el teatro.

Pero *La mocedad de Roldán* se cita por el propio Lope, con otros títulos de obras teatrales, al final de su novela *El Peregrino,* publicada en 1603. Si como parece lógico se saca la conclusión de que las obras designadas estaban

[6] Publicada en la parte XIX de las *Comedias* de Lope, en 1623.

ya escritas o en vías de terminación en los primeros años del siglo XVII, el personaje del arbitrista haría aquí su primera aparición, con una decena de años de adelanto sobre Cervantes. La ingeniosa cronología de Morley y Bruerton no vacila en proponer, para *La mocedad de Roldán,* la fecha de 1599 [7]. Pero incluso si se tuviera la certeza de que la obra se escribió antes de 1603 no habría que descartar la hipótesis de una interpolación tardía que podría deberse precisamente a la moda, recién surgida en 1610-1615, del arbitrista en la literatura. La intervención tan frecuente, de un autor (o director) ingenioso, pudo ser refrendada, en el momento de la publicación, por el propio Lope.

Bien pensado, la alusión no es lo bastante importante como para plantear problemas de primer orden; en cambio, es un buen reflejo de lo que representa el personaje en toda comedia, por lo que su cita, a la cabeza de otros textos, está justifiacda.

El emperador da una audiencia. Los personajes aparecen y desaparecen; entre ellos un anciano (es su única calificación) que solo dirá cinco versos:

> VIEJO.—Por éste y mil memoriales
> verá Vuestra Majestad
> fuera de mi voluntad
> dos arbitrios que son tales
> que le valdrán un millón.

Reconocemos aquí los rasgos que triunfarán (¿habría que decir: que ya han triunfado?); el arbitrista es viejo (es una característica asociada a la vez a su porte sentencioso, a sus pretensiones de sabiduría y a su situación habitual de hombre que ha fracasado y es casi un desecho social); el arbitrista es prolijo: tiene siempre una o dos memorias a mano

[7]   Ed. Madrid, 1968, p. 50, p. 81 (47), p. 82 (54).

pero da a entender la existencia de mil otros trabajos parecidos; el arbitrista protesta (sinceramente muchas veces) de su buena voluntad de súbdito, pero su voluntad de acercarse al rey revela su ambición; por último, el arbitrista promete al Estado medios de procurarse dinero, pues su esfera es el expediente financiero. La imagen es completa.

Aquí, sin embargo, la *figura* no aparece por sí misma. No es el tema de la pieza ni se convertirá jamás, por otra parte, en un tema teatral. No es ni siquiera el tema de una escena, de un papel episódico. Es una *utilité*. En la ficción teatral de la época, las insuficiencias escénicas entrañaban la necesidad de crear el ambiente con ayuda de personajes fugaces.

Son estos personajes de final de reparto, anónimos, bajo un calificativo muy general —un soldado, una vieja, un viejo—. Están individualizados por la presentación que hacen de sí mismos, pero sin rebasar los límites asignados a su papel utilitario.

En *La mocedad de Roldán* el resultado es impresionante. Mejor que ningún decorado visual o auditivo, que ningún son de trompa o trono de cartón, esos personajes definen a los ojos de un vasto público cortesano el personaje ante que se encuentran, mucho más de lo que se definen a sí mismos. Un rey es un jefe que administra la justicia, que recibe ayuda y consejo, que se rodea de cortesanos y que recibe a un soldado veterano que viene a pedir pensión, a la mujer de un preso que suplica que la justicia se apresure, a un bufón que espera un puesto en la corte, al arbitrista autor de proyectos, por último. Todas esas nociones de la monarquía, tan antiguas, tan feudales, han impuesto a los espectadores, como a pesar suyo, la presencia del Rey.

Pero si los gestos de justicia, de ayuda, de consejo, tan antiguos como la realeza, sitúan a esta casi fuera del tiempo y valen para Carlomagno tanto como para Felipe II, el desfile de los pedigüeños tiene también valor de actualidad. La Comedia, mediante esas apariciones rápidas, tanto como por conducto del gracioso, portavoz permanente, no teme hacer algunos guiños al espectador, entonar una copla medio satírica: el antiguo soldado orgulloso y miserable sin más ocupación que recorrer las calles de Madrid, la familia arruinada por las deudas y la lentitud de los procesos, el truhán que espera la fortuna de ser nombrado paje, qué siluetas más familiares de crónicas, novelas, letrillas del nuevo siglo. Trátese de una creación o bien de una figura esperada, el arbitrista —al que no se llama así, pero que está perfectamente definido— entra en la comedia del brazo de sus compañeros de la literatura moralizante y satírica. Su papel va a ir en aumento.

Tirso de Molina, *Próspera fortuna de don Alvaro de Luna* (1616)[8]

Podría ser el primer ejemplo elaborado de un arbitrista en el teatro el personaje de Pablillos que encontramos en la obra de Tirso publicada bajo este título en la discutidísima *Segunda Parte* de 1635[9]. Para desgracia nuestra, la fecha exacta de su composición y de su representación, y, cosa más grave, la atribución misma de esa comedia al ilustre fraile han sido puestas en tela de juicio por especialistas sucesivos, sin que ninguno de ellos consiguiera aportar el

[8] Ed. Blanca de los Ríos, t. I, Madrid, 1946, de las *Obras Dramáticas completas,* de Tirso (Jornada I, esc. V).
[9] V. G. Mancini y E. Caldera, *Studi tirsiani,* Milano, 1958, pp. 53-54. El propio Tirso, en la Dedicatoria, es quien alude —no se sabe con qué intención o misterio— a la presunta paternidad de otros autores en ocho de las doce comedias publicadas.

dato fehaciente que pudiera borrar toda duda[10]. Evidentemente el autor ha encontrado en la figura que se perfila
en otros géneros literarios y satíricos, atributos que convendría a un *gracioso* de comedia. Mejor todavía si se trata
de una *comedia política* donde todo el mundo podía reconocer a través de los personajes de don Alvaro de Luna y
de Juan II, a figuras contemporáneas, según supone doña
Blanca de los Ríos.

La cuestión más sorprendente que plantea doña Blanca
—y tendría aquí importancia fundamental— es la de la
posible colaboración de Quevedo en la composición de esa
comedia[11]. Precisamente esa hipótesis tiene su fundamento
más sólido en los arbitrios paródicos que hace el gracioso.
Y hay que reconocer desde luego que la fantasía verbal de
esos arbitrios proporcionaría un excelente jalón entre el
escorzo del *Buscón* y el brillante despliegue de *La hora de
todos*. Además, el jocoso diminutivo aplicado al Manzanares, en una de las parodias que hace el gracioso de *Próspera*

[10] En el siglo XIX, Hartzenbusch, A. Fernández Guerra y Cotarelo la hacen obra común de Alarcón y Tirso. Menéndez y Pelayo
supuso refundición de otras dos de Salustio del Poyo. E. Julia Martínez, C. E. Aníbal y M. Wilson, con argumentos muy heterogé-
neos, la atribuyen a Mira de Amescúa. G. Mancini no encuentra en
ellos motivos suficientes para rechazar la paternidad de Tirso (*op.
cit., loc. cit.*).

[11] Confiada en su interpretación política de parte del teatro de
Tirso (presunto hermano del duque de Osuna), Blanca de los Ríos
tiende a relacionar las dos comedias históricas sobre Álvaro de
Luna con las turbias «mudanzas» cortesanas del año 1621 (subida
al trono del Rey-niño, caída de Lerma, ejecución de don Rodrigo
Calderón, proceso a Osuna, ascenso de Olivares). Desgraciadamente
una crónica indica que algunas de estas comedias se representaron
en Sevilla en 1615. B. de los Ríos sugiere entonces la ingeniosa
hipótesis de una estrecha y amistosa colaboración de Quevedo y
Tirso en la primera versión; luego, de una refundición de 1621,
donde el mercedario se empleó en borrar las huellas de la intervención de Quevedo con quien se había enemistado entretanto. *Ibid.*,
t. I, pp. 1949 y s., y pp. 1997-2001. (Preámbulo a *Próspera fortuna...*
y a su segunda parte *Adversa fortuna de don Álvaro de Luna*).

fortuna, corresponde al espíritu de las burlas, tradicionales sin duda, pero de que tanto gustaba Quevedo.

> Arbitrio para que el Rey de Castilla sea Rey de Granada, de Aragón, de Navarra, de Portugal y de Antípodas, y nuevos mundos.
> Arbitrio para que Manzanarillos, compita con su corriente con el río Nilo, horror de cocodrilos.
> Arbitrio para que no se halle un necio por un ojo de la cara, aunque sea menester para una medicina.
> Arbitrio para que en España no haya pecados, ni falta de dineros, sino que todos sirvan a Dios y estén ricos, hay grandes arbitrios.

Esos títulos en prosa, recitados por el gracioso-arbitrista en medio de la comedia en verso, pueden muy bien haber sido proporcionados a Tirso de Molina por alguna otra persona. «Si hay estilos en el mundo —escribe doña Blanca de los Ríos—, esos *Arbitrios* llevan la firma de Quevedo.» [12].

Recitado sin duda en tono de pregón, como lo sugiere la última indicación: *Hay grandes arbitrios...* esos cuatro anuncios de memoriales tenían asegurado, muy probablemente, un gran éxito de risa en el público. Son por lo demás de alcance desigual: dos de ellos forman parte del arsenal clásico del autor dramático en tanto que pregonero de la actualidad —era uno de los papeles que le correspondían y desempeñaba por intermedio del gracioso; el

---

[12] *Ibid.,* p. 135 y p. 1957. Para mayor confusión, siempre según doña Blanca, en la misma escena de los arbitrios, Pablillos alude a la enemistad entre las «reverencias» (= los frailes como Tirso) y las «corcovas» (=Alarcón). Es de pensar, al contrario, que Hartzenbusch y Fernández Guerra fundaron en el contenido de dichos arbitrios, la hipótesis de una colaboración entre el mercedario y el dramaturgo mejicano, tan próximo este a los medios de los funcionarios de la Corte.

arbitrio sobre el Manzanares es una chanza madrileña, donde toda la gracia estriba en la aliteración, que debe destacar el actor; el arbitrio que quiere hacer del necio una mercancía rara, tan cara como las drogas medicinales (siempre a precios inasequibles) consiste a la vez en una sátira de los tontos y de los boticarios.

El primer arbitrio, en cambio, y el último son los que van más lejos en el descubrimiento de los horizontes que revela el hecho político del arbitrismo; podría ser una razón más para atribuirlos a Quevedo.

Que un arbitrista de tiempos de Juan II haya venido a prometer al rey de Castilla los reinos de Granada, Aragón, Navarra, Portugal, los antípodas y nuevos mundos: ¡qué apariencia de ridículo!, sin embargo, habida cuenta lo que había ocurrido, ¡qué promesa más sensata! Hay aquí materia para rehabilitar el arbitrismo —y para recordar que el modelo más perfecto de arbitrista se llamó Cristóbal Colón—. Quevedo o Tirso, ¿acaso no dan a entender en esta obra que todo proyecto *político* encaminado a la grandeza de España, no cae en el ridículo de la quimera? Pero toda alusión que busca el éxito es ambivalente. Otra parte del público podía entender que la realización misma de lo que dos siglos antes podía parecer tan gran quimera había tenido algo de desmesurado y de loco, de donde procedía la crisis de España en 1615: todos los tratados contemporáneos examinan —bien para aceptarla, bien para combatirla— la tesis de un empobrecimiento de España motivado por el exceso de sus territorios.

El último arbitrio está mucho más cerca de la sátira que desarrollará *La hora de todos:* es mucho más inverosímil (y por lo tanto mucho más cómico) predecir el bienestar económico generalizado que la extensión de un imperio. Pero la particularidad de ese pasaje consiste en asociar en una sola opinión dos tendencias —generalmente separadas, aunque no siempre— de remedios propuestos por tratados y arbitrios: una primera tendencia que solo quiere ver como remedio de la crisis la solución moral, el progreso de las virtudes, y la otra que busca exclusivamente el enriquecimiento conjugado de los particulares y del Estado. Que se espere pasar de una vez de un país de pecadores y de pobres a un país de ricos, buenos servidores de Dios, he aquí la más enorme bufonería y un pesimismo que puede revelar a Quevedo.

En este primer ejemplo de arbitrios pregonados se han reunido ya dos aspectos de su utilización literaria: uno que lo convierte en la base, bastante artificial, de las bromas sobre otros temas clásicos; el otro cuyo contenido de actualidad es directamente político y cuya propia condensación en los términos recubre alusiones lejanas, revela vastos trasfondos. Sin duda, no hay que hacerse ilusiones sobre la cantidad de público capaz de captar toda la resonancia de semejante fórmula; pero desde el punto de vista del autor, cuando se trata de un Quevedo, no hay que subestimar la profundidad de juicio y de resentimiento que revelaban sus juegos de palabras.

Pero si el arbitrio por definición roza los grandes problemas que se propone resolver, el arbitrista, como personaje, se describe con rasgos más uniformes y convencionales.

¿Cómo se presenta, en tanto que arbitrista, el gracioso de *Próspera fortuna?*

PABLILLOS.   —¿Qué día
                        podré yo besar la mano
                        de Tu Majestad, Señor?
REY.   ¿Quién es?
DON ALVARO.   Un loco.
PABLILLOS.   ¡Qué error!
DON ALVARO.   ¡Ah!, ¡necio!

PABLILLOS.	Muy cortesano

PABLILLOS.   Muy cortesano
                 estáis, muy introducido
                 os veo; ¡gentil desprecio!
                 Fuí vuestro ayo, y ya soy necio
                 caí como habéis subido.
REY.   ¡Qué ingenio tiene!
PABLILLOS.   Ya el modo
                 de mi ingenio te prevengo.
                 Estos arbitrios que tengo
                 son el remedio de todo.

                 (*da unos papeles y él lee al Rey*)

El arbitrista, una vez más, es un hombre de edad. Y es un
hombre fracasado. Antiguo preceptor del favorito, ha acabado en criado pero no ha olvidado sus pretensiones al
saber y a la invención política. Y se nos hace vacilar involuntariamente entre las apreciaciones peyorativas de Don
Alvaro (un loco, un necio) y el interés que el ingenio del
hombre suscita en el rey. La locura no es jamás incompati-
ble con el ingenio. Esta regla general que permite la utilización del loco en la literatura, en el papel por ejemplo
del bufón de la Corte, y que encuentra su expresión su-
prema en el *Quijote,* es uno de los rasgos fundamentales del tipo del arbitrista.

Después de que haya recitado el título de sus arbitrios
—que pueden hacerle pasar a la vez por político, ingeniero, economista y moralista— Pablillos va a precisar cómo
los autores literarios ven —y fijan convencionalmente—
las relaciones entre arbitrista y soberano. El soberano es
escéptico, pero está divertido, quizá interesado. ¿Quién
sabe? Quisiera conocer más que el título de esos arbitrios.
Pero el arbitrista no es desinteresado; busca una recom-

pensa a su imaginación y no soltará su secreto mientras
no tenga un contrato en la mano:

REY.   Alguno dellos, amigo,
              será forzoso saber.
PABLILLOS.   Como el premio llegue a ver
              a declarallo me obligo.

El arbitrista de la novela reaparece por lo tanto aquí
en su plenitud. Pero la comedia, en la utilización que hace
de este personaje, no está en condiciones de darle mayor
extensión. El hecho de ser arbitrista es uno de los rasgos
que definen al gracioso; no es en modo alguno un papel
en cuanto tal. ¿De qué ha servido a la comedia? Al situar,
como en la *Mocedad de Roldán,* la acción en la corte, al
crear por las alusiones a su arbitrios una verosimilitud
cronológica y al dar, pese a ello, un sabor de actualidad, ha
servido a la técnica teatral al hacer avanzar la acción, al
mismo tiempo que fuera de ella se dirigía al espectador
para divertirlo y establecía lazos entre autor y público. Una
vez hecho eso, el gracioso va a proseguir su tarea, pero
bajo aspectos distintos de los del arbitrista. Ya no se hará
alusión, a lo largo de la pieza, a esa vocación de Pablillos.
Solamente en la jornada II, una disputa de criados donde
se revela una vez más como persona interesada y sin dinero, le hace aparecer junto a otro personaje de la Corte,
episódico este: un poeta. El compañero tradicional del
arbitrista, el de hospitales y manicomios, no puede faltar
en la comedia [13].

---

[13] Para ayudar a crear la necesaria ficción histórica, el dramaturgo confiere a este poeta una identidad real: ¡nada menos que la
de Juan de Mena! (Jornada II, esc. 8 y 9, *ibid.,* pp. 1974-1977.)

Alarcón, *La crueldad por el honor* (entre 1622 y 1633)[14]

En una comedia de Corte, posiblemente posterior a la antecedente —puesto que figura en la *Parte Segunda* de la obra teatral de Alarcón, que agrupa las obras escritas entre 1622 y 1633—, el gracioso tiene una vez más la particularidad de cultivar el arbitrismo.

Alarcón pudo haber aprovechado la iniciativa de Tirso y ha leído ciertamente los fragmentos novelescos en los que el personaje se afirma. En tanto que arbitrista, su criado se ajusta bien a la figura en boga; en tanto que gracioso hace el papel que la comedia de Tirso le asignaba.

Sin embargo, como el rey Nuño es un usurpador, es él quien, al proponer favores —de los que precisa que pueden adaptarse a su situación social— al gracioso Zaratán para conciliárselo, provoca la respuesta tipo del arbitrista: no quiere nada menos que un gobierno (y esto lo que hace reír) y tiene ya en el bolsillo un plan de reformas:

NUÑO.   Piensa tú que puedo darte
           que convenga con tu estado.
ZARATÁN. Yo soy, Señor, inclinado
           más a Minerva que a Marte:
           dáme un govierno, y verás
           en Zaratán un Solón;
           y por si de mi opinión
           poco satisfecho estás
           oye, que te he de mostrar
           cuanto alcanza mi capricho,
           que en Zaragoza se ha dicho
           que pretendes reformar

[14] En Biblioteca de Autores Españoles, t. XLIV, p. 24 (Jornada tercera).

> leyes, costumbres y fueros,
> y yo con este cuidado
> estos puntos he pensado
> que dar a tus consejeros.
>
> *(saca un papel)*

La ambición, las pretensiones pedantes, la ingeniosidad, la prolijidad de Zaratán —va a proponer doce arbitrios y habrá que detenerlo— forman parte de los rasgos ya clásicos del arbitrista y de los recursos cómicos, más importantes en la comedia que en la novela. Una de las particularidades que presenta en este punto la comedia es la de no poder insistir en los aspectos tristes, menguados, deleznables o demasiado solemnes que algunos novelistas habían presentado como rasgos característicos. El gracioso, por oficio, ha de ser activo, realizador, irónico; su pedantería misma debe ser una pedantería de juglar, no de maestro de escuela. Y la manera de hacer que los fracasos financieros del arbitrista provoquen la risa no evoca aquí ningún trasfondo sombrío. El gracioso va a sacar dinero de la fatiga misma de sus auditores. En el decimotercer «item» le van a pagar para que se interrumpa; ¡vaya sinecura! y que no quiere dejar escapar. Rápidamente va a buscar una orden de pago sobre las finanzas reales:

> ¡Vivas mil años! Voy por la libranza
> para que firmes: el primero he sido
> que por ser arbitrista ha enriquecido...

La excepción en favor del petulante gracioso sirve a pesar de todo para afirmar uno de los rasgos del tipo: el arbitrista ridículo (y no digamos el arbitrista odioso) no se enriquece.

Justamente porque la comedia está limitada en su análisis del personaje, son los textos —los arbitrios paródicos— a los que incumbe la tarea de variar y matizar los aspectos de la evocación. Tirso había puesto cuatro arbitrios en la boca de su gracioso; Alarcón pone doce y todos ellos bastante extensos.

Se produce entonces un nuevo fenómeno de inversión de las relaciones entre la sátira del arbitrista y la sátira de lo que dice. Es este uno de los puntos delicados para la interpretación del tema en su conjunto. Según los autores, la crítica apunta más o menos al hombre o al modo de pensar, al *arbitrismo* o al *arbitrista,* según vimos a propósito del *Mesón del mundo* de Fernández de Ribera.

En cuanto en una obra literaria el arbitrio cesa de ser burlesco para convertirse en el vehículo de una sátira más general, que el autor propone a la risa pública, el arbitrista deja de ser blanco de la crítica y se convierte en cambio en auxiliar de la sátira. Naturalmente, no es menester para esto que cese de ser ridículo o incluso despreciable; es sabido que la verdad puede ser proclamada por el más vil de los bufones. Por un procedimiento análogo, a Zaratán, en Alarcón, le corresponde abordar temas muy viejos, muy esperados, unos de importancia secundaria, otros vitales, que quizá sea absurdo, por su parte, querer zanjar, pero donde otros son puestos en la picota con mayor dureza que él. He aquí la lista [15]:

• la longitud de los procesos y la dudosa honradez de los abogados —y el arbitrista propone hacerlos sufragar los gastos de todos los procesos perdidos;

• las pretensiones de los mercaderes que hacen subir los precios de las frutas tempranas cuando estas no valen todavía nada;

• la ambición de las clases medias y humildes que conduce a demasiados hijos de campesinos y artesanos a ser

[15] Sus dimensiones nos impiden reproducir aquí esta escena, de fácil consulta en la B.A.E.

letrados, y el peligro de los nuevos ricos que conservarán, si alcanzan los puestos más altos, la codicia de los intendentes de humildes señoríos;

• la complicidad del rey en los juegos de azar, puesto que sin perjuicio de prohibirlos saca provecho de la venta de naipes;

• la injusticia de los impuestos que gravan en demasía los productos necesarios y poco los gastos suntuarios;

• la venalidad de los cargos públicos que contrariamente a la costumbre se encuentra aquí defendido: si los cargos dan honor y dinero que se paguen; esto aliviará las finanzas; otro arbitrio aborda la misma cuestión: los funcionarios fingen haber recibido su cargo a título de recompensa, cuando el rey debe exigir el agradecimiento por ese favor;

• la necesidad de hacer trabajar a las mujeres en ciertos oficios indignos de los hombres, ya que estos han de ser soldados o labradores pero no tenderos.

Y la serie de arbitrios sobre los garitos, sobre los alquileres abusivos para las fiestas (las terrazas en los días en que hay toros en la Plaza Mayor) y, por último, sobre las bellas amigas de los hombres casados y las rameras.

Se ve que la gama es rica y va desde la crítica banal de las costumbres de la Corte a los problemas más complejos de la economía y la sociedad.

Evidentemente, cabe hacerse la pregunta de si no será de la banalidad de los temas y del estilo pesado y de la facilidad pretenciosa de las soluciones, que tan aprisa fatigan en la lectura de los arbitristas, de lo que Alarcón ha pretendido aquí burlarse. Seguiríamos entonces en la verdadera sátira del arbitrista. Serge Denis no lo cree: en su clásico estudio sobre el idioma de Alarcón opina sin reservas que el arbitrista solo es un pretexto y expresa en realidad el pensamiento satírico de Alarcón. Denis afirma incluso que Zaratán «finge burlarse de los arbitristas» [16]. El personaje, sin embargo, se desarrolla tan acorde al tipo ya establecido que parece difícil seguir a Serge Denis en este punto. Lo que no es dudoso, en cambio, es que Zaratán, *aunque arbitrista,* desempeñe la misión de clamar lo que tantos tratadistas repetían hasta la saciedad en sus discursos y advertencias, y que Alarcón aprobaba. Serge Denis ha dado de ello, mediante una comparación, una justificación sólida: en otra comedia, *El dueño de las estrellas,* se formulan proposiciones del mismo orden que se califican incidentalmente de «provechoso arbitrio» [17]. Ahora bien, en este caso no puede dudarse: el papel de reformador no está asignado a un arbitrista por oficio, a un bufón, sino a Licurgo, galán de la pieza. No es, pues, el reformador quien es objeto de la sátira, sino la sociedad que se quiere reformar. Recordemos a pesar de todo, por prudencia, la ambivalencia posible: nada impide hacer reír a la vez de los vicios de la sociedad y de la pretensión pedante de los reformadores. Si se conociera mejor a Alarcón en sus actividades políticas, quizá se adivinaría más fácilmente el alcance exacto de sus intenciones o su origen. Por ahora

---

[16] *La langue de J. R. de Alarcón,* París, 1948, p. 331. Este aspecto ya había sido sugerido por Fernández Guerra (*Juan Ruiz de Alarcón y Mendoza,* p. 300), en acuerdo con lo que se sabe de la biografía política del autor y de sus ínfulas de «repúblico». «*La bouffonnerie a peut-être été suggérée par les* Catorce proposiciones que pueden ser más importantes por el bien y descanso de estas tierras, *de Pérez de Herrera»,* aduce S. Denis (*ibid.*). El argumento no es claro: las *Proposiciones* no son un texto literario burlesco (como lo son las célebres *Premáticas* y *Aranceles,* de Quevedo), sino uno de los muchísimos textos reformadores de aquel fecundísimo médico, urbanista, sociólogo y economista del 1600. El propio Denis (*ibid.,* p. 297, nota 2), con Alfonso Reyes (Clas. Castellanos, núm. 37, 4.ª ed., p. 262) recuerda cómo Alarcón dedica dos quintillas elogiosas a los *Proverbios morales,* de Pérez de Herrera, cuya edición de 1618 recoge las mencionadas «Catorce proposiciones» arbitristas del doctor.

[17] B.A.E., t. XX, p. 279, esc. VIII. La obra se publicó en la segunda parte (1634). Véase *infra,* cap. V, p. 209 y nota 74.

limitémonos a ver en él al autor, al técnico de la comedia en la que el gracioso-arbitrista le sirve de instrumento. Es de notar el interés que ambas comedias despertarán en políticos españoles tan ilustres como Alberto Lista y Niceto Alcalá Zamora, interés fundado singularmente en los pasajes que acabamos de evocar [18].

La paloma de Toledo (atribuida a Lope de Vega) [19]

Se trata de una comedia publicada en Huesca en la *Parte XIX* de las comedias de Lope llamadas extravagantes, en el año 1634. La fecha de la representación, como de costumbre, no se conoce. No debe distar mucho de la de la obra de Alarcón que se acaba de estudiar. Menéndez Pelayo admite que hay señales de que la pieza fue refundida, sin que pueda tenerse una prueba exacta [20]. Morley y Bruerton, por medio de sus conocidos métodos, rechazan la atribución a Lope [21].

[18]   Lista (en el citado volumen de la B.A.E., p. 549) asemeja Alarcón a un «publicista». Alcalá Zamora agota las sugerencias de estas dos escenas «arbitristas» en un largo ensayo sobre «El derecho y sus colindancias en el teatro de don Juan Ruiz de Alarcón» (publ. en el *Boletín de la Academia Española*, XI, 1934, p. 26 y 737-794). En un estudio más reciente sobre *El sentimiento democrático en el teatro de Juan Ruiz de Alarcón* (Madrid, 1960), C. O. Brenes concluye sin mucha originalidad: «las reformas que propone Zaratán tocan a problemas españoles del tiempo de Alarcón...» (p. 215).
[19]   En la edición de la R.A.E., t. X, p. 217 (Jornada I, esc. 4, y jornada III, esc. 5). En la *Bibliothèque Nationale* de París (8º Yg 1308-18) hay una edición suelta de esta «comedia famosa de Lope de Vega Carpio, representóla Avendaño». Según una copia manuscrita de la Biblioteca Nacional de Madrid, fue «representada ante la Corte por Tomás Fernández en octubre de 1625» (Morley y Bruerton, *Cronología,* p. 525).
[20]   Prólogo a la ed. de la Real Academia, p. CI.
[21]   *Cronología de las Comedias de Lope de Vega,* ed. de Madrid, 1968, pp. 525-526. Los autores proponen la fecha de 1610-15 para su elaboración (p. 605).

El tema ha llamado la atención del autor al igual que había seducido a Alarcón. Pero mientras Alarcón, habitual de las Juntas, tenía la memoria rebosante de ejemplos de arbitrios verdaderos, el autor de *La paloma* comienza contando historietas que debían decirse por las calles sobre arbitrios y arbitristas. La forma misma de introducirlos prueba que nadie en este punto se toma muy en serio. «¿Y de arbitrios cómo van?», pregunta doña Violanda, la dama de la comedia, a Galván, el gracioso. Como si se preguntara a un obseso de la jardinería qué tal va su jardín.

Galván responde en el mismo tono medio burlesco y sus proyectos solo se refieren a la supresión de los inconvenientes particulares de las tres grandes ciudades castellanas, temas de burla entre los habitantes de unas y otras, temas *de revista*: la niebla de Valladolid, el barro de Madrid, la pendiente de las calles de Toledo [22].

«Esto me recuerda», responde una confidente... y cuenta la historia de un hombre que quería, él también, nivelar Toledo. Haga la experiencia en un jorobado, se le respondió.

Esta doble broma permite percibir uno o dos matices bien precisados de la sátira antiarbitrista: la oposición del «loco» al «discreto cavallero»; un autor de proyectos por definición no es un «hombre honrado», ni se considera discreto en la buena sociedad pergeñar esas fantasías estúpidas contra el orden natural. De paso, por otra parte, se hace reír a costa de los jorobados, a los que sería igualmente absurdo querer enderezar. En esa fecha, el público no podía dejar de pensar en Alarcón. Pero si esto fuese todo, sería bien poca cosa.

Sin embargo, la sátira va a desarrollarse. Como el valido del rey pasa sin reconocerlo, Galván se indigna en nombre

[22]   Véase *Apéndice III*, p. 308.

de su genio: «a un hombre tan importante —¡no le conoce el privado!»— La indignación es fingida y el estilo el de un bufón. Eso indica que si el arbitrista está *loco* —y es en efecto uno de sus rasgos distintivos— puede muy bien ser un *loco alegre*. Es la solución, por razones técnicas, de la comedia. En la novela picaresca, por razones del género igualmente, sería más bien el loco triste o al menos el loco desgraciado.

Este carácter bufonesco no quita a la presentación de Galván su enorme interés para definir el tipo literario del arbitrista. Galván sabe que el genio no basta; hace falta también un nombre para ser escuchado:

> ¿A quien bastara su ingenio
> Si no naciera Mendoza?

La amargura, aun cuando se expresa con fantasía, no está menos presente. Y con las preguntas que hace el privado, se esboza una jerarquía de las profesiones intelectuales que hacen sonreír a los grandes:

> —¿Qué profesión? ¿Humanista?
> —Más.
>   —¿Letrado?
>   —Mucho más.
>   A Tácito dejo atrás:
>   Político y arbitrista.

El humanista pertenece al pasado. El letrado es el funcionario del futuro. Político y arbitrista son actividades de moda, entre las que más adelante se intentará establecer distinciones. Por ahora todavía están mezcladas —recuérdese al «loco repúblico» de Quevedo y al huésped del *Mesón* de F. de Ribera—. El modelo que ha inspirado aquí al autor y más tarde a Gracián [23], quizá fuese Baltasar Alamos y Barrientos, autor, en 1614, del *Tácito español, ilustrado en aforismos* y de unos *Advertimientos* o *Puntos políticos manscritos* [24] o también el Doctor Narbona, a quien conoció Lope de Vega [25]. Estos personajes representan bastante bien, como lo dejamos dicho ya, el punto de contacto entre los «políticos» con preocupaciones generales y los «arbitristas», economistas y financieros.

El cuarteto de don Alonso define en seguida lo que hay que pensar de la situación económica de los arbitristas. Si han creído que iban a hacer fortuna, les sucede que son demasiado numerosos. Son más que drogas en botica y ya en los arbitrios de *Próspera fortuna* se mezclaba la sátira de los maníacos del medicamento con las de los maníacos de los «remedios» para el reino.

Durante largo rato, el gracioso-arbitrista va a desarrollar no un arbitrio fiscal, sino una *teoría*. Mejor todavía, va a oponer su teoría a otras. A la tesis de la miseria española provocada por la mercancía extranjera, por los ávidos italianos («chento por chento»), por las salidas o «sacas» de oro y de plata, por la caída de los ingresos reales [26], por el exceso del lujo de los vestidos, Galván opone la tesis

---

[23] Véase Gracián, *El Criticón,* ed. Romera Navarro, t. II, p. 164, nota 265. Según Romera, Gracián aludía a los *Aforismos* tacitistas de Fuertes y Biota (Amberes, 1651). Pero desde finales del siglo XVI, la corriente del tacitismo en España es demasiado amplia para ser limitada a un solo ejemplo.

[24] El *Tácito español* del gran confidente de Antonio Pérez se comenta en las obras de Marañón (*Antonio Pérez*) y Maravall (*Teoría española del Estado*). Del *Discurso al Rey* (o *Advertimientos*) hay numerosas versiones manuscritas en la Biblioteca Nacional de Madrid.

[25] Véase nota 26, cap. II, p. 87, *supra*.

[26] «Si está su renta caída» encierra una graciosa ambigüedad sobre el doble sentido de «caer»: o fecha del pago de intereses o disminución de los ingresos. Asimismo, en el dicho: «el hambre no es como el censo que da de comer caído». Véase p. 132.

«agricultura ante todo»; lo hace en forma pintoresca, designando las aldeas hortícolas de los alrededores de Madrid y deseándoles melones y berenjenas en toda época. Pero «la vergüenza de depender del mes de abril» es una indicación que va muy lejos ya que hace alusión a las lluvias de primavera, problema eterno del agricultor español; y es exacto que el sueño de todos los agrónomos ibéricos fue siempre o bien cambiar el clima o bien domesticar el agua de los ríos.

Más adelante veremos el alcance de esta controversia cuando se lleva de forma burlesca al teatro. Sin embargo, hay que renunciar a causa de ella a limitar las intenciones de la sátira del arbitrista a la crítica de los expedientes fiscales, ya que se dirige también a los teóricos y a los autores de proyectos técnicos.

Las réplicas siguientes, en cambio, no solo son banales, sino que están cerca del plagio: la idea de hacer del Manzanares un río fertilizante había sido ya ridiculizada por la supuesta colaboración de Tirso y Quevedo; los «provechosos a lo menos» y la alusión al Nuncio de Toledo —el manicomio— figuran en el *Casamentero;* es verdad que aquí la cuestión de la fecha es difícil de resolver; nada impide que Salas Barbadillo desarrollara una idea recogida; bastaría que *La paloma de Toledo* hubiese sido representada antes de 1627.

Para las relaciones entre el rey, ministros y arbitristas, esta obra fija algunos rasgos comúnmente aceptados: se califica de loco al arbitrista, pero se dice (y él mismo dice) que escuchar no compromete a nada y que el que escucha y decide sigue siendo responsable. Es el delicado problema de una sátira que debe a la vez alcanzar al rey y a los grandes, puesto que escuchan a los arbitristas, y sin embargo ridiculizar solo a estos últimos. El gesto muy esperado («saca unos memoriales») adquiere aquí valor particular debido a que Galván entrega con sus papeles una nota comprometedora y hace así avanzar la intriga.

Galván se presenta al rey: es pobre, está arruinado (ha sido rico anteriormente); se ha convertido en criado con la esperanza de acercarse al rey; y se define muy curiosamente: «a Castilla miré atenta —por amor y por codicia»— lo que sin perjuicio de mantener la desconfianza frente a los cínicos autores de proyectos lucrativos reserva toda una parte de patriótica pasión, de observación angustiada de los males de España, verdadera característica de la obra de los arbitristas teóricos.

Viene a continuación la lectura de los cuatro memoriales; y decepcionan un poco. Ya que son solo y de forma mucho más pedestre que en Alarcón, el vehículo convencional de una sátira contra los falsos atractivos femeninos (mezclado a una sátira del monopolio), una flecha contra los poetas (acompañada de otra contra los impuestos). Por fin, los dos últimos memoriales son aquellos que más que atacar a los arbitristas hacen coro con ellos ante el público, condenando la manía del título nobiliario y del nombre: el «don» y el cambio de apellidos que transforma a los villanos en hidalgos.

La paloma de Toledo no deja de ser por eso, para nuestro propósito, un texto fundamental.

Moreto, *El mejor amigo, el rey* [27]

Una vez más no se puede dar tampoco aquí una fecha exacta de esta comedia. Pero es indudable que es netamente posterior a las precedentes y mucho más próxima a los mediados de siglo.

[27] Moreto y Cabaña (Agustín), B.A.E., t. 39, *El mejor amigo, el rey,* Jornada II, esc. 2 (p. 608).

La situación, sin embargo, es siempre la misma. El marco es la Corte, fuera de la cual, en el gran género teatral, no se sabría situar al arbitrista. La pieza de Moreto marca sin embargo una innovación, a saber, el arbitrista es un murmurador y viene *a quejarse;* y en este sentido cabe preguntarse si se encuentra en él al arbitrista puro; ya que la sátira del *descontento* viene a interferirse

REY.	Mirad si hay quien quiera hablarme porque solo me dejéis.
MACARRÓN.	Señor, yo.
LELIO.	Y yo.
REY.	¿Qué queréis?
LELIO.	Yo pedir.
MACARRÓN.	Y yo quejarme.
REY.	Hable uno.
MACARRÓN.	Yo.
REY.	¿Por qué vos?
MACARRÓN.	Porque si en ello reparas, Este hombre es de dos caras Yo soy uno, y él es dos.
REY.	Decid.
MACARRÓN.	Por tener sus brazos servía en Enrique a tí; caímos, y como caí he quedado hecho pedazos. Como asisto a un desvalido pienso que ayuno o no pienso; que el hombre no es como el censo que da de comer caído. Y así te pido algo, dado por los servicios que viste.
REY.	¿Pues qué servicios me hiciste?
MACARRÓN.	Dos mil arbitrios que he dado.
REY.	¿Se ejecutaron?
MACARRÓN.	Sólo uno. más otros no.

REY.   ¿Por qué, pues?
MACARRÓN.   El primer arbitrio es
                  que no se tome ninguno.

Esta presentación, de una longitud poco usual, no carece completamente de interés. El arbitrista aparece una vez más como el viejo servidor de un hombre fracasado, hundido en la más negra miseria y que ha ocupado sus ocios en rellenar memoriales. Una hoja tras otra. Espera el favor del rey, lo exigiría casi. A sus ojos, su prolijidad de arbitrista —dos mil arbitrios— es un servicio eminente. Y, sin embargo, ¡cuántos fracasos! De dos mil arbitrios, uno solo se ha aplicado. Es verdad que hay una buena razón: «el primer arbitrio es que no se tome ninguno». Todo lo que ha dicho era para llegar a esta burla eterna, al principio aplicado contra sí mismo. No obstante, la burla debía producir risa. La cosa no era sin embargo en este caso completamente gratuita. Cuántos panfletos, tratados —incluso los de Quevedo— habían adoptado para condenar al arbitrismo, plaga política, el tono del memorial «sobre el remedio único de los males del Estado». El arbitrista antiarbitrista: el resultado es divertido y muy digno de encarnarse en el *gracioso* Macarrón.

El rey, naturalmente, tiene tanta curiosidad como el público en escuchar algunas muestras de los otros arbitrios. Pronto demostrará su decepción. Pero ¿y el público? ¿Le gusta oír una vez más que para hacer a las mujeres buenas habría que quitar a los hombres el dinero y que los médicos no matarían a sus enfermos si debiesen pagar los gastos del entierro? En el fondo, el procedimiento no es ninguna tontería. Si el público ríe todavía con esas gracias tan sobadas tanto mejor. Si las encuentra aburridas podrá ponerlas en la cuenta del arbitrista y aplaudir cuando el rey corta sin piedad el verbo de Macarrón; es el efecto del «crochet»; se juega en los dos paños [28].

Estos son los textos más importantes *de la literatura de ficción* donde aparece el personaje del arbitrista y la sátira del arbitrio. Sólo quedaría uno por evocar, cuyo trasfondo histórico es tan complejo que merece destacarse en lugar especial [29].

Podrían reunirse otros textos; unos son alusiones rápidas, burlas visiblemente conocidas pero pasajeras; otros esbozan figuras vecinas, en las que el arbitrismo es un carácter añadido. Tales indicaciones que no nos ayudarían nada a completar o precisar la silueta del arbitrista pueden

[28]   Para muestra de la vulgaridad de las gracias que concluyen esta escena (la tasa de la enfermedad) he aquí su texto:

REY: Y ¿hay otros?
MACARRÓN: Ya uno refiero
               De que ninguna mujer
               sea mala.
REY: ¿Y qué se ha de hacer?
MACARRÓN: Que ellas tengan el dinero,
               Los hombres no, porque al vellos
               Sin tener ya que pedirlos
               No habrá una que llegue a oírlos
               Aunque se muera por ellos.
REY: ¿Y los otros son mejores?
MACARRÓN: Éste es de una industria rara,
               Arbitrio tercero es para
               Que no maten los doctores.
REY: ¿Cómo ha de ser?
MACARRÓN: Que el doctor
               Cure al enfermo a destajo;
               Si sana, cobre el trabajo
               Por arancel tasador:
               Tanto el tabardillo; acierto
               Tanto, de un dolor de ijada;
               Si muere, no cobre nada
               Y entierre a su costa el muerto.

[29]   Se trata del personaje creado por José Camerino, véase *infra*, p. 276.

134

aportar en cambio algunas lecciones instructivas sobre la extensión del tema, sobre su valor de *tópico;* al intentar evaluar esa extensión y ese valor convendrá hacer un balance de esas alusiones.

De igual forma, textos más extensos, de significación histórica y de alcance literario indiscutible, forman parte sin duda de nuestro tema pero tendrán lugar más indicado en la tercera parte del libro. Cuando el Padre Márquez, Quevedo, Saavedra Fajardo, Enríquez, Núñez de Castro o Gracián [30] dedican al arbitrista importantes pasajes de sus tratados políticos o morales, se trata de otro aspecto de la aparición del arbitrista en la literatura; y son textos admirables, a los que habrá que hacer referencia integral. Son, sin embargo, intervenciones *directas* en forma de crítica razonada (o apasionada, al menos en Quevedo) en lo que proponemos llamar *la controversia del arbitrismo,* cuyas relaciones con el desarrollo de una ficción literaria se examinarán al final de la tercera parte. Entonces se confrontarán con más provecho la ficción y el razonamiento político.

Por último, existe una literatura de testimonio o cronística que no excluye la lección moral, sino que la deduce de la observación y no de la ficción. Los ejemplos son raros. Uno de ellos, como veremos, al menos tiene mucho valor para revelar el estado de la opinión ante la proliferación del arbitrista en el mundo real. Aquí también, no se trata de creación literaria.

La novela y el teatro han esbozado una figura. ¿Cómo y por qué? He aquí los *problemas* que hay que plantearse ahora

---

[30] Véase la segunda parte del presente estudio, p. 267.

Segunda parte

Los problemas: literatura y economía

Capítulo IV

El tema literario y sus límites

El primer problema es un problema de evaluación, de medida; la figura del arbitrista está esbozada más bien que profundamente grabada; no es una aparición excepcional, sin ser tampoco obligatoria ni tan frecuente como otras; no es tampoco tradicional, pues su origen es reciente; ¿cabe hablar de una *imagen-tema,* de rasgos homogéneos perfectamente cristalizados?

En la medida, sin embargo, en que la imagen exista, se planteará un problema *de elaboración.* ¿*Cómo* adquirió la fisonomía que le trazaron la novela, la escena? ¿Acaso se repiten los rasgos adoptados por los creadores en los primeros ejemplos literarios? ¿Y los propios creadores? ¿Tuvieron modelos? ¿Recogieron tradiciones escritas u orales, anécdotas de inventores y reformadores, arbitrios extravagantes? Es decir, ¿hay una especie de desarrollo interno, endógeno, del tema en la literatura? ¿Un desarrollo que partiría de la ficción más que de la realidad? O por el contrario ¿hasta qué punto (ya que aquí también los dos fenómenos han podido existir al mismo tiempo) cada rasgo del arbitrista, cada parodia de arbitrio, responden a la observación de modelos reales, a la caricatura de un estilo existente? En pocas palabras, ¿recibe el tema literario su primera trama y su enriquecimiento de una impulsión exógena, de una aportación de la calle y de la actualidad?

Por último, el tema es *satírico*. El arbitrista es uno de esos personajes y el arbitrismo una de esas profesiones que el escritor quiere denunciar tanto por su ridiculez como por su nocividad; hay en el arbitrismo un engaño; la novela picaresca o las rimas del gracioso de la comedia minan su base, a través de la figura convencional que presentan al público. Y este público acepta y aplaude, y en definitiva espera, en el relato o en la escena, la aparición del hombre un poco ridículo, triste o desenvuelto, que despliegue su memorial. ¿Hay que ver en esta voluntad satírica de los autores, en esta exigencia del público, un juego —un *jeu de massacre*— donde el que apunta mejor, el que consigue demoler más, está seguro de un mayor éxito? Sin duda. ¿Pero por qué la elección de ese atuendo para el fantoche del juego? ¿No existe, bajo aspectos y en niveles muy diversos una *cuestión del arbitrismo?* Si el pueblo detesta —y con razón— a los consejeros del rey y a los inventores de impuestos y a los responsables de la inflación monetaria, sin un Quevedo, en su cólera, asimila a Judas al arbitrista financiero con pretensiones de reformador, es porque existe un problema de primerísima actualidad, cuyas relaciones con la aparición (y la desaparición) de la imagen literaria no pueden quedar al margen del destino mismo de dicha imagen.

Delimitación del tipo

Si nos preguntamos cómo reaccionaría un hombre que en 1605 hubiese llegado a la edad de leer y en 1655 al umbral de la vejez al oír la palabra *arbitrista,* a tenor de lo que hubiese visto en el teatro, leído en novelas, captado en conversaciones literarias, parece posible hilvanar una imagen bastante nítida.

El arbitrista es un hombre de edad, que vive quizá de recuerdos de años más gloriosos; forma parte de ese mundo de fracasados, de desplazados donde tiene su caldo de cultivo la picaresca; en la Corte es criado o semibufón; en la ciudad, frecuenta posadas mediocres en espera del hospital; llena su habitación y atiborra sus trajes de papeles escritos por todas partes con pluma inagotable; es un *enfadoso,* en cuya conversación se mezclan las esperanzas del inventor y del reformador maníaco con las confidencias del ambicioso desconfiado y los rencores del fracasado, del genio desconocido; espera la fortuna y si se tercia pide prestado, con cargo a un futuro dudoso; se dedica a abordar falsos problemas, dificultades insuperables por definición —cambiar la naturaleza, pagar las deudas del rey— y suele proponer a los males más complejos un «remedio único»; en este sentido está *loco,* lo que no le impide, al tener imaginación, ser «ingenioso»; si ha sido definitivamente rechazado por la sociedad, si se encuentra en el hospital, en el manicomio, es solo un desecho miserable, digno de sucitar, como tantos otros compañeros del pícaro, una carcajada amarga; pero si todavía le resta la menor posibilidad de engañar a los ingenuos —campesinos pobres, mujeres solitarias— o de arrimarse a los poderosos, puede convertirse en un peligro público, uno de esos seres de maldición que tienen la responsabilidad de las desgracias españolas, los impuestos insoportables, «perverso linaje» tanto más despreciable cuanto que su intervención en materia política —obras públicas, finanzas del Estado— es una inadmisible *intromisión* contraria al orden natural, a la jerarquía preestablecida de las posiciones sociales, ya que entra también en la categoría, mal vista por el pueblo y por los grandes, de los hombres de origen humilde que pasan a la categoría de intelectuales.

La superposición de imágenes literarias a menudo esquemáticas recubre en realidad todo un mundo complejo de ideas y de resentimientos.

Por esto mismo, entre las figuras clásicas de la novela y de la comedia, la del arbitrista aparece a la vez como una de las menos difundidas y de las menos cristalizadas —lo que podría reducir su interés literario— pero también como una de las menos estereotipadas —lo que acrece su interés histórico.

El tipo, en efecto, no está hecho en modo alguno de una sola pieza. El que sea a la vez loco e ingenioso no es lo que le hace complejo y contradictorio; es al contrario uno de los convencionalismos más admitdos, uno de los rasgos de su carácter más esperados.

Sobre el sentido mismo que dan al tipo autores y público, el hecho que se presta más a la vacilación y al equívoco es el doble significado de la palabra arbitrista: *autor de proyectos* y *persona que da «avisos»*. Podría creerse que se trata de una sola y misma cosa. Ya que, naturalmente, no hay ninguna persona que dé consejos que no presente un proyecto ni autor de proyecto que no lo presente como una panacea. Pero según que el autor insista en la locura que hay en proyectar o en la impertinencia que entraña juzgar y aconsejar, la sátira revela un estado de espíritu muy diferente. En el primer caso, el engaño denunciado estriba en la pretensión del arbitrio: bien porque quiera como por ensalmo remediar males que sería más razonable considerar irremediables, bien porque quiera mediante combinaciones estratégicas, económicas o estéticas, cambiar la naturaleza.

Si el autor está obsesionado por este aspecto de las cosas, si el propósito de intervenir en la inmutable creación divina entra en contradición con su visión del mundo, intentará ridiculizar —con mayor o menor malicia, según su temperamento— la idea de la reforma a través de la idea del proyecto. Y los ejemplos más absurdos y por ende los mejores para una interpretación cómica los encontrará en las invenciones técnicas: mares esponjados, molinos sin agua, colinas aplanadas, nieblas disipadas. El arbitrista entonces es el inventor, desde Icaro hasta el constructor sobre el océano de un puente de buñuelos. En el nivel más alto, es el descubridor de nuevos mundos o el hidráulico que cambia el curso de los ríos. En el nivel intermedio es el técnico como Bernard Palissy * que se arruina y arruina a los demás. En el nivel inferior, es el chapucero. En el *Buscón* de Quevedo, en *La paloma de Toledo,* en el entremés anónimo titulado *El arbitrista,* en los *Avisos* de Liñán, en el proyecto de hacer un Nilo del Manzanarillo, en las vagas máquinas del arbitrista-pícaro de *Teresa de Manzanares,* tenemos efectivamente ante nosotros a técnicos o seudotécnicos, pero esta distinción es poco importante ya que si el autor de proyectos se ve aquí denunciado como peligroso, ya sea por loco, ya sea por estafador, el arma del ridículo en cuanto tal va dirigida contra el arbitrio, contra *el espíritu de invención.*

Sin embargo, frente a una decena de arbitrios técnicos —y cuatro o cinco del tipo estratégico más o menos puro— una buena treintena de las parodias literarias de las obras que hemos reunido hacen alusiones muy claras a la situación financiera o a una situación política dominada por la cuestión financiera, o bien a costumbres económicas que hay que reformar en beneficio de los particulares o del rey. Si

* Sabio y escritor francés, Palissy fue uno de los creadores de la cerámica en Francia. Antes de llevar a buen término sus experimentos de alfarería, quemó todos sus muebles e incluso el piso de su casa. Encarcelado por hugonote, murió en la Bastilla hacia 1590. *(N. del T.)*

por lo tanto no puede descartarse completamente el concepto del arbitrista inventor, que se impone varias veces y en autores de muy primera fila, no por ello el tipo que predomina deja de ser el teórico o el práctico financiero, es decir, aquel que en el nivel más alto sueña con una república en la que todo el mundo sea a la vez rico y bueno. Es la utopía que quiere definir el genio verbal de Quevedo. En el nivel más bajo, es aquel que espera ser el principal beneficiario de un «truco» fiscal aconsejado al rey, o incluso a una autoridad local, señor o comunidad desprovistos de dinero. Y si hasta cierto punto la noble locura de reformador integral adolece del mismo ridículo que el inventor que se empeña en intentar cosas que son imposibles por ley natural, no hay en cambio nada imposible muchas veces en descubrir un medio de hacer al fisco todavía más entrometido o el control económico más minucioso. En ese caso no es tanto la inverosimilitud del arbitrio lo que se ataca cuanto la *intención interesada* y la *nocividad del remedio*. Por úlitmo, como ya hemos dicho, hay ciertos casos, en Alarcón, por ejemplo, en el que el arbitrista, más divertido que odioso, más bufón que miserable, toma la palabra y, sin perjuicio de hacer una parodia cómica del estilo, habla en nombre del reformador.

Se observa, por lo tanto, que sería hasta cierto punto excesivo querer definir de modo estricto las intenciones y fijar un tipo inmutable.

De ello se desprende a veces una duda sobre las márgenes del tema. La noción de arbitrista es menos clara que la de médico, astrólogo, alquimista, poeta. Existen muchos personajes imaginativos —especialmente en la novela picaresca y en el folklore— que se utilizan para brindar ejemplos de habilidad y del arte de estafar o dar lecciones de moral. Sus intervenciones recuerdan de pasada la silueta del arbitrista.

En el *Hospital de incurables* de Polo de Medina [1], la aparición de un arbitrista correspondería al ambiente creado por tantos ejemplos anteriores. Es cierto que los *Sueños* de Quevedo, publicados poco antes que la obra anterior, no habían hecho referencia al tipo; pero el marco del *Hospital* y otras obras de Quevedo sugerían su utilización. Y existe, en efecto, *casi* un arbitrista en el *Hospital de incurables*, si el arbitrista fuese simplemente un hombre que propone «trucos» para economizar dinero.

Lo que ocurre es que el personaje descrito es simplemente un avaro, un miserable cuya frase clave es: ¿qué provecho se ha de sacar? Esta interrogación basta sin embargo para atraer palabras familiares en el mundo de los arbitristas, en particular la repetición del «yo inventé...». Al fin y a la postre todo se reduce a un juego de palabras; pero el «si no os doy dineros, os daré consejos» prepara bastante bien el párrafo siguiente:

> porque sepáis mi ingenio, yo hallé el arbitrio de sustentar los cavallos sin que costasse una blanca, con la cosa más fácil del mundo; si tu vivo lo quieres saber, yo te lo diré, autoridad tengo que lo dize, texto expresso ay que lo afirma. Con sólo meterte en la cavalleriza mirar tus cavallos, los tendrás gordos como un tocino; ¿mira si hay cosa más fácil? Porque no ha de faltar el adagio: el ojo del amo engorda el caballo. ¿Mira si habrá cosa más barata? Y si los refranes son evangelios chicos, como dizen, bien puedes creer lo que estoy diziendo...

Aunque el avaro bromista afirme que ha acabado en el hospital por haber dado consejos de esa índole e incita a

---

[1] Polo de Medina (Salvador Jacinto), *Hospital de Incurables* (1650), en *Obras en prosa y verso,* ed. 1715, p. 236.

sus vecinos a que prueben a su vez «para ver lo que ganan», el caso presenta diferencias esenciales con el del arbitrista de profesión: no existe un empeño de alto bordo y el arbitrio es solo un juego de palabras; esto no ocurre, en cambio, jamás cuando la sátira se refiere al arbitrista auténtico. Aquí resbalamos hacia otros tipos populares, el «sputasentenze» italiano y el «donneur d'avis» en el sentido tardío que le da en francés La Harpe [2], esto es, el de simple consejero privado. La invocación de los textos —proverbio o evangelio— aquí parodiada no corresponde tampoco al estilo de los arbitristas de la literatura, ridiculizados más por su espíritu de razonamiento y de innovación que por su respecto a las autoridades.

Estas confrontaciones marginales son muy instructivas para medir la diferencia entre el arbitrista, incluso esquematizado, y el simple personaje procedente del folklore. Al leer el título de un «entremés cantado» —*El remediador* de Quiñones de Benavente [3]—, piensa uno inmediatamente que va a descubrir un arbitrista a la escala de los problemas cotidianos de la gente humilde. Y el hombre es, en efecto, un poco el del «universal remedio»:

> Fueron tantos los remedios
> de mi larga enfermedad
> que con los que me han sobrado
> puedo a muchos remediar.

---

[2]   La Harpe, «Molière et la comédie», en Molière, *Oeuvres complètes,* ed. Garnier, Col. Selecta, t. 1, p. XXI; el «donneur d'avis» (de avisos retribuidos) sería el monsieur Josse de *l'Amour médecin.*

[3]   Quiñones de Benavente, *El remediador,* entremés, en *Joco serio y Burlas veras,* Madrid, 1645, fol. 233 y s. Cf. fol. 238. Véase Hannah E. Bergman, *Luis Quiñones de Benavente y sus entremeses,* Madrid, 1965, pp. 343-344. Tanto H. Bergman como La Barrera y Menéndez Pelayo señalan esta obra como una de las más populares de Benavente.

Las preguntas que le hacen recuerdan igualmente las burlas tradicionales que aparecen en las parodias de arbitrios:

> Para que un doctor no mate
> a un enfermo, ¿qué se hará?

o también: ¿qué hacer para que el pobre no se muera de hambre?

He aquí la respuesta:

> Que no esté noramala holgazana,
> que hile y que cosa,
> que no viva ociosa
> o ayune si quiere no hazer labor
> la tal Leonor, la tal Leonor.

En los antípodas del arbitrista, el remediador, personaje popular, es el portavoz del común sentido más banal.

En el otro extremo del género teatral, no son menos acusados los límites que separan a las figuras aristocráticas del buen o mal consejero del rey o del legislador —Alvaro de Luna o el Licurgo de Alarcón— del arbitrista, siempre de baja condición y muchas veces *gracioso* pedigüeño o criado.

Extensión del tema

Demasiado complejo y matizado en su contenido para utilizarse automáticamente en cualquier género, demasiado bien delimitado en sus fronteras para convenir a cualquier situación, el tipo del arbitrista no podía tener la extensión que la literatura española ha dado a algunos otros tipos. Sin querer cifrar el número de astrólogos, alquimistas, médicos, rameras, que del siglo xv al xviii aparecen en la novela y el teatro, cabe hacer una afirmación categórica: el arbitrista, al lado de esas figuras clásicas, queda muy a la zaga, en cuanto a número de apariciones [4].

Aun cuando nuestra investigación pueda tener lagunas, no parece que haya posibilidades de descubrir bastantes ejemplos nuevos de utilización del arbitrista como para modificar una impresión que se impone en lo que respecta a la importancia relativa del tipo.

De todas formas, si el arbitrista está en el *Buscón* y en *Teresa de Manzanares*, ¡cuántas novelas picarescas y de las más importantes no han considerado útil nombrarlo, ni siquiera de pasada!

Es esta, sin duda, la prueba más clara de la limitada dimensión del tema, ya que al ser el personaje picaresco por naturaleza, es en el género de la picaresca donde más abundaría si se hubiese convertido como tantos otros en figura indispensable.

En el caso del entremés, género menor, más próximo a la moderna opereta y a la canción, una hipótesis podría explicar quizá el carácter excepcional de la presencia del arbitrista. En el fondo, este personaje no es familiar; es serio; aborda las cosas del Estado; a menos que se le disminuya —como en el ejemplo muy tardío del *Organo de los gatos*— al rango de chapucero de aldea, es difícil introducirlo en el entremés; en la comedia, solo puede ha-

---

[4] Faltan aún los métodos seguros que permitan establecer una tipología completa de lo que Marcel Bataillon llama «la materia picaresca», a través de la novela, del teatro festivo y de las composiciones sueltas. M. Baquero Goyanes en «El entremés y la novela picaresca» (*Estudios dedicados a Menéndez Pidal,* t. 6, 1956, pp. 215-246) y sobre todo, E. Asensio, en su obra citada sobre el *Itinerario del entremés* (pp. 77-81) esbozan el problema de la técnica de *identificación de una «figura» por el público;* E. Asensio intenta prolongar las sugerencias de Auerbach sobre la noción de «figura» («entes de una pieza», p. 101). La mejor aproximación actual es la de E. Cros en *Protée et le gueux,* 4.ª parte, cap. V, «Un univers de mythes et de types».

cerse gracias a la presencia del rey; al ver los problemas de censura que planteó una obra como *La hora de todos* donde el sistema de gobierno en su totalidad está sometido a los ataques de la crítica que se hace al arbitrismo, cabe preguntarse si el teatro era enteramente libre de presentar a su discreción parodias de arbitrios, o de no limitarse, al proceder así, a banalidades. Es sabido que esa libertad en el teatro varió mucho según los momentos y que se interrumpió totalmente en las grandes crisis[5].

Por una razón de esa índole o por un simple motivo de preferencias o de temperamento, la utilización del arbitrista no debía gustar a todos los públicos y autores. A ese respecto hay un detalle bastante significativo: el tema de don Alvaro de Luna dio lugar a dos comedias atribuidas a Tirso[6]. En la primera, parte en la que Quevedo pudo colaborar con Tirso, al menos en la redacción de las parodias del arbitrio, el papel del *gracioso arbitrista* se presenta de forma jocosa, aunque no con gran extensión. En la segunda parte, quizá más propiamente tirsiana, el gracioso cortesano se ha convertido en astrólogo[7].

El tema del arbitrista, por último, nos parece más importante por su profundidad que por su extensión. Recibió la impronta de sus dos grandes iniciadores: Cervantes y Quevedo. Si se agrega Castillo Solórzano, que trata tres veces el tema y sigue estrechamente sus modelos, se advierte que tres autores solamente reúnen nueve textos de la

---

[5] Véase Deleito y Piñuela, *También se divierte el pueblo,* pp. 208-228 y el clásico estudio de Cotarelo sobre «la licitud del teatro en España».
[6] Primera parte: *Próspera fortuna de don Álvaro de Luna, y adversa de Ruy Lope Davalos...* Segunda parte: *Adversa fortuna de don Álvaro de Luna.* En *Obras dramáticas escogidas,* t. I, pp. 1949-2039.
[7] *Adversa fortuna...*, *ibid.,* p. 2004 (Jorn. 1.ª, esc. II). El gracioso se llama «el licenciado Cisterna».

veintena que arrojan nuestras investigaciones y que no son simples alusiones.

Es cierto que existen también alusiones. Parecen probar por su propia ligereza que el tema era lo bastante conocido y el personaje lo bastante familiar como para que pudieran evocarse con un simple guiño al lector o al espectador.

Lope de Vega, en *El Brasil restituido,* pone la palabra arbitrista en boca de un viejo conquistador que vive entre los indios y que se jacta de forma truculenta de destruir a los holandeses a condición de que le envíen auxiliares:

> Déme el rey de España a mí
> para que más te asegures
> (y hará mayores conquistas)
> un escuadrón de arbitristas
> de médicos y tahures... [8]

Es la plaga política, al lado de la plaga física y de la plaga social. Esto sitúa la representación habitual del tipo.

Por las mismas fechas encontramos otra indicación rápida que tiene igual valor para precisar la resonancia del tema; pero esta vez en relación con una cuestión completamente diferente; se trata no tanto del arbitrista como del espíritu de arbitrio que enturbia el juicio [9]:

> Desvelado estaba Eneas
> maquinando en un arbitrio
> con capa de utilidad
> y cuerpo de desatino.

[8] Esc. 4 de la jornada segunda (la obra es de 1625). La idea de la fuerza armada burlesca es muy próxima a la de Cervantes en el mencionado cap. 1 de la segunda parte del *Quijote.* J. Camerino la empleará otra vez.

[9] Castillo Solórzano (Alonso), *Tardes entretenidas,* Tarde primera (1625).

> Que el arbitrio y el desvelo
> siempre son correlativos
> y haciendo iguales efectos
> son zánganos del juicio.

«Capa de utilidad y cuerpo de desatino»: buena definición abstracta del arbitrismo, tanto para los escritores como para el público.

Sin embargo, acontece también a veces que las alusiones tengan menor contenido y se acerquen más al simple «remediador» de Quiñones de Benavente, con el que tienen relación: por ejemplo, en la comedia de Moreto *Yo por vos y vos por otro* [10]:

> Mahoma murió dese mal
> porque se helaba y se ardía;
> y entre estas penas contrarias
> rabiando perdió la vida
> hasta que hizo un gran remedio
> que le dió un bravo arbitrista...
> —¿Qué remedio?
> —Irse al Infierno.
> Con que sanó de la fría.

Arbitrio que se convierte en juego de palabras en Polo de Medina, que cultiva ese procedimiento en su *Hospital de incurables.* No era la primera vez. Sus poesías burlescas (*El buen humor de las musas,* 1637) brindan otro ejemplo:

> Pero en un arbitrio he dado
> que es grande arbitrista ya
> la hambre, y en un poeta
> es aguda enfermedad.

[10] Moreto y Cabaña, Agustín, *Yo por vos y vos por otro,* B.A.E., t. 39, Jornada primera, Esc. primera.

> Con Ovidio me entretengo
> para comer y cenar
> mascando con los dos ojos
> la gran fábula de Pan[11].

Mezclado con el tema del poeta famélico, el del arbitrista apenas se puede reconocer; ya que si el arbitrio es ridículo, su ingeniosidad se atribuye al hambre; arbitrista tiene el simple significado de consejero. Sustituir en una frase de resonancias proverbiales «consejero» por «arbitrista» prueba, sin embargo, al mismo tiempo que cierta debilitación del término, un empleo bastante habitual del mismo.

La literatura burlesca y paródica reservaba todavía mucho más tarde, a finales de siglo, alusiones bastante más desarrolladas al arbitrismo y una utilización de la palabra «arbitrio». Este vocablo se había convertido decididamente en sinónimo de «remedio infalible pero impracticable». En cuanto al arbitrista, se encontraba al final de una evolución bastante complicada. Un panfleto anónimo contra el elixir de la vida —una invención de alquimista— que quiere presentarse como una obra de fantasía, pasaba en revista los géneros de literatura gratuita que el autor había en principio pensado practicar; es lo que un panfleto adverso resumía así[12]:

---

[11] Polo de Medina, *El buen humor de las musas* (1630), en *Obras en prosa y verso,* 1715, p. 130.

[12] *Discurso serio-jocoso sobre la nueva invencion del agua de la vida y sus apologias que entre burlas y veras se dizen veras y burlas, aora nuevamente sacado a luz por un quidam que queriendo tener fama no tiene nombre. Año 1682. Impreso en Mantua Carpetana por un vezino de ella,* Madrid, Bibl. Nac., Varios, Ca 57, núm. 23, fol. 14. El otro pasaje en la *Respuesta...* adjunta a la obra citada, donde el contradictor nombra al autor del panfleto: «quidam que aunque no tiene fama (y por eso intenta quitarla a cuya es) tiene nombre, que es Pedro de Godoy».

y para enmenderse va discurriendo apodos, que se apropia a sí mismo, llamándose ganso, escritor de caña, panegirista de tontos, coronista de locos...

Ahora bien, el autor había comenzado en primer lugar por elegir una vocación de arbitrista.

Estava yo soliloquiando con el anhelo de la honrilla y fama, y aunque hize diferentes escrutinios para elegir materia, todas las que se me ofrecieron me causaron horror; no hacía más que llegar y besar; vinóseme al pensamiento murmurar de las cosas de nuestros tiempos, que passan y se quedan, y acórdeme que he visto muchos papelones a este assumpto, y todos se han ahogado en el mismo puerto. Lo que mejor se me ofreció fué dar arbitrios, y buscar uno que fuesse quizás mejor que el de la sal, y papel sellado, y bien tenía yo uno, y aún dos, con que desempeñar el patrimonio, sin daño de los vasallos; pero reparé, en que al pobre nadie le escucha, y a uno que dió un buen arbitrio poco ha, se le puso delante un basilisco, que le mató al punto con la vista, y murió el arbitrio: «requiescat in pace»; quien me mete a mí en arbitrista, si luego los matan «a facie».

Es un recuerdo innegable del tema ambiguo del pobre reformador que tantas veces aparece en el *Guzmán de Alfarache* [13]. En el final de esta evolución, el arbitrista, aunque sus invenciones siguen estando bien caracterizadas (impuesto sobre la sal y papel sellado) es ya solo un escritorzuelo que hay que arrumbar al lado de todos los géneros literarios desgastados hasta la médula, incluidos también los tópicos antiarbitristas, ya que las fórmulas de los dos géneros adversos se recogen aquí y son igualmente objeto

[13] Véase *supra*, p. 66.

de burla. El tema del arbitrismo se ha convertido por lo tanto en un lugar común, y en tanto que lugar común sirve aquí a la intención y al procedimiento.

El tema en el tiempo y en el extranjero

Nada sería más inexacto que imaginar la España de los dos primeros tercios del siglo XVII como el único foco, en el espacio y el tiempo, de la literatura arbitrista y antiarbitrista.

Habría sin embargo un peligro en ampliar demasiado los conceptos que encierra esa palabra española nacida en España de realidades españolas fechables [14]. Cuando Colmeiro dice que la moda de los arbitristas venía de Flandes [15], cuando Romera Navarro la hace venir de Italia [16], no aportan en apoyo de su afirmación más referencia que un texto célebre, lo que no permite afirmar la exacta coincidencia del fenómeno italiano o flamenco con el español. Tampoco habría que confundir toda obra panfletaria, de crítica política, todo balbuceo de teoría económica o financiera, con la manía de la intervención de los particulares en los asuntos públicos en forma de proposiciones al gobierno. El *droit d'avis* en Francia reconocía la legitimidad del consejo individual al rey, pero la confusión a que se presta con el dere-

---

[14] Pasado el tiempo, se ha podido hacer un uso retrospectivo o al contrario, reminiscente, de la palabra. Álvaro d'Ors la aplica a un proyectista romano del siglo IV de nuestra era, y Luis de Sosa a corrientes panfletarias de la época de Napoleón. Muy recientemente un periodista fue sometido a la aplicación de la ley por haber caído en un empleo excesivamente polémico de la palabra.

[15] Colmeiro, *Historia de la economía política,* II, 587.

[16] Gracián, *El criticón,* ed. Romera Navarro, 1939, t. II, 164, nota 266.

cho de denuncia de abusos administrativos lleva a problemas muy diferentes [17].

Ello no obsta para que en ciertos períodos que sería interesante caracterizar históricamente (corresponden muy probablemente a las grandes crisis de las economías nacionales y de las finanzas del Estado) se produzca en todos los países bruscos florecimientos de literatura económico-política, que se separan claramente de los períodos en los que la opinión parece más indiferente; por ejemplo en la Austria de los cameralistas, en la Francia de Boisguillebert y Vauban, en la Inglaterra de Swift [18].

No hace falta decir que el trabajo de historia comparada que sugieren esas analogías en el tiempo no tienen su lugar aquí, incluso bajo un aspecto puramente literario. Pero para no dejar la impresión inexacta de aislamiento que daría un estudio del arbitrismo reducido al marco español, bastarán dos ejemplos que se complementan. El primero marca la anterioridad de Italia en la literatura antiarbitrista y su influencia en la corriente española; el segundo, en cambio, señala la influencia española en la literatura francesa de la segunda mitad del siglo XVII, época en la que la corriente española estaba casi ya medio agotada.

Colmeiro y Romera Navarro han tomado los *Ragguagli* de Boccalini (los españoles decían Bocalino) como testimonio del origen italiano de los arbitristas tan funestos para la prosperidad española:

> Los arbitristas de Italia... avían corrido toda Francia y España en cuyos nobilísimos Réynos se avían

---

[17] Furetière, *Dictionnaire universel* (ed. 1727), s. v. *advis*. *Dictionnaire historique de la langue française,* 1858, s. v. *avis* (cf. *droit de l'avis, donneur d'avis*).

[18] Schumpeter, *History of economic analysis,* Oxford, 1954, capítulo III, *The consultant administrators and the pamphleteers.* Heckscher, *La época mercantilista* (ed. Fondo de Cultura económica, Méjico, 1943), pp. 466 y s. (a propósito de los cameralistas).

portado de suerte que en entrambos avían dejado eterna memoria del nombre florentino y ginovés [19].

Pero esta es la traducción española de 1634 [20]; ¿es suficiente como testimonio? Desde el punto de vista del vocabulario, la traducción de *arcigogolanti* por arbitristas es significativa, pero ha de examinarse de forma crítica [21]; desde el punto de vista de la historia, ¿puede afirmarse que los fenómenos a los que hace alusión el libro de Boccalini en 1612 eran efectivamente los mismos que Cervantes rozaba en 1613 en el *Coloquio de los perros?* [22].

Los *Ragguagli* son interesantes pero desde otro punto de vista completamente diferente y que se refiere al desarrollo estrictamente literario de los temas. Basta reproducir los tipos de algunos de ellos para advertirlo. En primer lugar están las alusiones a las relaciones entre materia literaria y materia política:

> Está el Menante en la tienda de los políticos y de las mercaderías que allí compran los hombres de letras / trabaja estudioso para venir a conocer sus ingenios y naturales inclinaciones... (aviso 4).

Vienen seguidamente los modelos de parodias, no de arbitrios, sino de demandas absurdas dirigidas a «Su Majestad Apolo», cuyas fórmulas de arbitrios cómicos recogen los autores españoles en su espíritu y a veces en su letra:

> Los Hortelanos del Universo embian embaxadores a Apolo a suplicarle les conceda algún instrumento

[19] Son las únicas líneas transcritas por Romera Navarro en su citada edición del *Criticón,* de Gracián.
[20] Véase *supra,* cap. II, nota 36, la referencia de los *Avisos* (traducción de los *Ragguagli).*
[21] Véase *supra,* p. 56.
[22] Véase *infra,* p. 170.

con que puedan sin gasto y sin trabajo limpiar sus huertas de las yervas inútiles que en ellas nacen, y Su Majestad los menosprecia... (aviso 8).

Todo género de ganado ovejuno embia públicos embaxadores a Apolo por medio de los quales haze instancia que le conceda agudos dientes y largos cuernos y SM se ríe desta su bruta petición... (aviso 37).

Existen también los «avisos» consagrados a las universales protestas contra el lujo —«excesivo gasto de las mesas y pomposo fausto del vestido» y contra la multiplicación de los procesos— «la dilatada sucesión de los pleitos», temas de que gustan tanto los arbitristas españoles como sus adversarios del campo literario.

Existe por último el famoso «aviso» contra los inventores de tributos y gravámenes —aquellos que el traductor Sousa ha identificado con los arbitristas propiamente dichos:

> Padece naufragio en las playas de Lepanto una barca cargada de arbitristas por razón de una cruel borrasca y Apolo (si bien aborrece a semejante suerte de gente) manda se les dé hospedaje (aviso 71).

Ahora bien, véase la definición de esas gentes que Apolo, rápidamente, se arrepiente de haber acogido:

> porque es grande el odio y aborrecimiento que tiene a estos enemigos del género humano, juzgando por indignos de humana conmiseración hombres tan perniciosos, que no empleavan la vida en otros ejercicios más que en inventar los execrables tributos con que muchos Príncipes modernos destruyen sus miserables vasallos.

La fábula prosigue: los príncipes italianos han lanzado esa gente fuera de Italia, según creen algunos; pues bien, no, los «arcigogolantes» se han marchado por su voluntad, porque no quedaba nadie que desplumar:

> después que a mayor extremo a que ha podido llegar el artificio de sus arbitrios, avían tirado el importante negocio de los tributos, no les quedando ya en Italia materia para poder obrar...

Pasan entonces a devastar Francia y España, se hacen expulsar de Inglaterra, de los Países Bajos, de Alemania y de Polonia y dejándose guiar por las corrientes marinas buscan un país donde ejercer su talento,

> y abrir una tienda de sus arbitrios.

Los consejeros de Apolo quisieran entonces conseguir

> pública venganza en favor de tantas naciones que por las malicias destos ladrones avían los Príncipes avarientos assolado con las navajas de exorbitantes tributos, haziéndoles quemar con las reliquias que havían quedado de sus barcos.

Pero a Apolo se le ocurre algo mejor: los reconforta y los reembarca para Constantinopla.

> con órden de reducir, si pudiessen, con sus exorvitantes tributos, el Imperio otomano, capitalísimo enemigo de las buenas letras, al estado de destruición y desesperación de que se gloriavan aver reduzido España, Francia, e Italia.

Que tales ficciones, tales injurias, hayan recogido e inspirado a la vez en 1634 la corriente de indignación literaria que culmina en España con *La hora de todos,* ¿quién podría negarlo? Pero del hecho de que a partir de 1612 —dejando aparte la situación que pudiera traducir— existiera en Italia el motivo en toda su plenitud, podemos deducir que era ya una idea antigua y por eso mismo bien conocida de los españoles a los que ha podido inspirar el texto original italiano bastante antes de 1634. Unicamente sobre «la brutta professione de quella gente ribalda» ha podido haber, según los momentos, alguna confusión.

En la segunda parte del siglo, sin embargo, lo que puede observarse es el efecto contrario. Molière, en 1661, en una «galerie de fâcheux», recoge el tipo del arbitrista de la comedia española. Lo afrancesa, hasta el punto de que su indumentaria y su vocabulario técnico-jurídico parecen provenir de un buen conocimiento de la realidad. Y sin embargo, todos y cada uno de los rasgos descritos por la comedia española están tan fielmente reproducidos que entra la sospecha de que sea una inspiración directa[23].

No falta cosa alguna. Para empezar se está en la corte. El cortesano Eraste, porque tiene acceso al rey, es asediado por los solicitantes. Pero el arbitrista no es tanto Caritidés (Acto III esc. III) que quiere absolutamente obtener del rey, mediante una petición que le dirige, que se reforme la ortografía de los rótulos de las tiendas; es Ormin quien, como corresponde, comienza por ridiculizar a su predecesor que «cansa al mundo con sus desvaríos» y solo es un «sabihondo inútil». El, Ormin, quiere tratar asuntos importantes. Pero Eraste no se equivoca y lo define:

> *Voici quelque souffleur, de ces gens qui n'ont rien,*
> *Et vous viennent toujours promettre tant de bien...*
> (He aquí un charlatán más, gentes que no tienen nada,
> y os están prometiendo siempre tantas venturas...)

El hombre es un pobre diablo y que no debe oler muy bien, ya que le ruegan que hable a distancia. Eraste sospe-

---

[23] Molière, *Les fâcheux,* Acto III, Esc. 3.

cha que quiere proponerle la piedra filosofal. Pero no. Se trata de un «aviso».

> *et que tout cacheté je conserve sur moi*
> (y que bien sellado lo conservo en mi persona)
> *...non de ces gueux projects, de ces chimères vaines...*
> (no esos proyectos míseros, esas quimeras vanas...)

sino un proyecto que puede dar al rey todos los años cuatrocientos millones,

> *avec facilité, sans risque ni soupçon*
> *et sans fouler le peuple en aucune façon.*
> (con facilidad, sin riesgo ni sospecha
> y sin oprimir al pueblo en manera alguna)

Sigue la inevitable comedia del secreto:

> *Si vous me promettiez de garder le silence...*
> (Si me prometiera guardar silencio)

Se trata de transformar todas las costas en puerto de mar ya que los puertos reportan mucho dinero al fisco. «Bueno, bueno», dice Eraste; y en seguida el arbitrista:

> *si vous vouliez me prêter deux pistoles*
> *que vous me reprendiez sur le droit de l'advis...*
> (si quisiera vuestra merced prestarme dos monedas
> [de oro
> que podrá descontarme de los derechos del arbitrio)

Eraste, para quitárselo de en medio, saca las dos monedas; como Zaratán, Ormin no ha ejercido en vano su doble oficio de arbitrista y de enfadoso. No hay un solo rasgo del arbitrista de la novela y de la comedia española que haya escapado a Molière. Pero la transposición se hace con mano maestra. La descripción parece haberse copiado del natural. Después de todo, esos moscardones debían existir en todas las cortes.

Capítulo V

La elaboración de una figura

Puesto que hay un *tipo* y hay un *tema,* una *figura,* cierta semejanza de los textos que los recogen, las reiteradas apariciones de fórmulas a veces idénticas, obligan a preguntarse si esas fórmulas, esas características proceden unas de otras, si forman parte de las necesidades (o de las comodidades) peculiares a los géneros literarios que los emplean o si provienen de fuentes comunes escritas u orales que sea posible identificar. Y la mucha originalidad que acompaña a pesar de todo a algunas de ellas, ¿acaso se debe solo al genio de tal autor? Los temas-clisés, los personajes-marionetas son tan numerosos en la literatura del Siglo de Oro español que casi todos proceden de esa especie de genética interna del quehacer literario.

No obstante, a la vera de las siluetas que ha forjado anteriormente una tradición antigua aparecen otras cuyo carácter de actualidad sería difícil discutir; su aparición o multiplicación en los géneros literarios de toda suerte va unida de forma muy patente a una proliferación paralela en el mundo real; cuando Quevedo arremete contra los asentistas genoveses o contra los buhoneros gascones, sus

11

mandobles no tajan marionetas. Pero incluso en ese caso, ¿pinta algo que ha visto, o bien cosas que se dicen, o bien un comienzo de mito? Hay que preguntarse si las fórmulas que describen ciertas maneras de ser toman todo o parte de su contenido de una cierta realidad.

En la investigación hay que seguir las dos vías al intentar esclarecer la elaboración del personaje del arbitrista. Y quizá el mayor interés de esa colaboración estribe precisamente en presentar, de modo más patente que en otros casos, la combinación de los dos orígenes. Hay aquí un ejemplo, que puede estudiarse directamente, de mecanización por la literatura de un tipo real.

Si nos atenemos solo a los textos, se saca la impresión de que se copian, se repiten o reproducen ciertas viejas fuentes comunes. Pero si se sumerge uno en la auténtica literatura arbitrista, que es exactamente su contemporánea, hay que reconocer que casi ningún rasgo literario, casi ninguna parodia de estilo, eran invenciones gratuitas.

La mecanización del tipo

De que el arbitrista, cuando Cervantes lo designa así en el *Coloquio,* sea un personaje relativamente inesperado entre el astrólogo, el poeta y el matemático, es buena prueba el empleo de un término nuevo. El «los que llaman» es otra prueba. Y Liñán, un poco más tarde, dice igualmente: «esos que llaman arbitrarios». La terminología, popular o literaria, no está cristalizada. Recordemos que cada autor aprovechará a su manera, en los primeros años, esta imprecisión de vocabulario, ya sea en la confesión «soy arbitrista», ya sea utilizando «pensamientos arbitrantes» y «ejercicios arbitrarios», ya sea, como Quevedo, pasando de arbi-«tristes», a arma-«chismes». Es cierto que también hubiera podido recurrirse al astrólogo o al alquimista, pero sin los mismos efectos de sorpresa. Lo importante es que un tipo *nuevo* se asimila, por su posición, a los tipos *más antiguos*. Cada una de las actividades intelectuales de antaño, ciencias verdaderas o falsas —alquimia, astrología, matemáticas, poesía— había tenido su maníaco caricaturesco; la aparición de una figura nueva señala el nacimiento de una ciencia nueva (verdadera o falsa, es otra cuestión), a saber, la ciencia económico-política. Al asimilarle a sus antiguas «cabezas de turco», la literatura promete en seguida al personaje que cultiva esa ciencia una mecanización rápida.

Hay que buscar sin embargo si nada, en las recopilaciones de anécdotas del siglo XVI, como los «apotegmas» de Juan Rufo y sobre todo la *Floresta* de Santa Cruz[1], anunciaba la aparición del arbitrista o de alguno de sus esbozos. A pesar de la clasificación de esas recopilaciones por grupos sociales y figuras cómicas (de reyes, de labradores, de locos, de gordos...), es imposible encontrar una indicación en ellos al menos en las ediciones originales[2]. Se encuentran naturalmente historias cortesanas o extraños consejos a los grandes personajes, o historias de campesinos engañados por «remediadores»; pero la palabra arbitrio ni siquiera aparece y el espíritu es totalmente diferente[3]. Una *Floresta*

---

[1] Juan Rufo, *Las seyscientas apotegmas...*, Toledo, 1595 (ed. Sociedad de Bibliófilos españoles, 1923). Melchor de Santa Cruz, *Floresta de apothegmas o sentencias,* 1574. (He consultado la edición de 1580.)

[2] Se hicieron numerosas reediciones aumentadas: en 1598, 1614 y 1730 (Madrid, por Martín Martínez).

[3] Por ejemplo: un tesorero de Alonso Carrillo le propone un plan de ahorros sobre sus numerosos servidores; el arzobispo contesta que si ellos no le sirven de mucho, él les sirve a ellos; es la respuesta del gran señor al burgués financiero *(Primera parte,* cap. III, «De arzobispos», 2). Véase también, en la *Novena parte,* cap. I, «De burlas», 3: unos aldeanos pagan a un hombre para quitar la plaga de unas viñas; con la falsa magia de una «nómina» queda burlada la credulidad campesina.

muy tardía, de principios del siglo XVIII [4], añade una anécdota de tiempos de Felipe II, en la que un inventor de expedientes financieros («medios» y no «arbitrios») es maltratado ante el rey por otros cortesanos que, a su vez, proponen un «medio» de reponer los fondos del tesoro: vender un trozo de la piel de Don Juan de N. a todas las aldeas de España que la pagarán con gran contento; aquí encontramos la sátira financiera, pero esos grandes señores que se pelean ante el rey no tienen nada de nuestro arbitrista; sin embargo, las parodias del siglo XVII podrían estar quizá en germen en el estilo de la proposición al rey:

> El mejor medio que yo hallo para esta empresa, sin
> que se lastimen vuestros vasallos, antes si con mucha
> voluntad ofrezcan a porfía, es [...] ofrecerán de bue-
> na gana todos, y se sacará gran suma de dinero.

Es verdad que esta obra publicada en 1730, al recoger una anécdota del siglo XVI, puede haberle dado el estilo del XVII; pero en ese caso, ¿no habría recurrido lógicamente el autor a la palabra «arbitrio»? Es muy posible que desde el siglo XVI el medio de «sacar gran suma de dinero» «sin que se lastimen los vasallos» se asimilara irónicamente a una especie de cuadratura del círculo. Y esto preparaba efectivamente la entrada del arbitrista en el grupo del alquimista y del matemático. Confesemos que el personaje no ha aparecido todavía.

Quizá sea más significativo que nada haya anunciado al arbitrista en las historias de locos más antiguas. Ya que es en efecto como loco (o «mentecapto») que los textos literarios gustan de presentarle. Recordemos brevemente las ex-

[4]   F. Asensio, *Floresta española y hermoso ramillete de agudezas, motes, sentencias y graciosos dichos de la discreción cortesana, recogidos por...*, 1790 (la ed. 1730), tercera parte, cl. V, cap. 2, «De Caballeros», 9.

presiones utilizadas, siguiendo en todo lo posible un orden cronológico: «mentecapto» (Cervantes, 1613), «abismo de su simplicidad» (Cervantes, 1615), «loco», «necio» (Tirso, 1616), «loco y de los más incurables» (Salas Barbadillo, 1620), «desatino» (Castillo Solórzano, 1625), «loco repúblico y de gobierno», «tan gran orate» (Quevedo, 1626), «mentecato» (Castillo Solórzano, 1627), «loco arbitrista» (Vélez de Guevara, 1641), «los cuerdos que en arbitristas dan se vuelven locos» (*Organo de los gatos*, finales de siglo) [5].

Más sutil —pero más significativo también, sobre todo si se piensa en el papel creador que ha jugado aquí Cervantes— es la incorporación del arbitrista al tema complejo del loco-ingenioso: «ingeniosos» son los medios políticos inventados por don Quijote cuando se hace arbitrista; «hombre de gran traça» es el pretendiente-arbitrista del *Sagaz Estacio* (1620); y de «singular ingenio e inventiva» el del *Casamentero* (1627); «qué ingenio tiene» dice el rey del gracioso-arbitrista de *Próspera fortuna* (1616), y en el *Hospital de Incurables* de Polo de Medina (1650), el avaro inventivo propone «para que sepais mi ingenio».

En el *Organo de los gatos,* el tema del loco-ingenioso alcanza a la vez el máximo de puerilidad y de imaginación: al oír a su mujer tratarle de mentecato, el héroe recoge el término como un desafío y, desde luego, de ingenio no carece.

Los otros rasgos señalados por Cervantes en su primer esbozo tienen, más aún que la locura, cualidades de una comicidad mecánica de las que una buena decena de obras, incluidos los *Fâcheux* de Molière, no olvidarán ya ninguna. Es la comodidad, la seguridad del procedimiento que con-

---

[5] Cabe recordar aquí, una vez más, que la auténtica ocupación del licenciado Vidriera era la de letrado y político (véase cap. III, nota 18).

duce a todos los autores a las mismas indicaciones —notaciones descriptivas para la novela, trajes y juegos escénicos para el teatro— y que por eso mismo fija el tipo (lo anquilosa incluso cuando el autor carece de talento). Aquí también, no estará de más hacer un cuadro recapitulativo y cronológico:

1) Los gestos de distracción, de preocupación, de invención inagotable: se le encuentra al arbitrista «desvelado» («arbitrio y desvelo *son siempre correlativos*», dice Castillo Solórzano en 1625); se le encuentra «hablando entre sí embebecido» (Quevedo, versión de 1626); se le encuentra «maquinando» (*Teresa de Manzanares,* 1622); se le encuentra «escribiendo sobre sus rodillas» (*El Diablo Cojuelo,* 1641), «sin levantar los ojos del papel, y se había sacado uno con la pluma sin sentirlo» (ibid.). Aquí se recurre al distraído como otras veces al fastidioso («nadie más enfadoso que un arbitrista», *Sagaz Estacio,* 1620).

2) La impresión de prolijidad y de perseverancia en el empeño arbitrista brinda efectos cómicos variados: desde el efecto de acumulación de los títulos o de los enunciados de arbitrios (4, 5 y hasta 12, recitados de un tirón en el teatro, con «items») hasta el efecto de la fórmula o de la cifra: «en diferentes tiempos muchos y diferentes arbitrios» (Cervantes), «nevaron cartapeles» (Quevedo), «más hojas de papel que tuvo el pleito de don Alvaro de Luna» (Vélez de Guevara), «trescientos setenta arbitrios» (Castillo Solórzano), «mil memoriales» (Lope), «dos mil arbitrios» (Moreto), «quinientos mil inconvenientes» (Fernández de Ribera). Y por último es el gesto, el juego escénico que se repite; al igual que el poeta saca un soneto del bolsillo, el arbitrista saca su memorial, primero tímidamente para blandirlo en seguida como una amenaza; «tengo hecho un me-

morial» (Cervantes, 1613); en el *Buscón,* es un «trabajillo»; en la *Crueldad por el honor* (Alarcón, 1622-1633), «estos puntos he pensado» (saca un papel); en el *Casamentero* (Castillo Solórzano, 1627), «un compendio que acabé estos días»; en *La hora de todos* (Quevedo, 1635), «echando mano a sus discursos, cuadernos en ristre» —aquí el juego escénico individual se eleva a la máxima potencia.

3)   Un poco menos mecánico y vinculado ya de más cerca al carácter moral y social que lo recubre, se encuentra el juego escénico del secreto pedido o de la recompensa exigida antes de que se proclame el arbitrio: «y aunque mi arbitrio quede desde este punto público... no quisiera que se llevase otro las gracias y el premio de mi trabajo» (Cervantes), «no lo pienso poner en ejecución si primero el rey no me da una encomienda» (Quevedo), «eso sería ganar con mi trabajo otro la gloria» (Castillo Solórzano), «como el premio llegue a ver, a declarallos me obligo» (Tirso), «dáme un gobierno... voy por la libranza» (Alarcón). Se ve que en ciertos casos —Castillo Solórzano después de Cervantes— hay casi plagio de la fórmula. En todas partes se repite el mecanismo psicológico.

Hay incluso repetición infatigable de los mismos efectos paródicos cuando del arbitrista se pasa al arbitrio, fuente de efectos cómicos.

El arbitrio se caracteriza por el *provecho* que debe asegurar al rey y porque sale al paso de las objeciones de los contribuyentes: se afirma *sin daños* para los súbditos; la opinión —popular o literaria— hace el contrapunto: el arbitrio es *sin provecho* para el soberano y *con daño* para la república. La dicotomía de palabras y conceptos siempre asociados —el Rey, el Reyno— se da en todo momento. Hay por último palabras consagradas: *empeño* para caracterizar la crisis financiera, el endeudamiento del Estado;

desempeño como fin supremo de todos los arbitrios. He aquí las fórmulas cuasi estereotipadas que definen o califican a esos arbitrios, ya sea en boca de sus autores, ya sea en la de sus detractores:

«Total restauración de sus empeños» (*Coloquio,* 1613); «en provecho del Rey y sin daño del Reyno» (ibid.); «en daño del Rey y del Reyno» (el barbero del *Quijote,* 1615); «enriquecer el Rey y enmendar el Reyno» (*Sagaz Estacio,* 1620); «dos arbitrios que son tales que le valdrán un millón» (*Mocedad de Roldán,* 1603 ó 1623): «arbitrio para que en España no haya... falta de dineros, sino que todos... estén ricos» (*Próspera fortuna,* 1615 ó 1621); «provechosos para el bien destos Reynos al menos» y «que al provecho y gobierno del Reyno se encamina» (*El Casamentero,* 1627); «el desempeño de toda España» (*Teresa de Manzanares,* 1632); «inmensa cantidad de oro y plata... sin queja de nadie» (*Hora de todos,* 1636); «reducción de los cuartos» (*El Diablo Cojuelo,* 1641); por último, en 1682, reaparición de las dos expresiones más consagradas: «desempeñar el patrimonio sin daño de los vasallos». (*Discurso serio-jocoso, contra Pedro de Godoy*).

Tampoco se olvida que el arbitrio ha de darse como cosa *fácil;* y de ser posible con carácter único y universal: «será muy fácil» (irónico, *Casamentero,* 1627); «cosa que él tenía por muy fácil» (*Teresa de Manzanares,* 1632); «arbitrio fácil y gustoso» (*La hora,* 1636); «la cosa más fácil... sin que costase una blanca» (*Hospital de incurables,* 1636); «único remedio... remedio de todo» (*Próspera fortuna,* 1616). «Sin añadir nada ni alterar», dice también Quevedo. Este tema de la facilidad que se promete sirve muchas veces para destacar el valor de ridículo que tiene la *imposibilidad,* cuya expresión es un poco más variada, al ser el «juntar España con las Indias» como una especie de resultado final simbólico (*El casamentero* y *Organo de los gatos*).

No acaban aquí los efectos paródicos que tienden a subrayar a la vez un rasgo psicológico como es la pretensión, la seguridad en sí mismo del arbitrista, y una característica formal: la utilización de la jerga ordenancista jurídico-política. «Hase de pedir en Cortes, «hay más sino mandar» (Cervantes), «que se eche un tributo» (Salas Barbadillo), «hase de tomar, hase de quitar» (Quevedo), sin volver sobre el «esto lo tengo pensado», que aparece por vez primera en el *Buscón* y que se lleva hasta la pesadez en el entremés titulado *Organo de los gatos*.

La literatura que se ejerce a expensas de un tipo —que por ser un recién llegado no por ello deja de uniformarse con gran rapidez— lo hace, desde luego, con la consabida intención moralizadora. Y hay dos formas de moralizar. La primera es mostrar los fracasos, el decaimiento del personaje que se quiere condenar; la segunda es proclamar la lección en términos directos por voz de un personaje escogido.

Estos hábitos de la novela picaresca, del teatro (entremés o comedia) están respetados en la escenificación del arbitrista: no solo *es* este un fracasado, sino que hace *falta* que lo sea, pues para que haya ejemplo moral importa que el arbitrista no sea escuchado, pierda dinero, el suyo cuando es honrado o cuando está loco, y el de los demás cuando no es honrado. «Más me cuestan a mí estos estados que al Rey», dice el loco del *Buscón;* «las costas de la imprenta» preocupan al arbitrista del *Casamentero;* y el de *La crueldad por el honor* afirma ser el primero «que por ser arbitrista ha enriquecido». «Le gastó la hacienda» dice tanto Liñán del arbitrista que ha arruinado a su labrador como Solórzano del estafador que ha arruinado a su mesonera, como el autor del *Organo de los gatos* del chapucero imaginativo que ha arruinado su propia casa.

Una de las locuras del arbitrista-tipo es justamente ser muy consciente de las pocas posibilidades que tienen sus proyectos de ejecutarse y seguir sin embargo haciéndolos: del arbitrista del *Coloquio* que dice de su arbitrio «entiendo que me ha de pasar por el carnero», al de Moreto del que, de dos mil arbitrios, uno solo se aplicó, los otros podrían todos resumirse con la fórmula del *Casamentero:* «el consejo lo ha tomado con gusto extraordinario —mas se dejó por falta de dinero».

No hay que llamarse a error: la sátira se dirige menos, incluso en este último caso, a la insolvencia del Estado que a las ilusiones absurdas del arbitrista. La sabiduría para Cervantes en 1613 como para Pedro de Godoy en 1682, es saber que: «al pobre nadie le escucha». Hay que mantenerse en los límites de su «estado»; el arbitrista, según Salas Barbadillo es «hombre que se entremete en gobernar la república»; y la moraleja de Liñán el mismo año (1620) aconseja: «no entremeterse en más que en sus negocios». La preocupación porque la gente se desengañe del error arbitrista es la misma en todos los autores. Y es bastante banal, bastante pedestre, porque consiste en un consejo de conformismo (con la reserva naturalmente del posible doble juego de Cervantes).

Sin embargo, casi siempre y a veces simultáneamente se saca otra enseñanza moral. Y quizá parezca que está en contradicción con el espíritu y los hechos que implica la precedente. Si los arbitristas son unos pobres hombres que por definición nadie escucha y que están abocados a morir en la ruina, ¿cómo es posible que esos simples entrometidos merezcan los calificativos de «perverso linaje» (*Sagaz Estacio,* 1620), de «pestes andantes» (*La hora de todos,* 1636), de «locos más perjudiciales a la República» (*Diablo*

Cojuelo, 1641), de que bastaría un «escuadrón» para arruinar la 1aza enemiga (*Brasil restituido,* 1625), de «daño y perdición común» (una vez más en el *Sagaz Estacio*)? Estos calificativos inflamados parecen caer en el lugar común tanto como en la banal «lección al lector» de Liñán o de Barbadillo. Y aquí tenemos al menos una fuente exterior, pero también literaria: los *Ragguagli* de Boccalini, bajo su forma italiana a partir de 1612, en su versión española después de 1634. Se plantea entonces el problema de saber si los personajes que maldecían como destructores de los mayores reinos la sátira de Boccalini, eran efectivamente los mismos que Cervantes, en el punto de partida, había querido describir. Entre ciertos grandes temas literarios venidos de fuera, ciertos dichos de la calle que han pasado a constituir proverbios y el desarrollo espontáneo de un tipo nuevo en la novela y en el teatro, han podido producirse interferencias y por ende confusiones.

Pero este punto se refiere a una cuestión de fondo. Tiene interés para la identificación histórica del arbitrista y se abordará más adelante. Mientras tanto, por lo que respecta al personaje mismo que ha nacido en la pluma de Cervantes y que se ha convertido rápidamente, por la virtud misma del procedimiento literario, en un tipo, ¿hay que contentarse con creer que el primer modelo fue imaginario y que los otros ejemplos se copiaron prácticamente de ese primero? Esta sería una simplificación tan inexacta como imaginar a cada uno de los autores aislado de toda influencia, costumbre o moda, en trance de esbozar un retrato de un personaje real copiado del natural. Que el arbitrista fuese un personaje real y que cada alusión al mismo constituyera una especie de estribillo de actualidad, es algo que los libros de historia no pueden probar ya que la mayor parte de ellos se contentan con recurrir a su vez a la propia literatura. Pero si se abordan directamente los textos de los arbitristas propiamente dichos o también de los tratadistas de un género más elevado, se percibe inmediatamente que los autores, sin que pueda afirmarse en todos los casos que hayan escrito recurriendo a la observación o descrito un personaje concreto, al menos no carecieron jamás de modelos.

La imitación: la proliferación arbitrista

El primer rasgo que justifica la aparición y la sátira de un tipo es la proliferación de las obras que responden a las características atribuidas por la literatura a los memoriales y arbitrios tan ridiculizados.

De las 405 obras citadas por Colmeiro en su *Biblioteca de economistas españoles de los siglos XVII y XVIII,* 165 corresponden a los límites estrictos de los reinados de Felipe III y Felipe IV. Si se agregan las obras del tiempo de Felipe II que tienen ya carácter arbitrista y el nuevo florecimiento de arbitrios en los años de Carlos II, se advierte que el siglo XVII deja muy a la zaga en esta clasificación al XVIII, célebre sin embargo en España como en otras partes como siglo de la economía política.

Es verdad que arbitrista y economista no son dos conceptos idénticos [6]. Pero al no haber surgido la noción de economista de forma autónoma hasta la segunda mitad del siglo XVIII, Colmeiro ha incluido en realidad bajo este nombre a todos los autores que abordaron temas económicos, ya sea en relación con opiniones políticas más generales, bien por el contrario con respecto a hechos históricos precisos: muy especialmente de hechos monetarios y fiscales.

[6] Véase J. Muñoz Pérez, artículo citado *supra* (cap. 1, n. 60), sing. pp. 172-173 y 175-183 («Diferencias entre arbitrismo y proyectismo»).

Al proceder así ha incluido evidentemente en su *Biblioteca*
a los políticos, en cuyo caso habrá que ver si los autores
no los distinguían cuidadosamente del ridículo arbitrista [7].
Pero aquellos de los que se puede estar seguro que escapa-
ban a la sátira son muy poco numerosos.

Ahora bien, Colmeiro, cuyo esfuerzo bibliográfico es considerable, dista mucho de hacer una lista exhaustiva de ese
género de obras. Pese a haberse dirigido a viejas autoridades bibliográficas —nacionales, como Nicolás Antonio, regionales como Latassa, Pastor, Torres Amat, Bover— y a
que muchos manuscritos, difíciles de identificar y encontrar, figuren en su catálogo, basta pasar unas horas en la
sección de Varios (hoy Raros) de la Biblioteca Nacional de
Madrid para darse cuenta de las lagunas de un instrumento
como el de Colmeiro. También existe una categoría de arbitrios que ha podido dejar sistemáticamente de lado: los
que eran puramente políticos, técnicos o estratégicos —aunque sea insólito descubrir trabajos de esa índole que no
tengan explícita u oculta una preocupación económica.

Pero sobre todo, el carácter mismo de los memoriales y
de los arbitrios, dirigidos por definición al rey, a sus Consejos o a sus administraciones, da a entender que la gran
fuente de las obras inéditas en esta esfera se encuentra en
Simancas para Castilla, en Barcelona y Zaragoza para Aragón. Los últimos documentos de ese género publicados por
eruditos proceden en efecto de los fondos de los Consejos:
Consejo de Castilla, Consejo de Aragón. Las bibliotecas
reales y académicas han conservado muchas de esas obras.
El descrédito, en cambio, en el que había caído ese género

---

[7] Manuel Colmeiro, *Biblioteca de los economistas españoles de
los siglos XVI, XVII y XVIII.* (Memorias de la Real Academia
de Ciencias Morales y Políticas), I, 1, Madrid, 1910; reproducido en
México, Universidad Nacional Autónoma, 1942 (con prólogo de
Javier Márquez) y reeditado en Madrid, 1954.

de literatura, en parte debido a la sátira literaria, hace adivinar enormes destrucciones en este campo en el caso de las bibliotecas privadas y de las colecciones que proceden de esas bibliotecas. Como se trata a menudo, a pesar de todo, de documentos limitados —opúsculos, folletos, fragmentos aislados— puede decirse que si los ejemplos conocidos se cifran ya en varios centenares, debieron existir por millares y que investigaciones más profundas descubrirían todavía algunos [8].

Otra observación sobre la forma en que proliferó el arbitrismo y el efecto tragicómico que debió producir en ciertas fechas (aquellas en que los llamamientos directos del rey a las juntas señalaron los momentos culminantes de los problemas gubernamentales: 1599, 1619, 1623): los historiadores nos informan mal sobre ese problema psicológico porque hasta ahora han manejado los textos de los arbitristas desde un punto de vista muy distinto. Ya se trate de economistas del siglo XVIII —Campomanes, Sempere— que publicaron amplios extractos de esos textos, ya se trate de historiadores modernos —Bona, Berindoague, Espejo, Zarco Cuevas, González Palencia, Carrera Pujal, Hamilton, Larraz, Viñas Mey, Matilla Tascón, Domínguez Ortiz, P. Vilar [9] apoyados los más en la bibliografía de Colmeiro— todos ellos han querido encontrar en esos textos datos sobre el pensamiento o los hechos de la decadencia: han hecho, pues, una elección entre los mismos y de su contenido solo han retenido lo que les parecía mejor. Pese a que su criterio ha variado singularmente de un siglo a otro, suele desaparecer en su selección la morralla, lo «típi-

---

[8] Nos permitimos remitir el lector a la bibliografía que figurará en nuestro estudio *Les Espagnols du Siècle d'Or devant le déclin. L'arbitrisme.*

[9] Las referencias son o demasiado obvias, o demasiado amplias para ser referidas en las dimensiones del presente estudio.

co», las fórmulas, la masa, la pesadez en el estilo y las ingenuidades de expresión, es decir, exactamente lo que nos interesa a nosotros como fuentes posibles de la sátira.

Ahora bien, no carecemos ciertamente de testimonios, en los confines de la historia y la literatura, sobre el efecto deplorable producido por la avalancha arbitrista en las mentes prácticas o ponderadas. Entre 1615 y 1617 dos sucesivos delegados de la ciudad de Barcelona intentaron obtener de Madrid la autorización de devaluar la unidad monetaria catalana.

Poseemos sus impresiones sobre el ambiente de la Corte y de los vicios de la burocracia [10]. Veamos lo que dicen sobre estas últimas y sobre la manía de las memorias:

> Lo que se puede trabajar aquí a golpe de memorias y de información nadie lo sabe bien; lo que eso me ha costado, Dios solo lo sabe.

Y el redactor estima en un 10 %, como mucho, la proporción de personas que saben de lo que hablan. En cuanto al abogado Rosell, un poco más tarde, resume así la situación en su catalán vulgar:

> quant lo Rey veu tanta diversitat de notes axi en Madrid y tanta confusio de memoriales, encontrats los consells d'Arago, de Castella y de azienda, resolgué... [11]

Esto confirma que los arbitrios impresos, conservados por azar en las bibliotecas, constituyen un número muy exiguo de los que manejó el poder central.

---

[10] Carrera Pujal, *Historia política y económica de Cataluña,* t. II, pp. 75-84. P. Vilar, «El tiempo del *Quijote» (Europe,* enero 1956), reed. en *Crecimiento y desarrollo,* Barcelona, 1964.
[11] Archivo Histórico de la Ciudad de Barcelona, «Notularum», XIX, 281 (doc. comunicado por P. Vilar).

Y con respecto a los ejemplares que manejaba el público, Gracián nos revela el caso que se hace de ellos cuando en el *Criticón* recorre el Museo del Discreto —del que se sabe que es la biblioteca de Lastanosa [12]. Que hubiera arbitristas en la colección, no hay ninguna duda:

> Estos son varios discursos de arbitrios en quimeras, que todos son aire y vienen a dar en tierra.

Pero hay «muchos por el suelo», es la ocasión de oponerlos a los «políticos» serios.

De esos testimonios se deduce igualmente que aquellos autores que tenían más motivos para conocer la multiplicación de arbitristas, el amontonamiento de sus memorias y las rarezas de su estilo, eran aquellos que habían podido de cerca o de lejos estar mezclados en los Consejos o colaborar con los hombres de Estado: en el caso de Quevedo se ha citado el ejemplo de un arbitrio de alta estrategia que un agente protegido del Duque de Osuna le dirigió directamente [13]; Alarcón fue relator provisional del Consejo de las Indias a partir de 1626 y titular en 1633 [14]; para Cervantes, hay que buscar más bajo; pero al haber sido recaudador de impuestos pudo frecuentar a financieros fantasiosos de menor categoría; el propio Lope conoció y honró a un hombre al que sus proyectos y sus realizaciones, en el plano caritativo, valieron un alto prestigio pero que cedió bajo el efecto de la crisis a la manía arbitrista, hasta el

[12] Gracián, *El Criticón,* ed. Romera Navarro, t. II, p. 164. El autor mezcla los arbitristas con los comentaristas pedantes de Tácito, salvando las *Repúblicas* y *Políticas* de Bodino y Botero y su propia obra *El político don Fernando.*

[13] Véase *infra,* p. 199. El propio Quevedo era secretario y agente de Osuna.

[14] J. Sáinz de Robles, *El teatro español, historia y antología,* Madrid, 1942, t. II, p. 928 (Biografía de Alarcón).

punto de que el señor Denis ha creído ver en él uno de los modelos ridículos de Alarcón [15]. Hemos señalado en otro lugar la admiración de Lope por escritores políticos como Mariana y Narbona, cuyos opúsculos lindaban también con el más caracterizado arbitrismo [16]. Pero lo más notable es que los autores de arbitrios y de memoriales, al enumerar sin hacerse rogar sus trabajos pasados, presentes y venideros, tomaron ellos mismos la precaución de subrayar la inagotable capacidad de su imaginación. Su método de exponer sus ideas en forma de innumerables puntos o discursos exagera aún más esa abrumadora impresión de torrente. Apenas los literatos tienen necesidad de exagerar la nota, al hablar de trescientos setenta, mil o dos mil; cuando se lee una disertación en setenta u ochenta puntos, no hay necesidad de ayuda para reír o para bostezar.

«En diferentes tiempos muchos y diferentes arbitrios», hace decir Cervantes al viejo del Hospital de Valladolid.

Prosupuesto que por muchos y diversos discursos de treinta años a esta parte he procurado...

escribía Alonso Gutiérrez en un Discurso de 1598 [17].

Hance Belta criado de V.M. dice que por muchos memoriales dados a V. M. por muchas y diferentes personas...

comienza un recuerdo del jefe de los obreros alemanes de la Ceca de Segovia, redactado hacia 1600 [18].

[15] Véase *supra,* cap. III, nota 16, p. 125.
[16] Véase *supra,* p. 87, nota 26.
[17] «Discurso y orden que se ha de tener sobre la navegación de las Indias occidentales... para la Junta. Dado en 15 de octubre de 1598», fol. 13. Bibl. Nac. de Madrid, ms. 2346.
[18] Hance Belta (Hanz Beltach) «Recuerdo...», B. N. Madrid, ms. 6731, fol. 297.

«Juan Castellón dice que por otros papeles...» precisa una nota adjunta a un arbitrio sobre la moneda, de la Junta de 1594 [19].

> Más de veinte y cinco años que he procurado aprehender por los medios que podría durar la Monarchía muchos siglos...

afirma un napolitano en un memorial remitido a Felipe III el 15 de octubre de 1599 y que solicita nada menos que «tres o cuatro» audiencias reales [20].

Este documento se encuentra en el expediente Gaspar de Pons —quizá el personaje que más mereciera, entre tantos otros, una monografía destinada a definir la noción de arbitrio y de arbitrista [21].

Es él quien, habiendo triunfado, miembro del Consejo de Hacienda, se va a convertir con Felipe III en una especie de encargado de las juntas y de las audiencias donde se reciben los arbitrios. Pero él mismo tiene un inmenso pasado de arbitrista más o menos escuchado y sus escritos son ejemplos típicos del estilo de pensamiento y del idioma de los arbitristas. Su primer memorial —en España al menos— está dirigido a don Juan de Idiáquez, Consejero de Estado, el 18 de noviembre de 1587; se le vuelve a encontrar en una Junta sobre la moneda en 1594, de la

[19] Juan Castellón, *ibid.*, hoja suelta entre folios 396 y 397.
[20] Memorial anónimo a Felipe III suplicando audiencia (15 de oct. 1599), B. N. Madrid, R. Varios 68-39 (sin cat.).
[21] *In* Gaspar de Pons, «Los diez puntos...» (de idéntica fecha), B. N. Madrid, R. Varios 28-26 (sin cat.). Dichos «puntos» son un mero resumen del memorial anterior y ambos pueden atribuirse al napolitano Gaspar de Pons, antiguo colaborador de Zúñiga, que llegó a España en 1584, según documentos que consultamos en la Biblioteca y Archivo del Señor Duque de Alba. La opinión de Pons era tan valiosa, a los ojos de Felipe II, como la de las «juntas» y Consejos establecidos. El Duque de Alba ha dedicado un estudio a los arbitristas de su archivo (1933).

que sería, según Canga Argüelles, el inspirador; los *Medios propuestos* de 1595 son, sin duda, el resultado de la misma; vienen en seguida los *Diez puntos* de 1599, según plan que emplearán muchos de sus imitadores arbitristas: *Diez puntos,* esto quiere decir en realidad veinte, ya que existen diez «males», a los que corresponderán diez *remedios* y ulteriormente diez *provechos,* pero cada uno de esos puntos, después de haber sido resumidos previamente en un sumario, no contiene menos de treinta subdivisiones; pasemos sobre la amplitud del preámbulo, donde encontraremos la fuente de las corrientes más típicas de las concepciones políticas del siglo XVII. A partir del 19 de septiembre de 1600, Pons «recordará» la existencia de los diez puntos y de otros papeles «tocantes a buen govierno en tiempo del Rey Felipe II». Adoptado definitivamente desde esa fecha, ¿juzgó que tenía menor utilidad escribir o ya no tuvo tiempo? La decena de memoriales «sobre algunos puntos particulares» que prometía todavía el gran conjunto de 1599 no parece haber dejado trazas en las bibliotecas.

Citemos también, hasta tal punto podría haberse sacado directamente de una parodia más bien que de un auténtico arbitrio, la última frase del «recuerdo» de 1600 de Gaspar de Pons cuando habla de sus memoriales y dice,

> por lo qual suplico a V. M. que mande dar una copia de ellos a cada ministro que fuere servido, de las muchas que por el dicho fin e echo estampar, y mandar a los menos ocupados, y a otras personas diestras...

Ahora bien, Gaspar de Pons no es una excepción. Hacia 1615-1620 —nuestras citas se refieren aquí a la época en la que surgía el tipo literario del arbitrista— otro personaje, Tomás de Cardona, da pruebas, en su insistencia en hacerse oír, de una obstinación y de una prolijidad dignas del héroe del *Casamentero* y también él recuerda

> los papeles originales que he dado a V. M. de seis años a esta parte.

Asimismo, da a entender que sus reflexiones se remontan mucho más atrás en el tiempo:

> y no cumpliera, Señor, con lo que dictó la conciencia si no manifestara lo que he reconocido que conviene de más de treinta años a esta parte que he ydo imbistigando las causas de donde nassen los daños, y consiguientemente los medios que los pueden convertir en útiles conveniencias [22].

Otra vez aporta una «proposición principal» y precisa:

> tenía *mucho* que poder dezir y aclarar en orden a su proposición y sus circunstancias, que son *muchas y muy importantes* a su Real entender...
> ...y un *tratado particular* de mano escrito en el qual tiene *nueve memoriales diferentes* en forma de instrucción del modo que combiene en la execución de todo...

El noveno de esos memoriales,

> trata de las *ochenta* combeniencias que resultarán de la execución de todo lo referido.

Entre Pons y Cardona, no es inútil situar la serie de obras del doctor Cristóbal Pérez de Herrera y observar a la vez su número, su insistencia en defender y repetir sin cesar las mismas tesis, su variedad, pero también su evolución hacia el estilo arbitrista cada vez más puro.

[22] B. N. M., ms. 6731, fols. 213-220.

En 1595, el «protomédico de las galeras de España por el Rey nuestro Señor», solo proponía, en la mejor tradición del siglo XVI [23], la protección de los pobres auténticos y el trabajo obligatorio para los vagabundos —«ámparo de los legítimos pobres, y de la reducción de los fingidos». En 1598 reeditaba lujosamente esos *Discursos*. Después aparecían sucesivamente, en forma de opúsculos más polémicos, sus *Respuestas a las objeciones...* —había nada menos que once— y después, en 1608, el *Epílogo y suma* de sus discursos precedentes, sin perjuicio de la publicación separada de alguna de sus partes: «Ejercicio y ámparo de la milicia» —el punto de vista militar— y «Discurso de la reclusión y castigo de las mujeres vagabundas y delincuentes de estos reinos». ¿Cómo no recordar el arbitrio de Berganza y su «buena intención»?

En 1610, Pérez de Herrera dirige al rey un *Discurso* donde se amplían cada vez más sus intenciones de «restauración»; se titula «Remedios para el bien de la salud del cuerpo de la república»,

en razón de muchas cosas tocantes al bien, prosperidad, riqueza y fertilidad destos Reynos,

para llegar por último, al final ya de su vida, a dirigir como tantos otros sus arbitrios a las Juntas y a las Cortes de 1617-1619; es sabido que no despreció el género de los «enigmas» y los «Proverbios»; al responder al «enigma 81» de su primera «centuria», comenta:

grande escribana es la imprenta, sin haber aprendido a escribir (de que daré yo buena fe, por la

---

[23] Recuérdese la tradición de Luis Vives, y la famosa polémica salmantina de 1545 entre Domingo de Soto y Juan de Medina. E. Cros en *Protée* (p. 433) y *Mateo Alemán* (Madrid, 1971, p. 30) aclara las relaciones entre Herrera y el autor del *Guzmán*.

mucha hacienda y tiempo que he ocupado en cuarenta libros que tengo impresos)[24].

No todos los arbitristas, sin embargo, rendían a la imprenta el culto que le manifestaba el doctor Herrera. Aquellos que, como el coronel Semple, escocés, ex agente de Felipe II, creían en la importancia militar de sus proyectos, solo nos han dejado manuscritos. Pero su obstinación en suscitar el interés del rey —ya que no del público— es más pintoresca todavía; en un *Advertimiento* al rey, de 1612, invoca, para anunciar «un largo discurso por escrito», su

> larga experiencia de *quarenta y dos años* continuos[25].

En un *Recuerdo* de 1618, va a decir «algo de lo que se le ofresce»,

> sacado de la larga experiencia de *quarenta y nueve años* de assistencia a estas materias[26].

En 1619, es su experiencia militar que hace remontar a

> *cincuenta y un año* que he estado continuo en acsion en las cosas del mundo, los quarenta y dos dellos de guerra[27]...

Esta vez nos dice su edad: *sesenta y ocho años*. ¿Pero está tan seguro de ello? Diez años de silencio podrían hacer

[24] Pérez de Herrera (Cristóbal), *Enigmas* (reed. en coll. Cisneros, Madrid, 1943), p. 97. Parte de la larga bibliografía de este fecundo tratadista se recoge en: A. Sierra Corella, «Los forjadores de la grandeza de Madrid. El Doctor Cristóbal Pérez de Herrera», *Rev. de la Biblioteca, Arch. y Museo del Ayuntamiento de Madrid,* Año XIX, en.-dic. 1950, núms. 59-60, pp. 231-249. La recopilación más importante de sus escritos en el ejemplar de B. N. Madrid, R. 28.762.
[25] Madrid, B.N., ms. 2348, fol. 13.
[26] *Ibid.,* ms. 2350, fol. 264.
[27] *Ibid., id.,* fol. 262.

creer que había caído en el olvido, cuando en 1629 envía un último memorial a Olivares —y ya no al rey.

> supuesto que la experiencia junto con *ochenta y cuatro años* que tengo de hedad, me obligan a representar a V. E. las cosas pasadas para que acotadas con las presentes se prevenga para el futuro...
> y para mayor claridad represento lo que he visto de mudanças que ha havido de *sesenta y cinco años* que he estado en continua acción... [28].

¿Qué autor cómico hubiera encontrado algo mejor que esta repetición de «largas experiencias»?

Otro efecto cómico involuntario de los arbitrios verdaderos es su conciencia perfectamente establecida de que son «enfadosos». Semple, aquí también, bate el récord de ingenuidad:

> procuro yrme a la mano en no ser más importuno en pedir audiencia, que se dexa entender que deve aver alguna causa que no alcanço para que no obren, como también me e ydo a la mano en no cansar a los ministros de estado de algunos meses a esta parte, pues es de creer cumplen con su obligación [29].

A medida que avanza el siglo, la idea de que cansa a los ministros y al público parece ser cada vez más corriente en el arbitrista; con Felipe IV, figura en casi todos los memoriales:

> los bienes que se conseguirán a V. Magestad y sus vasallos son tanto en número que mi corto ingenio ni lo dice ni lo escrive, por no cansar con tanta copia de memorial [30].

[28]   *Ibid.,* ms. 2351, fol. 221.
[29]   *Ibid.,* ms. 2349, fol. 170.
[30]   *Ibid.,* R. Varios, 211-8 (sin cat.). (Memorial anónimo de cuatro arbitrios para el mejoramiento de la hacienda.)

Los propios tratadistas más importantes —¿pero podían distinguirse realmente?— acababan empleando la fórmula. Martínez de Mata en su *Discurso* de 1656 que es uno de los monumentos del pensamiento económico español primitivo, anuncia en el párrafo 18:

> Por no ser del intento, y no hacer disgresiones, ni formar papelera que canse al mirarla, no me detengo a probar el engaño y malicia del bien parecer de las mercaderías estrangeras...

«Copia de memorial», «formar papelera», parece que los arbitristas han adoptado con respecto a sí mismos el estilo de sus censores.

¿Quién se extrañaría entonces del «nevaron cartapeles» de Quevedo?

Entre esta definición sumamente poética del fenómeno y su expresión ingenua por los interesados, se encuentra por último el *testimonio* espontáneo —y que reviste casi la misma forma— de aquellos que sin intención satírica se dedican a describir la vida de la Corte. En sus *Cartas y avisos,* dirigidas de Madrid a provincianos, Barrionuevo, a mediados de siglo y en el corazón mismo de esta crisis que suscitaba los *Discursos* de Martínez de Mata, hablaba así de la proliferación de arbitristas y arbitrios:

> Arbitrios llueven en las Cortes como granizo en albarda; cada pobrete se ingenia, que la necesidad hace ingeniosos a los hombres... (1 de mayo 1655).

Así pues, en esa invasión de papelorio en la que los *Discursos* se dividen en «Puntos», en la que las «respuestas» responden a las «dudas» y a las «obyecciones», donde «recuerdos» y «sumarios» rememoran a los olvidadizos la entrega de otros tantos memoriales, la literatura no tiene más

que escoger. Innumerables, prolijos, empeñados en hacerse
oír, los arbitristas brindan a la sátira amarga de la novela
y a las estrofas sobre la actualidad del entremés y de la
comedia un arsenal de rasgos cómicos forjados por ellos
mismos. Y son demasiados —y demasiado enojosos— para
que el público no aplauda.

A este le gusta la parodia. Y nada se presta mejor a ella
que el estilo de arbitrios y memoriales.

La imitación: el estilo arbitrista

Para la parodia del lenguaje, bastaban algunas palabras
clave: «provecho» y «daño», «Rey» y «Reynos», «república»
y «vasallos», «empeño» y «desempeño», «bien de todos» y
«queja de nadie».

1. El empleo de las palabras clave

Hacia 1600 aparecía en Valladolid el

> Memorial de la política necessaria y útil restaura-
> ción a la República de España, y estados de ella, y
> del desempeño universal de estos Reynos,
> dirigido al Rey don Philippe III nuestro señor,
> por el Licenciado Martín Gonçález de Cellorigo,
> Abogado de la Real Chancillería, y del Sancto Officio
> de la Ciudad de Valladolid.

Este notable tratado, al que solo se ha rendido homenaje
de pasada, hasta hace poco [31] no merecía sin duda servir de

---

[31] Colmeiro, *Biblioteca...*, núm. 218: «Excede en mucho a la
opinión común... Paga ciertamente de cuando en cuando su tributo
al siglo; pero casi siempre se muestra superior a sus contemporá-

blanco a la sátira de los escritores. Tampoco era ciertamente el primer memorial donde se pusieran en frontispicio las palabras «necessario», «útil», «provechoso», «universal», y en el que se brindara a los súbditos como tema de reflexión el «desempeño del Reyno».

Pero hay que convenir que el breve sumario que figura en el envés de ese frontispicio reúne casi todo el vocabulario, incluso las frases ya acuñadas, que los autores satíricos, después de Cervantes, van a poner en boca de sus arbitristas. ¿Hay que recordar que Cervantes se instala en Valladolid en 1603 y que es en el Hospital de Valladolid donde Berganza toma sus lecciones de arbitrismo?

Divídese este tratado en tres partes

dice Cellorigo:

En la primera se trata de la declinación y cayda de las repúblicas y las causas porque la de España ha tanto declinado.

En la segunda se proponen los remedios para engrandecer los estados de gente, y augmentar esta república, de suerte que buelva a su florido estado.

En la tercera se dispone el orden que es necessario guardar, en acomodar el desempeño de Su Magestad, y el del Reyno, titulados, y demás súbditos, a forma

---

neos.» Repiten la idea J. Costa (El colectivismo), Berindoague (Le mercantilisme en Espagne), Hamilton y Carrera Pujal. Más cerca de nosotros, P. Vilar y J. Elliott lo aducen con frecuencia en sus estudios sobre la «decadencia» española. En su obra sobre Valladolid au siècle d'or (París-La Haya, 1967), B. Bennassar centra sobre el Memorial de Cellorigo su análisis de la sociedad cortesana del siglo XVI. El profesor Révah ha publicado un alegato inédito de Cellorigo en Revue des Etudes juives, 4e ser., t. II, 3-4, pp. 279-398. Preparamos una reedición del Memorial de 1600. Un artículo de José Luis Pérez de Ayala (Rev. de Derecho Financiero..., IX, 36, Madrid, 1959, pp. 711-747) ofrece un buen resumen.

que sin violencia ni daño común, la República se conserve en bueno y dichoso estado.

Ahora bien, el cambio de siglo ha visto aparecer casi simultáneamente, a raíz sin duda de las consultas de 1599 y también porque se sitúa inmediatamente después del cambio de rey, varias obras que imitan exactamente el «plan» de Cellorigo.

El 15 de octubre de 1599, Gaspar de Pons había firmado el preámbulo de sus *Diez puntos:*

> En este papel van especificados los diez puntos a los quales se reduzen los males principales que son causa de que las cosas de la Monarchia de Su Magestad no vayan como conviene, y las causas principales de que proceden, y los medios convinientes para tratar del remedio, y los provechos que de executarlo que se propone pueden resultar...

En Pons igualmente la noción de desempeño es esencial; pero lo aplica también a las deudas particulares y piensa como remedio técnico en una especie de inmensa caja de amortización:

> advirtiendo que para todos los lugares que pagan censos, converna darles licencia de subir los censos al menos interes que pudieren, y que lo que en este arbitrio ganaren de rentas lo conviertan para el *desempeño* de los censos, hasta tanto que esten del todo *desempeñados.*

Acontece, empero, que es el momento en el que se cobra súbitamente conciencia del abismo abierto por el *endeudamiento generalizado,* de donde procede el afán de Cellorigo por el *desempeño universal,* que debe ser a la vez el del rey y el del reino, el de la «república» y el de cada uno de los súbditos. Pues bien, es esta pretensión universal la que va a hacer reír.

Lo hará tanto más cuanto que se afirma a menudo compatible con la «facilidad». *Todavía en 1600* e impresa por orden de las Cortes de 1599, apareció la obra sobre los montepíos, concebidos como establecimientos de crédito público, de la que es autor el tesorero de la Santa Cruzada y Consejero de Su Majestad, don Luis Valle de la Cerda:

> *Desempeño* del patrimonio de S. M. *y reinos sin daño del Rey y vasallos, y con descanso y alivio de todos* por medio de los Erarios públicos y montes de piedad [32].

A riesgo de repetirnos, recordemos cómo se expresaba el viejo del Hospital de Valladolid:

> Yo, señores, soy arbitrista, y he dado a Su Magestad en diferentes tiempos muchos y diferentes arbitrios, *todos en provecho suyo, y sin daño del reyno;* y ahora tengo hecho un memorial, donde le suplico me señale persona con quien comunique un nuevo arbitrio que tengo, tal que ha de ser *la total restauración de sus empeños.*

En Valladolid también se había redactado en 1604 el

«Discurso sobre el remedio general de las necesidades de estos reinos»

de Luis de Castilla, arbitrista vulgar según Colmeiro [33].

[32] B.N. de Madrid, R. 3724 (en 1617, las Cortes vuelven a ordenar su impresión, *ibid.,* R. 4490 y R. 6557). Olivares intenta imponer su definitiva aplicación en 1622, previa consulta de los municipios castellanos: Archivo General de Simancas, Patronato Real, leg. 91.
[33] *Biblioteca,* núm. 145 (según N. Antonio). El proyecto se presentó ante las Cortes en 1604.

Desde el punto de vista cronológico y geográfico, el nacimiento del tipo literario del arbitrista se encuentra así perfectamente justificado por la floración de un vocabulario.

Pero si los años 1598 a 1605 corresponden a una epidemia de alto arbitrismo, por decirlo así, esa epidemia no será la última. Entre 1608 y 1612, proliferan los libelos sobre todo en torno al tema de la expulsión de los moriscos. Pero a partir de 1614 y mucho más intensamente entre 1617 y 1620, años de Juntas y Cortes, la preocupación por el «desempeño» financiero y en particular por la «restauración» del reino en general, vuelve a convertirse en tema favorito. Así, la densidad máxima de las alusiones literarias se encuentra entre 1616, fecha de *Próspera fortuna de don Alvaro de Luna*, y 1626, cuando el arbitrista del *Buscón* parece a los lectores de la versión impresa muy natural y a la vez esquemático. Para descubrir fórmulas de una ingenuidad que se prestase a la parodia, novelistas y autores de teatro solo tenían que beber en la abundosa fuente de títulos y prefacios.

Véase un fragmento de los nueve *memoriales* de Tomás de Cardona y de su presentación resumida:

> 1o Y el primero contiene la forma necesaria y combiniente para executar *con brevedad y facilidad y general utilidad* todo lo conserniente a la plata y oro así en las Yndias como en España, atajándose *suavemente* los inconvenientes que deterioravan la mayor parte de los Thesoros de esta Monarquía...
> 4o la forma de estinguir la moneda de vellón *sin daño ninguno de la Real Hazienda ni de la de los vasallos que se hallaren con ella* [34].

[34] B.N.M., ms. 6731, fols. 130 y s.

Cuando se conoce la complicación de la cuestión monetaria, que no se resolverá antes de 1680, y el drama cotidiano que suponía tanto para el Estado como para el hombre de la calle [35], se adivina el éxito de risa (o de amargura) que debía encontrar toda alusión paródica a esas «brevedad», «facilidad», «utilidad», «suavidad». Después de todo, retirar la moneda de vellón sin daño alguno para los que las guardan en su bolsillo no dista mucho de los arbitrios de *La hora de todos:*

> para tener inmensa cantidad de oro y plata sin pedirla ni tomarla de nadie, o
> para tener inmensas riquezas en un día, quitando a todos cuanto tienen, y enriqueciéndolos con quitárselo.

Y Cardona no se paraba aquí: trataba también de recoger «con brevedad» el capital necesario para las guerras de Italia y de Flandes, y concluía:

> por estos medios se an de atajar todos los daños y inconvenientes generales y en su lugar nascerán las lícitas combeniencias que deve gozar la Monarquía de Vuestra Magestad y con ellas las mayores felicidades del mundo, y dellas participe toda la Christiandad.

La explosión final de esta presentación merecería citarse entera por su afición, verdaderamente caricaturesca, a los «infalibles desengaños», a los «desempeños generales» y a las «únicas restauraciones» [36].

---

[35] Hamilton, «Inflación monetaria en Castilla, 1598-1660», en *El florecimiento del capitalismo y otros ensayos,* Madrid, 1948, pp. 49-93, y *War and Prices in Spain, 1651-1800,* Harvard Univ. Press, 1947, pp. 10-35.
[36] B.N.M., ms. 6731, *ibid.*

Se podría objetar aquí que Cardona, personaje importante del mundo de los negocios, muy conocido (y muy atacado) por otros autores de arbitrios [37], no responde a la imagen que están entonces hilvanando los autores y que, al conservase mucho tiempo manuscritas, sus obras no debían de estar muy difundidas [38]. Pero su estilo no es más que un ejemplo especialmente extremo de hábitos muy generalizados. Y en cuanto al tipo de hombre que presentan novelas y comedias, puede muy bien servir para rebajar el prestigio de los arbitristas auténticos. Un Sancho de Moncada, catedrático de Sagrada Escritura en la Universidad de Toledo, que publica en 1619 sus *Discursos* titulados «Riqueza firme y estable de España» dista de ser un pobre diablo, y el Consejo Superior de Investigaciones Científicas ha dado hoy su nombre a su Instituto de Economía. Ello no es óbice para que la forma en que presenta su obra, por no decir su redacción, recuerde a Tomás de Cardona, que ha sido atacado por sus soluciones, no por la ingenuidad de sus pretensiones. Moncada se dirige al rey:

> Señor, los repúblicos graves para conservación de los Reynos desearon que los medios para este intento fuessen *útiles, fáciles, experimentados y justos.* Todo esto ofrezco en este discurso para la conservación de España... [39].

[37] Cardona afirma haberse ocupado durante diecisiete años de los intereses y negocios de los armadores sevillanos. Muy combatido por unos (Semple sobre todo) sus tesis tienen cierta aceptación en los medios del gobierno. Sirven de base para el gran tratado de Carranza sobre la moneda (véase Carrera, *op. cit.,* t. I, pp. 374-385).

[38] Después de haber querido mantener el secreto sobre sus proyectos, acabó por publicarlos.

[39] «Riqueza firme y estable de España» (en la *Restauración política de España,* Madrid, 1619, recientemente reeditada por nosotros).

Lisón y Viedma, que entrega directamente en manos reales los *Discursos y apuntamientos* redactados a raíz de la reunión de las Cortes de 1621, en las que representa a Granada, podría parecer más modesto; son páginas

> en que se trata materias importantes del gobierno de la Monarquía y de algunos daños de que padece y su remedio... [40].

Pero «la proposición dize assi»:

> el Rey y el Reyno se deven llevar a vezes en ombros,

lo cual implica toda una concepción política pero se presta fácilmente a la sátira, en medio de esa plétora de consejos.

Hacia esos mismos años, un arbitrista y de los más puros no podía escapar a la mirada de los escritores: se trata del «corrector general de libros», cuya firma, que garantizaba la conformidad del texto impreso con los manuscritos leídos por los censores, se encuentra en las primeras páginas de la mayoría de las obras maestras impresas en esta época; el Licenciado Francisco Murcia de la Llana edita en 1623 su

> Discurso político del desempeño del Reyno, seguro de la mar y defensa de las costas de la Monarquía de España [41].

No deja de recordar además que *desde 1604* había presentado memoriales —y ya sobre la retirada de la moneda

---

[40] «Discursos y apuntamientos de don Mateo de Lisón y Viedma», Madrid, 1621. Véase nuestro artículo: «Formes et tendances de l'opposition sous Olivares. Mateo de Lisón y Viedma, *defensor de la patria*», *Mélanges de la Casa de Velázquez,* t. VII, 1971.
[41] B.N. Madrid, R. Varios, 64-40 (sin cat.).

de vellón. El cree que este asunto del vellón puede resolverse de forma muy suave:

> haziéndose todo esso *con pequeña incomodidad de hazienda* al Reyno, antes confío en Nuestro Señor se ha de hazer la mayor parte desta contribución *con tanto aplauso del pueblo y regozijo suyo,* que no se podrá significar con palabras...
> Consumir la moneda de vellón que para estas dos cosas se animarán todos *a dar con mucho gusto...*

Además, si el pueblo no tendrá ya motivo de queja, el rey tampoco tendrá que desembolsar dinero; no es Murcia de la Llana quien lo dice, sino Jerónimo Combi:

> no tendrá menester V. M. de desembolsar dinero... [42]

o Pablos de Cuypar:

> se podría aver y essecutar... sin cuesta de S. M., ni del común, o de los cargadores y peruleros... [43]

En suma, como dirá Quevedo:

> arbitrio fácil y gustoso y justificado para tener gran suma de millones, en que los que los han de pagar no lo han de sentir, antes han de creer que se los dan
> quinto: en que se ofrece cuanto se desea; hase de tomar y quitar y pedir a todos...

Se comprende que agregue: «y todos se darán a los diablos».

---

[42] Combi (Jerónimo) («Sobre la nueva milicia del Reyno de Nápoles»), en B.N.M., ms. 2351, fol. 499.
[43] Cuypar (Pablos de), «Arbitrio de armar por mar», B.N.M., ms. 2351, fols. 493-495.

13

Sería fastidioso hacer la lista —una lista que no daría ninguna idea de su abundancia— de los arbitrios que se afirman *provechosos* [44], de los medios que se dicen *generales* [45], de las soluciones que se consideran *únicas* [46], de los certificados que los arbitristas se dan a sí mismos —«el valor que entiendo será grande» [47]—, si quisiera llevarse la encuesta más allá de los años de creación del tipo literario y alcanzar, durante el reinado de Carlos II, la última gran crisis monetaria de 1680. Parece incluso como si la literatura se fatigara rápidamente de burlarse de los autores de proyectos que imaginan remedios.

Igualmente, el tono solemne y autoritario que las parodias literarias han subrayado tantas veces —«hase de pedir en Cortes, hay más sino hacer, se ha de tener, se ha de tomar...»— exigiría, si quisieran presentarse las correspondientes fórmulas de los memoriales, que se reprodujera la mayoría de los párrafos de conclusiones, de decisiones, de propuestas, donde parece que ya el arbitrista disfruta expresándose como si fuera el legislador.

Al imitar ese estilo jurídico de decretos que no se adoptarán jamás, de planes cuyo absurdo salta a la vista, los autores satíricos obtienen fáciles efectos. Pero no es solo el contraste entre la forma de la fantasía arbitrista y la inverosimilitud de su realización lo que posee un contenido satírico; es también el carácter cómico que tienen las afirmaciones tajantes sobre temas que son como mínimo discutibles y las muestras verbales de la obstinación en una idea fija.

[44] Barbón y Castañeda, *Provechosos arbitrios...*, Madrid, 1628.
[45] Andrade Benavides, «Memorial sobre el medio general que pide S. M.» (para las Cortes de 1656). En las juntas «del medio general» intervenían los «hombres de negocio» extranjeros.
[46] Somoza y Quiroga, *Único alivio de los vasallos de la Corona de Castilla,* Madrid, 1677. B.N.M., R. Varios (sin cat.), 107-13.
[47] Sanct Roman y Leçer, en B.N.M., ms. 6731, fol. 334.

Lope de Deza, ¿quiere afirmar su oposición al reparto de las tierras comunales (que tantos otros daban como solución al «desempeño»)? [48] Dice:

> Y para prover esto *se ha de tener por muy cierto, como lo es,* que la división de los dominios y adjudicación de las cosas comunes..., etc...

Semple, por su parte, no tiene la certeza del economista, pero sí la del estratega de café; el arbitrista del *Buscón* no tiene nada que envidiarle:

> Quitando con estos medios las armas y sustancias con que han sustentado la guerra hasta agora y si acaso en algún tiempo Olanda, Ynglaterra, o Francia quisieren romper con España, en tal caso me obligo con diez navíos ponerlos en parages y puestos tales en la mar, rompiendo sus comercios que les haga gastar su potencia en defenderse y ponerles en confusión sin que lo puedan remediar, *so pena de cortarme la cabeza si no lo hago* [49].

2. Los tipos de soluciones

La frase del coronel Semple muestra además que el estilo del lenguaje está estrechamente vinculado a la forma de pensar y que el tipo de arbitrio puede a veces suscitar la risa (aunque no tan a menudo) por su contenido y no tanto por su expresión.

Por ello los autores han aprovechado más de una vez no solo el título o el preludio de sus modelos, sino también el modelo entero y sus propuestas. Aquí las comparaciones

[48] Deza (Lope de), *Gobierno de agricultura,* Madrid, 1618, fol. 39 v.º
[49] «Advertimiento» sin firma de 1610 (B.N.M., ms. 2347, fol. 484). Ofrece repetidas veces su cabeza.

no necesitan ser numerosas para ser instructivas; pero deben tratarse con mayor detenimiento.

Hay un hecho importante que nos obliga a descartar el arbitrio *técnico* y es el de que se encuentran muy pocos ejemplos, perdidos en la profusión de proyectos financieros, fiscales, económicos, morales. Algunos proyectos regionales de riegos, muy razonables, y de los que se encontrarían equivalentes en cualquier época de la historia de España [50]; un proyecto metalúrgico, relacionado de modo bastante directo con el problema de la moneda y cuyo valor exacto se nos escapa, al faltarnos conocimientos en la materia; sólo su estilo, en los confines de la alquimia, habría podido orientar ciertas flechas de la sátira [51]. Todo ello es poca cosa para justificar las alusiones literarias a las gentes que querían bombear los mares, nivelar Toledo, transformar en Nilo el «Manzanarillo» y hacer un puente entre España y las Indias.

Tres hipótesis —pero que se refieren más bien al sentido profundo de los problemas que a la simple elaboración del tipo mediante la parodia de los documentos existentes— podrían explicar ese desequilibrio entre el lugar que ocupa la imaginación técnica en los arbitristas verdaderos y la que le dan los autores literarios: es posible en primer lugar que hayan transpuesto a su época anécdotas anteriores, características más bien del siglo precedente; es posible que hayan cedido a su odio espontáneo a la innovación o a la facilidad de hacer un arbitrio ridículo debido a su imposibilidad; es posible también que ciertas alusiones tengan en cierto modo valor de símbolo: Toledo es sin duda de todas las ciudades de España la que entre 1615 y 1625 presenta las más en-

[50] Colmeiro, *Biblioteca,* núms. 192 y 214: son dos proyectos de riego en la cuenca del Júcar, de 1628 y 1652.
[51] Véase *infra,* p. 215, sobre Faria y Guzmán, y p. 258, sobre Bonces.

carnizadas protestas contra su decadencia profunda y reclama o propone remedios, arbitrios, para recobrarse [52]; que se haya prestado a los toledanos, en el teatro, la manía de reformas imposibles y el echar de menos los tiempos en que Juanelo hacía subir el agua del Tajo, es algo que pueden explicar los arbitrios imaginados por Tirso, Quevedo o Lope de Vega.

El arbitrio *estratégico* es más frecuente y guarda relación con un fenómeno político particular: la abundancia de *agentes políticos* que tiene España en el extranjero en tiempos de Felipe II y de *antiguos soldados* necesitados y ociosos, ofrece a la imaginación militar y diplomática unos cauces que las circunstancias exteriores contribuyen también a justificar. El desequilibrio se da aquí en el otro sentido: los memoriales que se han conservado presentan intenciones estratégicas o de gran política internacional en proporción mayor que las parodias literarias [53].

Sobre todo cuando empieza a fraguarse el tipo del arbitrista, los escritores literarios le atribuyen propósitos inmensos y el autor de proyectos diplomáticos o estratégicos respondería mejor al nombre de «loco repúblico o de gobierno» que a la palabra que va a fijar Cervantes. En este, el arbitrio estratégico es, como corresponde, cosa de don Quijote.

Las cuestiones principales que se planteaban entonces eran la guerra de Flandes, la acción de los piratas, las comunicaciones sin riesgos con las Indias y finalmente «el Turco». A la guerra de Flandes corresponde la alusión del

---

[52]   Véase nuestro artículo sobre el doctor Narbona y nuestro estudio «Docteurs et marchands: l'Ecole de Tolède» presentado en el *V Congreso Internacional de Historia Económica,* 1970.

[53]   Semple, Valle de la Cerda, y sobre todo el polifacético y prolijo Anthony Sherley —este último estudiado por X. Flores— son auténticos agentes secretos.

Buscón, a los piratas la conquista de Argel que se propone en el mismo pasaje y el puente Valencia-Ibiza sugerido en el *Casamentero;* por último, el Turco sigue siendo el símbolo del enemigo; Pablillos y su compañero se preguntan «si baja el Turco» y don Quijote quisiera bastarse él solo para destruir «toda la potestad del Turco» [54].

Todo esto, en verdad, resulta sumamente tenue: ninguno de esos arbitrios se desarrolla; el problema de las comunicaciones seguras con las Indias o con Ibiza se trata de forma burlesca y simbólica: «construir un puente». Otras veces, como en Boccalini, que propone que se envíen arbitristas a Constantinopla, el antiarbitrismo consiste en enviar esa peste al enemigo: es lo que pide el soldado veterano del *Brasil restituido* contra el invasor holandés. Y hay también el caso del sorprendente arbitrio ridiculizado en *Próspera fortuna* que al anunciar con años de anticipación que el rey de España reinará sobre los Antípodas y sobre un nuevo mundo, es ambivalente: lo inverosímil se ha realizado. Al hacer balance, no se tiene la impresión de que el viejo soldado, el viejo marino, el diplomático que busca un puesto, personajes todos ellos que proponen grandes proyectos al gobierno hayan sido blanco de la sátira. Y sin embargo aquí, el modelo existía.

El del coronel Semple era característico. Escocés, al servicio de Felipe II en tiempos de María Estuardo, prisionero, condenado a muerte y evadido, dedicó el resto de su vida a enviar bajo el amparo de Mendoza recomendaciones de alta política a los soberanos españoles; había que imitar a los ingleses y a los rebeldes flamencos, practicar el corso, disimular «mediante medios modestos y fáciles» media docena de navíos en las Shetlands, otros seis en Santa Elena, tomar a los ingleses las Bermudas. Y la «gran idea»

---

[54] Véase p. 70, nota 6, y el citado estudio de Albert Mas.

que aparece en tantos memoriales como telón de fondo, es
que

> el único medio de afirmar esta monarchia y perfe-
> cionarla sería unirse con Escocia como hizo Carlo-
> magno [55].

Se puede relacionar el caso de Semple con aquel al que
Astrana Marín —erróneamente a nuestro parecer— atribuye las violentas reacciones de Quevedo contra el arbitrismo [56]. El interés del documento está en que se trata de un
arbitrio que es muy probable fuera dirigido directamente
al autor del *Buscón,* ya que se encuentra en el mismo volumen que una carta en la que se resume las intenciones
del memorial y que debía servir de presentación; el vocabulario es el habitual:

> Los años passados con la ocasión de la elección
> deste Imperador por la platica e inteligençia que
> tengo de las cosas de Levante, hize el presente dis-
> curso, que manera y por qual camino mas façil y se-
> guro se podía hechar el Turco d'Europa (con tan im-
> portante a toda la xptiandad) y que Príncipes combe-
> nia se juntassen en la liga, para que con más voluntad
> y poder y sin quimeras de suspiçion hubiesen acudir
> de veras en esta ocasión y fuera de los nombrados no
> se avía de confiar de nadie porque en este ay mucho
> que dezir...

El memorial señala que las poblaciones cristianas sometidas al Turco no deseaban otra cosa que sublevarse; traza

---

[55]   Es un resumen de las principales tesis de Semple. La frase
citada en el «Advertimiento», de 1612, Bib. Nac. de Madrid, ms. 2348,
fol. 13.
[56]   Quevedo, *Obras, Prosa,* Carta 27 del Epistolario y nota p. 1673.
La Carta 24 (p. 1668) es de otro militar arbitrista, el Capitán Catizón.

el plan de una «Liga» con el Emperador y el rey de Polonia; un plan de campaña militar concéntrica hacia los Balcanes; por último, un plan de reparto de la Europa oriental. El personaje, agente español, es originario de «una de esas provincias», presume de conocer sus idiomas; y a pesar de ello ha tenido que dirigirse directamente al Rey, quien lo ha recomendado a Osuna, figurando quizá Quevedo entre sus otros garantes. Astrana Marín cree que Quevedo habría conservado los dos documentos como paradigma de locura arbitrista (pero es más bien la carta de Quevedo la que parece haberse conservado en el expediente relativo al agente). Muy probablemente, esa clase de grandes designios no era rara en los personajes de igual función y análogo origen. En Nápoles debían de proliferar. Puesto que fue diplomático, ¿podía sorprenderse de ello Quevedo?

Cuatro años después de Oliste, ejemplo importante a pesar de todo porque un autor cuya letra estamos seguros que Quevedo leyó y conoció, otro napolitano, Combi, proponía una vez más al rey de España la utilización de griegos y albaneses, recordaba la figura de Scanderbeg, y hacía los planes de una milicia napolitana, modelo de un futuro ejército a la romana, que ocupase el imperio español «ense et aratro» [57]

A nadie que se moviera en los círculos próximos al Rey y a los grandes personajes, debía pues causar sorpresa recibir memoriales anónimos

> sobre la conveniencia de que cesen las guerras de Flandes y Africa, razonando los motivos y proponiendo las soluciones [58].
> o sobre la importancia de la guerra marítima o medio de abaxar la altivez de los holandeses... [59]

[57] Madrid, Bib. Nac., ms. 2351, fol. 499.
[58] Ibid., R. Varios, 31-48 (sin cat.).
[59] Ibid., Sala General 2-15.524. Es un anónimo, flamenco.

Todo esto es bastante normal en tiempos de calamidades y guerras, y el número de personas, competentes o no, que sentía la necesidad de hacer oír su voz no debía ser superior a lo que suele ser habitual en esos casos.

Que un «pobre extranjero» —Fray Reginaldo de Curia— atribuya en un violento memorial todas las desgracias de España a Olivares (28 de febrero de 1643)[60], que el famoso padre Antonio Vieira «y toda la compañía de Jesús» (sic) dirijan al Duque de Braganza *arbitrios* sobre la mejor forma de conservar Portugal[61], todo ello no puede parecernos más sorprendente que ver al propio Quevedo escoger con pasión la vía del puro panfleto político. Incluso cuando se denomina arbitrio y cuando es ridículo, el opúsculo que solo trata de estrategia o diplomacia no se parece al que inspira la parodia, como tampoco el táctico de café o el fraile de imaginación política se parecen a los modelos del arbitrista.

Es *en las preocupaciones y soluciones económicas* donde hay que buscar el signo distintivo que permite reconocer al personaje. Y si una palabra de Quevedo en el *Buscón* parece coincidir a la vez con dos textos de arbitrios auténticos, el carácter ridículo de los mismos (o de otros análogos) debía consistir justamente, a los ojos de un Quevedo, en tratar como problema fundamental la retirada de la moneda de vellón y en concluir o en anunciar solemnemente que su objeto era el triunfo sobre los enemigos de la fe o la conquista de la Tierra Santa. Así hacían el licenciado San Román y Lezer y el licenciado Francisco Murcia de la Llana[62].

---

[60] *Ibid.,* ms. 2350, fol. 302.
[61] *Ibid.,* fol. 391 del ms. 2373. Sobre las ideas políticas del padre Vieira, véase R. Cantel, *Prophétisme et messianisme dans l'oeuvre d'Antonio Vieira,* París, 1960.
[62] *Ibid.,* ms. 6731, fols. 334-339: «al deseo muy mayor que tengo de ser a S. M. libre de deudas y sus cosas con el aumento

El arbitrio económico, fiscal, social, es Cervantes quien lo parodió el primero, al establecer el modelo definitivo. ¡Y lo menos que cabe decir es que escribía con conocimiento de causa!

Hase de pedir en Cortes que todos los vasallos de S. M., desde edad de catorce a sesenta años sean obligados a ayunar una vez en el mes a pan y agua, y esto ha de ser el día que se escogiera y señalare, y que todo el gasto que en otros condumios de fruta, carne y pescado, vino, huevos y legumbres, que han de gastar aquel día, se reduzga a dinero, y se dé a SM, sin defraudalle un ardite so cargo de juramento: y con esto en veinte años queda libre de socaliñas y desempeñado. Porque si se hace la cuenta, como yo la tengo hecha, bien hay en España más de tres millones de personas de la dicha edad, fuera de los enfermos, más viejos o más muchachos, y ninguno de estos dejará de gastar, y esto contado al menorete, cada día real y medio; y yo quiero que no sea más de un real, que no puede ser menos, aunque coma alholvas. Pues, ¿paréceles a Vs. Ms. que sería barro tener cada mes tres millones de reales como ahechados? Y esto sería antes provecho que daño a los ayunantes, porque con el ayuno agradarían al Cielo y servirían a su Rey; y tal podría ayunar que le fuese conveniente para su salud. Este es arbitrio limpio de polvo y paja, y podríase coger por parroquias, sin costa de comisarios que destruyen la República.

Si se toman los temas uno por uno, todos ellos se encuentran, ya sean en la idea y el contenido, ya sea en el estilo del razonamiento, en los arbitristas-economistas.

posible para que después de triunfado aquí de los enemigos de la Sancta Fee, vaya también a recibir la corona perpetua que Dios ab eterno le tiene aparejada...». Murcia de la Llana, 1623: «dando por ello principio a la conquista de la Tierra Santa».

El ayuno: para quitarse de en medio la moneda de vellón, según Murcia de la Llana, todos los súbditos darían de buen grado (lo hemos visto) una parte de sus bienes,

> aunque ayunassemos doze días al año para este socorro, como el otro Rey Inca...

Este memorial, publicado en 1625, cita uno anterior que había sido redactado en Valladolid en 1604 sobre el «desempeño» [63]. La obsesión por el sistema social inca reaparece. ¿Pudo haber inspirado directamente a Cervantes?

Al margen mismo del *estilo jurídico* habitual —«el día que se señalare», «so cargo de juramento»—, el *estilo económico* está aquí parodiado, en la costumbre de especificar en cuanto se habla de subsistencias los elementos que las componen: «frutas, carne, pescado, vino, huevos, legumbres». Este estilo lo llevará al máximo de claridad y también al máximo de ingenuidad, más tarde, Martínez de Mata, cuando describa el circuito económico:

> todos los tributos que han rendido las familias del labrador, del comprador del trigo, ahechador, dueño del molino, molinero, leñador, hornero, y panadero, los paga el que consume el pan...

> estando los tratos corrientes hallan quien les arriende las haciendas, quien ocupa sus casas, tiendas, almacenes, huertas, cortijos, hornos, molinos, mesones, y ventas... [64]

[63] Este proyecto compite con la vieja idea de Van Rotis, Oudergheste y Valle de la Cerda, estudiada, hace poco, por F. Ruiz Martín en «Los planes frustrados para crear una red de Erarios y Montes de Piedad (1576-1626)», *Cuadernos Hispanoamericanos*, 238-240, 1969, pp. 607-644, y *El Banco de España, una historia económica*, pp. 59 y s.

[64] Martínez de Mata, *Discurso Segundo*, en Campomanes, *Apéndice a la Educación Popular*, t. IV, pp. 48-50. Véase la ed. reciente de Gonzalo Anes, Madrid, 1971.

Se advierte cómo Cervantes había captado muy rápidamente el modo de pensar enumerativo del economista que pasa revista a sus unidades.

Viene en seguida la *manía del cálculo,* de esa «estadística», a la vez ciencia del Estado y ciencia de los «estados», que solo triunfará a finales de siglo y en Inglaterra, pero de la que tantos españoles —Lope de Deza sobre todo— han afirmado su necesidad [65]. Como se cuenta a los hombres a fin de hacerlos pagar, la impopularidad del fisco ha englobado muy pronto a todo censo, a todo esfuerzo estadístico; la sátira de Cervantes sabe pues perfectamente donde va. Y he aquí una auténtica muestra del estilo estadístico-arbitrista:

> El servicio de los millones con los otros dos que se han concedido de nuevo cobranse de sisas y cargas impuestas en los materiales que abraçan todo lo necessario al uso común. De aqui se sigue que pagan todos, sin essencion de edad, de pobreza o de enfermedad. Dizen que al que más pobremente vive puedese por lo menos computar la carga a más de a quatro maravedis en cada día, haviendo muchísimos en quienes passa de a diez y seis: y que regulados unos con otros se puede dezir que todos passan a la razón de a doze; también dizen que en estos reynos el número de las personas llega a cuatro millones y medio o muy poco menos...
>
> los 500 mil que tienen hazienda a 4 ms cada día dan 2 millones
>
> los 800 mil artistas y otros que viven de su trabajo

[65] Lope de Deza, *Gobierno de Agricultura,* fol. 77: «Como puede saber el gobernador los bastimentos que ha menester sin saber los vassallos que tiene.» Véase nuestro estudio «Un ancêtre de l'espionnage économique: Felipe de Atocha Maisterra (1645)», *XCI Congrès National des Sociétés savantes,* Pau, 1969, pp. 129-146.

personal sin ser labradores ni peones a 2 ms cada día dan 1 600 mil.

los 700 mil labradores los mas utiles y necessarios al cuerpo publico dan a 1 maravedi cada día 700 mil.

que hazen los 4 300 mil [66].

¿No se creería estar leyendo el relato de Berganza?

Por último, el tema del ayuno *beneficioso* para el cuerpo y quizá también para el alma: nada fantasioso o gratuito aquí tampoco, ya que en los *Remedios* de 1610, el doctor Pérez de Herrera había trazado todo un plan de restricción de los excesos gastronómicos —un plan para grandes personajes y no para pobres de hospital, desde luego, pero cuyo estilo se aproxima mucho a la parodia cervantina:

> pues bastaría por premática (que todos obedecerán de muy buena gana) quatro o seis platos a lo más, con otros tantos principios y postres, como lo ay en Portugal, con que se convidarían unos a otros con más facilidad y gusto y será también admitida como la de las cortesías, y mejor, pues está en provecho de todos [67].

No olvidemos el rasgo final, expresivo en la pluma del funcionario fiscal que fue Cervantes: «*sin costa de comisarios* que destruyen la República». Ahora bien, esta es una de las preocupaciones fundamentales de los arbitristas, como lo ha puesto de relieve Quevedo, cómicamente, en otra ocasión [68]. El mismo autor de proyectos fiscales, aprendiz

[66] «Arbitrio para las contribuciones, con veneficio comun y sin menoscabo de la hacienda» (texto impreso, título mss.), Madrid, Bibl. Nac., R. Varios, 47-39 (sin cat.).

[67] Pérez de Herrera, *Remedios para la salud del cuerpo de la república,* 1610, fol. 15.

[68] Véase *supra,* p. 97.

estadístico, que acabamos de citar, hace seguir sus cálculos de la observación:

> Pero suele ser más dificultoso el modo de execución que la traça en materias tan grandes; yo he desseado traçar esta execución de suerte que excuse a la multitud de pobre gente y a todos todo genero de costas, y assimismo toda exacción personal, de modo que sus personas y pobres ajuarillos esten seguros de molestia.

Decididamente, como los millones de un arbitrista están «ahechados» —obtenidos a maravilla de la criba de su máquina fiscal— el arbitrio de Cervantes está «limpio de polvo y paja», del polvo y de la paja de las demoras y de las pobrezas; pero condensa, sin merma en la originalidad del estilo, el contenido de todo un espíritu.

El gracioso Zaratán, en la *Crueldad por el honor* de Juan Ruiz de Alarcón, recita doce arbitrios sin tomar aliento. No hay uno solo cuya idea maestra no se encuentre en uno o varios arbitrios; a veces las expresiones estereotipadas han pasado del modelo a la parodia.

> [*Crueldad*] Primeramente porque son los pleytos
> peste de la quietud y las haciendas...

> Antiguamente en tiempo de nuestros pasados teníamos pocos pleytos... quando considero y hago cuenta conmigo mismo de la gente que se ocupa en jueces y que lo pretenden ser; en abogados y que estudian para uno y para otro; en solicitadores, procuradores, y pleyteantes, y familiares destos, conozco que no solamente se ocupa en ellos la mayor parte del reyno sino mas de las tres en quatro partes que se dividiesse... porque estos holgazanes no pueden atender

a más que a mentiras, engaños, cautelas, enredos y pensamientos destos... [69]

[*Crueldad*] — item porque haver pocos oficiales
　　　　　　　mecánicos, y pocos labradores,
　　　　　　　encarece las obras y labores,
　　　　　　　no se admitan sus hijos al estudio
　　　　　　　de letras, ni por ellas a las plazas
　　　　　　　de juez...

quitan muchos moços robustos a la agricultura las universidades de leyes donde son muchos los que acuden y siendo sus padres labradores ellos se crían allí afeminadamente, riéndose ellos despues de las comidas y trajes de sus casas, pareciéndoles a ellos que han medrado en salir de aquella virtuosa rusticidad que da de comer a todos, a la manera de quitar a todos el comer, que allí estudian por la confusión de leyes, y autores que se permiten professando la ciencia *de pane lucrando* siendo como fuera mejor que supieran la de *pane serendo* [70].

[*Crueldad*] — item, que o no se prendan los que
　　　　　　　　　　　　　　　　　[juegan
　　　　　　　o en los naypes se quite el dos de
　　　　　　　　　　　　　　　　　[espadas
　　　　　　　porque tiene las gentes engañadas:
　　　　　　　con licencia del Rey publica, luego,
　　　　　　　o quítense, o no prendan por el juego,
　　　　　　　pues permites venderlos, y no ignoras
　　　　　　　que no pueden servir los naypes de ho-
　　　　　　　　　　　　　　　　　[ras.

en la fábrica de los naypes se hace ynfructuosamen-te el gasto de una sesta parte que son los ochos y

---

[69] *Norte de Príncipes, Virreyes, Consejeros y Gobernadores,* dirigido al duque de Lerma por el supuesto Antonio Pérez. Véase Sempere, *Biblioteca económico-política,* t. II, pp. CXIV y s.

[70] Deza, *op. cit.,* fol. 26.

nueves que no sirven cassi en ningun juego y por
esta causa no los hacen en Italia. Podríase escussar
este gasto quedando las varaxas en el valor que oy
tienen y subiendo en el assiento lo que respondiere
desta sexta parte en que se ahorra el papel y las de-
mas materias y manifactura, aplicándola para otra
extinción [71].

Aquí el arbitrio auténtico parece una burla y es el «gracioso» Zaratán quien lanza el consejo saludable:

> — item que no se impongan los tributos
> en cosas a la vida necessarias
> mas solo en las que fuessen voluntarias
> en coches, guarniciones, de vestido,
> en juegos, fiestas, bayles y passeos
> pues ninguno podrá llamar injusto
> el tributo que paga por su gusto.

El «quarto punto» de los *Diez Puntos* de Gaspar de Pons

> Leyes que conviene renovar y ordenar para escu-
> sar vicios y pecados y poner remedio al apretado
> estado de la Real Hacienda y de los vasallos y para
> que pueda durar la Monarchia... [72]

comprende prohibiciones y derechos sobre: «vestidos», «camas y bordaduras», «vasijas de plata», «moderar las joyas»,
«juegos», «criados», «banquetes»...

> [*Crueldad*] — item, Su Majestad venda las plazas
> y oficios y habrá mil que las compren
> y llevar puede el precio con derecho
> a quien da de una vez honor y prove-
> [cho.

[71] Papel sobre la moneda de vellón, Madrid, Bib. Nac., ms. 6731,
fols. 80-82.
[72] Gaspar de Pons, véase *supra*, p. 178.

De todas las gracias que los Summos Pontífices hacen en materia de provisiones aunque sean veneficiales, se paga media anata a las chancillerías de los veneficios que se anexan in perpetuum. Se paga dicha media anata cada quince años con nombre de quindenio. Parece que siendo Vuestra Magestad el Príncipe que más y mayores provisiones hace, pues pasan de sesenta mill oficios y plaças entre civiles y militares, sería de mucha importancia introducir esta impossición en las provisiones de por vida...[73]

Es el origen de las «medias anatas» sobre los títulos y los oficios (1631). Y sin duda las estrofas que el gracioso lanza al público son alusiones a los problemas del momento y apuntan a las pragmáticas reales, populares o impopulares, tanto como a aquellos que pueden inspirarlas. Ello no es óbice para que el fenómeno arbitrista exista, para que las disposiciones reales deban constantes sugerencias a los arbitristas, para que la sátira del arbitrio o su utilización en escena, en el sentido mismo en el que confluyen arbitrismo y sátira social, correspondan estrictamente a una literatura *de actualidad.* En la escena simétrica del *Dueño de las estrellas,* los proyectos del *consejero serio* se asemejan aun más a esta materia real de los arbitrios. El autor parece querer sugerir esta referencia al redactar *en prosa* los esquemas de leyes propuestos por Licurgo. Cualquiera que fuera su intención, este paralelismo ambiguo entre arbitrismo y legislación confirma la excepcional familiaridad de Alarcón en las cuestiones estatales y económicas[74].

[73] Papel sobre la moneda, fol. 81 (véase nota 71).
[74] Véase supra, cap. III, p. 126, nota 18. Los proyectos de Licurgo (que han de ser sometidos a la previa aprobación y enmienda del pueblo) atañen al control del pleno empleo, servicio militar, ley de herencias, introducción de mano de obra extranjera, retribución de oficios públicos y castigo de crímenes políticos. A cada uno de estos capítulos corresponden, en nuestros ficheros, decenas de textos arbitristas.

Una última relación entre arbitrio imaginario y arbitrio real quizá parezca más sorprendente —salvando el caso extremo de José Camerino, a quien evocaremos más adelante. Si hay dos textos que tengan todo el aspecto de proceder de la más pura fantasía, son sin duda el cuarto arbitrio de *Próspera fortuna* y el «ballet» final de *La hora de todos,* los dos posiblemente de Quevedo:

> Arbitrio para que en España no haya pecados ni falta de dineros sino que todos sirvan a Dios y estén ricos...

«Hay grandes arbitrios», subraya despiadadamente Pablillos, arbitrista «gracioso». Ahora bien, existe un auténtico arbitrio al Rey:

> Para que S. M. alcance lo que todos saben que dessea, es a saber desterrar vicios y pecados de sus estados y que los vasallos sean sustentados en paz y justicia, se propone lo siguiente dividido en cinco capítulos [75].

¡En cinco capítulos y ciento treinta párrafos! El contenido parece un resumen, un plagio de Gaspar de Pons. Pero quizá haya que añadir: ¿un plagio o una parodia-panfleto? ¿Qué pensar de los párrafos siguientes contra las remuneraciones demasiado sustanciosas de los «oidores» de Valladolid?:

> 1.42. Siendo esto verdad, ¿quien no echa de ver que si S.M. pone esta orden entre los gastos de los ministros de justicia, que serán más ricos que los jerónymos, y serán los que mejor lo pasarán entre los vassallos de S.M.?
>
> 1.43. Por mi dezir que si fuera hombre que vi-

[75] Madrid, Bibl. Nac., R. Varios, 47-13 (sin cat.).

viera de tener oficio público, que tomaría de mejor gana ser oydor de Valladolid aviendo de vivir con estas órdenes, que Presidente de Castilla, por el modo que oy viven.

Había, pues, arbitrios-panfletos, lo que hace todavía más compleja la relación entre realidad y ficción paródica. Pero la idea de restablecer la virtud en el reino reformándolo está, pese a todo, en Gaspar de Pons

> y de los dichos provechos resultarán que los ministros y vassallos vivirán vida virtuosa, y estarán contentos, como lo prueba Aristóteles... como lo prueba el divino Platón... como lo prueba Sancto Thomas y San Agustín... [76]

En *La hora de todos,* el desenlace de la escena del incendio es en apariencia imaginación pura: los arbitristas,

> saliendo del teatro a borbotones, los unos agarraron de cuanto había en palacio, y arrojando por la ventana los camarines y la recámara, hicieron pedazos cuantas cosas tenía de precio.

Imaginación simbólica, desde luego, pero donde el símbolo está no solo en la ruina del tesoro real por los arbitristas; una comparación de textos obliga en efecto a preguntarse si lo que irrita a Quevedo no será la obstinación que tienen los arbitristas-economistas en querer predicar al rey una vida estrecha indigna de su grandeza; Murcia de la Llana había escrito, a raíz del consejo de hacer ayunar a los súbditos:

> y para que todos se movieran, V.M. se havía de deshacer de su recámara y guardajoyas... [77]

[76] *Ibid.,* R. Varios, 28-26.
[77] Murcia de la Llana, *Discurso Político...*, primera parte, segunda proposición.

Y es el mismo arbitrio el que debía conducir a la conquista de la Tierra Santa, idea recogida igualmente por Quevedo. Así, el conocimiento de los arbitristas hace penetrar más a fondo en las intenciones satíricas de *La hora*. Ya no puede discutirse que el arbitrista de la literatura toma del verdadero al menos su palabra y sus pensamientos.

Ahora bien, a pesar de todo, la literatura ha cristalizado y mecanizado singularmente al personaje. Lo ha incluido en el juego cruel donde se arremete contra el astrólogo, el alquimista, el matemático perdido en la búsqueda de lo imimposible, el maestro de esgrima que corre tras fórmulas absurdas, el poeta nebuloso y pedante. Preguntarse el porqué de ello, es ya resolver en un sentido el problema de cómo juzgan los autores la mezquina ciencia económico-política que pretende nacer. Pero es también plantear, al menos como primer jalón, un problema de estilo: esa ciencia balbuciente copia a las otras sus viejas jergas, sin llegar todavía a dominar la suya propia.

3. La jerga científica y las filiaciones intelectuales

En cuanto se penetra en la literatura arbitrista, se comprende por qué los que la cultivaban no podían clasificarse en absoluto entre los «discretos cavalleros». Sus obras son, al menos en su conjunto y a primera vista, un caos donde confluyen todos los pedantismos de la época, aquellos justamente que denunciaban tan prestamente los escritores: jerga jurídica, recuerdos escolásticos de las controversias universitarias, pesadas imágenes médicas, hermetismo astrológico o alquímico.

Con respecto a los juristas, los escritores compartían y fomentaban la desconfianza del público; la «peste de los procesos» es uno de los temas más cultivados y seguramente de los más populares; burlarse de la lentitud y del pedantismo de los leguleyos era una forma de vengarse de los juristas; la tradición continuará en Francia, de Racine a Beaumarchais; en España, Gracián en su «Museo del discreto» entre las *Instrucciones* de Carlos V, dignas de una arquilla perfumada, y su propia *Política* «aunque pequeña, sí preciosa», inserta otra *Política,* la de Castillo de Bobadilla. Pero como solo se trata en realidad de un *tratado jurídico* de unas 2.600 páginas, se da a entender que «nadie se atrevía a emprenderla»: «todos, cansados, la dexan descansar» [78]. Ahora bien, la *Política* de Bobadilla [79], venero de informaciones para el historiador por sus consideraciones sobre los pobres, los impuestos, el lujo, la policía municipal, recuerda sorprendentemente los memoriales de los arbitristas; data de 1595, como las primeras grandes obras de Gaspar de Pons y de Pérez de Herrera; muchos arbitristas políticos y financieros se inspiraban en él. El desprecio de Gracián sitúa, pues, una de las actitudes intelectuales que clasificó a la literatura arbitrista junto con los políticos técnicos, enfadosos y pelmazos, indignos del interés de los «discretos»; no es solo la forma de pensar sino también el estilo y la elegancia intelectual lo que les separa de los políticos dignos de este nombre.

Un relente de pedantismo universitario, más bien próximo a la escolástica teológica, desacredita igualmente buen número de «avisos» o de memoriales dirigidos al rey: unos simples curas o unos honrados religiosos, que se confiesan ignorantes, quieren correr en socorro de la cosa pública y recurren para ello a sus recuerdos del seminario [80]. En un

---

[78] *Criticón,* II, crisi IV.
[79] Castillo de Bobadilla, *Política para corregidores,* 1597. *Política* llama también Cellorigo a su *Memorial* de 1600 (véase I. S. Revah, *art. cit.,* p. 393).
[80] El capellán Gutiérrez, Juan de Carreño, el «pobre extranjero» fray Reginaldo de Curia, Arizmendi, que dice ser «ignorante».

nivel superior, es notable el número de *licenciados* —en teología los más— que entran en la competición arbitrista. Los doctores son muy raros; a veces, como Moncada, justifican por su calidad de *teólogos* su deber de dar consejo al rey [81]. En algunos puntos relativos a la usura, se consultaba por lo demás a los teólogos reunidos en juntas, y esta es una fórmula que parece muy idónea a Gaspar de Pons [82]. No ha de sorprender por ello que los memoriales político-financieros adopten la forma de puntos, subdivisiones, objeciones, respuestas a las objeciones, etc. Ni tampoco que se invoque sin cesar como primer argumento la imagen, grata a los teóricos del derecho natural, de que el rey es la cabeza del país y los súbditos los miembros, que da lugar a toda una cascada de razonamientos previsibles [83]. Por último, existe el respeto a las autoridades; Lope de Deza, sobre los excesos gastronómicos, cita sin advertir al lector tres páginas completas de Séneca; «hasta aquí de Séneca», dice solamente al final [84].

> ay ciencia de conservar los Imperios —dice Gaspar de Pons— y que tiene muchos principios ciertos, que proceden del derecho natural: y que muchos están especificados en el Testamento Viejo, y en el derecho canónico, y común, y en las Leyes de estos reynos, y de otros de Su Magestad, y que Platón, Aristóteles, y Cicerón han recopilado muchos, y San Gregorio y Santo Thomas y muchos otros autores en diferentes tratados [85].

[81] Sancho de Moncada, preámbulo a la Suma de sus *Ocho Discursos.*
[82] Décimo Punto, *op. cit.*
[83] Pérez de Herrera, *Remedios...*, fol. 4, Lisón y Viedma, *Discurso Primero,* Martínez de Mata, *Discurso Primero,* entre otros muchos. Véase p. 220, nota 94.
[84] Deza, *Gobierno de agricultura,* fols. 24-25.
[85] «Preámbulo de los Diez Puntos.»

Un texto semejante que podría servir de exordio en el más de los casos a los autores de arbitrios puede ponernos en guardia contra una interpretación de esta literatura en sentido innovador y reformador. A este respecto, hubiera podido escapar a *la desconfianza* que *de la innovación* tiene la literatura del Siglo de Oro y que fomenta de buen grado en sus lectores [86]. Pero cuando lo hace es para caer en la esfera de esas ciencias tan criticadas que atraen sobre ellas tanto la burla, por su jerga anticuada, como la inquietud, porque se sospecha que quienes las practican se mueven por bajos intereses y quieren modificar el orden natural de las cosas.

Por ello, los arbitristas figuran entre los alquimistas, astrólogos y médicos.

La confusión del inventor o del técnico con el alquimista no se hace quizá siempre de buena fe en el adversario, pero hay que reconocer que los límites mal marcados y la comunidad de estilo la fomentaban.

Cuando el licenciado don Marcelino de Faria y Guzmán presenta a Su Majestad al metalúrgico sevillano Diego Felipe de Quadro, ensalza

el arte mayor de beneficiar los metales y escoriales destos Reynos con el ingenio de *fuego filosófico* demostrado en este papel...

donde figura también un dibujo que parece a la vez un alambique y una marmita de Papin *, lo que debía suscitar la desconfianza de los adversarios del artilugio alquimista.

[86]   Véase Maravall, *Antiguos y modernos,* Madrid, 1966.
*   Papin (físico francés del siglo XVII): era un recipiente cerrado con una válvula de seguridad donde se podía calentar agua hasta dar al vapor una fuerza elástica superior a la presión atmosférica. *(Nota del traductor.)*

Si se prosigue la lectura, la exposición técnica de la «nueva invención e ingenio de Fuego Filosófico» deja perplejo al lector moderno; ¿se trata de un lejano descubridor del principio del soplete oxhídrico o de una fantasía sin fundamento serio?

> y aunque parece que la mayor dificultad consiste en saber imprimir las dichas calidades apropiadas a cada uno de los elementos, y en mudarle la naturaleza al fuego, de caliente y seco en seco y poco húmedo, y en húmedo y poco seco, y en caliente y húmedo, y en seco y caliente, se satisfaze con la demonstración que consta del mismo ingenio...

> que aquí se ve el fuego material y que deste sale el fuego flama, y del fuego flama el fuego aéreo, y del fuego aéreo el fuego fuego... con qual consiste el secreto de su fábrica, con el cual fuego material dilatando su llama se convierte en ayre y fuego, y aumentando su potencia en raridad y virtud, calcina, funde, y separa lo imperfecto de lo perfecto... [87].

Si se piensa que Faria y Guzmán, concejal de Sevilla [88], ofrecía también arbitrios sobre la moneda, se adivina la confusión que podía hacerse, en torno a tales personajes, al leer sus trabajos una mente como la de Quevedo: una parte de carcajada, otra de desconfianza apasionada. ¿Equivocadamente? ¿Con razón? Poco nos importa, al menos en cuanto a la elaboración literaria del tipo del arbitrista; lo que es indudable es que el modelo existía, que el estilo de

[87]   Madrid, Bibl. Nac., R. *Varios,* 127-9 (sin cat.).
[88]   Faria es «veinticuatro» del municipio sevillano. En el ms. 6731 de la Bib. Nac. de Madrid hay un papel suyo sobre la moneda de vellón (fols. 241-244). Redactó una *Apología* de la Casa de Austria y parece haber sido un agente importante (*Col de Doc. ined.,* t. LXXXI, pp. 551-559).

sus escritos le convertía en blanco de las sátiras de los escritores, de perfecto consuno con el alquimista.

Otros concuerdan mejor con el astrólogo. Para ser justos hay que reconocer que los arbitristas-economistas que abordan el terreno de la astrología lo hacen con espíritu crítico y seriedad; pero una desventura les acecha: si discuten con los astrólogos adoptan su estilo y dejan entrever algo así como una influencia:

> y como la conjunción magna y mayor de todas tanto se nos acerca porque viene a ser en los fines de deziembre del año de seyscientos y tres, los estrangeros que sobre esto escriven, como traen tanto sobre ojo la grandeza de nuestra monarchia, regulando los effectos conforme a sus desseos, parece la señalan con el dedo en sus ephemerides y prognosticos, a los quales pues que no les falta voluntad para assegurar nuestros daños, faltales el caudal por cuya cuenta los quieren certificar y ansi son tan varios y diversos que no ay sacar dellos opinión cierta [89].

La ironía contra los astrólogos extranjeros no está desprovista de todo temor. En cuanto a Deza, que define de modo notable la necesidad que tiene el agricultor de prever y da pruebas de tendencias sorprendentemente científicas, no por ello deja de remitir al campesino a lo que llama la *astronomía lícita* del padre Martín del Río, que en su *Physica* predice la salubridad del aire, las enfermedades de los animales, las subsistencias y su precio, la guerra y la paz [90]. Con un poco de mala fe, era fácil asimilar los aprendices-economistas a los astrólogos.

Por último, como ellos mismos consideraban que tenían

[89] Cellorigo, *Memorial*, fols. 1-2.
[90] *Gobierno de Agricultura*, fol. 63 v.

algo de médicos, incluso de curanderos, podían prestarse a las mismas sátiras:

> Quando los más doctos doctores desconfían de que el enfermo pueda convalezer con medicamentos hordinarios se suelen admitir los que cualquier herbolario propone...

escribe un trabajo anónimo sobre «la enfermedad de la moneda de vellón» que termina así:

> Vien conoçe el que scrive este Papel que los efectos destos medicamentos no pueden luçirsse enteramente en un año. Pero nadie le podrá negar que en la espiriencia dellos ay seguridad, y que desde el primer día se comenzará a conocer la convalescencia[91].

La imagen de los médicos que se agitaban en la cabecera de la España enferma debía obsesionar a las mentes; tanto a las de los arbitristas ingenuos que exclamaban:

> ningún enfermo que desea su salud reusa recivir la medicina por amarga que sea[92],

como a las de los más ilustres *médicos-arbitristas* propiamente dichos, ya que hay uno al menos, el doctor Pérez de Herrera, que aprovechándose de su título de «médico del reino» (era médico de las Cortes) titulaba sus consejos «remedios» y los daba «en términos de su facultad»:

> Siguiendo pues esta frasis y metafora, digo que esta Monarquia cuya cabeça y señor soberano es V.M. (que la goze largos y feliçíssimos años) es semejante a un cuerpo humano que por estar falto de salud no

[91] Papel citado sobre la moneda de vellón (nota 71).
[92] Fray Reginaldo de Curia, *op. cit., supra,* p. 201.

se puede mandar libremente, ni exercitar sus acciones como conviene por estar sensiblemente opressas, que ésta es la propia definición de la enfermedad; y está a peligro de yr cada día, si se queda sin cura, creciendo, porque dexando a parte otras cosas que le afligen, EL HIGADO deste cuerpo que en el humano es la parte que embía por las venas mantenimiento a todo el (a quien en la República parece corresponden los labradores, ganaderos, oficiales y trabajadores, y aún los tratantes y mercaderes ordinarios, y otros que la sirven y fomentan) está tan resfriado, opilado, y de tan mala complexión que engendra poca sangre y de mala calidad, como acontece en el cuerpo humano quando por algunos desórdenes se caliente demasiadamente, destempla y enferma, bolviéndose frío su temperamento...

Y desto nace que aviendo de embiar el hígado (como lo haze el cuerpo humano) la sangre bastante para sustentar la cabeça y coraçón, y las demás partes del cuerpo, embia poca, y de tan mala calidad que se enflaquece todo y haze notable falta, por tener la cabeça precisa necesidad de ser servida y socorrida, como la parte principal deste cuerpo, adonde residen las potencias y sentido que le gobiernan, y miran por el: que no sin propiedad es V.M. y Su Real Casa y familia, Ministros y consejeros.

Y no parezca nueva y dura esta manera de asimilación pues en las divinas Letras se halla un lugar que le favorece: donde hablando Dios NS por Zacarías en el capítulo 2, de las mercedes que ha de hacer a su pueblo, dize estas palabras: «Ego ero ei murus ignis circuitu, et in gloria ero in medio ejus». Y como advierte el doctísimo Arias Montano donde está en la Vulgata la palabra Gloria dize otra letra CABOD, que entre otras significaciones es lo mismo que IECUR, que es el hígado. En las quales palabras da el Señor a entender que se ha de aver en medio de su

Iglesia como el hígado en el cuerpo humano, cuyo oficio es repartir el mantenimiento a las demás partes y distribuir la sangre purificada para sustentar los miembros del [93].

Se comprende que ante estos Diafoirus * de la política, España no se sintiese muy segura [94]. Los escritores, al incluir al arbitrista entre las figuras tradicionales del ballet de las profesiones ridículas y de las semilocuras intelectuales, halagaban a la vez la desconfianza espontánea del vulgo y su propio sentimiento de superioridad.

Habría sin embargo que aquilatar la distancia que media entre un modelo como Pérez de Herrera, del que Lope de Vega pudo escribir:

No se puede decir que ha errado Herrera
El camino evangélico que sigue... [95]

y la caricatura del teatro y de la novela. Pero en todo poeta y todo sabio hay rasgos de Trissotin ** o de Cosinus ***.

---

[93] *Remedios,* fols. 4-5.

* Personajes de Molière: Diafoirus, médico ignorante de *Le malade imaginaire. (N. del T.)*

[94] La obra más notable a este respecto es la de Jerónimo Merola, *República original sacada del cuerpo humano,* Barcelona, 1587, 1595, 1611. V. Judith E. Schlanger, *Les métaphores de l'organisme,* París, 1971.

[95] Soneto liminar a la obra de Pérez de Herrera sobre el *Amparo de los Pobres.*

** Trissotin, poeta del ingenio fácil y pretencioso de *Les femmes savantes. (N. del T.)*

*** Sabio distraído y ridículo, protagonista de las historietas ilustradas de Christophe, que se siguen leyendo con marcado éxito en Francia. *(N. del T.)*

Sin duda alguna, el tipo del arbitrista, a pesar de sus matices, resulta demasiado esquemático y se presta demasiado a la ficción para proceder tan directamente de la observación como la parodia literaria de su lenguaje.

Y sin embargo, pese a que los escritos de los verdaderos arbitristas sean una fuente bien exigua y bien mediocre para reconstituir su fisonomía, no faltan textos que justifiquen el paso de un retrato de lo real a una mecanización caricaturesca.

¿El arbitrista verdadero está *loco,* como su representación novelesca o teatral? Sin duda que no. Pero es a menudo distraído, absorto, iluminado, maníaco —«mentecapto»— en suma; y la locura se encuentra al borde de esa forma de ser. ¿Es por regla general el *fracasado* al que han querido rebajarle los autores (y el pícaro ladrón o estafador que presentan estos a veces)? La respuesta es también negativa. Pero en cambio no es falso que sea a menudo viejo, secreto y desconfiado, soñador e idealista pero interesado, alentado y al mismo tiempo mal escuchado. ¿Es por último *peligroso,* como ciertas diatribas nos harían creer? Intentar responder a esta pregunta sería abordar los problemas más cruciales de la decadencia española; al menos hay que hacerse la pregunta de si el arbitrista *ridículo* y el arbitrista *odioso* son un solo personaje, o bien si conviene, según los casos, los períodos y los autores, disipar en este punto algunas confusiones.

1. Los rasgos de extravagancia

Cuando Castillo Solórzano nos advierte que «arbitrio y desvelo son siempre correlativos», «y haciendo iguales efectos son zánganos del juicio», ¿pensaba en algún ejemplo real? Los arbitristas, en todo caso, un poco para hacer valer su celo, a menudo también en un tono de ingenuidad sincera, tenían a gala hablar de sus *desvelos:*

> Por cuyo alibio he *desvelado* pensando en lo secreto de mi entendimiento si se pudiera hallar algún resquicio de orden o manera por donde V.M. respirase de la carga pesada de estas importantes deudas... [96].
>
> Siempre que en los Reyes y Príncipes se conosce necesidad, con gusto particular procuran muchos hombres desvelarse en buscar formas como suplirla y darsele sin considerar ynconvenientes... [97].
>
> movido de la obligación natural y inclinación particular a travajado tanto... [98].

Ciertos memoriales como el de Cellorigo son sorprendentes monumentos de erudición, apoyados en la lectura de las obras más sabias y más recientes [99]. Basta leer las páginas donde aparecen los mejores ejemplos de prolijidad y de obstinación, como son los de Semple o de Cardona para comprender que se imaginase fácilmente al arbitrista como

---

[96] San Román y Lezer, *op. cit.,* p. 201, nota 62.
[97] Gutiérrez, en Bib. Nac. de Madrid, ms. 2347, fol. 29.
[98] Gerardo Basso, *ibid.,* ms. 6731, fol. 93. Su fecha: 23 de enero de 1622.
[99] Cita obras geográficas publicadas en Colonia el año anterior. La erudición del «letrado» vallisoletano es infinita.

un loco capaz de arrancarse el ojo de un plumazo sin percatarse de ello.

Que había tozudos, he aquí un testimonio:

> cumpliendo con las obligaciones de xpistiano y criado de Vuestra Magestad aunque ha tanto tiempo que boy dando este recuerdos, haré lo mismo hasta que se ejecuten, pues en esto consiste la sigurídad y conservación de la Real Monarquía [100].

Que algunos eran unos exaltados, júzguese por lo siguiente:

> otros de maior autoridad que la mía, sus deudos, ablaron a Vuestra Magestad y desisieron mi dicho, pues mirando Vuestra Magestad con los ojos del cuerpo la exterior corteza de mi persona, no penetrando con los ojos del entendimiento la provechosa medula escondida debaxo della, y en los otros la exterior autoridad que tenían, y no penetrando el veneno escondido debaxo della, antepuso el dicho y parecer dellos al mío... [101].

Aquí aparece la nota de la manía persecutoria: a estas alturas no sorprenderá. Es algo que acecha tarde o temprano a esos «locos repúblicos» que se creen destinados a salvar el Estado. Semple rinde culto a ello:

> porque los enemigos de Vuestra Magestad, (que se persuaden a que le tienen adormecido y descuidado) si tuvieran alguna noticia o vislumbre de que se trata en lo contenido en mis papeles, harían el esfuerzo posible para que no llegase a effecto, aunque fuese rompiendo la guerra...

[100] Juan de Pedroso, «Recuerdo de las cosas de Indias», Madrid, Bib. Nac., ms. 2438, fol. 529.
[101] Fray Reginaldo de Curia, *ibid.,* ms. 2350, fol. 302. Su fecha: 28 de febrero de 1643.

y yo estoy harto desconsolado de ver que tanto
como e advertido a Vuestra Magestad... no aya obra-
do cosa alguna para el remedio de ello y supuesto
que mientras no hiziere más efecto no cesa mi obligación de repetillo, no puedo dejar de ser importu-
no [102].

Francisco Baptista de Veyntin tiene preocupaciones más
acuciantes:

Vuestra Magestad se sirva de pasar los ojos por los
apuntamientos deste y del otro papel y mandar lo que
más convenga a su real servicio sin rremitillos a nadie, porque, por tratar del servicio de V.M. tengo
muchos enemigos, paresiéndoles que ataxo su desor-
denada codicia, y es de manera que aviendo publicado aqui que vengo a pedir a Vuestra Magestad me
haga merced de proverme para las Yndias, el Doctore
Bellorino, ques la persona de Castellanos (?), a dicho
hago discretamente porque *si no me voy me van a
matar*. Vea Vtra. Magestad lo que pasa en el mundo.
Dios guarde a Vuestra Magestad [103].

Al ser Veyntin partidario de una devaluación de la moneda y al formar parte de ciertas juntas, sus temores no
eran quizá totalmente imaginarios [104]. El tono es sin embargo significativo.

Desde luego podría verse en todo esto solo un fenómeno
normal; no hay ningún soberano, ni ningún ministro de
finanzas ni diplomático que no reciba algunas docenas de
peticiones o de informaciones del mismo género cada año o
incluso cada semana. Pero: esos papeles fueron conserva-

[102]   *Ibid.,* fol. 260, y ms. 2351, fol. 513.
[103]   *Ibid.,* ms. 6731, fol. 299.
[104]   Hemos podido comprobar ulteriormente que estas amenazas
podían ser muy reales.

dos; esos hombres formaron parte de juntas, fueron recibidos por el Rey [105]; los escritores, sus coetáneos, han diseñado un tipo de *loco-arbitrista*. La conjunción de estos tres hechos muestra que en la crisis española y ante el no saber qué hacer del poder, se escucha al loco repúblico. Pero entonces, ¿es un fracasado?

2. Fracasos y esperanzas del arbitrista

La cuestión así planteada es importante, ya que hay que explicar entonces una aparente contradicción: la mayor parte de los autores literarios nos muestran un arbitrista tristemente refugiado en una mediocre posada, en el hospital o en el manicomio, o como mucho —por convencionalismo del teatro—, criado en busca de algunos escudos. Este es el tipo que Molière recogerá, es decir, un parásito mal trajeado que vive sin ilusiones, de recursos mediocres, simple variedad de un tipo social eterno: el ambicioso fracasado que gira en derredor del poder. ¿Pero es eso exactamente lo que han querido describir los grandes autores españoles o incluso los autores de segunda fila que trataron el tema? Por el solo hecho de que hablen reiteradamente del «perverso linaje» y de «el loco más peligroso para la república», dan a entender que el arbitrista no es solo a sus ojos un pintoresco desecho social.

Y el conjunto de los textos que se han citado con anterioridad basta para demostrar que las pautas que en materia de estilo y manera de pensar y razonar, atribuye a los arbitristas la literatura estaban a menudo copiadas de los

---

[105] Semple es «gentilhombre de Cámara». Carreño de Miranda, padre del pintor y vendedor de cuadros campea en el mismísimo «patio de Palacio». *Memorial* de 1631, Bib. Nat. de París, Rés. Oa 198 bis, t. III, pza 29.

trabajos de personajes sumamente dignos y honorables, a a veces importantes. Parece en efecto que los autores teatrales y los novelistas hayan querido descartar del alcance de su sátira, por una parte a los *políticos* propiamente dichos, dignos del nombre de autores «discretos» y, por otra parte, a los hombres de Estado, príncipes o ministros (que tienen otros papeles). Pero un Pons, un Cardona, un Pérez de Herrera, un Faria de Guzmán, un Cellorigo, un Martínez de Mata, cuyas obras caen sin duda alguna entre aquellas que la parodia pseudoarbitrista ataca, están muy lejos todos ellos, por diversas razones, de pertenecer a la categoría de personajes fracasados. Herrera es un personaje «muy madrileño» [106], Moncada y Cellorigo son clérigos y letrados muy eminentes, y muchos otros representan oficial o espontáneamente grandes intereses provinciales: para Toledo, encontramos a Damián de Olivares, Belluga de Moncada, García de Herrera, y para Sevilla, Granada y Andalucía, en épocas diferentes, cabe citar los nombres de Faria de Guzmán, Francisco Cisneros, Jerónimo Porras, Lisón y Viedma.

Ninguno de ellos, ciertamente, muere en el hospital; ninguno acepta unos escudos por un arbitrio deslizado en manos de un confidente del rey o del valido. Pero basta que hayan existido algunos iluminados muertos en el hospital o algunos desaprensivos que se aprovechan de la manía del arbitrio, para que al escritor le haya resultado cómo condensar en este aspecto picaresco una sátira que en realidad apunta más arriba.

Los rasgos podían mezclarse además y nada dice que el abogado de los armadores de Sevilla o el erudito reformador de Valladolid no escondieran bajo su verbo arbitrista los

---

[106] Marañón, *Vida e historia* (col. Austral), pp. 108, 114, 117.

rencores de ambiciones fracasadas o el afán de intereses muy materiales.

Para fijar todo esto, los textos son los únicos que pueden hablar; y estos abundan menos en cuanto se trata de personajes más insignificantes. A pesar de todo, nos dicen lo bastante como para que el tipo literario cese de parecernos imaginario y gratuito.

El arbitrista es *viejo* en la novela y el teatro. Muchos de nuestros modelos reales lo son también; sin volver al caso de Semple, esa perfecta figura que se mantiene alerta en el arbitrismo hasta los ochenta y cuatro años, registremos los cincuenta años de *servicio* de Combi, los treinta años de celo de Gutiérrez, de Cardona, o de Carreño, la carrera de Curia, que recuerda en 1643 haber llegado a la corte en 1626.

Desde luego, entra dentro del papel de quien solicita algo hacer valer la antigüedad de su celo. Pero al leer esas justificaciones de arbitristas estrategas, marinos, financieros, no puede menos de evocarse el viejo soldado de la *Mocedad de Roldán,* el viejo ayo del favorito de *Próspera fortuna,* el viejo servidor de un príncipe fracasado del que Moreto, antes de hacer un arbitrista, hace un descontento.

Quizá también la gente *se hacía arbitrista* con los años; es el caso del doctor Pérez de Herrera. Hay en todo arbitrista una tendencia a elogiar el pasado, a rememorar viejos recuerdos. El contraste entre el reinado de Felipe III y el de Felipe II juega aquí un papel: no es que el de Felipe II no haya conocido dificultades financieras e inquietud política. Pero el de Felipe III inaugura una conciencia de crisis mucho más amplia. Los viejos servidores de Felipe II se erigen en censores.

El tipo literario muestra un arbitrista envejecido, porque quiere mostrar un fracasado, un frustrado. Para subrayar ese carácter, se describe un hombre secreto, desconfiado

227

(sin perjuicio de hacerlo en seguida un charlatán, en contraste cómico). La preocupación del *secreto* (y a veces el contraste mismo) están perfectamente presentse en el arbitrista real.

> Y por dos razones a reservado el imprimir lo contenido en los dichos memoriales...
> la primera porque saliera otro tanto mayor este Discurso y por no divertir con ellos ni embaraçar la proposición principal hasta que se conosca radicalmente su grande importancia...
> la segunda... no an faltado curiossos que an procurado interpretar y disfrazar la sustancia de su proposición principal tomando cada uno motivo y diferentes pretextos para proponerlos por arbitrios propios... [107].

Así hablaba Cardona. Y don Quijote decía:

> No querría que le dijese yo agora y amaneciese mañana en los oydos de los señores consejeros, y se llevase otro las gracias y el premio de mi trabajo.

Ahora bien, Tomás de Cardona, como don Quijote y sus hermanos en el arbitrismo, ha dicho un momento antes que no revelaría nada de lo que arden en deseos de revelar. Sus proposiciones, principales o no, se imprimieron, ya que Semple, muy al corriente de los trabajos de los buenos colegas, se lo reprocha [108]. Y es que él tiene preocupaciones más elevadas; el secreto, a sus ojos, es un deber: «el secreto es el alma de materias del estado»; ya se ha visto que creía que la revelación de sus consejos al rey podía provocar la guerra, como Veyntin creía que la de los suyos motivaría su asesinato.

[107] Madrid, Bib. Nac., ms. 6731, fol. 130.
[108] *Ibid.*, ms. 2349, fol. 246, nota marginal.

Cierto es que en materia monetaria el secreto de la decisión era esencial aunque no fuera jamás respetado[109]. Es esto lo que debía asegurar en la escena y en la novela el efecto cómico de las maneras misteriosas de los arbitristas. Quizá la sátira —y el público— exigían el carácter personal e interesado de ese deseo de secreto. Pero aquí como en todos los demás aspectos de la vocación arbitrista, resulta difícil separar el sueño idealista de salvar el Estado de las «gracias y premios» que preocupan incluso a don Quijote.

Si hay una obra a la vez profundamente arbitrista por su título y sus pretensiones, y excepcionalmente elevada en su análisis, es el *Memorial* de González de Cellorigo. Este erudito trabajo de un jurista de Valladolid puede parecer un ejemplo perfecto de desinterés; pero el patriotismo local que se manifiesta desde las primeras páginas obedece sin duda a las disputas en que estaban entonces enzarzados Madrid y Valladolid con respecto al emplazamiento de la capitalidad del reino; y se adivina que las ambiciones y los sueños de los políticos vallisoletanos traducían una nostalgia de la corte, todo un complejo de lamentaciones o de esperanzas[110]. En el solemne prefacio donde desarrolla la imagen clásica del navío en perdición en el que todos los pasajeros han de ayudar al piloto, cada uno «según su lugar y puesto», añade:

> Y aunque conforme al mío, no aver llegado al que otros ocupan, me aya hallado indigno de offrecer a V.M. este memorial...

Hay en todo arbitrista este matiz de amargura en la expresión afectada de modestia, que se combina a menudo

[109] *Ibid.,* ms. 6731, fol. 70 y Hamilton, *American Treasure,* p. 102.
[110] Véase, ahora, la citada obra de B. Bennassar, *Valladolid et ses campagnes au Siècle d'Or.*

con las más ingenuas pretensiones. Muchas veces también —pero sobre todo cuando los servicios propuestos son de orden técnico o monetario— el arbitrista declara sin ambages lo que espera:

> Por lo qual, con el zelo que tengo del servicio de V. Magestad, experiencia, inteligencia, y conocimiento destas materias, ofrezco mi persona para entablarlas en estos Reynos con el dicho ingenio y persona del dicho Diego Felipe de Quadro, premiándole conforme a la calidad del servicio. Y sirviéndose V. Magestad, por conveniencia de la misma materia, de hazerme merced de plaça de su Alcalde de Casa y Corte para que aviéndola jurado, pueda con la autoridad necessaria y la de la Junta entablar este beneficio y ingenio en todos estos Reynos y disponer los medios más convenientes para su execución.

Es la petición de Faria para el «fuego filosófico» [111]. Y véase a Veyntin:

> también suplico a V. Magestad por rreberencia de JesuXº y del tiempo Santo en que estamos que si esto y demás cosas en que e servido a V. Magestad de que tengo pedido rrecompensa y V. Magestad mandado que me entretenga como lo hago, V. Magestad las tiene en servicio me haga merced porque soy un hidalgo pobre y con la asistencia nueve años en esta corte e consumido mi hazienda y padezco mucha neçesidad. Dios guarde a V. Magestad.

Este «hidalgo pobre» tiene todas las trazas de un alemán [112]. Pero responde bastante bien a la silueta del arbi-

---

[111] Faria y Guzmán, *Memorial* citado, p. 216, nota 87.
[112] Carrera Pujal, *Historia Económica de España,* t. I, p. 243. También dice serlo el flamenco Jorge de Henín, colaborador un tiempo

trista pedigüeño y arruinado. Los obreros alemanes de la Ceca de Segovia no recibían siempre la paga fijada en los contratos; entonces, como Hans Beltha, se hacían ellos también arbitristas [113]. La idea de un pobre diablo que busca un medio de vivir gracias a sus consejos, puesto que no lo puede hacer trabajando, forma parte pues de las cosas posiblemente copiadas de ejemplos reales. No obstante, son más bien soñadores que trabajadores desgraciados, y españoles más bien que extranjeros, los personajes que presenta la literatura en sus creaciones picarescas. Diríase que el tipo se ha constituido por una combinación, quizá voluntaria, de ciertos rasgos humildes o sórdidos con otros sacados de ambiciones más altas.

> El Consejo lo ha tomado con gusto extraordinario...
> más se dejó por falta de dinero...

Estas dos frases del arbitrista en el *Casamentero* de Castillo Solórzano hacen reír porque el desgraciado personaje no tiene aspecto de ser un hombre al que escucha el Rey; y también porque la falta de dinero impedía muchos otros proyectos menos ambiciosos que el de tender un puente de Ibiza a Valencia.

Aquí también el coronel Semple tiene toda la ingenuidad del arbitrista que el teatro destina al manicomio. El rey le recibe, y varias veces, a pesar de sus extravagancias; y Su Majestad le incita simplemente «a continuar», pero cuando

---

del conde Anthony Sherley, y autor de numerosos memoriales. Lo mismo podría decirse de Juan Carreño de Miranda (véase *supra*, nota 105).

[113] Madrid, Bib. Nac., ms. 6731, fol. 318: «dice que [a] los oficiales alemanes salariados del ingenio de labrar moneda de la ciudad de Segovia se les deven ocho meses de salario, suplican a V. M. porque son pobres y casados se les haga md. de mandar que se les paguen». Beltha (o Belthac) parece encabezarlos y es autor de otro memorial.

pide explicaciones por la lentitud con que se siguen sus consejos: «a que siempre se me ha respondido», dice, «falta hacienda para el remedio»[114].

Se plantea aquí todo el problema de la audiencia concedida al arbitrista por las autoridades y el rey; históricamente, exigiría estudiar todo el mecanismo del recurso a los súbditos, del funcionamiento de las Cortes, de la reunión de las Juntas; temas que solo podremos tratar más adelante de modo breve[115]. Desde el punto de vista de las fuentes de la literatura, se trata de saber si los escritores han querido describir el desventurado y ridículo destino de los consejeros espontáneos mal escuchados o burlarse de un gobierno lo bastante desorientado como para reunir juntas de individuos medio locos. La segunda hipótesis conviene al menos en un caso: el de *La hora de todos*. Pero la primera responde mejor al conjunto de arbitristas creados por los otros autores e incluso por Quevedo en el *Buscón*. El propio Cervantes, con toda su finura, ha deslizado en la caricatura del arbitrista la nota de piedad, quizá de simpatía, que corresponde a los desencantos y tristezas de los últimos años de la vida.

«Al pobre nadie le escucha», decía Cipión a Berganza, o el pícaro Guzmán de Alfarache, y repetía en 1683 Pedro de Godoy.

> Que ver que no solo no aprovecha sino que en lugar de animarme para continuarlo, veo dificultad, considerado que lo deve causar ser yo tan flaco sujeto para tan gran materia, me aflige, y desconsuela tanto que muchas veces si no fuera por la ley que devo a Dios y al pan que como de Vuestra Magestad

---

[114] *Ibid.*, ms. 2351, fol. 521.
[115] Véase *infra,* cap. VI y nuestro estudio en preparación sobre *Les Espagnols du Siècle d'Or devant le déclin...*

no tratara más dello, pues no hize ni hago más que acavar mi vida consumiendo mi salud sin fruto.

solo me afirmo en morir pobre que faltar de fe a Dios y a Vuestra Excelencia [116].

Son estas dos declaraciones de Semple separadas diez años una de otra.

Murcia de la Llana había creído también tener éxito en una época:

> yo dí un Memorial en Valladolid en el año *de 1604* con el qual se consumía la moneda de bellón porque entonces no avía sino quatro millones; no se puso en execución, no por nuestros pecados como no se pondrá éste, aunque lo han aprobado mas de cincuenta Consejeros de todos los Consejos y quantos lo han visto que son otras tantas personas graves... [117].

Pero estas frases desengañadas las escribía *en 1623*.

> No lo remita a junta de Ministros ocupados porque no se heche en el archivo del olvido... [118]

exclamaba Cardona con cierta angustia al enviar un memorial.

Y resulta instructivo advertir en cuántos casos, a la fórmula protocolaria y significativa, agregada a mano en los escritos al rey: «suplico a Vuestra Magestad se sirva pasar los ojos por este papel» corresponde en los «recuerdos» ulteriores, el inciso «que dudo se haya visto».

[116] Bib. Nac., ms. 2349, fol. 170, y ms. 2361, fol. 512. A Carreño de Miranda (como a Guzmán de Alfarache) no le atienden «por ser pobre, estar preso y afligido y miserable» (*Ibid.,* R. Varios, 44-2).
[117] *Ibid.,* R. Varios, 64-40 (sin cat.), «Sexta proposición».
[118] *Ibid.,* 184-41 (sin cat.), *Memorial* mss. de Tomás Cardona añadido a otro suyo impreso. Carreño, en el *Memorial* citado, nota 116, anuncia incluso las risas que han de acoger sus escritos en Palacio.

Otras veces, cuando el arbitrista es un personaje de sólida situación y que no toma las cosas demasiado a lo trágico, resulta simplemente cómico verle pasar de autoridad en autoridad. Pedro de Miranda Salón, «vecino y alcalde mayor de Burgos», que como todo el mundo quiso dar su consejo sobre la moneda de vellón, cuenta sus aventuras:

> despues de haber tenido conmigo gran competencia y contradición subre husar deste atrevimiento...hara seys o siete años que bine a Madrid y comuniqué con el presidente del Consejo Real y con el de Hazienda y con Francisco Gutierrez de Cuéllar un medio que a la sazón se me ofrecía; y ellos me mandaron yr al Escorial donde Vuestra Magestad estava, a le besar la mano, y dar cuenta del. Vuestra Magestad me lo mandó dar al secretario Delgado y dada me remitió al Presidente de Hazienda el qual me mandó bolber a mi casa, y que quando supiese que Vuestra Magestad hera venido a Madrid bolbiese a tratar del. Ofrezióseme luego suzeçibamente yr a Lisboa a cuya causa dexé este negocio en este estado y el memorial de ello en poder del presidente de hazienda sin saber si trató más del [119].

En definitiva, después de observar cómo el arbitrista se describe a sí mismo, los rasgos cómicos parecen prevalecer efectivamente sobre los dramáticos, incluso fugaces. Se comprende perfectamente que la abundancia de esos soñadores o de esos ambiciosos ingenuos, juristas y letrados solemnes y grandilocuentes, hombres de negocios o magistrados de provincia, que buscaban como fuese el hacerse oír, servidores extranjeros del rey mal pensionados o remunerados, moralistas y políticos de sacristía, haya inspirado la sátira. Y no hay por qué extrañarse de que haya suscitado unas descripciones que hacen hincapié en lo sórdido y en la locura.

[119] *Ibid.*, ms. 6731 fol. 251.

3. El arbitrista, peligro social

¿Pero quién nos hará creer que un Semple o un Veyntin, un Carreño de Miranda, un fray Reginaldo de Curia, incluso un fray Pedro Flórez [120], fuesen verdaderamente los «locos más perjudiciales a la república», como lo piensa tanto el barbero de la aldea de don Quijote como don Pedro, el protector de la Marcela del *Sagaz Estacio,* o don Cleofás, héroe del *Diablo Cojuelo?* El rey quizá les escucha un poco más de la cuenta, ¡pero es tan poco! y este poco ¿merece verdaderamente las invectivas del soberano desengañado al final de la *Hora XVII:* «Vosotros sois el fuego... perros... el Anticristo ha de ser arbitrista...»?

¿Habrá que creer que los escritores y sobre todo Quevedo apuntan, sin confesarlo siempre, más alto que el blanco que ofrecen esos desventurados? ¿A quién entonces? ¿A los tratadistas reformadores que quisieron analizar, denunciar, combatir la crisis española en sus causa verdaderas

---

[120] Los pocos individuos que acusan en sus escritos el desvarío mental más claro, entre los varios centenares de autores que hemos llegado a consultar, son inventores. Además del molinero García (véase cap. II, nota 12) tenemos un extraño monje siciliano que ofrece un coche estrictamente automóvil: en las cuestas abajo acumula la energía necesaria para subir las pendientes... (ms. a 11.137 de la Bib. Nac. de Madrid). El caso del padre Maestro Fray Pedro Flórez es más importante: su invento de «ocho ingenios importantísimos» —una especie de arma absoluta, sagrada y mágica— llegó a figurar entre las «consultas» sometidas a los más graves Consejos de gobierno y se conserva en el Archivo de Simancas. Comprende «nuevas armas de fuego» «superiores a todas las que no son rayos del cielo», una máquina hidráulica para «cualquier altura», una «nueva molienda», un nuevo sistema de estampado para grabados y tejidos, una «nueva labor de la cera y sebo», una «nueva labor de la moneda», amén de una nueva Orden Militar, de Esclavos del Santísimo Sacramento (Madrid, R. Acad. de la Historia, *Papeles Varios de Jesuitas,* tomo 94, pza. 46).

y cuyos pensamientos acertados no se han querido reconocer en un estilo que se prestaba a la burla? Es una de las hipótesis.

A menos que no se haya creado —y se haya fomentado— en una fase de la crisis muy diferente una confusión entre los grandes beneficiarios de los arbitrios en el sentido fiscal de la palabra, esto es, los financieros extranjeros, y los desinteresados arbitristas.

O bien que se hayan confundido todos los rencores contra la miseria creciente y la debilidad del poder real y que las personas que daban consejos y los economistas balbucientes, productos de la gran crisis, hayan sido acusados, como sucede a menudo, de ser la causa de esa miseria y debilidad [121].

Todo esto, los propios arbitristas no nos lo dirán. Y una historia, todavía conocida imperfectamente, no siempre podrá responder a nuestras preguntas. Al menos se puede recurrir a otras aportaciones literarias para ver si esclarecen lo que llamamos la controversia sobre el arbitrismo.

---

[121] Aconsejaba a su joven «Cortesano» el poeta Bocángel (Méjico, 1655):

> Estrañaras los ociosos   y conjura el arbitrista
> que dan leyes al govierno   plaga racional del Reyno.

Capítulo VI

La cuestión del arbitrismo

Arbitrismo, literatura y decadencia

E<small>L</small> análisis de la sátira literaria antiarbitrista lleva tan profundamente al corazón del problema histórico de la decadencia que resulta un poco desalentador tener que decir, por una parte, que esos problemas se conocen mal (a pesar de la cantidad de obras que hay sobre el tema) y, por otra, que las relaciones entre el arbitrismo verdadero y la sátira que se le hace aclaran sin embargo muy vivamente ciertos aspectos importantes.

Que la culminación del Siglo de Oro literario haya coincidido, entre 1600 y 1640, con la peor de las crisis generales que haya podido conocer un gran imperio y un gran país, es un aspecto de la historia espiritual española cuyas consecuencias no se han tenido siempre lo bastante en cuenta. Los arbitristas, que se dedican a analizar las causas de la crisis y a proponer remedios —cínicos expedientes prácticos o sueños apasionados de restauración—, son violentamente censurados, condenados por aquellos que solemos considerar como los altos representantes del espíritu nacional español: Cervantes, Lope, Alarcón, Quevedo. ¿Esa censura y esa condena están justificadas? ¿Se basan en confusiones, errores de juicio, desconocimiento? ¿En luchas mal aclaradas entre grupos de intelectuales de formación y origen diversos? Para responder a estas preguntas habría que conocer mejor, por una parte, la crisis misma y, por otra, a través de fuentes más amplias y más nuevas, a los arbitristas y, mediante un estudio más profundo de su ambiente social, a los escritores.

1. Los problemas generales; diferentes aspectos de la decadencia

Ninguno de los elementos de la gran crisis es ajeno a la controversia del arbitrismo.

El problema de las finanzas del Estado se halla lógicamente en primer plano. El destino de la palabra arbitrio y la aparición de una nube de arbitristas en la Corte, entre las dos graves crisis de 1558 y 1588, se encuentran en el origen mismo de los fenómenos que hemos estudiado.

Esto equivale a decir que una reconstitución cronológica detallada de la historia financiera y fiscal del reinado de Felipe II sería absolutamente necesaria para la interpretación de dichos fenómenos. Es cierto que existe sobre el tema abundante bibliografía pero los trabajos de conjunto, sobre todo alemanes, han quedado anticuados; y los trabajos recientes, españoles, norteámericanos y franceses, no coinciden con el estudio cronológico preciso que aclararía el recurso a los arbitrios [1]. Ya que lo que habría que dilucidar

[1] Los dos estudios antiguos son los de Bonn, *Spaniens Niedergang Während der Preisrevolution des 16. Jahrunderts* (Stuttgart, 1896) y Heabler, *Die Wirtschaftliche Blüte Spaniens im 16. Jahrun-*

es la forma en que el reino se empeñó, pero sobre todo el mecanismo complejo *mediante el cual* extranjeros y ciertos agentes españoles de extranjeros hicieron recaer sobre la población la carga de los intereses de la deuda y la obtención de los beneficios de monopolio. Todo el mundo sabe que los extranjeros —los Fúcar, los Bélzar, los Spínola— fueron los grandes prestamistas de dinero a los reyes de España y que eso les permitió (no sin interrupciones) canalizar fuera de la Península el dinero llegado de América. Pero lo menos que puede decirse es que los contemporáneos tuvieron de ese fenómeno una conciencia tan viva —y naturalmente más apasionada— que nosotros. Es evidente que los «arcigogolanti» de Boccalini, que habían dado según él tan mala reputación en Europa a las palabras «florentino» y «genovés», son esos grandes financieros internacionales. No es menos evidente que el odio apasionado de Quevedo apunta a esos mismos «asentistas» por conducto de los cuales el oro de las Indias va a «enterrarse en Génova» [2]. Ese odio es colectivo; las medidas de 1588 son tan impopulares en Cataluña y se atribuyen tan claramente a los genoveses, que la ciudad expulsa a estos en 1591 y dispara contra las galeras de Doria [3]. Al menos las Cortes castellanas habían

---

dert und ihr Verfall (Berlín, 1888; hay traducción española, prologada por F. de la Iglesia, de 1889). La gran obra de Carande, *Carlos V y sus banqueros* (ed. completa de 1965-67, 3 vols.) solo trata del reinado del emperador. Los numerosos artículos de Cristóbal Espejo son, ante todo, publicaciones o índices de documentos, muy parciales. Los estudios de Hamilton, Braudel, Lapeyre y F. Ruiz Martín evocan aspectos anejos a las finanzas reales. Ha habido que esperar la minuciosa exploración (Roma, 1963) de Modesto Ulloa para poder adentrarse en los complejos mecanismos de *La Hacienda real de Castilla en el Reinado de Felipe II*.

[2] Recordemos la celebérrima letrilla: «Nace en las Indias honrado... y es en Génova enterrado.»

[3] Carrera Pujal, *Historia política y económica de Cataluña*, t. I, pp. 350-352, y P. Vilar, *La Catalogne dans l'Espagne moderne*, t. I, pp. 558 y s.

podido impedir el ambicioso intento de monopolio del vino que pretendía un italiano.

Sobre todos estos puntos, sobre las grandes operaciones financieras, las grandes corrientes de circulación, la inquietante y creciente complejidad del sistema fiscal, se dispone hoy de estudios serios [4]. No se tienen en cambio sobre la fiscalidad *vista por el contribuyente,* única perspectiva desde la que podrían percibirse las razones de la confusión entre el odio al asentista extranjero y el odio al arbitrista español.

El problema monetario. Los estudios de Hamilton han renovado totalmente la visión que trabajos antiguos como los de Colmeiro podían dar de los «arbitrios de la moneda» [5]. Cuando se sabe que entre 1640 y 1650, la circulación monetaria española se hacía en un 92 ó 95 % en vellón y que para pagar 100 libras de velas o de queso en esa moneda había que transportar 400 libras de peso de la misma, no resulta ya tan extraño encontrar en el manuscrito 6.731 de la Biblioteca Nacional de Madrid unos *150 «arbitrios de la moneda»* y que el loco del *Diablo Cojuelo* haya podido quitarse el ojo de un plumazo cuando estaba escribiendo sobre la reducción del vellón un memorial tan largo como el proceso de don Alvaro de Luna. Hay que representarse España, entre 1599 y 1680, como un país absolutamente obsesionado por la sucesión de sacudidas monetarias —inflaciones y deflaciones bruscas alternadas— que arruinaban según los casos a rentistas o mercaderes, propietarios o asa-

[4] Véase nota 1, *supra.*
[5] Hamilton, *American treasure,* y *War and prices* (véase la reseña de esta última obra, por P. Vilar, *Annales E.S.C.,* 1949, I, p. 38), y Alva V. Ebersole, «Examen del problema de la moneda de vellón a través de algunos documentos del siglo xvii», *Homenaje a Rodríguez-Moñino,* t. I, Madrid, 1966, pp. 155-165 (que no aporta documentación muy original), y E. Ruiz y González de Linares, *Burgos ante la política monetaria del siglo XVII,* Burgos, 1967.

lariados. Colmeiro, en un siglo en el que la estabilidad monetaria parecía un dogma, distribuía fácilmente a los arbitristas del siglo XVII certificados de ortodoxia o censuras. La experiencia contemporánea obliga a revisar muchos de esos juicios. Permite comprender en todo caso la disparatada formación de arbitrios. La sola hipótesis emitida por cualquier funcionario internacional de una eventual devaluación de tal o cual moneda basta para que los diarios reciban cartas de lectores —desde el gran especialista al hombre de la calle— que recuerdan exactamente las controversias monetarias de los arbitristas. Por supuesto, la inmensa mayoría del público no entiende ni una palabra. Se trata de una ocasión única para los *chansonniers*. Solo cuando la cuestión monetaria se hace dramática y los teóricos, prácticos o maníacos prosiguen en términos sibilinos la discusión, la crítica se hace más amarga. *El Diablo Cojuelo* es una prueba de ello.

El problema económico general. Sería un error muy grave imaginar que el lamentable estado de las finanzas reales y la mala política monetaria de los reinados de Felipe III y Felipe IV son las causas del hundimiento económico y político generalizado. Ha habido desde luego historiadores que han sostenido esas tesis y muchos de los hombres de la época las sostuvieron también, pues las responsabilidades del poder en las desgracias de un país son siempre el modo de explicación menos difícil. Pero los tan criticados arbitristas tenían a menudo opiniones más profundas. Un Martínez de Mata sostendrá en 1656 con vigor una teoría contraria y no es el primero: si el Estado carece de recursos, es porque el país es pobre; si fuera rico como antaño, cualquier gravamen fiscal se soportaría «con facilidad», «sin daño a nadie» [6].

[6] Hay una literatura paralela de inspiración optimista sobre la «riqueza» intrínseca de España. Algunas obras son de origen e in-

Surge, pues, la idea de una decadencia *de conjunto,* de la que se busca con vehemencia las razones, con una tendencia ingenua, es cierto, a querer descubrir la razón *única* en la esperanza de encontrar con mayor facilidad el remedio único. El autor de la *Paloma de Toledo* ha resumido perfectamente, burlándose de ellas, las dos concepciones más difundidas, a saber: la tesis mercantilista y bullonista, según la cual todo el mal procedía de la salida de oro y plata, explicable a la vez por el triunfo de la mercancía extranjera, y los «asientos» de genoveses o alemanes con el tesoro real; y en el lado opuesto, la tesis que podría llamarse fisiocrática, que atribuía todo el mal a la decadencia agrícola, ya que los bienes solo pueden provenir de la tierra y de la naturaleza: frente a Sancho de Moncada y Martínez de Mata, la tesis agrícola se extiende desde Arrieta a Lope de Deza.

Sea cual fuere la teoría sostenida y la solución propuesta, está claro que después de 1600 ya no se puede cerrar los ojos a la crisis e incluso ya a la decadencia. Toledo bombardea el poder real con informes de sus juristas, de sus corporaciones, de sus párrocos incluso, para demostrar el ritmo inquietante de su despoblamiento y ruina [7]. No son fantasías de intelectuales ni sugerencias de hombre de negocios en busca de una adjudicación. Si esos informes forman parte de la literatura arbitrista, sitúan esta dentro del marco de una dramática realidad. Que se haga remontar la ruina de las ciudades y del comercio a la sustitución de los bueyes por las mulas en las labores de la tierra, como había hecho Arrieta ya en 1575, que se acuse de esta ruina a la

fluencia cortesana, y ensalzan las «excelencias» de la dinastía austriaca (López Madera, Céspedes y Meneses). Otras aprovechan la exaltación de los recursos naturales de la península (recogida de San Isidoro) para criticar la mala gestión gubernamental.

[7] Véase Martínez de Mata (en *Apéndice* de Campomanes, t. IV, pp. 423-424) y nuestro estudio citado sobre la «escuela de Toledo».

decadencia de la ganadería trashumante, como hace Caja de Leruela en 1627 [8], que se explique por el contrario la miseria y despoblación del campo por el ocaso de la prosperidad urbana e industrial, como hacen todos los representantes directos o indirectos de las corporaciones, el hecho que se señala y que constituye el punto de partida de todos los memoriales es siempre el mismo: se cierne una amenaza de hundimiento general, por lo pronto, a causa de la *despoblación*.

La peste de 1599-1600 y después la expulsión de los moriscos crean la conciencia repentina de que el país se ha vaciado de sustancia: el *Memorial* de Cellorigo desarrolla en 1600 todos sus razonamientos a partir de una descripción de la peste en Valladolid; Pérez de Herrera dedica sus *Remedios* de 1610 al problema de cómo compensar la sangría (acertada y necesaria, a su juicio, pero no por ello menos peligrosa) que ha supuesto la expulsión de 1609. «Poca gente en España a principios de 1619» se titula el primer *Discurso* de Sancho de Moncada. La profunda realidad de la crisis es decididamente la causa primera de tantos discursos, advertencias, arbitrios. Durante mucho tiempo quizá —es el caso de Colmeiro— se describió la decadencia española basándose en lo que dijeron los arbitristas. Era acreditar con demasiada facilidad su visión subjetiva, apasionada, unilateral e ingenua; ahora bien, los mismos que los citaban aceptaban así las severas condenas que hicieron los escritores célebres de los oscuros autores de memoriales. Hoy en día, cuando toda una documentación cifrada (en materia monetaria sobre todo) nos da las bases para una opinión objetiva, es imposible no tener en cuenta lo que sabemos del terrible hundimiento de 1600-1640 si

---

[8] Véase Noël Salomon, *Recherches sur le thème paysan...*, páginas 204-205.

queremos comprender y apreciar los argumentos del ataque al arbitrismo. Ya que el fondo de la misma es justamente la actitud que hay que adoptar ante ese hundimiento.

El problema nacional e imperial. De igual modo, si lo esencial de las obras de los arbitristas se refiere a materias económicas y si el arbitrio en su origen es por definición financiero y fiscal, dos observaciones obligan a ampliar los términos de la controversia del arbitrismo: por una parte, muchos ejemplos de la literatura satírica contra el arbitrio hacen alusión a pretensiones estratégicas o diplomáticas en las personas que dan consejos; por otra parte, ejemplos concretos, como los de Semple, Combi, Oliste, prueban que esas alusiones satíricas no era gratuitas, que había hombres que tenían verdaderamente el deseo de orientar la alta política de los reyes de España. Desde Sevilla, antiguos marinos, portavoces de los armadores, plantean y replantean sin cesar los grandes problemas de la navegación, de las flotas, de las Indias occidentales y orientales. El número de extranjeros que hay entre esos consejeros espontáneos podría parecer extraño y sorprendente. ¿Pero qué quiere decir extranjero?

En tiempos del gran imperio de Felipe II, en las fronteras de las posesiones españolas pululan los agentes políticos de El Escorial y un flamenco, un napolitano, un portugués, están en principio tan directamente interesados en la suerte de la Monarquía como un castellano; sin duda, no se sienten más extranjeros en la corte del rey que un catalán o un valenciano. Ahora bien, ¿cómo no advertir que la disociación del imperio va a comenzar a finales del siglo XVI por esas posesiones europeas lejanas —empezando por Flandes— para alcanzar a la vez en 1640 Nápoles, Cataluña y Portugal? Hacia 1610-1615, el loco república de Quevedo y el propio don Quijote solo se preguntan todavía «si baja el Turco», y Oliste propone al Duque de Osuna y al mismo Quevedo un plan de reparto del Oriente. Pero el loco de Quevedo sabe bien que en Ostende también se juega una baza importante; y cuando los arbitristas de la moneda querrán describir la ruina producida por la inflación del vellón, dirán que ha costado más caro que la guerra de Flandes. En 1605 se pierden las Molucas en beneficio de los holandeses y todas las proposiciones de Semple o de Cardona se refieren a la libertad de los mares y a la salvaguardia de las colonias.

Todo esto no podía ser indiferente a los grandes creadores literarios; sin hablar de la extraordinaria obsesión nacional y política de un Quevedo, es sabido que el teatro de Lope está lleno de alusiones a la grandeza española y si en el *Brasil restituido* un viejo soldado colonial pide el refuerzo de un batallón de arbitristas para arruinar la potencia de los holandeses, esa alusión pasajera plantea, sin embargo, una cuestión grave: ¿por qué ese solo nombre de arbitristas se consideraba sinónimo de «destructores políticos», cuando los más conformes de entre ellos al modelo que se caricaturizaba eran los más preocupados en rehacer o proteger ese imperio del que se cantaba la gloria?

El problema del gobierno. Quizá en el fondo mismo de la controversia había una concepción política —y casi filosófica— opuesta.

La crisis general de la economía, de la sociedad, del Imperio, se traducía igualmente en el «mal gobierno» del rey y de sus ministros. Mientras reinó Felipe II, el prestigio de la Monarquía no podía hundirse. La inmensidad de las empresas, algunos éxitos gloriosos, el drama de fracasos brutales como el de la Armada Invencible, justificaban aún

245

las dificultades financieras y los métodos utilizados para intentar resolverlas. Las Cortes protestaban pero cedían.

El cambio de monarca en 1598 fue la ocasión de la primera gran epidemia de memoriales. Todos hablan —por convencionalismo sin duda, pero no solo por ello— de la esperanza del país en un soberano nuevo, más joven y al que se creía bueno. Ya se sabe lo que ocurrió. El reinado de los validos fue particularmente favorable tanto para la multiplicación de quejas y oposiciones como para la proliferación de intrigas y de sordas esperanzas de beneficios: las dos fuentes del arbitrismo estaban así alimentadas. El doctor Marañón, a propósito del Conde-Duque de Olivares, explicaba incluso el éxito del arbitrismo por el carácter del poder dictatorial: todo dictador es, por definición, un arbitrista y gusta, cuando las cosas no marchan, de soluciones fáciles y de remedios únicos [9]. Pero la negligencia de un Lerma no había engendrado una menor proliferación de arbitristas que la pasión de mandar de un Olivares. En realidad, era la crisis la que mandaba. La inflación monetaria de 1626-1627 y de 1641-1642 no fue combatida ni con las soluciones propuestas en las fantasías arbitristas ni con los consejos de los numerosos y autorizados expertos [10]. Pero en un caso el triunfo de los banqueros italianos, en otro la brutal amputación de los ingresos monetarios, produjeron en la opinión una impresión desastrosa. ¿Podía distinguir esa opinión entre expertos competentes y consejeros fantasiosos, entre hombres de negocios interesados y teóricos a la búsqueda de soluciones útiles a todos —caso de que existieran? Confundir en una misma maldición el «mal go-

[9] Marañón, *El Conde Duque de Olivares* (col. Austral, p. 87).
[10] Véase F. Urgorri Casado, «Ideas sobre el gobierno económico de España...», *Rev. de la B. A. y M. del Ayuntamiento de Madrid,* 1950, pp. 124-230.

bierno», las potencias del dinero y los economistas pretenciosos es una tendencia popular instintiva; al halagarla, la sátira se asegura un éxito fácil; en muchos puntos *acierta;* pero ¿era *justa* con todo el mundo, en particular con la investigación intelectual «de buena intención»? Quizá sea esta la verdadera cuestión que plantea el enfrentamiento de los grandes escritores con los arbitristas y que conduce a la condena del arbitrismo por parte de los primeros.

2. Los problemas particulares; los cargos contra el arbitrista

Dentro del marco de estas crisis cuyas líneas generales acaban de evocarse, ¿puede precisarse más los motivos de esa condena del arbitrismo? Puede intentarse observando que la condena se cristaliza en torno a ciertos rasgos, a veces contradictorios, que presta al arbitrista el autor satírico.

El arbitrista es un peligro para las finanzas del rey y la de los súbditos; sin embargo, es un pobre diablo que se muere de hambre.

El arbitrista es un hombre de poca monta que al mezclarse en el gobierno sale de su «estado».

El arbitrista es un intelectual pedante que busca soluciones en apariencia científicas, en realidad quiméricas, a problemas que quizá no tengan ninguna.

El arbitrista es un innovador que no respeta el orden natural.

¿Pobre diablo o peligro público? Al preguntarnos si la caricatura literaria del arbitrista tenía una parte de verdad, de copia de la realidad, no hemos hecho más que plantear la pregunta siguiente: los arbitristas cuyas obras nos han

permitido advertir algunos rasgos de su temperamento personal o de su papel histórico, ¿merecían los reproches, sin cesar repetidos, que se ponen en boca del vulgo y la maldición desencadenada por *La hora de todos?* No hemos podido dar una respuesta, ya que para ello habría que estudiar toda la documentación de los Consejos y conocer la suerte reservada a todos los memoriales por los ministros del rey. ¿Encontraríamos quizá arbitristas triunfantes y que se retiraron una vez hecha fortuna? Pero entonces responderían mucho menos a la imagen literaria que el Siglo de Oro nos ha dejado, ya que esa imagen es la de un pobre diablo.

Es imposible negar que la impopularidad del arbitrista está ligada a su papel *fiscal y financiero:* la palabra arbitrio, mediante la evolución explicada detalladamente en nuestra primera parte, llegó a significar «trazas para sacar dineros»; e incluso las frases de Covarrubias, muy moderadas, no evitan el tópico: «y destruir el reyno». De aquí se infiere que todos nuestros textos, al atribuir la misma reacción al español medio en cuanto oye hablar de arbitrista, no inventan sino que transcriben. No crean una opinión sino que la recogen. ¿Cuáles son los fenómenos que habían podido cristalizar así la opinión general? Parecen ser de tres órdenes.

Primero, como lo prueban los documentos procedentes de las Cortes de 1588, los incipientes arbitristas proponían *asientos* y *estancos,* es decir, esos monopolios de negocios y de impuestos sobre el consumo que se habían convertido en manos de los acreedores extranjeros del rey en el mejor medio de que los súbditos reembolsaran sus préstamos [11]. Odio al extranjero, odio al financiero (muy espontáneo en la psicología precapitalista del campesino y del hidalgo), odio

[11] Véase *supra,* p. 36.

al concurrente (muy vivo en los artesanos arruinados de las ciudades de industria antigua —Burgos, Toledo, Granada, Cuenca— y en las plazas comerciales en decadencia —Valladolid y Medina—), odio a la persona que arrendaba los impuestos del país por parte de un contribuyente que sabe perfectamente que el rey percibe un millón de maravedíes cuando el país paga seis o siete; los temas de rencor perpetuo contra el sistema fiscal y contra los que se benefician del mismo designan perfectamente a aquellos que se consideran como los *destructores de reinos,* esas plagas que Boccalini quería enviar a Constantinopla para que destruyeran a los turcos y Lope al Brasil para que acabaran con el intruso holandés. ¿Los arbitristas quizá? No: los «arcigogolanti», pero sin duda el vulgo se preocupaba bien poco de las variaciones en los nombres literarios que se daban a los responsables de sus desgracias. En cuanto oía hablar de arbitrios evocaba la proliferación de intrigas en las antecámaras de los validos. No podía ignorar que los intereses extranjeros estaban sostenidos por hombres de paja españoles y que los ejecutantes, los perceptores fiscales, eran también españoles. Sin duda la violenta xenofobia contra los «asentistas» no cesa, pero hay toda una muchedumbre mal identificada englobada en la reacción contra el sistema.

Idéntica confusión acontece en la esfera monetaria. España posee las Indias. Y sin embargo una moneda de plata es en la península ibérica una cosa rara. El pesado vellón lo invade todo y vale cada vez menos. ¿Se quiere revalorizarlo mediante una operación «sin pena»? Se confía a una compañía de banqueros, que instala sucursales en todas las ciudades castellanas, la misión de retirar el vellón y de dar en contraparte el 80 % de su valor: ¿cómo se llaman los directores de esas compañías? Otavio Centurión, Carlos Strata, Vicencio Esquarzafigo, Luis Espinola, Antonio Balvi, Lelio Imbrea, Pablo Justiniano, Juan Gerónimo Espinola [12]. Y veamos ahora lo que dice Murcia de la Llana:

> Que llegue a esta Corte, y a otras partes de España un extrangero con unos libros muy largos, mostrándolos como cascabeles a niños, alquilando unas casas muy grandes con mucha ostentación, llamándose con unos nombres no oídos, como es il sinior Lelio, il sinior Ludovico Dini, y il sinior Bartolini, y il sinior Deodati... De suerte que interesan casi a 40 por 100... O ceguedad de España, por quantos caminos te estan desangrando tus propios enemigos!... [13]

Ahora bien, Murcia de la Llana *es un arbitrista.* Comparte la indignación espontánea del pueblo y la expresa en una forma literaria que intenta poner en consonancia con los panfletistas contemporáneos, al mismo tiempo que propone sus propias soluciones a la peste del vellón.

¿Pero de qué se burla el comediógrafo?:

> Mi estudio, señor, no trata
> en cosas de ratería
> si nos traen mercadería
> o si nos llevan la plata,
> si oro sale, si entra cobre,
> si ganan chento por chento,
> si con uno y otro asiento
> tienen a Su Alteza pobre... [14]

[12] Hamilton, *American Treasure,* p. 82, n. 1; Domínguez Ortiz, *Política y Hacienda de Felipe IV,* Parte segunda, cap. II, y Ruiz Martín, en *El Banco de España, una historia económica,* pp. 43, 97, 132.

[13] Murcia de la Llana, *Discurso Político del desempeño del Reino,* Madrid, 1623. Martínez de Mata recoge parte de esta idea (*Apéndice IV,* p. 384).

[14] En *La Paloma de Toledo.* Véase apéndice, *infra,* p. 309.

¿Estarían los autores teatrales con los financieros y contra los arbitristas indignados que denuncian la expoliación del reino y del rey? No ciertamente, pero el público estaba harto de las denuncias inútiles y puesto que la expoliación continuaba, ¿a quién hubiera atribuido esa impotencia sino a los innumerables consejeros que se preciaban de encontrar la solución justa a la «reducción del vellón»? Advertimos aquí cómo se pasa de la crítica, del odio dirigido en primer lugar a los arbitrios de adjudicaciones y de monopolios a un encogimiento de hombros despreciativo ante las inútiles controversias de los arbitristas. Pero todo esto aparece bien confuso a los espíritus menos sagaces. Y se sigue diciendo que los arbitristas son «la destrucción del reino», en el sentido que se había dicho de los «asentistas», pese a que se trata a menudo de sus denunciantes. Así, se piensa —y con razón— que el arbitrista ridículo y sin poder, si el azar lo permitiera, se llevaría de buen grado la parte del león sin aportar una verdadera solución o simplemente una solución menos mala.

Un tercer hecho viene a favorecer esta confusión entre asentistas y arbitristas, justa en su origen, falsa quizá a partir de 1600. Si arbitrio se confunde menos con asiento o estanco, se sigue confundiendo con «derecho o gravamen nuevo». Y para el público, arbitrista es el que propone arbitrios ante todo, pero quien permite seguidamente «echar arbitrios». Los autores teatrales fomentan esa opinión: su *gracioso-arbitrista* disfruta imponiendo gravámenes a los afeites, a las falsas pantorrillas, a los enfadosos, a los ociosos, a los poetas, y el efecto es doble. El arbitrista se vuelve inventor de impuestos —el famoso Padre Salazar, con su papel sellado, es algo así como su símbolo [15].

[15] Sobre su biografía, véase A. González Palencia, *La Junta de Reformación*, p. 54, nota 9, y J. Simón Díaz, *Historia del Colegio Imperial de Madrid*, t. I, p. 549.

En el ejemplar de Boccalini —traducción española de 1634— de la Biblioteca Central de Barcelona, en el folio 151, frente al pasaje en que se aconseja a los soberanos que no se aprovechen de «la dilatada sucesión de los pleitos», una mano anotó con la escritura de la época:

> si a eso atendiese el Consejo, no consintiera el papel sellado.

Un testimonio semejante nos hace captar de manera viva lo que los contemporáneos apreciaban esas sátiras alambicadas. Es como si oyésemos los aplausos que debían acoger la aparición en escena del gracioso-arbitrista de la comedia.

Lo que habría podido chocar al espectador, como una contradicción, es que se le mostrara la caricatura no de un Spínola o de un Padre Salazar, sino de un aventurero ingenioso y arruinado. Después de todo, podía acomodarme a esas ficciones como se acomodaba a las transposiciones mitológicas de Boccalini. Tanto más cuanto que el arbitrista fracasado existía también, como ya hemos visto. Al reírse de él, el espectador se vengaba de los éxitos del banquero que recogía el vellón y del confesor del Rey inventor de tasas.

Al favorecer la confusión entre, por una parte, los altos responsables y los opulentos aprovechadores del sistema fiscal y, por otra, todos los arbitristas, todos los autores de proyectos, los escritores perseguían muy probablemente con las flechas de su sátira vicios más característicos de los arbitristas propiamente dichos, en puntos que guardaban mayor relación con las actitudes habituales y las reacciones vitales que tenían esos escritores en tanto que artistas e intelectuales frente al orden de la sociedad y del mundo. Al pasar del asentista al arbitrista, el odio se transforma en irónico desprecio.

El entrometido y el derecho a opinar: Estado y sociedad.
Desde 1588 las Cortes hacían intervenir en sus argumentos
contra la afluencia a la corte de inventores de arbitrios,
que se trataba de provincianos, de campesinos, «hombres
de poco momento» que meditaban sus proposiciones incompetentes «en sus lugares» [16]. No hay que creer que se
trata de un desprecio del rico por el pobre. Es más bien el
desprecio de los representantes de una aristocracia corpo-
rativa, urbana, amenazada de ruina material y que ve a los
labradores «parvenus» enriquecerse con el arrendamiento
de los impuestos, al servicio de los asentistas y en detri-
mento del rey o de los grandes señores.

Esta reacción contra el nuevo rico, la encontramos no
solo en *La Paloma de Toledo* («que el nieto de Blas Antón
— se llame Acuña o Girón [17]»), sino también en Alarcón,
que los hijos de los agricultores no puedan ser «letrados»:

> ...pues si llegase un hijo
> de un despensero a serlo, es evidencia
> que supuesto que es gato por herencia
> aunque esté del león puesto en la cumbre
> buelve, en viendo el ratón, a su costumbre [18].

Sería pues menester que no se admitiese a los hijos de
los labradores «al estudio de letras», tanto por temor a su
codicia en los altos puestos como porque la agricultura y
las artes mecánicas adolecen de falta de brazos, lo que encarece la mano de obra. Así, existe una primera desconfianza respecto de gentes de poca monta que salen de su «es-

[16]   Texto citado, *supra,* p. 36.
[17]   Véase apéndice, p. 314. En sus *Consexos a Clito,* Bocángel (v. *supra,* p. 236, nota 121) aclara:
> No te metas en arbitrista
> ni censures del govierno.
[18]   En la obra citada, *supra,* p. 121 y pp. 206-208.

tado», desconfianza que es a la vez —y por razones muy claras— aristocrática (en el sentido amplio de la expresión, que incluye a las capas urbanas «distinguidas») y popular: el campesino siente todavía menos aprecio por el juez o el recaudador de impuestos cuando este es el nieto de su vecino [19].

Aquí también existe sin embargo cierto equívoco. Como en la confusión entre asentista y arbitrista, la desconfianza procede de una envidia social y económica contra el nuevo rico, pero se convierte en seguida en ironía despreciativa con respecto a aquel que ha soñado en ser un nuevo rico y no lo ha conseguido y que se convierte entonces en un desplazado, un intelectual famélico autor de planes inútiles. En cuanto al hombre es pobre «nadie le escucha». La figura odiosa deja paso a la figura de la comedia. El loco funesto a la república hace reír con su miseria.

Ahora bien, a causa de esto, el juego de permutaciones se complica todavía más. Lo mismo que cuando se burlaba de los arbitristas, se hacía resonar en *La Paloma de Toledo* los argumentos de un arbitrista contra los financieros italianos, igualmente al denunciar a los letrados hijos de campesinos, Alarcón no hace más que reproducir un argumento de Lope de Deza. El escritor satírico consigue que hagan reír tanto aquel que denuncia al arbitrista como el propio arbitrista.

Muchas veces, sin duda, el escritor tiene contra los males de la sociedad (en la medida en que él mismo ha triunfado) menos rencor que el hombre ordinario. En cambio, es más sensible a las faltas del sistema, a la carencia de «discreción». El arbitrista es para él ocasión, directa o indirecta, de hacer aplaudir las ligeras alusiones de rigor a

[19] Véase las *Recherches*..., de N. Salomon (singularmente el cap. III de la segunda y la cuarta parte).

los nuevos ricos, a los desclasados mal vistos por el público, y de incluir entre los *entrometidos* —antítesis de los *discretos caballeros*— todas las gentes que se ocupan sin ton ni son de las cosas del Estado. Leamos:

> Toparon en otros que estavan governando el mundo: *uno dava arbitrios,* otro publicava premáticas, adelantavan los comercios y reformavan los gastos...
> Era cosa ridícula oir los soldados tratar de los Consejos, dar priessa al despacho, reformar los cohechos, residenciar los oidores, visitar los tribunales. Al contrario, los letrados era cosa graciosísima verles pelear, manejar las armas, dar asaltos y tomar plaças; el labrador hablando de los tratos y contratos, el mercader de la agricultura, el estudiante de los ejércitos, y el soldado de las escuelas... barajados todos los estados, metiéndose los del uno en el otro, saltando cada uno de su coro, y hablando todos de lo que menos entienden [20].

Estas frases de Gracián resumen bien la actitud intelectual de los escritores ante la epidemia de crítica y de charlatanería política que surgió en España al cobrar el país conciencia de manera brusca, ante las dificultades cotidianas, de la decadencia nacional, y también al proliferar los intelectuales —ya que no era falso que se hubieran abandonado los campos por «las letras».

La actitud simbolizada aquí por Gracián es característica de los hombres del Siglo de Oro: socialmente conservadora —que cada hombre siga en su «estado» de conformidad con las decisiones divinas— y políticamente antidemocrática: *La hora de todos* donde cada uno dice su «aviso» y en que el rey reúne en una sala de teatro a esos consejeros

[20] Gracián, *Criticón,* segunda parte, crisis V, ed. Romera-Navarro, II, pp. 171 y 175.

espontáneos, que gritan y que disputan mientras el palacio arde, presenta a través del ataque contra los arbitristas un ataque contra la manía del pueblo de saber demasiado sobre la manera de gobernar y contra la debilidad del rey si escucha demasiados consejos.

El «derecho de aviso» databa sin embargo de antiguo en las tradiciones monárquicas medievales; ciertos políticos del siglo XVII español gustaban recordarlo para conciliar su deseo de hacerse oír y su desconfianza contra las novedades:

> El hablar por memoriales al Príncipe es cosa antigua y digna de conservarse, porque los vasallos dicen en ellos sus sentimientos... pero debe el Príncipes leerlos; no cumple con recibirlos, que algunos hay de tal calidad que en su breve despacho consiste el remedio... [21]

Es verdad que en Francia, como dejamos dicho, el «droit d'advis» se confundía a menudo con un simple derecho de denuncia (es este el que utiliza Tartuffe contra su huésped). Pero es un arbitrista típico quien, después de haber propuesto cuatro formas de aumentar las rentas reales, daba su consejo sobre la forma en que el rey debería someter a discusión su propio memorial y concluía:

> advirtiendo a V.M. que para tomar resolución deste arbitrio ha de ser con pocos y escogidos talentos, porque el govierno acertado es el Monárquico, y en siendo de muchos se hace popular y bárbaro... [22]

[21] Juan P. Mártir Rizo, *Norte de Príncipes,* ed. Maravall, Madrid, 1945, pp. 116-117. Lisón y Viedma fue expulsado de la Corte por haber asediado las oficinas reales con sus proyectos (véase nuestro artículo citado «Formes et tendances»...).

[22] Memorial de cuatro arbitrios para el mejoramiento de la Hacienda, Madrid, Bib. Nac., R. Varios (sin cat.), 211-8, fol. 9.

Esta opinión se apoya en *quince* referencias sagradas y profanas. ¡Una vez más, al arbitrista responde perfectamente a la imagen que de él hacen sus censores!

¿Ciencia o quimera? Tanto los procuradores de 1588 como el Gracián del *Criticón* tienen en realidad, por prejuicio de clase o sentimiento de superioridad de intelectual distinguido, la convicción profunda de que en la masa de gentes atraídas por la Corte y que proponen remedios a los males del Estado, las gentes competentes son peligrosas porque son interesadas y las gentes desinteresadas son igualmente peligrosas porque son incompetentes.

La relación que ya hemos estudiado detenidamente entre la parodia literaria y la jerga científica que realmente empleaban los arbitristas no deja ninguna duda: si el espíritu popular tenía buenas razones para aborrecer ante todo las competencias interesadas, la sátira de los escritores se ejerce más contra el que sueña en reformas y quiere apoyarse en el análisis de la gran decadencia.

> Desvelado estaba Eneas
> maquinando en un arbitrio
> con capa de utilidad
> y cuerpo de desatino.

Hay que volver siempre a esta definición para comprender la desconfianza de los escritores y por qué clasificaron al arbitrista entre el alquimista y el médico. Su odio a la falsa ciencia está singularmente emparentado con un escepticismo espontáneo y vital hacia la ciencia a secas. En efecto,

> Acaban miserablemente... porque quieren dar alcance a los secretos que Dios tiene reservados para sí...

Lo que Vicente Espinel dice en esta frase[23] del alquimista es sin duda lo que piensan en el fondo los antiarbitristas y el motivo de que sitúen a sus héroes en hospitales y manicomios.

La desconfianza con respecto a la ciencia encontraba, en cuanto se tratase de una ciencia social incipiente, prejuicios no menos antiguos pero de otro origen: la desconfianza contra el fisco inquisidor, verificador. Cervantes se burla de las tentativas de análisis económico de su arbitrista, hechas a partir de un cálculo demográfico y con propósitos fiscales. Que esto resultaba a veces peligroso, quizá se encuentre un ejemplo entre los arbitrios que hemos consultado y que aclaran, sobre los orígenes de la guerra de Cataluña de 1640, un punto que sigue estando oscuro para los historiadores. Este arbitrio, el único en catalán que hemos encontrado, hace un cálculo de los «hogares» del Principado catalán, con la esperanza de demostrar la conveniencia de una transformación de la *bolla,* impuesto sobre los textiles propio del país catalán. El memorial cree poder afirmar que el crecimiento de la población es tal, desde los últimos «fogatges» (censos fiscales), que las casas ascienden a 200.000, de las que hay que eximir únicamente 50.000, por ser pobres. Se han preguntado siempre los historiadores[24] de dónde habría podido sacar Olivares la cifra de un millón de habitantes que atribuía indebidamente a Cataluña y que le incitó a sacar de esa provincia mucho más de lo que podía dar. A cinco personas por hogar, 200.000 hogares hacen un millón de personas. Este arbitrio aclara probablemente el enigma. Y en este caso, no dejaría de tener su importancia en el desencadenamiento de la

[23] Vicente Espinel, *Marcos de Obregón,* II, 3, en Valbuena, *La novela picaresca,* p. 986 b. En una obra tardía de Bances Cándamo, *El esclavo en grillos de oro,* asoma el arbitrista-alquimista.
[24] Soldevila, *Historia de Cataluña,* t. II, p. 289, nota 6.

secesión. Los escritores no erraban siempre al denunciar los peligros de los falsos cálculos, de las falsas precisiones, de la falsa ciencia de los arbitristas, en suma.

Pero, a juicio nuestro, Colmeiro, que planteó con razón e intentó resolver con finura el problema de las relaciones entre el vulgo, los discretos (es decir, los autores irónicos) y los políticos (autores de tratados políticos serios) se equivocó en definitiva de manera manifiesta. En su opinión, el vulgo estaba deslumbrado por los proyectos que trazaban los arbitristas, pero los autores discretos distinguían cuidadosamente entre arbitristas locos y poco honrados y analistas serios de la decadencia, y por último se podía trazar un límite estricto entre arbitristas y políticos, que se combatían[25].

Todo nos parece indicar por el contrario —y nuestros textos aportan pruebas numerosas— que el vulgo sentía aborrecimiento y desconfianza hacia los arbitrios y el «género de gente» que los inventaba y, además, que los autores en sus parodias se inspiraron directamente en el estilo de los Pérez de Herrera, de los Cellorigo, de los Lope de Deza, es decir, en los economistas más desinteresados y mejores de su generación. Por último, los dos «políticos» que Colmeiro cree poder oponer a la peste arbitrista son, el primero, un arbitrista perfectamente caracterizado que ataca a otro (hecho frecuente) y el segundo, un compilador tardío y vulgar, que piensa destacar su opinión al asimilar arbitrismo y demagogia[26].

[25] Colmeiro, *Historia de la Economía política,* t. II, pp. 588-591.
[26] El primero es un ataque muy preciso a un proyecto de asiento para la venta de bebidas alcohólicas a las Indias. En cuanto a fray Francisco Enríquez, dice en su *Conservación de Monarquías,* que los «medios» de tipo arbitrista son «tan suaves al gusto de la imperita muchedumbre y tan plausibles a la plebe» (primera parte, cap. VI, «Vanos arbitristas suelen ser causa de la destruycion de Monarquías»). El tratado es de 1648 y confiesa copiar sobre este particular el *Gobernador Christiano* del padre Mázquez, tantas

A mayor abundamiento, los arbitrios ridículos que cita Colmeiro para distinguir entre «buenos» y «malos» consejeros, muestran que él mismo se indigna sin razón o al menos en demasía: cerrar el estrecho de Gibraltar y hacer pagar un peaje no es tan extravagante y eso mismo se hacía en el Sund; el impuesto sobre los solteros como medio de fomentar la natalidad es una medida muy corriente hoy en día; hacer del cacao una moneda era la lección de una experiencia registrada en las Indias [27]. Incluso el plato único del arbitrista de Cervantes se ha aplicado en nuestros días [28]. Y Colmeiro, al asimilar el arbitrista a John Law, a Tomás Moro, a Robert Owen, muestra que él mismo cedió exactamente al mismo prejuicio que los autores del Siglo de Oro, es decir, partió de la condena de procedimientos fiscales onerosos o absurdos, de soluciones quiméricas a las dificultades financieras, e insensiblemente hizo entrar en el arbitrismo todo lo que era contrario a su propio «Weltanschauung» [29]. Lo que los autores de la sátira antiarbitrista acaban por ver en el adversario que combaten es, después del entrometido en el sentido social de la palabra —el hombre que sale de su «estado»—, el entrometido en el sentido espiritual del término, esto es, el que ataca el orden natural de las cosas; toda persona con imaginación es sopechosa de ser un innovador.

veces reeditado desde 1612 (en la ed. de Pamplona, 1615, véase pp. 93 y s.). Razonamientos idénticos se encuentran ya en una página del *Arte de los contratos* de Bartolomé de Albornoz, publicado en *1576,* mucho antes del famoso proyecto de expulsión de las Cortes de 1588.

[27] Colmeiro, *ibid.,* pp. 591-594.

[28] En su edición del *Coloquio de los Perros,* de Cervantes, G. de Amezúa lo recuerda con cierta gracia.

[29] No deja de ser interesante en que el capítulo dedicado a los arbitristas sea el último de la obra de Colmeiro. Parece apuntar a ciertas personalidades contemporáneas de él.

¿Innovación social o lucha contra la naturaleza? Uno de los puntos más oscuros de las relaciones entre pensamiento arbitrista, proyectos materiales y sátira literaria, está en el hecho de que las invenciones técnicas, las «grandes obras públicas», sean extremadamente raras en nuestros arbitrios verdaderos y relativamente frecuentes en las parodias literarias.

En particular, la idea de fecundar Castilla con el regadío gracias al Manzanares es un rasgo cómico explotado por Quevedo y Tirso. No hay más remedio que preguntarse si se trata de una alusión de actualidad a un proyecto preciso. Sería menester hacer investigaciones en la documentación de los Consejos. Pero puede ocurrir que los dos autores recogieran simplemente, dándoles una forma burlesca y aplicándolo al pobre Manzanares, la ilusión tradicional de transformar el secano en regadío. No hay que olvidar que la ciencia de regadío había quedado en gran parte en manos de los moriscos; y que para las grandes obras hidráulicas, Felipe II se había dirigido a flamencos cuando se trataba de avenamientos y a italianos cuando se quería canalizar y elevar el agua. Pero incluso el recurso a extranjeros que había dado resultado en el siglo XVI fracasó en el XVII «por falta de dinero», a menos que no fuera por violentas oposiciones de intereses. Todo esto debía suscitar discusiones ¿Aspecto superficial de una sátira fácil? ¿Oposición instintiva a la innovación? He aquí los dos móviles posibles que en esta discusión pusieron a los autores del lado de los escépticos contra los «hidráulicos». Es importante señalar que a finales del siglo XIX, a raíz de la crisis de 1898, va a surgir la misma discusión en España. Joaquín Costa publica entonces su famoso manifiesto sobre *Política hidráulica,* mientras que Unamuno, que Américo Castro sitúa en la tradición más auténticamente castellana, decía que la técnica era una cuestión que concernía a los extranjeros: «¡Que inventen ellos! » [30]. La relación es tanto más interesante cuanto que Costa era un incondicional de Lope de Deza al que convirtió en el gran precursor de una política agrícola y social a la vez comunitaria y racional [31].

Y en efecto, Lope de Deza escribía a propósito de los astrónomos y de las posibles previsiones que quitarían a los agricultores la preocupación de la sequía de abril lo siguiente: los astrónomos pueden prever,

> *como no se engañen en la cuenta o en los instru-*
> *mentos... porque como cada cosa se ha y aviene acerca*
> *de su ser, se ha y aviene acerca de su conocimiento, y*
> *siendo estos sucessos necessarios y ciertos, pueden ser*
> *también conocidos y pronosticados de cierto.*

Esta profesión de fe determinista y científica es desde luego bastante extraña a las corrientes habitualmente señaladas en la literatura del Siglo de Oro. Y en realidad caracteriza a todos aquellos que frente a la decadencia española intentaron analizar las causas y preparar remedios *racionales*. Aquí está quizá el verdadero sentido de la pugna entre arbitristas y románticos. Ya que Américo Castro tiene completa razón al clasificar a Quevedo entre los que hacían como que criticaban:

> *Pocos son los que hoy estudian algo por sí y por*
> *la razón, y deben a la experiencia alguna verdad;* que
> cautivos en las cosas naturales de la autoridad de los
> griegos o latinos, no nos preciamos sino de creer lo
> que dijeron; y así merecen los modernos nombres
> de creyentes como los antiguos de doctos [32].

---

[30] *La realidad histórica de España*, p. 588.
[31] En el *Colectivismo agrario en España*, Madrid, 1915, pp. 89 y s.
[32] *La realidad histórica*, p. 598: «Quevedo está incurso en la censura que formula.» La cita es de la *Cuna y la Sepultura*, 1634.

Si Quevedo hubiese leído atentamente a Lope de Deza, ¿se habría burlado de él y de sus semejantes? Sin embargo, tenía una excusa: Deza citaba a Séneca en páginas enteras... El racionalismo solo surgía penosamente de la tradición escolar. Pero ¿tanto deseo tenía Quevedo de verlo triunfar?

El temor a las novedades sociales en la agotada sociedad del siglo XVII español impidió que tuvieran eco y por ende que se plasmaran en realidades, los esfuerzos de aquellos que hubieran querido *renovar* intelectual y técnicamente una España que se encontraba en el límite extremo de sus fuerzas materiales pero también de su exaltación espiritual [33].

Ensayo de clasificación de las actitudes

En conclusión, y por lo que respecta a las circunstancias que condicionan la controversia del arbitrismo, conviene clasificar rápidamente algunas actitudes cuyos rasgos comunes no deben ocultarnos ciertas divergencias fundamentales. Además, la fecha de aparición de las diferentes imágenes, de las diferentes alusiones, no deja de influir en su contenido.

1. Una creación ambigua. Cervantes, 1604-1605

Creador de la figura del arbitrista, Cervantes fijó cierto número de rasgos importantes. Al hacer del arbitrista un pobre hombre que muere en el hospital, distinguió claramente su personaje de los autores de proyectos fiscales que amasaban una fortuna a expensas del pueblo; pero, por boca del barbero, mostró que el pueblo guardaba a tales

[33] Véase ahora la obra de J. A. Maravall, *Antiguos y modernos*, Madrid, 1966.

autores un tenaz rencor; cuando la voz de Berganza, arbitrista aficionado que sueña con modificar las malas costumbres, se convierte en ladrido, es la condena de la charlatanería reformadora e inútil; pero al advertir que «nadie escucha al pobre», Cervantes no nos dice si lo comprueba con resignación o con melancolía; es entonces don Quijote quien quiere hacerse escuchar del rey y toma un instante el estilo del arbitrista. El *loco-ingenioso* por excelencia solo es pues una forma exasperada, poetizada, del viejo de Valladolid. Y nadie podrá decir jamás qué es lo que Cervantes pensaba *exactamente* del arbitrista y del arbitrismo, puesto que no ha querido que se supiera exactamente lo que pensaba de su don Quijote.

Pero la imagen de Cervantes está bastante bien fechada: solo pudo nacer, como lo adivinó González de Amezúa, a raíz de las Cortes de 1604 celebradas en Valladolid, y a este respecto hemos aportado confirmaciones complementarias, mediante conexiones de textos. El arbitrismo de los analistas de la decadencia solo estaba entonces en sus comienzos.

2. El español ante la invención lucrativa. Liñán

En 1620, en sus *Avisos,* Liñán plantea un problema que puede parecer un poco diferente pero que penetra de modo muy profundo en el meollo de las relaciones entre espíritu y materia con motivo de la decadencia española.

En apariencia y grosso modo, el razonamiento es el siguiente: el labrador comete un error al mezclarse en lo que no le incumbe —una invención mecánica— ya que pierde en ello trescientos ducados y la razón; es una locura esperar ganar dos mil ducados en dos años prestando trescientos. Todo esto parece una buena moral, una perfecta aplicación de la condena del préstamo con interés, una perfecta ignorancia de lo que puede ser la «empresa» en el sentido capitalista de la palabra. Pero leamos mejor a Liñán:

> Tenía de costa, a lo que él decía, la fábrica trescientos ducados, no se hallaba con ellos, ni quien se los prestase, porque ya en el mundo que corre, el ingenio más agudo y sútil no es buena fianza para la seguridad de un real castellano, y mejor se presta sobre una prenda que sobre un entendimiento...

Basta esta frase para que el sentido aparente de la moraleja se vea desplazado. El sencillo labrador ha cometido un error, sin duda, pero es la sociedad —y el momento— quienes cometen más errores que él. Puesto que la especulación no sabe escoger entre lo que tiene verdadero valor, a saber, el ingenio del hombre, y unas pobres garantías sobre prendas improductivas. En la aldea, igualmente, son los vecinos ignorantes, el señor impaciente, quienes obligan al labrador a renunciar a la experiencia. Este no ha actuado con discreción, porque no ha medido las posibilidades del momento. Pero no es ni el genio innovador ni el espíritu de empresa lo que se condenan. Simplemente, se comprueba que el momento, en España, no les es favorable. El «ingeniero», hombre del futuro es tan anacrónico como don Quijote, hombre del pasado.

3. La comprensión irónica. 1625-1635

Inmediatamente después de la floración de arbitrios más abundantes —en torno a las Cortes de 1619-1620— dos grandes comediógrafos, entre ellos Alarcón, llevan a la escena a un arbitrista identificándolo con el gracioso de una de sus comedias.

El género mismo de su literatura y sus afinidades hacen que los rasgos cómicos prevalezcan aquí sobre cualquier elemento trágico (lo trágico en cambio no está ausente ni en Cervantes ni en Liñán).

¿Pero puede decirse que el arbitrista resulte maltratado y descalificado por el papel de bufón que se le hace jugar?

Más inclinado hacia Minerva que hacia Marte, aspirando a ser un Solón, el «gracioso» Zaratán aparece aquí para recitar arbitrios; los que expone están exactamente copiados, como hemos visto, de las quejas habituales en los reformadores; como en estos, las protestas sociales más serias se mezclan con las proposiciones fiscales más ridículamente anodinas. Al burlarse de su estilo, de su desorden, Alarcón suma su voz, en definitiva, a la de ellos. Y lo mismo ocurre con el autor de la *Paloma de Toledo,* que se contenta con esbozar, preludiándola con gracia, la gran controversia posterior entre mercantilistas y fisiócratas, para terminar exponiendo él también, por boca de Galván, algunos arbitrios contra las pretensiones de las coquetas y de los nuevos ricos.

Examinemos sin embargo la orgullosa definición que da da sí mismo el «gracioso» Galván ante el rey:

> Pobre soy y rico fuí
> ....
> A Castilla miré atenta
> por amor y por codicia
> leyes dando a tu justicia,
> arbitrios dando a tu renta.

El tono de esta definición del arbitrista dista de las superficiales imágenes de los autores de segunda fila. Castillo Solórzano es un buen ejemplo de estos últimos: en la *Niña de los embustes* ha copiado el cuento de Liñán y su inventor es solo un estafador; en el *Casamentero* copió a Cervantes, y su personaje es solo un vulgar candidato al manicomio.

Este contraste tranquiliza en el fondo. Los grandes espíritus, como Alarcón, no han podido mantenerse totalmente ajenos al carácter ambiguo del arbitrista: locura pero ingenio verdadero, codicia pero amor a la cosa pública.

4. La exclusión. Quevedo y los políticos. 1635-1645

La primera intervención de Quevedo contra el arbitrista era anodina. Apuntaba más al «loco repúblico» que quiere salvar al Estado mediante extravagantes proyectos técnico-estratégicos que al odiado consejero fiscal. Un simple pícaro más, sin malicia particular.

Pero he aquí que en 1634 aparece la traducción de los *Ragguagli* de Boccalini. Corresponde a un profundo cambio en la orientación de las mentes. De nuevo la cuestión monetaria y la fiscal adquieren caracteres dramáticos. La sentencia de Apolo contra los destructores de los grandes reinos tiene un éxito evidente.

Ahora bien, en 1633 circula *La hora de todos* y es entonces cuando se elabora la segunda parte de la *Política de Dios* [34].

A la clamorosa maldición contra los arbitristas de la primera de esas dos obras, hay ahora que agregar el testimonio, que todavía no habíamos citado, de la segunda.

La cólera de Quevedo crecía desde largo tiempo ha: en 1629, en el *Lince de Italia*, escribía ya:

No doy a V. M. arbitrio, ni usurpo magisterio descomedido, donde tenéis un ministro como el Con-

[34]   Hoy se ha de consultar la edición de J. O. Crosby, Madrid, 1966. Amén de las condenas citadas de Albornoz, Márquez y F. Enríquez, habría que recordar el muy mediocre «Dogma» IX del tratado de Núñez de Castro (la primera ed. de 1658), *Solo Madrid es Corte,* titulado «Contra los Arbitristas» (fol. 56).

de-Duque y los demás que en vuestro consejo os sirven. Está siempre reportándome el entretenimiento de los arbitrios, con el mal olor de su sepultura, aquél de quien refiere Mateo Tympio en su «Espejo del buen magistrado», que en Lutecia se enterró un arbitrista, en los albañales públicos de la ciudad, para ser asqueroso recuerdo y escarmiento hediondo de los que en esto se ocupan y a esto se arrojan [35].

Pero todavía se podría creer, por el estilo del panfleto, en una imitación de los italianos y en cierto convencionalismo.

Con la *Política de Dios,* que no es ni panfleto ni «fantasía moral» como *La hora,* sino un tratado serio, desaparecen las anécdotas copiadas y los fantoches fabricados. Inopinadamente, Quevedo, en su odio al arbitrista, busca la ayuda de las Sagradas Escrituras, esta ley sin apelación que por una extraña lógica formal va a invocarse contra el enemigo.

Al comienzo, una observación que en cualquier otro lugar sería de poco peso.

He reparado que el Sagrado Evangelista llama a Judas ladrón y robador; y no se lee en todo el Testamento Nuevo que hurtase nada, y esto dijo dél, en la ocasión del ungüento de la Magdalena, donde no huntó cosa alguna. Señor, en esta ocasión del ungüento, ya que Judas no hurtó el ungüento, *se metió a arbitrista.* Y en todos los cuatro Evangelios, no se lee otro arbitrio, ni que escriba o fariseo tuviese desvergüenza de dar a Cristo Jesús *arbitrio.* Que Judas fue *arbitrista,* y que el suyo fue *arbitrio,* ya se ve; pues sus palabras fueron: que se podía vender el ungüento, y darse a los pobres.

[35]   *Obras, Prosa,* ed. Astrana, p. 639.

268

El «ya se ve» hace sonreír, pues el autor ha debido apelar a todos los recursos de su ingenio para levantar la armazón de un razonamiento que tenga al menos apariencias lógicas. Es una especie de adivinanza.

Resta averiguar *si el arbitrista es ladrón.* No sólo es ladrón, sino robador. *Por eso,* no se contentó el texto sagrado con llamarlo «*fur*», sino juntamente «*latro*»; fur erat et latro. Era «robador» y «ladrón». Sólo el arbitrista roba a toda la república y en ella uno por uno a todos.

Bajo la aparente frialdad del «tratado», surge el sofisma apasionado. Judas es un ladrón; ahora bien, Judas ha hecho un arbitrio; entonces ¿arbitrio equivale a robo? Pues no. Judas es arbitrista; por lo tanto, el arbitrista es un ladrón; ya que Judas es ladrón. Y esto para preparar el sofisma mismo:

Tránsito: es para traidor arbitrista; y no hay traición sin arbitrio.

Judas le dió para vender a Cristo y para entregarle: *arbitrio fue la venta.* No le faltó a Judas el entretenimiento tan propio de los *arbitristas* pues sólo él metía la mano en el plato con su señor. Al que dan el arbitrio, le quitan lo que come. Estos, Señor, no sacan la mano del plato de su Príncipe: quien quisiere conocerlos, búsquelos en su plato, que hallará su mano entregada en su alimento. En toda la vida de Cristo no se hace mención de Judas *sino en arbitrio y traición.* Y debe ponderarse que sólo en el huerto le hizo caricias, besó a Cristo y le saludó, llamándole «rabbi, maestro». *Mucho deben temerse aquellos ministros que son arbitristas,* y meten la mano en el plato de su señor y sólo le saludan y agasajan y besan en el huerto [36].

Aquí hemos rebasado la sátira e incluso la injuria. Se trata de la peor de las maldiciones contra el «perverso linaje». Ya no es Apolo quien habla o el rey de una isla imaginaria de Dinamarca. Es Jesucristo en persona. El momento tiene que ser por lo tanto grave. Quevedo, en el tormento de su ardiente vida política, se encuentra en la oposición violenta. Ya no arremete contra desgraciados pícaros que hablan de política a lo largo de los caminos. Se dirige a los ministros, a los más altos, a los que «meten la mano en el plato del rey». El significado de arbitrista ha cambiado completamente; se ha convertido en lo que era en su origen, es decir, en la palabra que designa la alta política, las altas finanzas, y sin duda las alusiones son personales y directas [37].

Sin embargo, esas maldiciones conservan un sentido doctrinal, un significado espiritual, que tiene interés para un enfrentamiento que rebasa la simple actualidad.

Judas es *arbitrista* porque propuso que se *diera preferencia al pan de los pobres sobre el ungüento de su Señor:* es pues un cierto tipo de reformador, a saber, el que prefiere el bien *material de los súbditos* a la *grandeza del rey.* Y esto es algo que se aplica a la inmensa mayoría de los arbitristas economistas y razonables.

En *La hora de todos,* el razonamiento era exactamente el mismo: los arbitristas, para sofocar el fuego en el palacio, lanzaban por la ventana las joyas, la «recámara» (y se recor-

---

[36] *Ibid.,* pp. 445 y 446, y ed. Crosby, p. 182. Los subrayados son nuestros.

[37] La violencia anti-arbitrista puede explicarse por el intento de acercamiento y colaboración entre el Conde Duque y Quevedo. (Véase nuestro artículo ya mencionado «Formes et tendances...» sobre Lisón y Viedma y Quevedo, *El Chitón de las Tarabillas* y *El Tapaboca que azotan.)*

dará que esta alusión podría dirigirse directamente a Murcia de la Llana). Véase cómo concluía la diatriba final del rey:

> Los príncipes pueden ser pobres; mas en tratando con arbitristas para dejar de ser pobres, dejan de ser príncipes.

Los dos grandes pecados son: el economismo —las triviales soluciones materiales aconsejadas al rey; y el olvido por el rey de su dignidad real; la isla de *La hora de todos,* hormiguero de arbitristas, es una corte de un rey Pétaud * democrático; ¡tanto peor para el rey!

Quevedo se inscribe en la línea de los panfletistas antipopulares (y el mismo tiempo demagógicos, ya que identifica reformadores y ladrones).

Todo esto se escribe alrededor de 1640, en el momento en que se quiebra no solo la potencia española en sus lejanos dominios, sino también la propia unidad peninsular, cuando la crisis monetaria pasa por su fase más aguda. La desesperación se dirige contra los responsables y los hombres más próximos al rey son implícitamente acusados de traición. La palabra Judas viene de modo natural a la boca. Que se le agregue la palabra arbitrista, es lo que aquí nos interesa.

En 1644, en Rouen, con la firma de un converso portugués de origen castellano, exiliado a raíz de una intriga cortesana según Menéndez Pelayo [38], aparecía en español *El siglo pitagórico y Vida de don Gregorio Guadaña,* del que

---

* Rey que designaban antiguamente los mendigos en Francia y que carecía de toda autoridad sobre sus «súbditos». *(N. del T.)*

[38] V. Valbuena, *La novela picaresca,* Introducción, pp. LXVIII-LXIX, Menéndez Pelayo, *Heterodoxos,* t. V, pp. 309-316; I. S. Révah, «Un pamphlet contre l'Inquisition d'Antonio Enríquez Gómez: la Seconde Partie de la *Politica Angelica* (Rouen, 1647)», *Revue des Etudes Juives,* 4, I (CXXI), 1-2, 1962.

se ha reeditado más de una vez, en forma de novela picaresca, la «Transmigración V» («Vida de don Gregorio Guadaña»). Ahora bien, la «Transmigración XI», más olvidada, es una discusión entre el arbitrista y su alma, lo que merece evidentemente que la citemos aquí. La relación con Quevedo es notable —y también con Boccalini, al que se cita—, y con Mateo Tympio, por último, fuente de Quevedo (que no hemos podido identificar, pero cuya anécdota se puede reconocer de pasada). El panfleto es algo pesado. El arbitrista es peor que Judas; es Satanás en persona; daba arbitrios a la naturaleza antes de nacer; su madre murió de ello; él morirá por haber dado un arbitrio a su médico sobre una sangría. Arbitrio es por lo tanto «aviso», «consejo», «astuto remedio que se sugiere»: pero las ocho largas páginas no dejan ninguna duda; se trata solamente del gran aprovechado de la máquina fiscal, del «asentista» que se reembolsa sus préstamos en forma de gravámenes sobre el contribuyente, del arrendador de los impuestos muy concretamente. Si pasa la noche en vela, como todo arbitrista que se respete, es con beneficio; vive en grande, tutea a las Altezas, arruina los reinos, se burla del Purgatorio, está al borde de todas las herejías y pretende que si esquilma al pueblo es por su bien. Una décima da fin a la descripción: el hombre no es ni Ganelón ni Bellidodolfos, ni Tiberio, ni Nerón, ni Calígula, ni Julián el Apóstata, ni varios más. Es Arbitrista [39]. Pese a todo lo que puede separar el intolerante caballero de Santiago y el exiliado hijo de conversos españoles, Antonio Enríquez Gómez, autor de estas líneas se confiesa como gran admirador del panfletario Quevedo [40]. Marca, con este, el momento de tensión máxima de la opinión pública contra la exacción fiscal y el hundimiento monetario. Los arbitristas

[39] Véase *Apéndice* IV, pp. 315 y ss.
[40] I. S. Révah, *art. cit.,* p. 88.

son los chivos expiatorios de un período de desesperación. Ya no cabe reconocer en ellos a los pobres diablos del *Coloquio de los perros* y del *Buscón*.

5. La razón y el desdén: Saavedra Fajardo y Gracián. 1640-1653

Incluso en la cima de la crisis, había hombres que conservaron su sangre fría; otros, a mediados del siglo, se refugiaron en un desdeñoso sentimiento de superioridad intelectual.

En las *Empresas* de Saavedra Fajardo, el autor *(Empresa XLVI)* aborda el problema del arbitrismo [41]. El frontispicio del capítulo —el «emblema»— es el remo deformado por la refracción del agua. *Fallimur opinione.* El hombre está equivocado por su propia opinión y por la opinión de los demás. El Príncipe solo ve un reflejo deformado de las realidades. Interesados o desinteresados, casi siempre peligrosos, los cortesanos, solo pueden engañarlo. Entre aquellos que desempeñan ese papel peligroso, Saavedra Fajardo sitúa, aunque en último plano, a los arbitristas.

> No es menester menos diligencia y atención para averiguar, antes que el príncipe se empeñe, la verdad de los arbitrios y medios propuestos *sobre sacar dineros de los reynos* o *mejorar el govierno, y sobre otros negocios* pertenecientes a la paz y a la guerra...

Se ve que la noción de arbitrio está con razón muy difundida.

> Porque suelen tener por fin intereses particulares y no siempre corresponden los efectos a lo que imaginamos y presuponemos.

[41] *Obras,* ed. González Palencia, 1946, p. 382.

La diferencia entre los consejos interesados y el desinteresado mal orientado se juzga aquí con sangre fría y entendimiento:

> *El ingenio suele aprobar los arbitrios y la experiencia los reprueba.* Despreciallos sería imprudencia porque uno que sale acertado recompensa la vanidad de los demás. *No gozara la España del Imperio de un nuevo orbe si los Reyes Católicos no hubiesen dado crédito (como lo hicieron otros príncipes) a Colón.*

Las reglas de la elección son no comprometerse a la ligera, juzgar la calidad, la competencia, los posibles intereses del arbitrista, los resultados que se quieren alcanzar y las posibilidades de ejecución.

Saavedra coincide con las demandas de juntas competentes y especializadas cuya reunión piden los arbitristas más razonables. Pero después de todo, ¿no es *él mismo* arbitrista, al menos en el sentido en el que los autores más escépticos habían entendido esa palabra? En efecto, el 21 de marzo de 1631, había propuesto a la municipalidad de Murcia un sistema de canalización del Segura, imitando a los «navíos» que regularizaban en el Poo la circulación fluvial. Las razones que da son las siguientes:

> Esta atención en mí es debida por ser en beneficio de mi patria, como a V. S. la obligación de no despreciar ninguna diligencia que pueda engrandecella, animándose contra las dificultades que se ofrecerán, pues sin ellas, ¿qué cosa grande tuvo efecto? [42]

El escritor español que se suele dar prototipo del «político» se sitúa, pues, en los antípodas del antiarbitrismo sistemático. Es él quien tiene el valor de reconocer que si existe un prototipo de arbitrista, su nombre es Cristóbal

[42] *Ibid.,* p. 32.

Colón. ¿Dónde quedan las afirmaciones de Colmeiro sobre la contradicción y la pugna entre las nociones de político y arbitrista?

Es cierto que habría podido invocar a Gracián. ¿Pero es esto seguro?

Este autor presenta también el mundo de los cortesanos con mayor dureza que Saavedra Fajardo. Y cuando llega a nuestro tema:

> Vete a unos desdichados arbitristas, inventores de felicidades ajenas, trazando de hazer Cresos a los otros cuando ellos son unos Iros, discurriendo trazas para que los otros coman, quando ellos más ayunan, todo embeleço, devaneo de cabeza, necedad y quimera.
>
> Vete a unos caprichosos políticos, amigos de peligrosas novedades, inventores de sutilezas mal fundadas, trastornándolo todo, no sólo no adquiriendo de nuevo, ni conservando de viejo, pero perdiendo cuanto hay, dando al traste con un mundo y aun con dos, todo perdición y quimera [43].

Aquí no se plantea tanto el problema de llamar arbitristas a los arrendadores de rentas y a los financieros internacionales, «destructores de reinos», como de distinguir cuidadosamente entre arbitristas y políticos, tratados por igual de soñadores quiméricos. Los primeros son los más desdeñados socialmente, los segundos intelectualmente. La pasión de Quevedo en la defensa de su concepción estática, y puramente espiritual de la sociedad y la monarquía, se ve aquí sustituida por una defensa aristocrática y desdeñosa. Sin duda, el hombre que ayuna por pobreza no es un héroe a los ojos de Gracián; ¡que siga por lo tanto en su «estado»! [44]

---

[43] *Criticón,* ed. Romera, t. III, p. 85.
[44] En pancritismo gracianesco no debe hacer olvidar que el je-

No obstante, si se piensa en ello, quizá resulte que Gracián haya dado sin querer una definición del arbitrista (de buena intención) más hermosa todavía que la de Lope:

> discurriendo trazas para que los otros coman, quando ellos más ayunan.

Un solo autor, que es cronológicamente el más moderno de los que hemos podido consultar, adopta una actitud de verdadera comprensión. Esta actitud obedece, como veremos, a razones puramente subjetivas.

El caso Camerino: literatura, política y arbitrismo

1. La aventura literaria

Gracias a un antiguo estudio del erudito italiano Ezio Levi, podemos estudiar al final de nuestro trabajo el *texto y el autor* que quizá le aporten su mayor justificación [45]. Lo que Levi llama «*una delle piu straordinarie e pittoresche avventure della storia della novella spagnola*» merece ser reconstituido, minuciosamente, de fecha en fecha, de documento en documento. Cronología inversa por lo demás, que debe partir de la reacción del lector que, en 1655, comenzase a leer:

«*LA DAMA beata*» *COMPUESTA por Joseph Camerino, Procurador de los Reales Consejos, Notario, y Secreta-*

suita aragonés figura entre los clásicos de la literatura política con su breve y célebre tratado sobre Fernando el Católico. V. A. Ferrari, *Fernando el Católico en Baltasar Gracián*, Madrid, 1941.

[45] Ezio Levi, «Un episodio sconosciuto nella storia della novella spagnuola», *Boletín de la Acad. Española*, t. XXI, cuad. CV, dic. 1934, pp. 687-736.

rio de Breves y Comisiones Apostólicas en el Tribunal de la Nunciatura de su Santidad [46].

Si ese lector tuviera buena memoria, recordaría otra serie de novelas que este autor italiano de lengua española lanzó al mundo de las letras madrileñas en 1623, con el prestigioso apoyo de Lope de Vega, Luis Vélez de Guevara, Alarcón y Guillén de Castro [47]. En los treinta años que separan las *Novelas Amorosas* y *La Dama Beata,* Camerino solo imprimirá un opúsculo bastante curioso, una especie de glosa o ensayo político sobre la frase ya hecha que se utiliza en España para demostrar la buena fe. Y también en este caso, Lope de Vega, Guillén de Castro, López de Zárate y Montalbán prestaron al autor el apoyo de algunos elogios en verso [48].

A primera vista parece que *La Dama Beata* reúne los rasgos más característicos de la corriente literaria de segundo orden que un día analizara Amezúa con el nombre de «novela cortesana» [49]. Camerino tiene la habilidad de rendir en su obra homenaje a la maestra del género, la ilustre Doña María de Zayas [50]. Su heroína, a diferencia de las criaturas de Zayas, orienta precisamente la primera *disputa* que tiene con sus admiradores (un Capitán y un Estudiante) hacia «la obligación que tienen las mujeres principales de mirar por su crédito». Todo lo más, nos sorprende un poco que Luzinda se lance a una «digresión» apasionada «en materia

[46] Madrid, Bib. Nac.: R. 2227 y R. 5801. En este último ejemplar muy destrozado, no se puede leer la fecha que figura en la portada.
[47] *Novelas amorosas,* Madrid, 1623 (hay una reed. moderna en «Selecciones Bibliófilas», Barcelona, 1955).
[48] *Discurso Político sobre estas palabras* «A fee de hombre de bien», en Madrid, en la Imprenta Real, 1631, fol., B.N.M., R. II.602.
[49] «Formación y elementos de la novela cortesana» (1929), reed. in *Opúsculos Literarios,* t. I, pp. 194 y s.
[50] ... «la Monja Alferez y la entendida Zayas son testigos en nuestra España de que se huvieran alzado con la Deidad», *Dama Beata,* p. 156.

de govierno», donde trata de la libertad de expresión, de las «mudanças de estado», de la ruina de los Estados y de los tres modos de gobierno (pp. 12-13)[51].

Esta inclinación de la joven beata nos permite quizá aceptar con más naturalidad la extraordinaria escena que se desarrolla al principio de la última de las seis *visitas* que componen la obra. Su amiga Doña Leonor encuentra a Luzinda «triste y melancólica mal echada en su estrado» (página 113). Se trata quizá de la primera (y casi única) escena de sentimentalismo político en la historia de la literatura española...

Los temores de «que se pierda con Rey bueno el Reyno», explica Luzinda, «penetran más adentro las ansias de mi afligido corazón...» ... «Quisiera se usaran Amaçonas, por volver por mi Patria, mi Dueño y mi Rey» (p. 114). (En las mismas circunstancias, Don Quijote movilizaba su ejército de caballeros errantes, y el veterano de Lope «un escuadrón de arbitristas».)...

Pero he aquí que aparece el Estudiante: trae consigo «el universal remedio», algo que vale más que «la más poderosa flota»... «(de) quantas han venido desde que se descubrieron las Indias» (p. 115). Y al indulgente lector de nuestro trabajo no le sorprenderá, como tampoco sorprendería al lector español de 1655 —ni siquiera sorprende a las «discretas» interlocutoras del Estudiante, «viendo ser burla»— el gesto del joven que saca un papel y lee:

> Arbitrio para quitar
> Contra la humana costumbre
> Deudas, pechos, pesadumbre
> Sin daño particular.

[51] Citamos la obra según la paginación de B.N.M. R-2227.

Sin embargo, si se lee atentamente el largo *romance* que viene a continuación (que constituye aparentemente un nuevo caso de *arbitrio burlesco*) se percibe algo raro. Por ejemplo se ataca directamente a los genoveses:

> Vuestra Magestad desea
> Sacar su real pie del lodo,
> Salir de toda trapaça?
> Ginovesemos un poco.
> Vienen estos a la Corte
> De quadrado, o de redondo
> Con sólo papel y tinta;
> ....
> Se contenta(n) de ganar
> Cierto por cierto el mas bono.
> ....

El principio mismo de la traza expuesta es muy complejo: el Rey debe reembolsar la renta de los juros no en especie, sino en *papel,* garantizado por su efigie, de curso forzoso. La emisión prevista permitirá suprimir la mala moneda. Es una cuestión de audacia:

> Llevadlos, y no temáis
> Murmuraciones del momo.

El autor del Romance que lee el estudiante concluye de esta forma amarga:

> Y si cave en mi desgracia
> No estimarlo, os lo perdono.
> Que de hallarme en Arbitrista
> Os juro a fe, que me corro.   (pp. 116-132)

En el momento en que íbamos a llegar a la conclusión de que se trataba de un típico caso de *sátira ambigua* (de la que el arbitrio paródico es tan pronto el objeto como el vehículo), el Estudiante invita al lector a modificar su impresión, a reconsiderar el artificio del estilo, y a olvidar «lo delgado del arbitrio» en favor del «*principal intento del Poeta*». Es el momento en que se «hazen graves las burlas». El Poeta-arbitrista, dice su amigo, «ha llegado a la mayor altura, obligado a verdades el actor, que por explicarse a vista del Sol de España y del Orbe todo, le vi declarar el assunto desta forma»:

> La continua batalla que dentro de mi mismo tienen el amor que devo por vassallo, y por obligado el agradecimiento, queriendo cada uno ostentarse mayor en el servicio de Vuestra Majestad, han movido a lástima al entendimiento...............fatigándose con el discurso halló el medio que propongo a Vuestra Majestad, para el remedio de las necesidades en que se veen por los forçosos gastos Vuestra Majestad y sus Reynos... (p. 134).

El lector enterado ya no sabe dónde está la intención paródica. El efecto del cambio de estilo —el paso a la seriedad— se mantiene cuando Luzinda, para entablar la discusión, hace de abogada del diablo «vestida de ajeno sentir». Aun cuando en el fondo le seduce la «venturosa osadía» del proyecto, opone, tal un «consejero» nombrado por el rey para el examen de un arbitrio auténtico, las «dudas» tradicionales sobre la «novedad», la «justicia», la «conveniencia» y las dificultades previsibles de la «execución» del sistema (páginas 136 a 146). La dama parece estar bien informada de la doctrina más oficial sobre el arbitrismo, puesto que recoge de políticos de segunda fila como fray Francisco Enríquez el mismo *exemplum* antiguo de castigo que los habitantes de la antigua Lócrida destinaban a las «perniciosas introducciones» de «tanto arbitrista» (p. 137)[52]. Su requisitoria termina rechazando «esta gran quimera», sin pretender, desde luego, convencer a su autor, pues

> no es posible el persuadir a ningún Arbitrista que lo propuesto por ellos no es lo seguro, infalible y mejor, de quanto se ha inuentado, y viue tan firme cada uno en su parecer que sabrá perder la vida, por no mudarse... (p. 147).

Después de un agradable intermedio musical, durante el cual el Estudiante *insiste* en «el ingenio de mi Arbitrista» (p. 152), llega la defensa del proyecto. Ante la abundancia tal de impuestos, «que es necesario para no olvidar sus nombres formar un vocabulario», la investigación técnica de «un substituto del dinero» merecería un examen de las Cortes (p. 166). Son los acaparadores genoveses los que merecerían llevar al cuello la soga que los locrenses ponían a los autores de proyectos para colgarlos más rápidamente si fracasaban. No cabe subrayar mejor la necesidad de distinguir entre el arbitrista patriota y el asentista interesado. El Estudiante desea que ante una situación excepcional se tomen medidas excepcionales; frente a la plaga monetaria, al «material apestado» que es el vellón, hay que examinar las «causas que obligan à las mudanzas».

Convencida, Luzinda se revuelve contra la indiferencia de los ministros, y sugiere un ensayo limitado a cien maravedíes por tomador, para que por lo menos «la plebe» se beneficie de las ventajas prometidas (pp. 185-186). Pero al final el joven paje interviene en la discusión técnica, y todos

> riyeron la gracia del rapaz, y confesaron que todo era burla desde su principio el arbitrio, *o que,* pues

[52] La anécdota viene de Juan Estobeo (F. Enríquez, *Conservación,* «Sobre los arbitristas», fol. 27 v., 28 r.).

hallava lo más dificultoso de remediar la inocencia, *que obraua sin duda misteriosamente Dios en ello* (p. 190).

Cerremos el libro y recapitulemos (¡con la esperanza de que el lector no se haya visto definitivamente desnortado por la introducción inmediata de dos sonetos, de un romance burlesco compuesto en términos financieros, y de endechas «que hizo una Dama a su galán que gastó en comprarle fruta un quarto más de lo que valía después de la primera baxa de ellos en el Reinado de nuestro Felipe IV»!)

En definitiva, el juego literario tradicional entre burlas y veras se ha realizado o *utilizado* tan bien que el lector no sabe si tiene a la vista *un nuevo ejemplo de sátira antiarbitrista,* o *la exposición camuflada de un arbitrio real,* radical, audaz y, claro está, inspirado por Dios.

2. La aventura histórica

Quizá guiado por esta misma impresión, Ezio Levi tuvo la idea de comparar este extraño relato con un documento que se conserva en la Biblioteca Nacional de Madrid, que es la «escritura otorgada» por la que se funda en la Corte, el 24 de febrero de 1647, el banco llamado «Compañía de Jesús María Joseph del Desempeño».

En la «escritura» se narra la historia de esta empresa.

A principios de 1646, el Procurador en Cortes de la villa de Murcia, Francisco de Riquelme Rocamora, se interesa por un arbitrio impreso que su autor, Joseph Camerino, ha presentado ya a numerosos expertos. El documento empieza así:

Qualquiera que respire con el ayre de Castilla tiene precisa obligación de pagar el beneficio de la vida que por el se le comunica y conserva, causa y disculpa para

282

un particular que como yo al presente, se introduxere en lo público. El no publicar lo que se ha hallado provechoso para todos es enemistad del linaje humano, que solamente cabe en las fieras, sino el mas cruel lance de la codicia, en manifiesto Robo, guardando para si mismo lo que Dios da para todos, haziendose estanque, quando el mismo se eligió para arroyo que corriese al común beneficio. Esto pues me alienta, no la esperanza del premio, en dar parte a V. S. de un medio que me ha hecho pensar Dios para el universal Remedio... [53]

Modestia disfrazada unida a una ambición delirante, humildad del último de los ciudadanos y al mismo tiempo convencimiento de ser el elegido de Dios. El arbitrista Camerino asume perfectamente los rasgos *reales y literarios* de su propio personaje de novela: hubiese encantado a Unamuno, sin duda. La coincidencia es total en la redacción del pagaré (o cheque en el que se base todo el sistema), ¡que prácticamente es *la misma* en el arbitrio impreso de Camerino, en la escritura de fundación de su Santa Compañía, en el romance burlesco de *La Dama Beata* y en el relato en prosa, medio en serio medio en broma, que le sigue!

Seducido por una propuesta que permitiría reducir a la vez los censos, la mala moneda y el poder de los genoveses, el Procurador Riquelme la comunica a sus mandantes del Ayuntamiento de Murcia; los ediles someten a su vez el documento a los exámenes normales; Riquelme, desde Madrid, contesta o hace contestar a sus «dudas», y por acuerdo de 24 de mayo de 1646, la municipalidad levantina decide enviar comisionarios para apoyar el proyecto ante el Rey, el Presidente Chumacero y las Cortes. Se supeditará a la acep-

---

[53] Bib. Nac. de Madrid, ms. 18, 722 [12], fol. 2 v. El documento recoge todos los antecedentes de la negociación.

tación de ese proyecto el aprobar la reconducción de los «millones», y la compra obligatoria de los *juros* a que las finanzas reales en situación desesperada someten a las ciudades se efectuará mediante el sistema Camerino. Lo extraordinario es que el Consejo acoge favorablemente la consulta que se le hace, de suerte que Felipe IV no tiene más que ratificar su acuerdo por Real Provisión de 13 de agosto, de la cual Camerino recibe inmediatamente una copia.

Paradójicamente, son las Cortes las que van a dar muestras de inercia después de estos primeros pasos cuya rapidez, para la época, sorprende. ¿Temor tradicional a un nuevo impuesto disfrazado? ¿Desconfianza hacia la nacionalidad de origen del inventor? ¿Mala prensa de todo arbitrismo en un medio que, también por tradición, es su primer cliente y su primera víctima? Lo cierto es que Camerino cuando presenta su proyecto impreso a los procuradores el 6 de noviembre de 1646, adjunta un patético «último aviso», cuyos términos se hallan ya impregnados de un sentimiento de fracaso.

> Vltimo Aviso de Joseph Camerino:
> Procurador de los Reales Consejos, para la execución de su primera proposición, que da humilde al Reyno junto en Cortes, para el eliuio común, expuesto por los logros del afecto, al dessayre que se premiere al talento, si se despreciare por inutil [54].

La documentación que se tiene sobre las Cortes de 1646 (donde no aparecen ya con detalles los debates), no nos permite conocer la acogida que se dispensó a este aviso. Si

---

[54] *Ibid.,* R. Varios, 60-8, impr. Le acompaña (60-7) el memorial, también impreso «Qualquiera que respire»..., con la mención manuscrita y autógrafa: «Josef Camerino Procurador de los Consejos diole al Reino junto en Cortes en 6 de nve de 646 anos». Una mano anónima ha añadido: «no sirben» (estos arbitrios)...

Murcia se había dejado seducir por la gran aventura del papel, quizá las otras municipalidades dudaran.

El buen público madrileño no debió enterarse de esta desconfianza, pues tres meses después, el 24 de febrero de 1647, cerca de 120 accionistas, entre ellos Riquelme, Camerino (llamado «El Author») e incluso el escribano ante el que se otorga la escritura, se comprometen a intentar la experiencia de la Compañía de Jesús María Joseph del Desempeño. La personalidad de los fundadores, las características de los estatutos, donde se mezclan un realismo modesto, un patriotismo sincero y una profunda devoción, merecen ser analizadas en otro lugar.

Lo que ahora nos interesa es explicar las coincidencias textuales entre un extraño episodio de una novela publicada en 1655 y la fundación de un banco en 1647, y para ello nos encontramos en un callejón sin salida, habida cuenta de la documentación disponible.

Por un lado, poco después de su fundación, deja de hablarse de la Compañía del «papel de decreto». Ezio Levi supone que cae víctima del gran reajuste de septiembre de 1647, cuando el monopolio bancario pasa a manos de cuatro de los más importantes negociantes genoveses. Esto explicaría el odio de Camerino hacia los asentistas, pero desgraciadamente no ha podido ser confirmado por los archivos de Estado. Quizá habría que investigar los rastros de su fracaso a nivel municipal, en Madrid o en Murcia.

Por otro lado, tampoco resulta posible determinar la fecha en que es escribió el episodio literario. *La Dama Beata* se publica en 1655, la fecha de la dedicatoria de Camerino es de febrero de 1654 y la *Tassa* lleva la fecha del 5 de diciembre. En cambio, las diversas aprobaciones y la licencia se redactaron entre marzo y junio de *1645,* así como el privilegio. Como este intervalo de diez años no separa una primera y una segunda edición, se tendría más bien la impresión de que Camerino decidió aplazar la de su novela en el momento mismo en que su proyecto bancario comienza a interesar seriamente a los medios especializados de la Corte.

De ser así, ¿en qué momento concibió el episodio del arbitrista ridículo?

Quizá ya en 1644, para tantear el terreno, utilizando con tal destreza todos los tópicos de la sátira literaria que el lector se ve obligado a ir al fondo del problema, cuya apariencia cómica serviría en cierto modo de vehículo publicitario.

Ninguna de las aprobaciones del libro, fechadas efectivamente en 1644, hacen alusión al sentido profundo de la novela: se expedían, hay que decir, después de un examen de lo más superficial. En cambio, numerosas piezas preliminares invitan a apreciar las «drogas», los «misterios» de la «moneda camerina», sus «fogli», sus «carti», sus «aurea scripta» —es decir, el sistema de pagarés, de papel moneda. ¿Pero estos preliminares se redactaron en 1644 o en 1654?

Por ejemplo, el «annagramma caballisticum» del religioso italiano fray Francesco da Fano no hace sino *fechar la invención,* la idea primera, la «excogitatio» de Camerino:

Joseph	222
Camerinus	458
Auream	317
Aetatem	242
Invenit	403
	1.642

Y se sabe que Don Pedro Juan Camerino, autor de los siguientes versos liminares:

Si es el ayre de Castilla,
Dezidme por vida mia
Porque el bien nos dais en chiste
Porque el provecho en quimera
....
Cessen ya tantos misterios
Venga a cara descubierta...

fue sobrino del inventor. Cuando en 1647 suscribió algunas acciones de la Compañía, este era menor y estaba bajo la tutela de su tío. ¿Acaso, diez años más tarde, siendo ya adulto (y poeta de lo más mediocre) contribuyó de este modo a lanzar de nuevo la idea del proyecto?

En esta hipótesis, Camerino habría acabado el último capítulo de su novela *después* del fracaso de su empresa.

Pudo también escribir, tiempo atrás, un primer texto serio y después ampliarlo con una cierta fantasía, enriqueciéndolo con toda la experiencia acumulada de las pruebas y contrapruebas que suscitó su proyecto en la vida real. Esto explicaría las dimensiones anormales del último episodio, que abarca casi la mitad de toda la obra.

¿Qué importa en definitiva la fecha exacta de la creación de esta curiosa obra literaria? Camerino la presentó al lector en *1655*, vistiendo voluntariamente los oropeles del arbitrista ridículo. ¿Esperaba una última reacción del público? ¿Tratábase de la última satisfacción de un inventor incomprendido? ¿Ejercía sobre sí mismo el juego sutil de la mofa, del «desengaño» final?

Digamos sencillamente que Camerino explota todos los datos de la *figura* acumulados y fijados por cincuenta años de elaboración literaria. A través de una trama de «burlas» y «veras» lo que hace es reprochar al público, por una parte, su falta de confianza, *una de cuyas causas es la sátira*

287

arbitrista, y al inventor, por otra, su pusilanimidad ante la opinión de ese público. De suerte que la moda del *antiarbitrismo beneficia objetivamente* a los negociantes genoveses.

¿La otra cara del arbitrismo?

De este modo, si se exceptúa el caso límite del escritor-arbitrista Camerino, las posiciones adoptadas por los grandes creadores literarios, que van desde la piedad sardónica a la indignación vibrante, se unen en definitiva para legarnos un recuerdo bastante sombrío del arbitrismo. Los pocos escritores de segunda fila que su conciencia política condujo al arbitrismo, como Bances Cándamo [55], Jáuregui, Medinilla, Dávila y Lugo, Pellicer de Ossau, se guardaron de tomar partido en sus obras de ficción.

¿Habrá acaso otro aspecto del arbitrismo, un aspecto ideal?

Hasta el momento, en nuestro afán de atenernos a la imagen literaria que el Siglo de Oro nos ha dejado del arbitrista, plaga de los Estados o miserable forjador de quimeras, hemos buscado en los ejemplos reales todo lo que pudiera justificar esa imagen. Y no hemos adolecido de falta de material.

Sin embargo, todo indica que la sátira englobó en su caricatura, odiosa o burlesca, rasgos tomados de hombres, de grupos, de fenómenos sociales incluso, sumamente diversos y en muchos puntos opuestos. El arbitrista literario es una ficción, justamente porque reúne en su desgraciada cabeza el detestable prestigio del mal consejero del rey y del financiero opresor del pueblo, el carácter ridículo, triste o divertido, del desplazado y del fracasado, la mala reputación del

[55] V. *supra,* p. 258, nota 23.

charlatán y del falso sabio. Y resulta imposible creer, cuando se comparan los textos auténticos con las parodias, que los escritores no hayan favorecido sistemáticamente una confusión cómoda para sus efectos satíricos pero moralmente poco satisfactoria, entre, por una parte, los malos políticos, los financieros codiciosos, los estrategas de café y los semilocos, y por otra, los reformadores «de buena intención», trastornados por la caída de su patria y apasionadamente deseosos de detenerla descubriendo las causas. Naturalmente, en las condenas existen matices. En Cervantes, en Alarcón, se adivinan secretas simpatías; en Saavedra Fajardo se expresan casi abiertamente; en las autores de segunda fila la utilización de la figura rebasa apenas el nivel de la farsa; la alusión del *Diablo Cojuelo* corresponde a un humor negro. Solo Gracián y Quevedo se han cerrado a toda distinción, confundiendo todo, el uno en su desdén, el otro en su magnífica cólera.

Y durante mucho tiempo, la historia, considerando que Colmeiro había dicho la última palabra, juzgó al arbitrista según los escritores. Unicamente González de Amezúa y Mayo, al buscar los orígenes de la creación de Cervantes en el *Coloquio,* habíase atrevido a afirmar que la ambigüedad del personaje del arbitrista suscitaba una gran cuestión histórica.

Al final de un artículo sobre la decadencia española, uno de los hombres mejor informado sobre los aspectos económicos del Siglo de Oro ha escrito después:

En este grave apuro nacional, los economistas acertaron —por una vez— en sus diagnósticos y prescripciones [...]. La historia consigna pocos ejemplos, bien de un tan acertado diagnóstico de males sociales por parte de un grupo de filósofos morales, bien de

289

una tan terrible desatención de acertados consejos por parte de los hombres de Estado [56].

Después de la confusión provocada por una terminología vacilante y por viejas costumbres de las escuelas del pensar, hoy se reconocen en esos españoles, ridiculizados demasiado rápidamente, con demasiada ligereza, y que no honran menos su siglo y su país que aquellos que los censuraron, los gérmenes de un pensamiento económico extremadamente rico. Claro que siempre es posible encontrar a Quevedo «más español» porque prefiere la grandeza real a los consejos razonables de sacrificar «la recámara».

Porque sería no solo injusto sino también *inexacto* juzgar el pensamiento de los Pons, Cellorigo, Lope de Deza, Moncada, Martínez de Mata, por la pesadez de su estilo y las ingenuidades de expresión en que se cebó la sátira.

Basta, para justificar su labor, citar a título de ejemplo, algunos extractos de los grandes prefacios donde algunos de ellos exponen las razones de su trabajo. Esos extractos, naturalmente, suponen una elección; el estilo de todos los arbitristas no está a esa altura; pero no es raro que el espíritu sea exactamente el mismo. Y así se restablece el ambiente de angustia y también el del combate que hubo que librar para intentar que se oyera, en el caos de intereses, ambiciones e incomprensión pública, la voz de la investigación y la reflexión sobre las causas y los remedios.

> Yo fundo la necesidad desto —dice Sancho de Moncada— en que V. Magestad no puede saber lo que passa, porque no lo ve, y sólo puede saber lo que le informan, y nadie dice nada desto a V. Magestad, porque todos van a sus negocios.

[56] Hamilton, «La decadencia de España», en *El Florecimiento del capitalismo,* Madrid, 1946, p. 131.

Oficio era este de los Prelados —prosigue—, pero no es ageno de un Teólogo *en quien se suele condenar el silencio en el peligro común.* Discurso es libre dél, porque es de quien no pretende otra cosa que el bien público, de que ha de resultar la felicidad de V. Magestad y della la de la Iglesia y gloria del Señor. Amén [57].

Juan de Mariana, ¿merece el nombre de arbitrista? [58] Su intervención —técnicamente notable— *en materia monetaria*—, hace de él el gran precursor de los centenares de memorialistas que «la enfermedad del vellón» suscitó, espontáneos y desinteresados «médicos del reino». Tanto porque se considera como el portavoz de una opinión justamente agitada y porque sufrió las consecuencias de haberse atrevido a hablar, sus palabras tienen una significación de primerísima importancia:

> No diré cosa alguna por mi parecer particular, antes, pues todo el reino clama y gime debajo de la carga, viejos y mozos, ricos y pobres, doctos e ignorantes, no es maravilla si entre tantos alguno se atreve a avisar por escrito lo que anda por las plazas, y de que están llenos los rincones, los corrillos y las plazas [59].

No temía el suscitar la agitación, tomando de ejemplo a Diógenes que ante el peligro que corría su ciudad rodaba

[57] Sancho de Moncada, *Restauración de España,* Discurso primero.
[58] Sobre Mariana, consejero político, véase nuestro artículo citado: «Intellectuels et noblesse»... Parte de los *Septem Tractatus* condenados por la Inquisición eran auténticos arbitrios. El propio Mariana emplea el término.
[59] *De monetae mutatione,* prólogo, en la versión castellana del autor, *Tratado y discurso sobre la moneda de vellón que al presente se labra en Castilla, y de algunos desórdenes y abusos* (B.A.E., t. XXXI, p. 577 a).

su tonel por las calles para afirmar que no era indiferente a la inquietud pública. Es sabido que Mariana, convertido en sospechoso, fue perseguido:

> Las violencias hasta ahora cometidas habrán podido aterrar a muchos más no a mí, a quien no sirven sino de estímulo para que entre en la lucha.

Tal fue su respuesta.

Con mayor anterioridad todavía, en 1600, el *Memorial* de Cellorigo, cuyo diseño, solemnemente anunciado, pudo inspirar por su vocabulario ingenuo las primeras parodias antiarbitristas, se había dirigido así al rey:

> ...por mas assegurado que vaya su govierno, cosas tales puede aver, que siendoles ocultas, y amenazando peligrosa tormenta, el aviso de ellas les sea muy necessario, para reparar por todos lados la nave de su república. A cuyo favor y ayuda por lo mucho que tendrán que hazer el patrón y pilotos, es bien que los demas acudan, y que por la seguridad de su Rey, y por correr todos un mesmo peligro, pongan la mano en restaurar aquella parte, que segun su lugar y puesto, a cada uno toca. Y aunque conforme al mio, por no aver llegado al que otros ocupan, me haya hallado indigno de offrecer a V.M. este memorial, en el qual para evitar el comun naufragio se consideran los peligrosos encuentros y ocultas rocas a que esta república va a dar, para que se libre de ellos con los remedios, que como seguras anchoras la han de reparar: *porque el amor que los vassallos deven a su Rey, que todo lo yguala, y la obligación de servirle, es natural, y a todos comprehende,* ha sido y es de ello la principal causa, y me puede ser de disculpa ante tan sabio y prudente Rey, con esperança que también lo ha de ser para que en mi no se arguya atrevimiento,

me dispuse a poner en medio de la real clemencia de V. Magestad estos avisos[60].

En el estudio de la «controversia del arbitrismo» habría que tener en cuenta estas piezas. Los malos arbitristas, como lo había visto bien Covarrubias:

> entre otros males que hazen es acovardar a los que podría darlos [arbitrios], por el mal nombre que han puesto a este género de suplir necesidades y remediar faltas.

Los escritores, al caricaturizar al arbitrista mediante sus habituales procedimientos de moralización banal, donde toda una concepción estática del mundo y del Estado se encuentra implícita, han participado largamente en esa empresa: «acovardar», «dar mal nombre». Confundieron mal consejero y reformador «de buena intención». Ahora bien, como decía Sancho,

> que si Dios me ayuda, y yo hago lo que debo, con buena intención, sin duda que gobernaré mejor que un gerifalte...[61].

---

[60] Prólogo al *Memorial* de 1600, sin paginar.
[61] *Quijote,* parte segunda, cap. 34.

Apéndices

Apéndices

Apéndice I

Liñán y Verdugo, Guía y Avisos de Forasteros.
(Ed. Sandoval, Madrid, 1923, pp. 219-225.)

—Otros hombres —prosiguió el Maestro— hay peores que estos, y que suelen hacer mayores tiros a los forasteros que se meten con ellos, a que llaman arbitrarios u hombres que dan arbitrios. Contaros he lo que sucedió a un pobre labrador de mi tierra, que vino a ciertos negocios suyos a esta Corte, con uno de estos que llaman arbitrarios u hombres de arbitrios, con quien le encontró su fortuna.

NOVELA Y ESCARMIENTO DÉCIMO

Es la Mancha una tierra, como ya sabéis, necesitadísima y falta de agua [.........] y acertóle su fortuna a encontrar en la posada donde posó con un hombre ingeniero o tracista, que había dado un arbitrio para que un molino moliese sin agua, ni sin que trajese la rueda ningún animal [......] antes era un modo de molino a forma de reloj, que con el artificio de unas piezas y ruedas, llamándose unos movimientos a otros y unos pesos a otros, venía a hacer una moción tan grande que traía la rueda con tanta velocidad y fuerza como los molinos de agua. No le creían a este hombre, ni se podían persuadir los que le comunicaban a que tuviese tan grandioso el efecto como él decía; y para esto, como el modelo que él había hecho pequeño, era tan pequeño que no pasaba de tres quartas de alto, quisiera hacer un molino tan grande como los demás molinos de agua. Tenía de costa, a lo que él decía, la fábrica, trescientos ducados; no se hallaba con ellos, ni quien se los prestase porque ya en el mundo que corre, el ingenio más agudo y sutil no es buena fianza para la seguridad de un real castellano, y mejor se presta sobre una prenda que sobre un entendimiento, porque dice el tratante o mercader que de más importancia le es una pieza de plata que pese cien reales que la agudeza de un ingenio que parta un cabello. De la melancolía de hallarse sin este dinero, había caído en la cama el ingeniero o artífice del molino, al tiempo que el bueno de nuestro labrador de la Mancha llegó a esta posada a posar. Era hombre de sencillas entrañas; tenían los aposentos juntos; era al principio del invierno, y las noches largas; pasóse a ver el enfermo, y a consolarle, y preguntándole por su enfermedad, dióle cuenta de todo lo que hemos referido, y añadió a esto que si hubiera quien le prestara los trescientos ducados para hacer el primer molino, se atrevería a ganar con él en dos años más de dos mil. El Labrador procuró enterarse más de la traza del molino, y pareciéndole buena, y que en su tierra había tanta necesidad de ella, se concertó con el ingeniero, y le prestó doscientos ducados que traía para dar a un señor de un censo de su lugar. Hicieron su escritura entre los dos de concierto, y entregándole el modelo pequeño el Ingeniero al Labrador, dejando los negocios en el estado que estaban, se volvió con el modelo a la Mancha para mostrarlo por allá, y hacer los cien ducados que le faltaban para trescientos, y traérselos luego al punto al artífice. Llegó con su invención el Labrador a su tierra, y sin sus doscientos ducados, y su mujer y sus parientes no sólo hicieron burla de él, sino que perdían el juicio de ver que con unas matracas de tinieblas, que así llamaban los labradores a la invención que traía de su molino, le hubiesen cogido su dinero, y más que aquellos doscientos ducados no eran suyos, y era forzoso que vendiese para pagárselos al señor del censo, que se los dió, el trigo y vino que había cogido, y aun las mulas de la labor, y los frutos andaban aquel año tan baratos que a penas había para todo; él daba voces y decía que se empeñasen y comprasen el molino, que los había de hacer a todos ricos; pero ellos le dieron tal mano a reñirle, y el señor del censo, sabido el caso, que apretaba por su parte por su hacienda, que le obligaron a volver a Madrid con su modelo, a deshacer el contrato, y a tornar a cobrar el dinero que había dado; pero fue su desgracia que en los días que él hizo esta ausencia de Madrid al Ingeniero se le agravó de suerte la enfermedad que al catorceno vino a morir de ella, como había estado en Madrid dos o tres años en la asistencia y prosecución de este su arbitrio, estaba tan cargado de deudas y trapazas, porque tenía llenos de esperanzas a trescientos codiciosos con aquel molino soñado, que no hubo en los doscientos ducados para pagar la cuarta parte de sus deudas, antes el entierro y funerales se hizo de limosna. Vino el pobre labrador, y cuando pensó cobrar su dinero, halló muerto y en la forma que hemos dicho al autor del molino, y fué tal el sentimiento que tuvo y la pesadumbre que le dió el suceso que perdió el juicio. Yo le ví por mis ojos en la ciudad de Toledo, loco, hecho pedazos, sin camisa, que andaba cantando por las calles aquel cantar viejo que dice:

«¿Molinico, por qué no mueles?
—Porque me beben el agua los bueyes»;

y últimamente, después me dijeron que acabó miserablemente en un Hospital. Veis aquí lo que trae y acarrea el allegarse a semejantes hombres y el darles crédito.

—Aun eso —dijo don Antonio— no me espanta, y otro cualquiera de más ingenio y experiencia que el labrador, se pudiera cegar con la codicia de ganar en cada un año dos mil ducados con prestar trescientos. Sucedió desgraciadamente; muriósele el Ingeniero; que ya pudiera ser ver rico al Labrador.

—Señor don Antonio —respondió el Maestro—, no niego yo que eso no pudiera ser así; pero he traído este ejemplo para que se escarmiente don Diego, y los demás forasteros que vinieren a sus negocios a la Corte no se entremetan en más que en sus negocios, que unos, por creer a hombres como éstos, otros por hacer fianzas, otros por arrendar puertos, otros por tratar en mercaderías de las cuales ni tienen experiencia, ni las entienden, los hemos visto venir a la Corte muy ricos y volver en camisa y aun sin ella, y pidiendo limosna.

Apéndice II

Entremés: *Del arbitrista y órgano de los gatos.*

(Madrid, B.N. Ms. 15 958, Fos 20 a 25)

Personas:

Benito	El Escrivano	Seis Matachines.
Casilda	Seis dueñas	

SALEN: Casilda, Sancho, y el Escrivano.

CAS.   Señores, de mi alma favor pido
       Ay infeliz muxer, ay mi marido!
SAN.   Casilda amiga, que desdicha es esta?
ESC.   No nos dirá que pena le molesta?
SAN.   Que te ha passado, que te ha sucedido?
CAS.   Ay infeliz muxer, ay mi marido!
SAN.   Hase muerto, Casilda?
CAS.   No por cierto
       Que fuera menos mal averse muerto.
SAN.   Se ha endemoniado, amiga, o a segado?
CAS.   Es mayor mal que estar endemoniado.
ESC.   Es tabardillo, acaba de decillo.
CAS.   Muchísimo mayor que tavardillo.

SAN.	Dinos el mal.
CAS.	No avrá quien lo resista Porque ha dado...
SAN.	En que amiga?
CAS.	En Arbitrista. Mirad pues, si los cuerdos que son pocos Que en arbitristas dan se buelven locos, mi marido que es simple, y atheista, en que vendrá a parar siendo Arbitrista. Dice que ha discurrido como hacerse invisible, y escondido tafetanes labrar con seda sola moxandola muy bien en agua y cola y un día tambien con modo extraño la comida guisar de todo el año; y dize se atrevía a remediar el mundo en otro día y aora maspensando que es alcalde, y el corpus va llegando de hacer une gran fiesta tiene yntento a lo qual se ha encerrado en su aposento con colores andralos y pinceles esteras, palos, trapos y aranbeles y truxó con excesso unos hombres tambien que hazer de yesso de figuras que nadie ay que lo entienda en lo qual va gastandome mi hacienda. Mirad si es mayor mal que aver çegado tabardillo y estar endemoniado. Mas el viene en effecto... *(Sale Benito.)*
BEN.	Todo al enseño humano está sujeto. Tendreis, muxer, para un arbitrio nuevo quarenta y dos mil cascaras de guevo?
CAS.	¿De huevo?
BEN.	Si, porque queriba [1]

[1] Sic.

	albondigas pintar de prespectiva
	y a las mill maravillas
	una calle empedrar de almardequillas.
CAS.	Jesus que disparate ay quien tal crea
ESC.	¿Saveis que sois alcalde de deesta² aldea?
BEN.	Y el oficio me tiene muy ufano
	porque es muy poco menos que escrivano.
ESC.	Y saveis que aqui nunca fiesta ha avido
	por estar el lugar muy desunido
	y aver yncombenientes no escussados...
BEN.	Ya yo los tengo todos remediados.
ESC.	Lo primero advertir has que se crea
	que está la Iglessia lexos de la Aldea.
BEN.	Ya yo he pensado traza
	para traella en medio de la plaza.
SAN.	La Iglessia?
BEN.	Sí, y la cuenta está ajustada
	porque tendrá la Iglessia bien pesada
	de onzas quatro millones,
	cazaránse otros tantos gorriones
	y con grande primor y guen estilo
	a cada pata se ha de atar un hilo.
	Los hilos a la Iglesia estén atados
	tener los gorriones encerrados
	sin que coman dos días cavalmente;
	despues han de soltallos de repente
	y la plaza llenar de cañamones
	que por ir a comer los gorriones
	con la hambre y el travaxo
	toda la Yglesia arrancarán
	de quajo.
ESC.	Jesús que disparate! pero quiero
	saver que haveis de hazer para el dinero,
	para gastos que son tan competentes.
BEN.	Ya tengo dos arbitrios excelentes
	con que sin que haya ni aya hechizo

² Sic.

a las Yndias hacer un passadizo
es el primero, y es harto excelente,
que en el mar fabriquemos una puente.

CAS. Pues sin en el no hay suelo, ni se halla
donde el cimiento yrá para labralla

BEN. Mirad: sobre la espuma
de aceyte se ha de hechar una gran suma
que que aunque el agua prefunde
sobre el agua el aceyte no se hunde
mientras el sol aquesta aceyte abrasa
la puente hemos de hazer toda de masa
y como alli el aceyte estará hirviendo
en el se yrá la massa endureciendo
con que passar podremos sin rezelo
y llamarle la puente del buñuelo.

SAN. Y el aceyte en el mar no va perdido?

BEN. Ya yo lo tengo todo discurrido;
y como algun vinagre tambien se heche
los peces nadarán en escaveche.

ESC. Cierto que el hombre es grande mentecato.

BEN. El otro arbitrio es mucho mas varato.
Yo he leido y guardadolo en la chola
Que es el mundo redondo como bola
y hallé con gran trabaxo
que las Yndias están aquí debaxo
Y así he de hazer un oyo con gran arte
que el glovo a de passar de parte a parte.
Y libres de galiones y de arrieros
la plata sacaremos a calderos

CAS. Porque vea el discurso quanto yerra
Si está el Ynfierno al centro de la tierra;
no es fuerza en el verano y el Invierno
pasar para ir allá por el Infierno.

BEN. Todo aquesto se quita
con llevar un costal de agua vendita.

ESC. Pues ya que haçer fiestas aveis dado
el órgano saved que está quebrado.

BEN. No me quita el repesso
que en cassa lo he hecho yo, y arto famoso.
CAS. En cassa tú?
BEN.   Ay tales mentecatos
Yo tengo prevenidos treinta gatos
chicos, grandes, angostos, y amarridos.
De estos han de servirse de sustenidos
y mayan tan a tiempo los cuitados
porque los tengo yo bien enseñados
que sin que aquí nos tenga costa alguna
venga a ser une mussica gatuna.
CAS. Si el gato no pronuncia aunque de gritos
como se han de decir los villancitos?
BEN. Ya esso se ha discurrido, y por mas señas
tengo yo buscados otras tantas dueñas
de encelentes talentos
de essas que están en los resivimientos
para flautas que en forma de coluna
tenga un gato por tecla cada una;
y en tocando las teclas sin mas señas
la solfa entonarán gatos y dueñas,
y al compás de los flitos y los flatas
el contrapunto llevarán los gatos.
ESC. Y teneis Danzas?
BEN.   Eso con excesso.
que los hemos vaçiado aquí de yesso
y serán los monitos excelentes.
SAN. Pero si de yesso son y no son yentes
como se han de mover?
BEN.   Señora mía,
esso lo puede todo la armonía,
porque como es la Musica tan vella
se moverán las piedras al son della.
ESC. Pues que todo lo tienes prevenido
porque nunca te puedas ver comido
aora solo resta
que se ensaye la fiesta
para ver cada qual como lo hace.

BEN.   Digo, señores míos, que me plaçe.
       El órgano está aquí.
CAS.   Que bien pensado!
BEN.   Miren Ustedes si está mal trazado?

Sobre una gradilla se descubren seis dueñas, cada una
con su gato en la mano, de cartón, la primera un hombre
vestido de Dueña, y vaya en disminución hasta la última
que será una niña; y a los pies tendrán palos como teclas,
y en tocando a cada una responda, y sale un diablico a
tirar de los fuelles.

CAS.   Y quien el fuelle mueve deste retablo?
BEN.   El fuelle de las Dueñas es el diablo.
       Ea, saquen los monitos
       porque al son vayan baylando
       Jessús que cossa tan vella
       por cierto, que son bizarros!
       pero mirad que bien suena
       a fee que está bien templado.
MUS.ª Al órgano de Benito
       en la fiesta de los carros
       del Corpus de su lugar
       cantarán dueñas y gatos.
DUE.   Ñao, ñao, ñao, ñao, ñao, ñao, ñao,
       ñau, marañau, marañau, marañau.
BEN.   Que buena fiesta del Corpus
       llevar a mi aldea aguardo,
       pues que le llevo abundançia
       de tarascas y tarascos.

Salgan seis matachines como de yesso, y como tocan el
órgano, ellos se van moviendo; el alcalde toca el órgano
y cantan las Dueñas.

       Victor el Alcalde Victor
       que aquesta fiestas ha embiado!
DUE.   El alcalde que viva
       feliçes años

como muchos a perros
le ha dado gatos.

OTRA. Y celebre este día
con gran cuidado
aunque sean de yesso
los combidados.

BEN. Buena fiesta del Corpus
tener aguardo,
ñao, marañao, marañao, marañao,
pues hallé las tarascas
y los tarascos,
en consonancia las dueñas
que se han de templar es llano
aunque estos son estrumentos
al tiempo antiguo templados.

Fin

Nota. En el ms. 14.514 (24) existe otra copia del mismo entremés, con alguna variante ortográfica y en las acotaciones. En el ms. 15.958, hay una tercera copia de un fragmento, con grafías raras («azeytte», «esttava», «horgano») y una letra francamente más antigua que las demás, siendo estas indudablemente dieciochescas.

Apéndice III

La paloma de Toledo, atribuido a Lope de Vega
(Ed. Academia, t. X.)

Acto I (p .217)

DOÑA VIOLANTE.
    Y de arbitrios ¿cómo va?
GALVÁN.
    Burlaste, pues quitar puedo
    La niebla a Valladolid
    Y los lodos de Madrid
    Y las cuestas de Toledo.
ELVIRA.
    Otra tema como esta
    Tiene un loco singular
    que promete no dejar
    En la ciudad una cuesta;
    Respondióle de contado
    Un discreto caballero
    Que se ensayase primero
    En un hombre corcobado.
GALVÁN.
    Pues deguéllame a traición
    Si en menos de una semana

No la dejare más llana
Que la cara de un capón.

....

(p. 220)

GALVÁN.

Si no es que soy desdichado
Pues en tiempo semejante
A un hombre tan importante
No le conoce el privado.
Cuando le premian los sabios
Y es siglo tan oportuno
Que no hay castigo ninguno
Porque no hay quejas ni agravios
Quando en palacio se goza
El más elegante ingenio.
¿A quién bastara su ingenio
Si no naciera Mendoza?
¿No conoces que es Galván
Quien tiene mejores prendas
Desde Madrid a Alcobendas
Y de Toledo a Magán?

DON ALONSO.

¿Qué profesión? ¿Humanista?

GALVÁN.

Más.

DON ALONSO.

¿Letrado?

GALVÁN.

Mucho más:
A Tácito dejó atrás;
Político y arbitrista.

DON ALONSO.

A buen oficio te aplicas,
Muy bien con él comerás,
Cuando hay en la Corte más
Que drogas en las botigas.

GALVÁN.

Mi estudio, señor, no trata

En cosas de ratería,
Si nos traen mercadería,
O si nos llevan la plata,
Si oro sale, si entra cobre,
Si ganan chento por chento,
Si con uno y otro asiento
Tienen a Su Alteza pobre.
Si está su renta caída,
Pues esto viene a parar
En que al Rey hemos de dar
La hacienda, como la vida;
Si es bien moderar el traje,
Rapar al mozuelo el moño;
Sólo trato que en otoño
Tenga melones Getafe,
Ciempozuelos mucho ajo,
La Mancha las trojes llenas,
Y zocatas berenjenas
Todas las huertas del Tajo.
Que es una cosa muy vil,
Digna de que la repares,
Que esté cerca Manzanares,
Y dependamos de Abril.
Y con un ingenio mío,
Si en Castilla le dispones,
Con menos de mil millones,
La ha de regar este río.

DON ALONSO.

Baratos arbitrios son.

GALVÁN.

Provechosos a lo menos.

DON ALONSO.

Muy buenos son.

GALVÁN.

Y rebuenos.
Sólo te pido ocasión
De hablar al Rey.

DON ALONSO.

Yo no puedo,
Porque en ocasiones tales
Remite estos memoriales
Para el Nuncio de Toledo.

GALVÁN.

No daña escuchar un poco
A cualquiera si en efeto
Es él que oye discreto
Aunque quien le hable es loco.
(Sale don Juan.)

DON JUAN.

¿Qué hacéis, don Alonso?

DON ALONSO.

Que
Unos arbitrios oía.

DON JUAN.

¿Arbitrios?

GALVÁN.

Pues algún día,
Los veredes.

DON JUAN.

Por mi fé,
Que os mate con disparates,
Que con un arbitrio y otro
Atormenta más que un potro
Este género de orates.
....

Acto III (p.239)

GALVÁN.

¿Qué temo para llegar,
Pues hay ocasiones tales?
Yo he de dar los memoriales

Y al mismo Rey he de hablar.
Su Alteza me dé los pies,
Y ocúpese en esto un poco.

(Ha sacado Galván unos memoriales y el
postrero es el billete, e hincando la rodilla
se los da al Rey.)

Don Fernán Pérez de Guzmán.
      Aparta.
Don Juan.
                  Quítate, loco.
Rey.
      Alzad. Dejadle. ¿Quién es?
Galván.
      Dirélo, con gentileza
      Y española libertad,
      Si para decir verdad
      Me da seguro Su Alteza.
Rey.
      Dí.
Galván.
         Yo me llamo Galván,
      Pobre soy, y rico fuí,
      Y para llegar aquí,
      Sirvo a don Juan de Guzmán.
      A Castilla mire atenta
      Por amor o por codicia
      Leyes dando a tu justicia,
      Arbitrios dando a tu renta.
      Y yo que servicios tales
      Deseo hacer a mi dueño
      A tu estado y desempeño,
      Dirijo estos memoriales.

      (Tómalos el Rey, y dalos a don Alonso.)

Rey.

      Toma, Alonso.

Don Juan.
                    Un loco es.
Rey.
          Nunca ha dañado el oír,
          Don Juan, sino el elegir.

                    (Va leyendo don Alonso los memoriales,
               por orden.)

                    Memorial primero

          Este dice que interés
          Será que un millón importe
          En cada año a tu renta
          Si haces, como el de pimienta,
          Un nuevo estanco en la Corte,
          Donde venderse podrán
          Moños, dientes, cabelleras,
          Pantorrillas, y caderas,
          Albayalde y solimán.
Don Juan.
          Pues ¿esto ha de hacer Su Alteza?
Galván.
          ¿Quién en el mundo por ley
          Suplir puede como el Rey
          Faltas de naturaleza?

                    Memorial segundo

          De los poetas un cuento
          Sacarán, sin daño alguno,
          Dando un cuarto cada uno
          Al alcabala del viento,
          Dice éste.
Galván.
                    ¡Vive Dios
          Que asegurarte bien puedo
          Que de Madrid a Toledo
          Has de sacar más de dos!

Memorial tercero

Dice aquí que gran dinero
Se podrá juntar, si impones
Tributos sobre los dones.
Vos sois gentil arbitrero.

GALVÁN.

Mándame quemar por puto,
Si no valiere un millón
Imponiendo en cada don
Una blanca de tributo.

REY.

Tantos hay?

GALVÁN.

Hay cien millones
De donados por veleta;
Que para don ni poeta
No hacen informaciones.

Memorial quarto

No mudar los apellidos,
Dice, conviene al gobierno.

GALVÁN.

Haz esto, por Dios eterno,
Evitarás grandes ruidos;
Que es causa de confusiones
Que el nieto de Bras Antón
Se llama Acuña o Girón,
A una o dos generaciones.

Apéndice IV

Antonio Henríquez Gómez,
El siglo pitagórico y Vida de Don Gregorio Guadaña,

dedicado a Monseñor François Bassompierre, en Roán.
Año de 1644

París, BN, [9118]

TRANSMIGRACION 11

Dí un buelco al salir de Caco, y halléme tan fuera del, como dentro de un Adbitrista. Conoçíle por los muchos que avía dado a la Naturaleza antes de salir al Mundo; pues fueron bastante para que su Madre muriese y el quedase vivo. Quando muchacho, dava adbitrios al Maestro de estafar sus dizipulos, haziendo de azotes plata: luego tubo hedad para yntroduzirse en la República, se hizo temer de muchos, y querer de ninguno. Procuró el fabor de un Ministro Poderoso y el primer adbitrio que le dió, fué estancar el Sol, a segundo con otro, y puso un nuebo derecho sobre la Luna; y al terçero estancó los quatro Elementos con todos sus mistos; y si no le ban a la mano, arruinaría los Cielos y pusiera tributo sobre las estrellas; y aun se trugera la terçera parte si naçiera en tiempo de Luzbel. Tenía entrada en las casas de los Mayores señores; hablava de millones como otros de maravedis, y de quantos adbitrios dava, el primero que sacaba fruto era él. Asava los Pueblos, quemava las Villas, freya las Ciudades, y destruía poco a poco el género humano, no se vió tan ynfernal sugeto, dende que Dios crió a Adán, en el campo Damazeno. Rebolvía de noche la endiablada oficina de su juiçio, y fraguaba un adbitrio de veinte millones tan perjudizial a la república que se corría el mismo adbitrio de ser executado. En breve tiempo se hizo un segundo Midas! Y poco a poco se fué subiendo sobre la Torre de Babilonia, y a los çinquenta años de su hedad, llegó a tener tanto caudal que se roçaba con señores de Título y llamava de vos a muchos Nobles, con más Palacios, carozas, lacayos, pajes, y criados que tubo Alexandro (y él lo era), que como avía robado el Mundo, se le dava poco o nada de repartillo prodigamente, no olvidando nunca el ser adbitrista, que como éste oficio se avía combertido en naturaleza, hazía obstentación de su mal exerciçio. Empezó a tomar partidos, hazer asientos, cobrar rentas y sisar millones de forma que los adbitros que dava, los arrendaba él mismo. Despertava los Consejos, que, ajenos de semejantes materias sólo atendían a conserbar la República; cohechava los flacos, alagava los fuertes, huya de los Iustiçieros, y jamás hablava con los juezes Rectos. En quantos asientos hizo con la hazienda Real, si no la defraudava, la hurtava; tenía poder en causa propia, y como tal la tratava; despachava Recetores, Factores, Comisarios, y Iuezes por todo el Reyno para la cobranza de sus rentas; estos nombravan otros, siendo muy adbitrista el mayor ladrón del Mundo, los demás hasta la quarta generación, saqueaban los pueblos, hurtando todos por competençia, que los Cacos nobles así lo deben hazer.

Considerando su mala vida, como a quien tanto le ymportava que fuese Buena, quise dalle el mejor adbitrio tocante a la salvaçión espiritual para que fué criado el hombre. Con esta firme resuluçión, un día que se andava paseando por una galería (que fuera mejor por una galera) le dixe las Raçones siguientes:

—«Amigo, tus malas obras son causa de mi doctrina y de tu mucha dehorden, ha nacido el horden de mis palabras; asiéntalas en tu corazón, si quieres alcanzar el asiento de los Angeles, que por ser asientos puede ser te ynclines a él. Cinquenta años ha que hecho adbitro del pecado, te has introduzido en Corte, por langosta de labradores, polilla de los mercaderes, ymán de los thesoros, Abestruz de las haziendas, Ydra de las manifaturas, y Protodiablo de los adbitristas (o Ataístas, que todo es uno). En estos años has hecho más daño en la Monarquía que Paris en Troya, Anibal en Ytalia, Antiocho sobre Ierusalen, Nabuco sobre Iudea, Dario sobre Babilonia, Alexandro sobre Persia, los Romanos sobre Grecia, y Tito sobre Palestina.

Dime, sabes que tienes alma? Si me confiesas ynmortal, bien, y si mortal, en qué lo fundas? Amigo mío, dar adbitros, para sobrecargar los pueblos es el delito **más ynorme** que se comete en la república; quien duda que ponga Dios un adbitrista para castigar una y muchas Monarquías, pues en ellas no sirben sino de exercer el oficio del diablo, acusando los buenos y condenando los malos. Quieres vn exemplo? Oye:

Dixo Dios a Satán: —De donde vienes? —Señor, respondió el Diablo, de ıodear el Mundo! —Por lo menos, dijo Dios, no dirás mal de mi siervo Job, justo entre todos los hombres! —Señor, replicó Satán, Job está rico, próspero y alegre. Yo te daré un adbitrio: quítale los ganados, derríbale la casa, matale los hijos y sabrás si Job es justo en la adversidad, como lo ha sido en la prosperidad. Y si admitieres mi parezer, yo seré ministro de tu Iusticia.

Aplico; llega un adbitrista de correr el Mundo, pregúntale el Ministro: que hay de nuevo? Responde: Señor, muchas riquezas, los pueblos prósperos, los Basallos alegres, todos Ricos y la hazienda real pobre! —No se quexarán (dize el Ministro) del gobierno? —Yo te daré un adbitrio (dize el Diablo) para que conozcas la lealtad y fe deste pueblo: héchales cada año treinta millones sobre sus bienes, mátales la ambición, derríbales la soberbia, y sabrás el consejo que tienes en mí. El Ministro, con zelo de azertar, dale licencia. Y a pocos días, empieza el pueblo (como Job) a maldeçir, la hora en que nació.

Dígote que sin duda alguna, todos los adbitristas deçienden de Satanás por línia recta, y como hijos de tal Padre, siguen sus pasos y costumbres.

Hablemos claro, dueño mío, enmendemos con este adbitrio los pasados; buelban los thesoros al Archibo donde salieron, si pretendes que tu espíritu buelba al Señor que lo dió, como dize el Sabio. Ser fiscal del pueblo, acusándole de Rico, siendo pobre (y aunque no lo sea) es el mayor delito que se comete en la República, y no se paga ni aún con la misma muerte. Antes que venga, repartamos desta hazienda a los pobres, y pues todo salió de ellos, bolbamos el diezmo de lo Robado. No hay que fiar hermano mío, de la pribança que se tiene con los Príncipes, que si se llegan a desengañar de quien an sido, quien son, y quien serán los Adbitristas y Asentistas, no quedará uno en los asientos del Mundo.

Bastan ya los millones sisados, las Natas sorvidas, los doçabos traspuestos, los thesoros arañados, los partidos, partidos, las rentas usurpadas, los estancos estancados, los Tributos llevados, y los ympuestos traydos de los albergues de los Pobres, a las casas de los Ricos! Cesen los engaños hechos a los Príncipes, los cohechos de los factores, las mentiras a los ministros, los alagos a los juezes, las reberencias fingidas a los cortesanos, las mohatras de los juros, las subidas de las rentas, las tiranías de los amigos, y el unibersal daño de la República.

Los adbitros nuevos engañan a los Príncipes, alteran los consejos, dispiertan la ambición, maltratan los Bassallos, empobreçen las Provinçias, acortan los negoçios, disminuyen las Rentas, aniquilan el Comerçio, sustentan las guerras, desautoriçan la paz, arruinan las vidas, crían ladrones, alientan foragidos y entretienen Bagamundos. Los adbitros violentados son de poco fruto, mucho Ruido, mayor escándalo, y de diez que se cobran los nuebe se quedan en los asentistas, arrendadores y cobradores. Demos a Dios el Resto de la vida, pues tanta se ha llevado el Diablo de balde. Los agrabios que has hecho contra el derecho de las gentes se deshagan con un adbitro; éste sea aconsejar a los Príncipes que si quieren ver sus Reynos prósperos y floridos, que talen, quemen, consuman, y destruyan los malos adbitristas, gente antes condenada que naçida. Con este adbitrio serás señor de ti mismo, y podrás dezir que los malos consejos que as dado en cinquenta años, los restauraste en una hora. Mira que nuestra vida es Nube que pasa y nuestra muerte deuda que llega. Tus carozas, palacios, colgaduras, lacayos y criados con las demás sabandixas de la vanidad están en tu persona violentadas; no naçiste, amigo, para Príncipe; naçiste para reconocer los Príncipes. Qué agravio te a hecho la República que así la persigues, con las armas del yngenio más vil que introduxo la malicia humana? ¿Cómo es pusible que tus miembros no se yelen, tu corazón no se pasme, tu espíritu no tiemble, tu juiçio no dude, tu lengua no enmudezca, oyendo cada día, cada hora, cada ystante las maldiciones que te hechan las gentes? Recuerda, vuelve en tí, considerando que el primer adbitrista fué el Demonio, pues con un adbitrio engaño a Eva, rebuelto en el árbol del Parayso. Arquitosel se ahorcó por un adbitrio, Iudas hizo lo mismo, Amán hizo lo propio, y Roboan perdió la mitad del reyno por cuatro jobenes Adbitristas que no balían cuatro Diablos sisados. Acuérdate que el Bocalini dize que la Nao llegó de Lepanto cargada de Adbitristas, la mandó Apolo a Constantinopla, para destruir la Monarquía del Gran Turco, pues ellos mismos lo havían hecho de las Provinçias de Italia. Justo es que sepan los Príncipes que esta gente es yndigna de la comunicaçión humana, pues sólo sirve de alborotar los Príncipes Justos, con aparentes thesoros, sacados a fuerza deste mal yngenio, con tributos mal ympuestos, y peor dixeridos en la República.

Aquí llegava con su discurso mi potençia primera, ayudada de la memoria y la ymaginatiba, quando mi hombre dió un profundo suspiro diçiendo: ay de mí, ay de mí, que pequé! Yo le dí por convertido y fuera de la herética vida de los Adbitristas, quando prosiguió diçiendo:

—Quien pensara, quien dixera? que un alma compañera de cinqueta años no fuera Recoleta en los Adbitros, y si fuera menester muriera por ellos! Conosco agora que no ay más yngrata señora que un Alma, pues en lo mejor, con achaque de Cielo va Cielo viene, se aparta del Mundo, en dos palabras, y dexa su Amante el cuerpo a la luna del sepulcro. Díme, yngrta, cruel y fementida: ay almas más bien aventuradas que las de los adbitristas? Pues goçan los bienes de la tierra, el roçío de los Cielos, los thesoros de las gentes, los aplausos de los consejos, la compañía de los Nobles, la estimación de los Príncipes, y los fabores de los Reyes. Nosotros, amiga, no somos Adbitristas, sino Asentistas, Ataystas, Calbinistas, Anabatistas, Herodistas, y Pitagoristas. Nuestro ofizio es tan Noble que no se puede conserbar el mundo sin el, porque la Naturaleza da adbitrio a la forma, que anime la materia, y ella a la pribaçión, el entendimiento da adbitrio a la memoria y a la ymaginatiba, la tierra al agua, el agua al ayre, el ayre al fuego. ¡Hasta los cielos son adbitros unos de los otros! Repara en la justiçia que sustenta el Mundo, porque el testigo da soplo adbitral al escribano, el escribano al Alguazil, el Alguazil al soliçitador, el soliçitador al procurador, el procurador al letrado, el letrado al fiscal, el fiscal al Relator, el Relator al juez, y el juez al Reo; de modo que a donde començó el adbitrio allí viene a parar. Yo bien conozco que el vulgo me quiere mal. Pero esta bestia fiera nunca dixo ni hizo cosa que fuese buena al juicio de los Doctos. Los avisos que doy para sacar de los pueblos millares de millones y quentos de quentos? son ynpulsos del Cielo! Todos tienen su enemigo en esta vida, porque el Elephante teme al Ratón, el León al Gallo, el Cordero al Lobo, el Cocodrilo al Delfín, la Gimia a la Onza, el Págaro al Milano, y otros desta forma. Y así es justo que los pueblos tengan su gusano y enemigo y ninguno lo es sino un adbitrista, porque si al ganado cada año no le quitaran la lana, no pudiera conserbarse este animal. Yo procuro alibiar el pueblo, quitándole cada año el bellón (o la lana) y en esto hago lo que devo, pero no lo que puedo. Bueno fuera que los pueblos se engordaran y que no pagaran más tributo que el hordinario! No, amiga, es necesario que las Probinçias estén dando siempre como campanas, porque Provinçia que no da es como Relox, que, en dexando de

Dar, muere. Y nosotros los adbitristas servimos de despertadores eternos y nos estiman tanto algunos ministros quanto nos aborreçen los pueblos. Y no me espanto que los unos y los otros, y yo el primero, no miramos sino el propio interés.

Yo le dixe: amigo, interés que es contra el próximo y contra la conçiençia nunca es bueno.

Conçiençia? me respondió. Qué es conçiençia? Dónde vive? Qué oficio tiene? y de dónde viene? conçiençia pides a un adbitrista? Lo mismo te puedo responder que Cayn respondió a Dios quando le preguntó donde estava su hermano Abel (que dixo): soy su guarda por ventura? La conçiencia, hermana, es la comodidad de cada uno; si ésta buscas, la hallarás en todos los que viven y mueren debajo del Sol. En gracia me ha caído pedir conçiençia a un adbitrista! Quando la conçiençia no consiente llevar un maravedí al próximo y nosotros venderemos al próximo por una blanca. Yo soy el Alma del Cuerpo de haçienda. Sirvo como vasallo leal; desvélome por inposiçiones grandes, engordo con los tributos, y poco a poco de asiento en asiento, espero una señoría —título que en Italia se da a un sastre— y creo que he de ser Conde de los Adbitrios, una villa que está pared y medio del Ynfierno dos dedos. Y porque te desengañes del herror en que estás, y conoscas que los Adbitristas es gente cuerda y noble, repara en mis obras:

Yo no salgo a robar por los caminos la haçienda; en mi vida levanté falso testimonio por ella; no deseo el bien del próximo en particular (en general sí), ni se hallará que dí cuenta falsa (en la suma digo), al Consejo. Todas fueron aprobadas por los contadores de haçienda, y la que he ganado ha sido con mucha honrra, y ninguno puede dezir que me levanté publicamente con ella, porque secretamente la traje a mi casa. Las ynpusiçiones, yo no las heché, veanse las plemáticas, y si me nombrare alguna dellas, que me cuelguen! Yo no entré en casa de hombre ni mujer diçiendo: págame este tributo, sino: paga este tributo a quien puede pedillo. Léanse mis cartas de pago y vean en nombre de quien recibía los milliones que cobrava. Todo lo que hize fué dar la forma de cómo, quando y de quién se havía de cobrar. Pues por este pecadillo que no pesa un adarme, me tengo de condenar? Calla, bobilla, alma desalmada! y sin ánimo ¡calla! que en Valle de Josapha nos hemos de ver todos, y confío en Dios que a de aver misericordia para mis adbitrios. Yo espero la salbaçion espiritual por dos cosas: la primera y principal porque soy Cristiano y la segunda porque antes que me muera, pienso hazer un asiento con los pobres, dándoles lo que no puedo llevar a la otra vida. Enfin, yo me entiendo, esto basta, mucho digo, punto en boca, obrar bien que Dios es Dios, manos a la obra, Adbitrios, y a ello! Que no es justo que falte a mi natural, ni pierda ofiiçio tan honrrado por quatro tizonadas más o menos, pues como otros ban a Roma por todo, yo iré al Purgatorio y no al Ynfierno, porque sé que los diablos no me han de querer reçebir, temiéndose de los adbitrios, que podré dar a Luzifer.

Buen adbitrio me dió el pecado, dixe, a mi entendimiento, para yr dónde éste dize. Quiso Dios que aquel día murió desastrada y ensastradamente a manos de un adbitrio que avía dado al médico sobre cierta sangría que le hizo. Ubo adbitros de enterralle ascuras, por lo bien que le estava. Diéronle su mala sepoltura, y en ella escribieron estos versos:

Dézima

No soy ni fuí Galalón,
Menelao, Architophel,
Bellidodolfos, Luzbel,
Caco, Iudas, ni Simón:
No soy Tiberio, Nerón,
Simón Mago, ni Herodista,
Caligula, Anabatista,
Dionisio, Diocleziano,
Ni el Apostata Iuliano:
Pero soy un Adbitrista.

Cotejado con la 2ª ed. «purgada de las erratas ortográficas», Rohan [sic], M.DCLXXXIIII.

Apéndice V

Fernández de Ribera, *Mesón del Mundo*
(Madrid, 1631, fols. 39v-48r)

[Entra el narrador en su dormitorio del *Mesón del Mundo:*]

...y queriendo informarme de si entre los colchones auia algun volcán de chinches, levanté él de encima, y azia la cabecera hallé un papel doblado (descuido de algun huésded), luego creí que era oración contra aquella plaga, sólo eficaz con cuya era ... y abriendo el papel era de dos pliegos, atrauessado de rayas, y salpicado / de borrones. Conjuro es éste contra las chinches, dixe yo al punto que le vi, alboroçado; pero leyéndole, vi que dezía al principio.

ARBITRIOS

Para reducir el gouierno comun al buen estado, que ha menester, para viuir con seguridad de conciencia, y hazienda, assí en estos Reynos, como en los demás del Mundo, tomando cada vno lo que segun su naturaleza huuiere menester dellos.

Que hallándose quinientos mil inconuinientes, que se pondrán luego, surtirá el efeto su execución, que se experimentará en provecho universal de todos.

323

En acabando de leer el titulo desculpé en su autor la resistencia de las chinches, pareciéndome, que quien tenía el cerbelo apoderado de aquellos arrouos, no era possible que sintiese cosas aun mas penosas; y quise luego partirme tras él con lástima de su pérdida; pero dexélo, considerando que antes recibia beneficio della, pues le ahorraua la del tiempo, que gastaría en introducir lo que proponía sin prouecho: y passé a leer su poco de razón de estado, con que daua cabeça a sus arbitrios (o con que se quebraua la suya) que dezía:

Razon de estado es una Arte que enseña la conseruación, o aumento de las cosas de cada vno en particular, o de muchos en general, como se / reduzgan a vnión en las tres formas de gouierno. Esta consta de dos puntos essenciales, que son prudencia, y experiencia. Aquella no cae baxo de precetos, pero ayudase desta para obrar, y una sin otra no podrá conseguir perfetamente su fin. La experiencia es de dos maneras, o propia, o agena. Esta la hemos de aprender de otros, y de nosotros aquella, con vn mismo intento; que es de huir lo qune nos causó daño, y seguir lo que nos acarreó prouecho. Muchos Políticos se han persuadido engañados, a qué esta Arte no ha de tener límite en su uso, estendiéndole a lo que contradize a la misma razón, y a la verdad, error que antes induce destruición, que preuiene perpetuidad, pues teniendo el entendimiento por objeto a la razón: todo lo que saliere desta no se podrá gouernar por aquel; y no interuiniendo el entendimiento en la disposición de la materia, necessariamente ha de faltar vno de los puntos en que estriua su perfección, que es la prudencia: y assi toda razón de estado, que no se funda en christiandad, será falsa aun fisicamente: porque no se fundará en preceptos de razón infalible por su calidad, como lo son los de la Ley de Dios. Y moralmente hablando, quando los accidentes desdigan de las diligencias, no sale la acción defraudada, pues se cumplió con ella en los medios, sin perder reputación: y siempre se grangea el mérito de la conformidad con la voluntad diuina: y ninguna ley por libre que sea en su profesión para esto, es dueno de la fortuna, ni mide con su aluedrío los sucessos, de quien sólo Dios es dueño. Conforme pues a esta Arte no sólo nuestro talento está obligado al bien, y estado particular propio, pero de la manera que no ay miembro en nuestro cuerpo humano, que no ayude como dependiente por ínfimo que sea en su colocación; al todo con el caudal de su ministerio. En el cuerpo místico de la Republica, deuemos todos, por humildes que seamos, rendir como miembros suyos lo que pudieremos en correspondencia, por la reciprocación del provecho para su conservación, ya que para su aumento no valgamos; si bien no tendra vigor para su aumento, quien no atendiere a su conseruación con modos proporcionados y eficaces. Estos son los arbitrios del buen gouierno; y estos ofrezco yo con zelo de hijo de mi patria, si bien miembro della él más humilde, y oluidado: Aunque por ser tan uniuersal la necessidad dellos, podrán ser comunes en su aduertencia a todo el Mundo.

ARBITRIOS

1. *Primeramente, que no se guarden las leyes.*
2. *Que para que no se quiten capas se quiten.*
3. *Que para que no haya cuartos tantos se hagan cuartos.*
4. *Que se corte una cuerda.*
5. *Que se quite la noche mas larga del ano.*
6. *Que no usen cuero en cosa alguna los que administran justicia y hazienda agena.*
7. *Que se deshaga un montón.*
8. *Que se corten los braços.*
9. *Que no tengan cara los poderosos.*
10. *Que no se escriua.*
11. *Que no se usen sones.*
12. *Que no se haga la barba.*

A los tres primeros arbitrios, o aforismos políticos, creí que solicitaría este hombre la cura de la Republica con medicinas contrarias, desengañado de la rebeldía del mal a las ordinarias que se le auían aplicado, o que con hastucia quería obligar al Mundo a no obedecer por preceto lo que se le aplicara por remedio: pues obrando al reués de lo que se le propusiera, vendría a dar con el acierto de lo que auia menester: y entrándome por los demás, le marqué por frenético / hasta que passando de todos, hallé la explicación dellos, que es esta.

Explicación destos arbitrios para su mejor inteligencia

1. *Que no se guarden las leyes.* Sino que se executen de manera que las tengan todos en la memoria con la observancia por su respeto, y no en el cofre para desprecio en su olvido. Que mas vale que los hombres se guarden de las leyes, que las leyes de los hombres.

2. *Que para que no se quiten capas se quiten.* Porque con capa de virtud, modestia, y otras acciones en si buenas y loables por su calidad, y adulteradas de la malicia, se quitan muchas haziendas, y muchas honras; y la verdadera virtud parece descrédito mal / merecido de quien la posee con buen título: y assí las capas, que examinadas no fueren de tela fina en sus géneros, se quiten, y ande en cuerpo terreno meramente toda alma que estuviere desnuda de los requisitos de limpia.

3. *Que para que no aya tantos quartos se hagan quartos.* Que execute este castigo en quien los entra.

4. *Que se quite la noche mas larga del año.* Esto ha venido a hazerse con las muchas cosas que se hazen noche, aunque passen en medio del día, y con alumbrar dellas el rigor se deshará su engaño, y sera facil con la luz de la razon.

5. *Que se corte una cuerda.* o se baxe al suelo. Esto es por lo mucho que oy passa por baxo della, y se le passa / por alto al remedio: porque ella esta tan subida, que da lugar a cosas muy grandes.

6. *Que no usen cuero en cosa alguna los que tienen a su cargo administración de justicia o hazienda agena.* Por que no salgan del de las correas, que son tan anchas ya como las conciencias; pues se hazen bolsas dellas, que parecen Turcas en la liuertad de la labor y no se halla de que hazer çapatos, ni lo demás necessario para el vso de la vida.

7. *Que se deshaga un montón.* Este es adonde se echa el seso tantas vezes para juzgar, y con deshazerlo a el, se harán dos cosas muy importantes. La una juzgarse con buen fundamento, y la otra repartirse el seso, que allí se ha echado (como en erario o monte / de piedad) entre tantos como le auemos menester en el Mundo.

8. *Que se corten los braços.* Estos son los que dan la mano, a quien de la sangre de los agenos les alimenta a ellos, para no caer, haziendo en fee suya muchas prueuas (tan peligrosas sin este fauor) de las fuerças de su malicia, y los que huuiere hechos, o permitiessen hazerse, se gasten solo en los que los pierden en la guerra, siruiendo a sus Reyes, o se les caen en la paz desconfiados del empleo de sus talentos.

9. *Que no tengan cara los poderosos.* Por los muchos que ay tan miserables de ánimo, en executar sus ministerios, que guardan hasta las caras agenas, sin osar descubrir aun las suyas; y no auiendo caras que guardar, no tendrá el zelo que temer.

10. *Que no se escriua.* O que se junten tanto los ringlones, que baste para no passarse entre ellos tantas cosas aun de las mismas que se escriuen, que con esto se hará buena letra.

11. *Que no se usen sones.* Porque en son de muchos bienes, se comete muchos males: y no es justo que la razón se toque a otro son que al de la verdad; instrumento bien templado de su naturaleza, y no para mudanças, en que baxe de su punto: y quando no resulte esta diligencia, por hazerse oy tantas cosas como son, y sin son, sino escusarse los que se introducen de incentivo en el vulgo para su peruersión, sera de grande importancia.

12. *Que no se haga la barba.* Esta prohibicion no ha de mirar quitar canalla tan enfadosa por su agudeza de pies / y prodigalidad de lengua, como los barberos: porque estos verdaderamente no hazen la barba, sino la quitan. Solo atienda la tal proposicion, a que haziendo la barba uno a otro, no se obligue a hazerle el copete para tener de que assir en la ocasion: Vso perniciosissimo, por lo que con ello se quita el camino a la corección, pues por la comprehension de la culpa no halla entrada la pena.

Y si juntamente se pudiera hallar manera para que no se hiziessen espaldas, aunque se guardassen en la ocasión a los amigos, seria de no menor consideración en su prouecho: porque si bien es de no poco daño y escándalo, que aya hombres que hagan por su mano, y vendibles por su interés, / cabellos, ojos, dientes, pechos, barrigas, y pantorrillas, no tiene los inconuenientes, que el hazerse espaldas unos a otros: pues tras ellas se cometen infinitos insultos, y se bueluen a tantas obligaciones; y muchos no sienten que se las deshagan, mereciéndolo: porque tienen quien se las haga, solicitándolo. Solo se permitan para echar a ellas cuidados, los que no pudieren llevar adelante; pero no los que pudren con los agenos.

Admire la nouedad de disponer los auisos, y boluilos a leer para rehazer el gusto: Porque la primera aprehensión pone mucho en las obras; y yo desta a su principio concebí aun menos sustancia, y repitiera la leción a no cortarme el intento Clara...

[Esta mulata Clara es la sirvienta del mesón, quien describe al anterior huesped como a]: un hombre de lazerado trato, aunque no de bolsa: porque ni paró en la cuenta, ni lo vio persona dende que entro, que vn moço que traía dixo, iba con un negocio de grandissima importancia a la Corte, y de que auia de sacar una gran cosa, con cuya esperança auia vendido vna possessión muy buena de que comía, y que venia a esta pretensión de muchas leguas que auia dende alli a su lugar. Bien auiado va, dixe yo entonces; pero más pienso que a perdido en el tiempo, y en la hazienda que mal barató, que en los arbitrios que se dexa:

y con esto quiça escapaua lo que huuiere quedadole que gastar de juizio y de dinero; pues se boluera hallandose sin ellos, aunque es imposible, que del sabor de referirlos, dexé de auerlos tomado de memoria: cada uno está tan pagado de sus obras como padre dellas que aunque no saque otro fruto, o premio que meditarlas, queda pagado, y contento, y las deste genero siempre embeuen en si la paga En tanto yo pensaba en el suceso del arbitrista [...].

Indice de nombres

Álamos y Barrientos: 129.
Alarcón: 115, 116, 121-126, 127, 131, 144, 147, 167, 176, 177, 206, 209, 238, 253, 254, 265, 266, 267, 277, 289.
Alba, duque de: 178.
Albornoz, Bartolomé de: 260, 267.
Alcalá Zamora, Niceto: 126.
Alemán, Mateo: 66-68, 181.
Amezúa, v. González de.
Andrade Benavides: 194.
Anes, G.: 203.
Aníbal, C. E.: 115.
Antonio, Nicolás: 173, 188.
Añover, Conde de: 50.
Argensola, B. L.: 29.
Arias Montano: 219.
Aristóteles: 86, 211, 214.
Arizmendi, 213.
Arrieta, v. Valverde Arrieta.
Asensio, E.: 103, 148.
Asensio, F.: 164.
Astrana Marín: 57, 78, 79, 99, 199, 200.
Atocha Maisterra: 204.
Audiguier, d': 55.
Auerbach, 148.
Ávila, Juan de: 27.

Balbi (o Balvi): 249.
Ballesteros, A. de: 83.

Bances Cándamo, 258, 288.
Baquero Goyanes: 148.
Barbadillo, v. Salas Barbadillo.
Barbón y Castañeda: 194.
Barlaymont, Conde de: 79.
Barrionuevo: 14, 52, 184.
Basso, Gerardo: 222.
Bataillon, Marcel: 148.
Beaumarchais: 213.
Belta (o Belthac, o Beltac): 177, 231.
Belzar (Welser): 239.
Bellorino: 224.
Belluga de Moncada: 226.
Bennassar, B.: 186, 229.
Bergman, H. E.: 146.
Berindoague: 174, 186.
Bobadilla, v. Castillo de.
Bocángel: 236, 253.
Boccalini: 56, 57, 93, 94, 155, 156, 171, 198, 239, 249, 252, 267, 272.
Bodino (Jean Bodin): 176.
Boisguillebert: 155.
Bona: 174.
Bonn: 238.
Botero: 176.
Bover: 173.
Braganza, Duque de: 201.
Braudel, F.: 239.
Brenes, C. O.: 126.
Bruerton: 122, 126.

Cabezón, Cristóbal de: 58.
Cabrera y Córdoba: 14.
Caja de Leruela: 243.
Caldera, E.: 114.
Calderón, Rodrigo: 115.
Calderón de la Barca: 26, 28, 29, 30, 31.
Calvin: 27.
Camerino, José: 134, 150, 210, 276-288.
Camerino, Pedro Juan: 286.
Campomanes: 174, 203, 242.
Canga Argüelles: 44, 93, 179.
Cánovas del Castillo: 36, 53.
Cantel, R.: 201.
Carande, R.: 239.
Cardona, Tomás de: 179, 180, 189-191, 222, 226, 227, 228, 233, 245.
Carducho: 46.
Carlomagno: 113, 199.
Carlos II: 172, 194.
Carlos V: 83, 213.
Carranza, Alonso de: 191.
Carreño de Miranda: 213, 225, 227, 231, 233, 235.
Carrera Pujal: 12, 17, 44, 174, 175, 186, 191, 230, 239.
Carrillo, Alonso: 163.
Casalduero, J.: 71.
Casares, Julio: 25, 40.
Casas, Bartolomé de las: 26, 46.
Castellanos: 224.
Castellón, Juan: 178.
Castilla, Luis de: 188.
Castillo de Bobadilla: 213.
Castillo Solórzano: 14, 33, 88-92, 103-107, 109, 149, 150, 165, 166, 167, 169, 222, 231, 266.
Castro, Américo: 261, 262.
Castro, Guillén de: 30, 277.
Catizón: 199.
Cavillac: 68.
Ceballos, Jerónimo de: 87.
Cela, C. J.: 52.

Cellorigo, v. González de Cellorigo.
Centurión: 249.
Cervantes: 11, 13, 16, 18, 29, 30, 32, 33, 43, 48, 49, 51, 53, 54, 55, 60-71, 79, 81, 85, 89, 149, 150, 156, 162, 165, 166, 167, 169, 170, 171, 172, 176, 177, 186, 197, 202, 203, 204, 205, 206, 232, 238, 258, 260, 263-264, 266, 289.
Céspedes y Meneses: 242.
Cicerón: 214.
Cisneros, Francisco: 226.
Colmeiro, Manuel: 11, 16, 17, 36, 38, 39, 44, 53, 154, 155, 173, 185, 188, 196, 240, 241, 243, 259, 260, 275, 289.
Colón, Cristóbal: 117, 275.
Combi, Jerónimo: 193, 200, 227, 244.
Corominas, Joan: 25, 26.
Correa, E.: 94.
Costa, Joaquín: 186, 261, 262.
Cotarelo y Mori: 14, 57, 88, 91, 115, 149.
Covarrubias, Sebastián de: 24, 26, 27, 29, 35, 37, 38, 46, 248, 293.
Cros, E.: 148, 181.
Crosby: 267.
Curia, fray Reginaldo de: 201, 213, 218, 223, 227, 235.
Cuypar: 193.

Chumacero y Carrillo: 283.

Dávila y Lugo: 288.
Delgado: 234.
Denis, Serge: 124, 125, 177.
Deleito y Piñuela: 149.
Deza, Lope de: 195, 204, 207, 214, 217, 254, 259, 262, 263, 290.
Diógenes: 291.

Domínguez Ortiz, Antonio: 12, 174, 250.
Doria: 239.

Ebersole, A. V.: 240.
Elliott, J.: 186.
Enríquez, Francisco: 15, 135, 259, 267, 280-281.
Enríquez Gómez: 15, 58, 271-272, 315-322.
Ernout: 25.
Esquarzafigo: 249.
Espejo, Cristóbal: 11, 44, 174, 239.
Espinel, Vicente: 258.
Estapé, Fabián: 53.
Estobeo: 281.

Fano: 286.
Faría y Guzmán: 196, 215, 216, 226, 230.
Felipe II: 11, 36, 55, 83, 164, 172, 179, 182, 197, 198, 227, 238, 244, 245, 261.
Felipe III: 12, 50, 172, 178, 227, 241.
Felipe IV: 12, 172, 183, 241, 282, 283.
Fernández, Tomás: 126.
Fernández Álvarez, Manuel: 44.
Fernández-Guerra: 115, 116, 125.
Fernández de Paredes: 58.
Fernández de Ribera, Rodrigo: 85-88, 97, 105, 123, 128, 166, 323-329.
Fernando el Católico: 276.
Ferrari, Ángel: 276.
Flores, Xavier: 197.
Flórez, fray Pedro: 235.
Frankl, V.: 94.
Fúcar (Fugger): 239.
Fuertes y Biota: 129.
Furetiere: 155.

Gaffiot: 25.
Gallardo, Bartolomé José: 52.

García (inventor): 76, 235.
García, S.: 29.
García de Herrera: 226.
Gili Gaya, Samuel: 30, 55, 56.
Godoy, Pedro de: 31, 152, 170, 232.
González, Pedro: 40.
González de Amezúa: 13, 16, 17, 49, 60, 260, 264, 277, 289.
González de Cellorigo, Martín: 185-187, 213, 217, 222, 226, 229, 243, 259, 290, 292.
González Palencia, Ángel: 11, 174, 251.
Gracián, Baltasar: 15, 33, 52, 93, 129, 135, 154, 156, 176, 213, 255, 257, 273, 275, 276, 289.
Granado: 28.
Gutiérrez, Alonso: 177, 213, 222, 227.
Gutiérrez de Cuéllar: 234.

Heabler: 238.
Hamilton, E. J.: 11, 17, 44, 101, 174, 186, 190, 229, 239, 240, 250, 290.
Hartzenbusch: 115, 116.
Hauser: 43.
Heckscher: 155.
Henín, Jorge de: 58, 230.
Henríquez Gómez, v. Enríquez Gómez.
Herrera, v. Pérez de Herrera.
Herrera, Gabriel Alonso de: 41.
Herrero García, Miguel: 12, 84.
Hurtado de Mendoza: 28.

Idíaquez: 178.
Iglesia, Álvaro de la: 102.
Iglesia, F. de: 239.
Imbrea: 250.

Jáuregui: 288.
Juan II: 115, 117.
Justiniano (Giustiniani): 250.

La Barrera: 14, 107, 146.
Labourdique: 68.
La Harpe: 146.
Lapeyre: 239.
Larraz José: 12, 17, 44, 174.
Larrieu, Robert: 55.
Las Casas, v. Casas.
Lastanosa: 176.
Latassa: 173.
Lázaro Carreter: 51, 58, 78, 79, 83.
Law: 260.
León, fray Luis de: 28.
Lerma, Duque de: 115, 207, 246.
Levi, Ezio: 276, 282.
Lezcaro, Esteban de: 39.
Licurgo: 125, 147, 209.
Lida, R.: 96.
Liñán y Verdugo: 33, 41, 46, 51, 54, 74, 75-78, 84, 86, 90, 143, 162, 169, 170, 171, 264-265, 266, 297-300.
Lisón y Viedma: 192, 214, 226, 256, 270.
Lista: 126.
Littré: 27.
López, Arsenio: 39.
López, Íñigo: 40.
López Madera: 242.
López de Polanco: 40.
López de Zárate: 277.
Luján, Mateo: 68.
Luna, Álvaro de: 101, 115, 147, 149.

Mancini, G.: 114, 115.
Marañón, G.: 129, 226, 246.
Maravall, J. A.: 71, 129, 215, 263.
Mardones: 50.
María Estuardo: 198.

Mariana, Juan de: 177, 291-292.
Márquez, Javier: 173.
Márquez, padre Juan: 15, 135, 259, 267.
Martínez, Julia: 115.
Martínez de Mata: 184, 203, 214, 226, 241, 242, 250, 290.
Mártir Rizo, Pedro: 256.
Mas, Albert: 70, 198.
Matilla Tascón: 174.
Medina, Juan de: 181.
Medinilla, B. E. de: 288.
Melo, Francisco Manuel de: 28, 29.
Mena, Juan de: 120.
Mendoza: 198.
Menéndez Pelayo: 115, 126, 146, 271.
Menéndez Pidal: 71.
Mercado, fray Tomás de: 17.
Merola, Jerónimo de: 220.
Mira de Amescúa: 115.
Miranda Salón, Pedro: 234.
Miró, Gabriel: 52.
Molière: 56, 146, 159-160, 165, 220, 225.
Moncada, Sancho de: 17, 191, 214, 226, 242, 243, 290, 291.
Montalbán: 277.
Morby: 35.
Morel-Fatio: 56.
Moreto: 31, 33, 131-134, 151, 166, 170.
Morley: 112, 126.
Moro, Tomás: 260.
Mosquera: 28.
Muñoz Pérez, José: 52, 172.
Murcia de la Llana, Francisco: 192, 193, 201-202, 203, 211, 233, 250, 271.

Napoleón I: 149.
Narbona, Eugenio: 87, 129, 177, 197.
Navarro de Arroytia, B.: 24.
Núñez de Castro: 135, 267.

Oliste: 200, 244, 245.
Olivares, Conde-Duque de: 115, 183, 188, 201, 246, 258, 268, 270.
Olivares, Damián de: 226.
Orozco, Diego de: 40.
Ors, Álvaro d': 154.
Ortega, Andrés: 52.
Ortiz, Luis: 17, 44.
Osuna, Duque de: 115, 176, 200, 245.
Oudergheste: 203.
Oudin: 30.
Owen, Robert: 260.

Palafoz, Obispo: 92-93.
Palissy, Bernard: 143.
Pallet: 30.
Papin: 215.
Paz y Meliá: 14, 107.
Pedroso, Juan de: 223.
Pellicer de Ossau: 288.
Percival: 30.
Pérez, Antonio: 129, 207.
Pérez de Ayala, J. L.: 186.
Pérez de Guzmán: 26.
Pérez de Herrera, Cristóbal: 49, 51, 56, 68, 125, 180-182, 205, 213, 218, 220, 226, 227, 243, 259.
Pérez Pastor: 173.
Pérez del Pulgar: 26, 27, 28, 29.
Pérez de Sousa: 56, 93.
Pineda, Juan de: 28.
Platón: 86, 201, 214.
Polo de Medina: 33, 145, 151, 152, 165.
Pons, Gaspar de: 178-180, 187, 208, 210-211, 213, 214, 226, 290.
Porras, Jerónimo de: 226.
Poyo, Salustio del: 115.

Quadro, Felipe de: 215, 230.
Quevedo: 11, 13, 15, 18, 28, 30, 32, 33, 41, 45, 46, 51, 53, 54, 57, 58, 64, 78-85, 86, 89, 92-100, 107, 115, 116, 117, 118, 125, 128, 130, 133, 135, 140, 143, 144, 145, 149, 161, 162, 165, 166, 167, 168, 169, 176, 193, 197, 199, 200, 201, 205, 210, 211, 212, 216, 232, 235, 238, 239, 244, 245, 261, 262, 263, 267-272, 275, 289, 290.
Quiñones de Benavente: 146, 151.

Racine: 213.
Révach, I. S.: 58, 186, 213, 271, 272.
Reyes, Alfonso: 125.
Río, Martín del: 217.
Ríos, Blanca de los: 114, 115, 116.
Riquelme Rocamora: 282-285.
Rivas, Duque de: 52.
Rodríguez Marín, Francisco: 13, 68, 100.
Romera Navarro: 14, 129, 154, 155, 156.
Rossell: 175.
Rotis, van: 203.
Rufo, Juan: 163.
Ruiz de Alarcón, Juan, v. Alarcón.
Ruiz-González Linares: 240.
Ruiz Martín: 203, 239, 250.

Saavedra Fajardo: 15, 28, 29, 135, 273-275, 289.
Sáinz de Robles: 176.
Sáinz Rodríguez, Pedro: 12.
Salas Barbadillo: 34, 51, 71-74, 86, 91, 103, 130, 165, 169, 170, 171.
Salazar, padre Hernando de: 57, 251, 252.
Salomon, Noël: 243, 254.
San Agustín: 211.
San Gregorio: 214.

San Isidoro: 242.
San Román y Lezer: 194, 201, 222.
Sánchez Cerrudo, Alonso: 41, 76.
Sandoval, M. de: 75.
Santa Cruz, Melchor de: 163.
Santillana: 26, 27.
Santo Tomás: 211, 214.
Santos, Francisco: 14.
Sarrailh: 76.
Scanderbeg: 200.
Schlanger, J. E.: 220.
Schumpeter: 155.
Sempere y Guarinos: 174, 207.
Semple: 182-183, 191, 195, 197, 198, 199, 222, 225, 227, 231, 233, 235, 244, 245.
Séneca: 214, 263.
Serrano y Sanz: 50.
Sherley, A.: 197, 231.
Sierra Corella, A.: 182.
Simón Díaz, J.: 251.
Sitón, J. F.: 75.
Soldevila, Fernando: 258.
Solís: 28, 29, 30, 31, 46.
Solón: 121, 266.
Solórzano, v. Castillo Solórzano.
Somoza y Quiroga: 194.
Sosa, Luis de: 154.
Soto, Domingo de: 181.
Spínola: 239, 249, 250, 252.
Spitzer, Leo: 13.
Stevens, J.: 56.
Strata: 249.
Suárez de Figueroa: 29, 31.
Swift: 155.

Tácito: 176.
Targone, Pompeyo: 79.
Tirso de Molina: 14, 15, 30, 31, 34, 51, 114-120, 121, 123, 130, 149, 165, 167, 197, 261.
Torre Revello: 58.

Torres Amat: 173.
Torres Villarroel: 52.
Turriano, Juanelo: 46, 83, 197.
Tuttle: 58.
Tympio Mateo: 268, 272.

Ulloa Modesto: 11, 44, 60, 239.
Unamuno: 261, 283.
Urgorri Casado: 246.
Ustarroz: 93.

Valbuena Prat: 271.
Valencia, Pedro de: 50, 51.
Valverde Arrieta, Juan: 41, 242.
Valle de la Cerda: 188, 197, 203.
Vauban: 155.
Vega, Lope de: 15, 30, 31, 34, 40, 41, 43, 45, 87, 111-114, 126, 129, 150, 166, 176, 177, 197, 220, 238, 245, 249, 277, 308-314.
Veintin (Veyntin): 224, 228, 230, 235.
Vélez de Guevara: 13, 18, 58, 100-102, 165, 166, 277.
Viardot: 55.
Vieira, padre Antonio: 201.
Vilar, Jean: 71, 87, 192, 204, 270, 291.
Vilar, Pierre: 12, 44, 174, 175, 186, 239, 240.
Viñas Mey: 17, 174.
Vittori: 30.
Vives: 181.

Wartburg, Walter von: 25.
Wilson, M.: 115.
Williams, R. H.: 93.

Zabaleta: 14.
Zarco Cuevas: 11, 60, 174.
Zayas, María de: 277.
Zúñiga: 178.

Colección «Selecta»

Títulos publicados:

- • 1. Eduardo Spranger
  Psicología de la edad juvenil

- 2. Rudolph Otto
  Lo santo

- 3. Miguel de Unamuno
  Paisajes del alma

- 4. Poema de Mío Cid
  (versión de Pedro Salinas)

- • 5. Johan Huizinga
  El otoño de la Edad Media

- 6. Werner Sombart
  Lujo y capitalismo

- 7. Karl Jaspers
  Origen y meta de la historia

- 8. Adolfo Salazar
  Conceptos fundamentales en la historia de la
  música

- 9. Eduardo Schwartz
  Figuras del mundo antiguo

- 10. Angel Ganivet
  Los trabajos del infatigable creador Pío Cid

- 11. F. J. J. Buytendijk
  La mujer
  naturaleza-apariencia-existencia

- 12. José Ortega y Gasset
  Meditaciones del Quijote
  (comentarios de Julián Marías)

13. Wilhelm Dilthey
Introducción a las ciencias del espíritu

14. Julián Marías
Ensayos de teoría

15. Antonio Tovar
Vida de Sócrates

•• 16. Eduardo Spranger
Formas de vida
(psicología y ética de la personalidad)

17. Heinz Heimsoeth
La metafísica moderna

• 18. Karl Bühler
Teoría del lenguaje

• 19. Julián Marías
Introducción a la filosofía

20. Paulino Garagorri
Ejercicios intelectuales

21. José Antonio Maravall
Teoría del saber histórico

• 22. Julián Marías
El método histórico de las generaciones

• 23. Edmundo Husserl
Investigaciones lógicas (tomo I)

• 24. Edmundo Husserl
Investigaciones lógicas (tomo II)

25. Helio Carpintero
Cinco aventuras españolas

26. Julián Marías
Biografía de la filosofía

•• 27. José Luis L. Aranguren
Etica

28. Rafael Lapesa
La trayectoria poética de Garcilaso

*29. Carlos Castilla del Pino
La culpa

*30. Manuel García-Pelayo
Del mito y de la razón en la historia del pensamiento político

*31. Pedro Laín Entralgo
Teoría y realidad del otro (tomo I)

*32. Pedro Laín Entralgo
Teoría y realidad del otro (tomo II)

*33. Paulino Garagorri
Españoles razonantes

**34. Peter Brown
Biografía de Agustín de Hipona

35. José Antonio Maravall
Las Comunidades de Castilla

36. José F. Montesinos
Ensayos y estudios de literatura española

37. Enrique Lafuente Ferrari
Ortega y las artes visuales

38. Federico Hölderlin
El Archipiélago
(traducción y estudio preliminar por Luis Díez del Corral)

39. Juan Marichal
La voluntad de estilo
(Teoría e historia del ensayismo hispánico)

40. Karl Kerényi
La religión antigua

*41. Pedro Laín Entralgo
Sobre la amistad

42. Guillermo Díaz-Plaja
Culturalismo y creación poética

*43. Rosa Chacel
Desde el amanecer

°44. Joaquín Gimeno Casalduero
La imagen del monarca en la Castilla del siglo XIV

45. Dionisio Ridruejo
Casi en prosa

°46. Duque de Baena
El rompecabezas holandés

°47. Antonio Gallego Morell
Diez ensayos sobre literatura española

°°48. J. Vilar Berrogain
Literatura y economía

De próxima aparición:

49. Carlos París
Mundo técnico y existencia auténtica

* Volumen doble.
** Volumen triple.

PENGUIN BOOKS

THERE IS NO DOG

Praise for *There Is No Dog*

'Rosoff's supple and subtle writing is at its finest . . . One must simply revel in the joyful singularity of Rosoff's latest masterpiece' – Anthony McGowan, *Guardian*

'This confirms, yet again, that Rosoff can access that self-absorbed adolescent sensibility with remarkable accuracy and affection. Press this book into the hands of every feckless teenage boy you know' – *Daily Mail*

'The excellent Rosoff returns with a bracingly audacious idea: what if God were a 15-year-old boy? It might explain a few things . . .' – *Time Out*

'A wild, wise, cartwheeling explanation of life, the universe and everything. Given the glorious, eccentric, spectacular cock-up that is Planet Earth, the Creator can only have been a slack, male adolescent with a short attention span and an unruly sexual organ. I don't know why no one has worked this out before. It makes a whole lot more sense than particle physics. And, unlike Big Bang Theory, it's funny' – Mal Peet

Praise for *How I Live Now*

'A crunchily perfect knock-out of a debut novel' – *Guardian*

'This is a powerful novel: timeless and luminous' – *Observer*

'That rare, rare thing, a first novel with a sustained, magical and utterly faultless voice' – Mark Haddon, author of *The Curious Incident of the Dog in the Night-Time*

'Intense and startling . . . heartbreakingly romantic' – *The Times*

'A wonderfully original voice' – *Mail on Sunday*

'Readers won't just read this book, they will let it possess them' – *Sunday Telegraph*

'It already feels like a classic, in the sense that you can't imagine a world without it' – *New Statesman*

Praise for *Just in Case*

'A modern *Catcher in the Rye* . . . written with generosity and warmth but also with an edgy, unpredictable intelligence' – *The Times*

'Unusual and engrossing' – *Independent*

'Intelligent, ironic and darkly funny' – *Time Out*

'Extraordinary' – *Observer*

'No one writes the way Meg Rosoff does – as if she's thrown away the rules. I love her fizzy honesty, her pluck, her way of untangling emotion through words' – Julie Myerson

Praise for *What I Was*

'Rosoff's most perfect novel . . . It's already a classic' – *Sunday Times*

'Thrilling and sensitively told' – *Observer*

'This exquisitely written novel, complete with amazing twist, is the "teenage" book of the year' – *Irish Times*

'A wonderfully warm, witty, intelligent and romantic story
with a terrific whiplash in the tail. Textured, nuanced,
dramatic and atmospheric, *What I Was* feels like a future classic'
– *Daily Telegraph*

'Gently haunting' – *Metro*

'Compelling and all-encompassing . . . Sucks the reader
whole into its universe' – *Time Out*

'One of the best plot twists in a novel to be found this year'
– *The Herald*

'A beautifully crafted tale that seems, like its protagonist,
both enduringly old and fluently new' – *Los Angeles Times*

Praise for *The Bride's Farewell*

'Exhilarating . . . Every sentence is crafted and weighted with beauty'
– Amanda Craig, *Times on Saturday*

'An engaging, impeccably written novel'
– *Independent on Sunday*

'A poetically charged romance, full of thorny emotional dilemmas . . .
compelling' – *Marie Claire*

'Rosoff's writing is luminously beautiful' – *Financial Times*

'A wildly inventive romantic adventure' – *Red*

'It's not often that one comes across a book as richly detailed
and layered as this . . . perfect' – *Daily Telegraph*

'A highly polished gem' – *The Scotsman*

'This exquisitely written journey into freedom, love
and womanhood makes literature out of the pony tale'
– *The Times*

'*The Bride's Farewell* is a book that lingers in the mind' – *Irish Times*

'Pure Rosoff' – *Guardian*

meg rosoff

THERE IS NO DOG

PENGUIN BOOKS

PENGUIN BOOKS

Published by the Penguin Group
Penguin Books Ltd, 80 Strand, London WC2R ORL, England
Penguin Group (USA) Inc., 375 Hudson Street, New York, New York 10014, USA
Penguin Group (Canada), 90 Eglinton Avenue East, Suite 700, Toronto, Ontario, Canada M4P 2Y3
(a division of Pearson Penguin Canada Inc.)
Penguin Ireland, 25 St Stephen's Green, Dublin 2, Ireland (a division of Penguin Books Ltd)
Penguin Group (Australia), 250 Camberwell Road, Camberwell, Victoria 3124, Australia
(a division of Pearson Australia Group Pty Ltd)
Penguin Books India Pvt Ltd, 11 Community Centre, Panchsheel Park,
New Delhi – 110 017, India
Penguin Group (NZ), 67 Apollo Drive, Rosedale, Auckland 0632, New Zealand
(a division of Pearson New Zealand Ltd)
Penguin Books (South Africa) (Pty) Ltd, Block D, Rosebank Office Park, 181 Jan Smuts Avenue,
Parktown North, Gauteng 2193, South Africa

Penguin Books Ltd, Registered Offices: 80 Strand, London WC2R ORL, England

puffinbooks.com

First published 2011
This edition published 2012
001 – 10 9 8 7 6 5 4 3 2 1

Text copyright © Meg Rosoff, 2011
Every effort has been made to trace copyright holders. The publishers would like
to hear from any copyright holders not acknowledged.
All rights reserved

The moral right of the author and illustrator has been asserted

Set in 11.9/16pt Sabon by Palimpsest Book Production Limited, Falkirk, Stirlingshire
Printed in Great Britain by Clays Ltd, St Ives plc

British Library Cataloguing in Publication Data
A CIP catalogue record for this book is available from the British Library

ISBN: 978-0-141-32717-4

www.greenpenguin.co.uk

MIX
Paper from
responsible sources
FSC™ C018179
www.fsc.org

Penguin Books is committed to a sustainable
future for our business, our readers and our planet.
This book is made from Forest Stewardship
Council™ certified paper.

ALWAYS LEARNING   PEARSON

To Paul and Sally G,
without whom there
would be no dog

When his life was ruined, his family killed, his farm destroyed, Job knelt down on the ground and yelled up to the heavens, 'Why, God? Why me?' and the thundering voice of God answered, 'There's just something about you that pisses me off.'

Stephen King

1

Oh glorious, most glorious glorious! And yet again glorious!

The sun spreads warm and golden on Lucy's face and arms. Pale new leaves unfurl so fast she can almost hear the little sighs they make as they open. Birds tweet and twitter their social networks, like city workers seeking potential mates. A few tipsy clouds punctuate the sweet blue sky. The world reels, drunk with happiness.

Lucy nearly laughs out loud. What a wondrous day. The most wondrous day ever, since the very beginning of time.

She doesn't realize how much she herself adds to its perfection. Is it the summer dress printed with roses, which the breeze catches and flips up against her legs? Or merely the fact that Lucy is as perfect as a rose herself, a flower newly opened – so perfect, you can imagine the sun breaking every rule of impartiality to beam down upon her, alone.

What heaven, she thinks. What bliss! Whoever is in charge of the weather today has (for once) achieved perfection.

Her step is light. The distance from bus stop to work is short. She smiles, a half-grown girlish womanish smile that illuminates her lovely features. The sun paints soft highlights on her cheekbones and well-shaped mouth, sets her pale hair alight. She dreams about the summer months to come, the bright conversations, the long pink evenings, the possibility of love. Her youth, her smile, her happiness all combine, at this moment, to make her the most irresistible woman on Earth.

A young man walks some distance behind her. If he hadn't already made up his mind not to fall in love – with her or anyone else, ever again – he might run to catch her up. Instead, he slows his step and turns away, disliking her, for not very good reasons of his own.

Lucy fairly skips along, joyous. She passes a fountain and leans over into the spray, delighted by its sparkling rainbows. Then she straightens and resumes her walk, humming a little prayer, which is not so much a prayer as a hope, a private incantation: '*Dear God*,' she prays, '*I should like to fall in love.*'

But wait . . . what's this? Such luck! God (who almost never bothers listening to his people) overhears her prayer. Lucy's prayer!

Transported by her loveliness, he decides to answer it himself.

What a miracle! How much more than glorious! God, himself, is about to fall in love.

2

'Wake up!'

God is dreaming of water. In his dream there is a fountain, and a naked girl, and (of course) there is him. The water is warm, the girl willing; her flesh is soft. He reaches out a hand to caress her breast, curls his fingers instead round one slim arm . . .

'Wake. Up.' An edge of impatience accompanies the request.

Oh, Christ. It's that dreary Mr B – his assistant, private secretary, God's very own personal bore. And surprise surprise. B's spectacles have slipped down to the end of his nose and he has his sourpuss face on.

God is awake. He cracks open one eye. '*What?*'

'Go to the window.'

His head hurts. 'Just tell me.'

'Get up. Feet on the floor. Walk to the window. Look outside.'

With a huge sigh, a brain thick and slow as pudding, the boy sits up, swings his legs on to the floor, stands, sways for an instant and runs one hand through his hair (which he can tell, with annoyance, has all migrated to one side

3

of his head, as if he's been standing in a high wind). Groaning, he turns and pads wearily to the window, his feet bare and cold. The rushing noise is louder than it was. To his surprise, there is water where the streets used to be and for a moment he feels quite relieved that his bedroom is not on the ground floor of the building. 'Water,' he says, with interest.

'Yes, *water*.' Mr B's manner is mild, but he trembles with unexpressed feeling.

God struggles to make sense of the scenario. Why is there water in the streets? Did he make this happen? Surely not. He's been sleeping.

'Look over there.'

He looks.

'What do you see?'

Off the bedroom is a large bathroom, complete with toilet, sink, white marble tiles, large rolltop bath.

Bath.

The bath! God remembers now; he was running a bath and then, as he waited for it to fill, he lay down. Just for a moment. He must have fallen asleep. And while he slept, dreaming of that beautiful girl, the girl in the fountain, the bath overflowed.

'Oh.'

'Oh? Just *oh*?'

'I'll turn it off.'

'I've turned it off.'

'Good.' The boy heads back to bed, collapses.

Mr B turns to God with his customary combination of resignation and rage. 'I don't suppose you'd like to do something about the mess you've made?' Outside the window water rolls through the streets.

'I will,' he mutters, already half asleep. 'Later.'

'Not later, *now*.'

But God has pulled a pillow over his head, signalling (quite definitely) that there is no point going on at him.

Mr B fumes. God is dreaming of soapy sex with his fantasy girlfriend while the rest of the world drowns in the bath. His bath.

It is always like this. Day after day, year after year, decade after decade. And on and on and on. Mr B (more than a personal assistant, less than a father figure – a fixer, perhaps, facilitator, amanuensis) sighs and returns to his desk to go through the mail, which (despite being dealt with on a daily basis) has a tendency to pile into vast teetering towers. He will choose one or two prayers and make an attempt at urgent action. He does not show them to God, for the boy's ability to concentrate is minimal at best.

Occasionally a voice leaps out from the torrent of prayers and moves him by simple virtue of its sincerity. *Dear God, I should like to fall in love.*

An undemanding little prayer. From just the sort of sweet girl he would like to help, in the first place – by making sure God never lays eyes (or anything else) on her.

But God has a bloodhound's nose for a gorgeous girl, and before Mr B can hide the prayer the boy is out of bed and peering over his shoulder, snuffling at the prayer as if it's a truffle, practically inhaling it in his anxiety to get his hands on . . .

'Who is *she*?'

'No one. A dwarf. Short, hairy, old. A troll. She grunts, she snores, she stinks.'

But it's too late. He's seen her. He watches Lucy in her thin summer dress as she walks through the dappled morning light – *his* light – her round hips swaying, her pale hair aglow. She is exquisite. Flawless.

At that exact moment, there is a blinding flash of light. It is so intense that for a moment the world disappears.

'I'll have her,' says God.

When Mr B manages to open his eyes once more, the expression on God's face makes his heart sink. It is twelve parts moony love, eighty-three parts sexual desire, and ten and a half million parts blind determination. Oh, *please*, Mr B thinks, not a human. Not *another* human.

He is filled with despair. God's passion for humans always leads to catastrophe, to meteorological upset on an epic scale. What is wrong with the boy that he can't get it up for some nice goddess? Why, oh why, can't he pursue a sensible relationship, one that will not end in disaster?

Mr B could weep. Attempting to talk God round is as useful as trying to reason with a squid. He will pursue Lucy until his lust wears out, or until some vast geological disturbance erases her from the Earth. Mr B has seen it all before. Earthquakes, tsunamis, tornadoes. God's unique inability to learn from his mistakes: yet another wonderful trait he's passed on to his creations.

Happy now, the boy drifts back to bed, where he dozes, conjuring filthy scenarios around the girlfriend he hasn't yet met.

3

In the beginning God created the heaven and the earth.

Only it wasn't as simple as that. The preferred candidate for God withdrew at the last minute saying he wanted to spend more time with his family, though privately everyone suspected he was having second thoughts. You couldn't really blame him. Earth was badly positioned – miles off the beaten track in a lonely and somewhat rundown part of the universe. At a time of high employment, not many top-level candidates were willing to take on a tiny unproven planet, not to mention the whole creation rigmarole, which, when done properly, could be a real headache.

The job posting had attracted barely a handful of candidates – most too young or too old, the rest so under-qualified that they never made it to interview. The only serious applicant, a middle-aged man known as candidate B, had a solid but unexciting record in middle management; when he appeared before the board to state his credentials, his quiet, somewhat professorial manner failed to generate enthusiasm. Agreement could not be reached.

The hours ticked by. With a deadline upon them, the committee required a decision. But the administrator was going through a messy divorce, and the team that should have been sorting out Earth's management was busy with other projects. The final day of the tender arrived with no one to take the position. Tempers frayed, minds wandered and at last one of the board members offered the job as part of a bet on a not very good game of poker. The player who won, promptly turned it over to her feckless teenage son. Bob.

Bob's credentials (non-existent) did not impress. But the general sense of exhaustion and indifference was such that no one could really be bothered to argue. And, anyway, he might turn out to have great potential. Stranger things had happened.

What swung the deal at last was the suggestion of a sort of coalition – between the unproven son and that stuffy old codger, Mr B. It being so late in the day, everyone expressed enthusiasm.

'All in favour?'

The motion carried. Bob's mother informed him of his excellent good luck and B was told to jack in his current job and prepare for transfer. Two of the governors took him aside and explained his role – he would, they said, have a good deal of responsibility, given how inexperienced the other appointee was. 'We think you'll work well together.'

The fact that the job had not gone entirely to Mr B was a terrible blow, final confirmation that the career ambitions he had treasured quietly over the years had come to nought. Had he been too introspective, not ruthless enough? Had he been wrong to assume that years of competent, responsible service would attract notice?

The sinking feeling that Mr B experienced at his first meeting with the new boss did not augur well. The boy was arrogant, badly brought up and monosyllabic, patently uninterested in sharing the job and unembarrassed by his general ignorance. Mr B had been around long enough to know that start-ups were tricky operations, not to be bartered casually in poker games or entrusted at random to someone's chippy know-nothing son.

Oh well, he thought. If the boy fails, it'll be his problem, not mine. But in his heart Mr B knew this was untrue. If things went well, the kid would get all the credit. If not, he, himself, would get the blame. He hoped the committee would be proved right about Bob – hoped his energy and creativity would somehow make up for what looked, on paper, like a lamentable lack of experience. Mr B shut his eyes and hoped against hope that somehow it would all turn out fine.

He had lived long enough to grasp the danger of hope.

4

Lucy enters the zoo through the employee turnstile.

She has worked here three months and, though it is not a particularly large or sophisticated zoo, she loves it dearly, considers herself among the very lucky to have landed such a job.

'I shouldn't be telling you,' whispered the human resource manager, 'but more than ninety people applied.'

The team that runs the zoo consists of just two senior keepers and six juniors. They specialize in families and school groups and have only last month received a commendation for services to education. An environment this intimate resembles a family and, in the manner of all families, the zoo is not without its petty politics. But Lucy is not attracted to trouble, and wakes up every morning delighted with her lot.

All of this she considers as she changes into her blue overalls and hauls the metal zip up and over her chest, pushing a stray lock of hair behind one ear.

'Hello, Luke.' She addresses the senior keeper, a bit nervously. 'Shall I start on reptiles this morning?'

'Your call,' he answers briskly, without turning to look at her.

Luke is the flaw in Lucy's happiness. At first she thought he might be shy, or perhaps socially awkward. But lately she has noticed that he seems perfectly able to share a laugh and a drink with just about anyone but her. She is not the sort of girl accustomed to making enemies, and it is a point of private puzzlement that his face, when he looks at her, is stony.

She is not to know that her appointment irritated him greatly. He feels certain that if he'd been involved in the hiring process, one of the other applicants would have triumphed – for surely her good looks trumped more qualified candidates.

On this basis, he has made it his policy to avoid her, determined not to be suckered into her circle of admirers. Positive reports of her performance he discounts as motivated by infatuation, a sort of mass hypnosis among the staff. One slip, he thinks (ignoring an accumulating pile of evidence that she might, after all, be quite good at her job), one slip, and he'll insist that they replace her with someone proper.

'Good morning, beauties.' Lucy aims her greeting at a wall of glass vivaria as she unlocks the door to the reptile kitchen. She wrenches the heavy freezer lid up and pulls out a frozen block of embryonic chicks, placing them on a metal tray to thaw. 'Breakfast,' she murmurs, with a little grimace. 'Yum.'

In the first glass box, she lifts a sixty-centimetre corn snake aside gently and scrapes out his soiled bedding with a trowel. The bulge in his neighbour's stomach from yesterday's mouse is still visible. The boa can be churlish while digesting, so she leaves him, moving along the row to update feeding charts. She pokes at the thawing chicks with a fork; three or four minutes in the microwave will sort them out.

Lucy loves snakes, loves the sensual skim of them against her skin, like silky leather. She doesn't love defrosting their meals, but on balance it's a small point. At least the monkeys, God bless them, eat fruit.

By the time she has finished reptiles it is mid-morning. She is desperate for a cup of coffee. Emerging into the bright spring day, she blinks rapidly; her pupils shrink and for a moment the world darkens. When she can see again, she looks left and right, a little anxiously. It has become a habit, she realizes, one that annoys her greatly – this seeking to avoid Luke.

The coast is clear and she crosses over to the staff room, which at this hour is nearly empty. Oh, please let there be coffee in the pot, she thinks, but there is none. And so she rinses it, removes the old filter and sets about making fresh, glancing at her watch as she fills the machine. She has time, just, to get the monkeys fed by lunchtime.

Lucy hears voices, and turns to see Luke and his assistant, Mica, passing the window. They are laughing together and she freezes against the wall like a rabbit, hoping to make herself invisible. *Don't come in*, she prays, and slumps a little with relief when they don't.

How is it that he makes me feel guilty about a cup of coffee, she thinks angrily. Like I'm skiving? Like I make a habit of bunking off work?

She fetches milk from the fridge, trying to view Luke objectively, to imagine what others see in him – entirely without success. Mica thinks he's good-looking but Lucy can't see it. With that personality? The coffee machine pings.

She pours, adds milk and gulps it down as quickly as possible. Oh well, she thinks, a little ruefully, I suppose that's life. And anyway, things change. He could get a new job tomorrow, move on, find some other innocent hard-working employee to dislike for absolutely no good reason at all.

Draining her cup, she rinses it and runs a sponge quickly over the worktop. Back to the grind, she thinks, and despite herself she laughs. What a dimwit I am. Best job in the world and all I can think of is the flaw.

As she steps out into the light, Bob watches her, shivering with devotion.

Bob's talent, such as it is, consists entirely of the few unconscious charms of youth: its energy, audacity and complete
inability to recognize its own shortcomings.

Mr B has means to cope. Routine, for instance. Every day
begins the same, with two slices of rye toast, unsalted
Normandy butter, raspberry jam, two poached eggs, strong
coffee. And for the boss, at whatever hour he happens
to wake, hot tea and half a box of Coco Pops. Bob's pet
stands by the edge of the table willing food to tumble off
into his mouth. He is an odd penguiny sort of creature with
the long elegant nose of an anteater, beady eyes and soft grey
fur. The Eck is always hungry; no quantity of leftovers can
fill the eternal emptiness of his gullet.

From Bob's room, Mr B can hear thrashing and sighing.
Since the discovery of Lucy, God has slept fitfully, unable to
escape the iron jaws of sexual desire. The transformation
from needy teenager to weapon of mass destruction is nearly
complete.

Eventually he wakes. With a sigh, Mr B gets up from his
desk and carries tea to Bob's bedside because it is his job to
do so.

'It's noon, sir.'

'Oh, *sir*, is it?' He's cranky. 'Wasn't *sir* yesterday, was it?'

'The flood?'

Bob screws up his face and farts. '*Your* job is to know in advance that I'd forget to turn off the bath.'

'Eck?' Eck looks from Bob to Mr B, hoping for a fight.

But there will be no fight. The older man may not accept responsibility for the calamity, but Bob does not actually care.

God pouts. His thick adolescent hair has fallen over one eye, and his skin has the greyish tinge of someone who doesn't leave the house often enough. Yesterday's bath would have done him good.

'Your clothes, O Holy Master of All.' Mr B bows and hands him a sweatshirt with a large sporting-goods logo on it, which Bob dutifully pulls over his head. He hasn't changed out of the same T-shirt in what might be a week now.

'Any progress on the girl?' He tries, and fails, to sound casual.

'None at all, nothing, nada,' says Mr B. 'Doesn't know you're alive, as far as I can tell.'

'*Why* doesn't she know I'm alive?'

Mr B can feel a strop brewing. He feels obliged to assist Bob in every endeavour – but not unduly, not enough to complicate his own miserable existence. He sighs. 'Why not be upfront about it, let her know you're up for a bit of squishy woo-woo and see what she says?'

A look of quite superior contempt suffuses the boy's features. 'She's not the sort of girl you can get into bed as easily as that.'

Oh really?

'Can't *you* tell her?' Bob's contempt dissolves to oily supplication. '*You* can make her like me. I know you can. You've done it before.'

'Not any more,' Mr B answers. 'I've resigned from pimping. It's not in my job description.' In point of fact, he has no job description, or if he ever had, it was so long ago that the details have been lost in the mists of time.

'I can *make* you help me.'

The look of petty menace on the boy's face makes Mr B shudder. It is difficult for him to imagine that any woman finds Bob attractive.

'Go out and tell her how you feel. Or you'll end up wanking alone in your room till the end of time. The worst that can happen is she rejects you.' He knows this to be particularly cruel, for rejection is what the boy fears most.

Bob looks glum. 'How do I find her?'

'Zoo. Tuesday to Sunday, 9 a.m. to . . .'

The noise that emerges from God's mouth resembles a wail. 'I never know what to do in one of those animal places. How do I get in? What do I say? *What if she doesn't like me?*'

'Buy a ticket. Visit the hippos.'

Bob storms out and slams the door. He feels beleaguered. In the old days, they wouldn't be having this discussion. In the old days, he snapped his fingers and things happened.

He hates the way things are now. It is *so unfair*.

Eck tilts his head and gently licks Bob's ear with his long sticky tongue. It is his special way of expressing sympathy and it is not effective.

6

In the beginning, the earth was without form and void and the darkness was upon the face of the deep. And the spirit of God moved upon the face of the waters. And God said, 'Let there be light,' and there was light.

Only it wasn't very good light. Bob created fireworks, sparklers and neon tubes that circled the globe like weird tangled rainbows. He dabbled with bugs that blinked and abstract creatures whose heads lit up and cast long overlapping shadows. There were mile-high candles and mountains of fairy lights. For an hour or so, Earth was lit by enormous crystal chandeliers.

Bob thought his creations were very cool.

They *were* very cool, but they didn't work.

So Bob tried for an ambient glow (which proved toxic) and a blinding light in the centre of the planet, which gave off too much heat and fried the place black. And finally, when he curled up in the corner of the nothingness, tired as a child by the harebrainedness of his efforts, Mr B took the opportunity to sort things out – with an external star, gravity, roughly half the cycle in darkness and half in light so that there was a Day and a Night. And that was that. The evening and the morning were the first day. Not fancy, but it worked.

All of this happened while Bob napped. When he awoke, light was no longer an issue, and he'd mainly forgotten about it in any case. He'd moved on to waters and heavens, dry land and great oceans. Mr B hadn't ever seen anything like it, but he shrugged. Why not? Maybe the kid had some kind of a plan.

And Bob said, 'Let the earth bring forth grass and the fruit tree,' and it did, and Mr B had to admit that many of the fruits were inventive and delicious, with one or two exceptions – pomegranates, which seemed to be all form and no function, and lemons, which caused his mouth to purse up like a duck's anus and caused Bob to howl with laughter until he fell over into the oceans and had to scramble spluttering to safety.

Bob looked at all he'd done so far and saw that it was good. And he said, 'Let the waters bring forth abundant species of fish-like creatures, and fowl ones too.' And, boy oh boy, did Bob go to town on the creatures. He put spines on some, and strange colours on others; he added feathers and scales, and sometimes feathers *and* scales; and savage sharp teeth and beady eyes on some, and sweet expressions and razor-sharp claws on others. Some of the fowl were lovely to look at, with long graceful necks and luxuriant plumage, but others had the most idiotically large feet, or wings that didn't work.

Having neglected to create food for the carnivores, they began to eat one another almost immediately, which disturbed Mr B and didn't seem to be a temporary aberration but a situation destined to get far, far worse.

He began to suspect the boy was flying blind.

But before despair had a chance to take root, Bob suggested (with an annoying touch of noblesse oblige) that Mr B create something himself. Though reluctant at first, B began to picture a race of majestic sleek creatures with gently smiling faces and powerful tails that swept through the seas at wondrous speeds – yet breathed air and gave birth to live young. They lived underwater, but were not alien and cold-blooded like fish, and their voices were eloquent and haunting.

And so he created the great whales, which even Bob had to admit were pretty nice. And Mr B watched in awe as the blue-black waters magically parted for his creations and closed over them once they'd passed through. Long after Bob had moved on to create a whole slew of idiosyncratic aberrations (like platypus and slow lorises), Mr B stared with happy wonder at his whales.

'How beautiful you are,' he whispered to them, and they smiled back at him with their subtle smiles, happy to be admired.

And then Bob went on to create every creeping thing, and some that leapt and climbed and slithered and tunnelled as well, and he told them to be frantic and multiply, which they did by the most gobsmackingly weird mechanism Mr B had ever observed, one that slightly embarrassed him as well. He wanted to tap the boy on the shoulder and say, 'Excuse my presumption, but are you quite certain about that?'

In the meantime, Bob was jumping up and down and pronouncing it all 'good good good', *so* good that he couldn't stop giggling with self-satisfied glee like a demented toddler.

And then, like the child who couldn't resist adding more sprinkles to an already overloaded ice cream, he bestowed upon his creations a cacophony of different languages, so that they couldn't communicate with one another, and tied the weather to his moods just for fun, so that when he was cheerful the sun would shine, and when he was unhappy it would rain and storm and make everyone else unhappy too. When, eventually, B asked (with a great deal of respect he didn't feel) how it was all going to work *ensemble*, Bob didn't seem to understand the question, and Mr B sank deeper than before into gloom.

And then Bob blessed the whole misshapen weirdo lot of them, but not before performing an act of creation so audacious, so utterly appalling, so suicidal and wrong, that Mr B felt something must be done at once to stop him. He created man in *his own image*, and gave him dominion over the fish of the sea and the birds of the air, and the cattle and every creeping thing that creepeth upon the earth.

Which anyone could see was one big fat recipe for disaster.

And when, finally, on the sixth day, Bob sat back (like the smug know-nothing Mr B had become utterly convinced that he was) and said that it was very, *very* good, really amazingly good, adding that he'd like to have a rest now because all that creation had tired him out, B stared at him aghast and thought: You'd better get as much rest as you can, buddy boy, because you've just created one monster mess on your precious little planet and the minute all those hungry fish and fowl and idiot carnivores with spines and sharp teeth and tiny little brains get together there's going to be a bloodbath.

And as he thought those very words, the first lion ate the first antelope. And concluded that it was very good indeed.

The more Mr B thought about it the more anxious he became. Not only was he stuck with Bob himself, but with an entire race created in the image of that skinny arrogant dimwit. This was not Mr B's idea of a very good, or even a fair or a poor idea, or anything short of one more step on the road to eternal damnation.

Which is pretty much what it turned out to be.

7

'How lovely of you to phone, Lucy darling. Nothing's wrong?'

'You phoned me, Mother. And of course nothing's wrong.'

'Well, I won't keep you, but I did want to say that there's a wonderful sale on at –'

Lucy sighed. 'No thank you, Mother. I'm fine for clothes.'

'Of course you are.' She paused. 'And how's work?'

'All right, I guess. I'm supposed to hear if I've passed my three-month trial this week. I wish they'd tell me.' Tomorrow was Friday. How much longer would she have to wait? 'It's driving me mad.'

'Never mind, darling. I'm sure you've passed. You work so hard.'

Lucy grimaced. Her mother didn't know the first thing about office politics, and how difficult it was to keep a job these days. 'I'm going to be late if I don't get dressed.'

Mrs Davenport cleared her throat. 'You know, Althea's getting married at Christmas.'

Lucy said nothing.

'Aunt Evelyn phoned last night asking how many we'd be.'

'Let's see,' Lucy said tightly. 'Me, you and Dad. Let's call that three. Shall I count again?'

'No, of course not, darling, only, she said you could bring a date if you –'

'Goodbye, Mother.' The violence with which she banged the phone down caused the bedside lamp to sway dangerously. Reaching for it, Lucy knocked over her cup of tea. A warm brown stain spread across the white sheepskin rug by her bed.

'Oh, *shit*!' Lucy felt like crying. It was all her mother's fault.

Even if you hadn't actually met Lucy's mother, you might feel that you knew someone very like her. Laura Davenport had the air of an expensive pony – sturdy, alert and well-groomed. Sometime in the past, she had swapped her wanton youth for a prudent marriage and an attractive home in the Regency style, and now lived the life of a proper suburban wife. She specialized in expensive tweeds and cashmere cardigans in useful colours, cooked an excellent roast beef and only occasionally wondered how her life might have turned out differently.

None of these sensible qualities had quite prepared her for the emergence of her younger daughter, who resembled no one in the family, either in appearance or nature. Lucy was the sort of generous-breasted creamy-skinned hour-glass-figured young woman worshipped by artists and lovers from an earlier era, when words like Rubenesque expressed a pure admiration of rose-tinted faces poised serenely above monumental breasts, rippled thighs and dimpled buttocks; bodies that looked most alluring when dressed in nothing

23

but a large gilt frame. With her small ankles and her pale gold hair, Lucy was a creature designed for an earlier sensibility, her shape unfashionable, perhaps, but gorgeous.

Like many girls her age, Lucy yearned for love. This should not have been difficult to realize. But the same luminosity that attracted perfect strangers also impeded her. Some men took her dramatic outline for evidence that she was stupid. Some assumed she must be arrogant. Others guessed that she'd never consider them anyway, so why make the effort? A surprising number of potential partners were thereby eliminated before she'd even had a chance to learn their names.

And then there was her mother, always nudging her in the direction of suitable men, while hinting that *in her day*, you didn't just sit around waiting for Mr Right; you went out, were proactive. The result of all this proactivity struck Lucy as equivocal. Her mother had obviously experienced many things in her time, but had ended up marrying her father – a perfectly dear man, but one with whom (even to Lucy's affectionate eye) she appeared to have little in common. Lucy's brain slid to her godfather, Bernard, as it had many times over the years. Had her mother been proactive with him?

Oh, to hell with everyone else, she thought. She was only twenty-one. There was plenty of time to sort out her love life. And anyway, it was hardly a tragedy to be a virgin at her age. No matter how much it felt like one.

Lucy scrambled for her keys, phone and bag, locked the door and ran to the bus stop – late and bad-tempered thanks to her mother and the spilled tea. Unless the bus came right away, she'd have no time to stop for breakfast. Nothing till eleven. The thought of which made her even grumpier.

But the bus came at once, traffic was light and the driver made six green lights in a row. By the time Lucy reached her stop she was feeling infinitely cheerier.

The café owner greeted her with a wave. 'Toast?'

'Two,' she said. 'And coffee, please.' What a difference it made just to see a friendly face in the morning. A bit of pleasant human contact was all it took to lift her mood, and by the time she reached work she was feeling cheerful again. After coffee and toast she began to wonder how she'd ever managed to feel out of sorts. Life's pleasures were so simple, really. It was all a matter of appreciating what you had – and knowing that things could always be worse.

8

Bob's mother is playing poker and drinking gin. Having played a great number of winning hands, she concludes that the gin must be lucky and begins to order doubles. Hand after hand, the cards line up for her in flushes, straights and pairs, until Mona's pile of chips forms a large undulating wall behind which she can hide her delight.

Bob shows up late, as usual, accompanied by Eck. He takes the empty seat next to his mother and nods at the dealer. Eck moves at once to the edge of the table, eyeing a plate of sandwiches with naked lust.

'And who's this?' Mona coos delightedly in the direction of the little creature. 'What an adorable thing. Is he your . . .' She raises a suggestive eyebrow.

'My *what*?'

'Your child?' She wiggles her fingers, but the little beast keeps his distance, stretching his nose as far as it extends and sniffing cautiously in the direction of her hand.

'*My child*? Of course he's not my child. Look at him! He's an Eck, for God's sake. Is that my nose? Get a grip, Mother. He's nothing. Just a thing.'

A thing? The Eck frowns and puffs up his fur in outrage. He has always considered himself a step or two up from a thing.

'Come here, little Eck-thing,' Mona coaxes, and when the Eck takes a step closer, she pats his head, smooths down his soft fur and coos. 'Cute thing. Nice thing. Are you certain he's not yours, darling? There's something around the mouth that's just exactly reminiscent of you when you were a wee –'

Bob narrows his eyes and scowls.

Across from Mona, Mr Emoto Hed clears his throat. 'Are we here to gab or to gamble?' His voice contains a rumbling threat. Despite a soft spot for Mona, he has no affection for her son, who has a habit of hanging around at card games helping himself to his mother's winnings.

Even when he likes people, Mr Hed is not one for making himself pleasant.

Next to Hed sits his daughter, Estelle, a somewhat self-effacing girl with quiet manners and a cool intellect. She never gambles. Now she looks at Eck. 'Hello,' she says. 'What a lovely creature.'

'*Love-ly?*' Bob pokes Eck in the ribs, toppling him. He yelps in pain. 'Hear that? She thinks you're *lovely*.'

Estelle, who has clocked the direction of Eck's yearning, picks up the large plate of sandwiches and offers them. Eck's eyes are huge with longing. He devours the lot in less time than it takes to blink and then slumps, sedated, against his benefactor's leg. She reaches down to stroke him and he purrs sleepily.

Another hand is dealt and Mona picks hers up slowly. Nothing. She folds.

Bob frowns and follows, slapping his cards down on the table with peevish force. The noise makes Eck jump.

Her next hand is so spectacularly bad that Mona begins to suspect foul play, flicking her eyes (a little unsteadily) from one neutral face to the next. She draws three cards and calls for another gin.

By the twenty-fourth worst hand in the history of poker, Mona's fortune has diminished to a pile of chips the size of a teacup. She casts about, scrutinizing her opponents. Of course, each has the capacity – that is to say, the *power* – to cheat, but galactic poker is inviolate, and no one in the long and tangled history of the game has ever cheated. Or at least admitted to cheating.

For the next hand, the dealer flips her a two of spades, a four of clubs, one joker, a picture of a furry kitten and a postcard from Marbella.

Mona leaps up in a fury and staggers, nearly tipping the table. All at once she is thirty feet tall. Flames shoot from the tips of her fingers and lap round her giant torso. Her bronze and copper hair snakes in wild flaming tendrils round her head. 'Someone is *asss*-tempting to *imp*-fluence this game,' she says in her best steel-dipped-in-gin purr. 'And when I find out who it is the consequences will be . . . calumnitudinal. Catastropherous.' She sways, the gin swooshing catastropherously behind her eyes.

'Sit down, Mother,' hisses Bob.

Mr Hed smiles, and Estelle looks down at her hands. Every other player concentrates on his or her own expression of shocked innocence. 'I am greatly hurt by your accusation,' says Emoto Hed mildly, rising slowly to his feet in a great crackling magnetic disturbance. Slowly, in mirror motion, he and Mona sit down.

The game continues.

9

Mr B stares at the huge stack of paperwork, hands laid softly on the fine ebonized surface of his Biedermeier secretaire, in readiness, like a pianist about to launch into Liszt. He absently traces a pale maple flicker in the wood before choosing a file and removing it from the heap. With a sense of deep dejection he opens it. He remembers purchasing this desk in Vienna, sometime after Napoleon's armies were dealt their final blow at Waterloo. It might have been only last week, so recent does it seem.

He tries not to dwell on the past. No point, he tells himself. This is how he has survived thus far, one foot in front of the other, nice and steady. And if his dedication has shown any sign of flagging, it is only the hopeless, the relentless, the unworthy stupidity of the colossal idiotic . . .

Stop. Stop.

He drops his head into his hands.

At last he pulls out a file, *the* file, the all-important file, his letter of resignation. He has checked and rechecked every word, every line, dotted every 'i', crossed every 't'. Now, at last, he is ready. He is utterly certain of its perfection, and of his need to submit it at once. The time is right. Holding his breath (for this is a moment of great solemnity, the gentle nudging of the first domino in what he hopes will become a long series of follow-on actions), he slides the letter into an envelope with exquisite care, seals it and . . . there. It is gone.

A deep breath. The die is cast. Surely the committee will take pity, or, if not pity, will at least recognize the desperation, the logical argument he has made for a long rest, or a different sort of job (more menial if need be, though preferably – in recognition of excellence over time – a superior desk job somewhere). As long as it's stress-free. Quiet. No Bob.

He savours the moment with something between elation and fear. Change is possible after all. He exalts in the step he has managed to take at last. Six weeks' notice, and then the future beckons with its vast postbag of possibilities. He will concentrate on his exit strategy. Not long now. Plenty to do in preparation. He lets his breath out with a sigh.

If he were a different sort of man, he would scream, sing, leap with joy.

He pushes his spectacles back up to the bridge of his nose. Now that the thing is done, there's the day's work to be getting on with. Mr B eyes the untidy heaps of prayers, his heart filled with the knowledge that this process is finite, at least as far as he is concerned. W today. War (genocide/massacres/ethnic cleansing), Water (polluted/lack of/poisoned), Widows and Wills (unfair/illegally altered). He singles out the file marked Whales.

Every day he thinks of his whales. When his patience for Bob wanes to its lowest ebb, he thinks of them, big and solemn, with their deep echoing songs. They are his. Of course Bob's work is not without things to admire. Mr B marvels that the same God who leaves his dirty clothes in a mouldering heap by the side of his bed could have created golden eagles and elephants and butterflies. Such moments of transcendent inspiration! Other creatures fill him with admiration as well – heavy loping striped tigers and graceful long-necked swans, creaking as they fly. Ludicrous pincushion porcupines. It's not that the boy is altogether devoid of talent, but he is devoid of discipline, compassion and emotional depth. Foresight.

How is it, he wonders, that Bob has managed to remain so detached from his more beautiful creations? It's his attention span as much as anything, his inability to sustain interest, the tendency to discard his new toys in some barren corner of the Earth where they gather dust while he pursues (yet another) hotted-up floozy.

Mr B looks out of the window. Had the job seemed such a bad idea at the time? 'We need you,' they'd said, 'your experience, your stability, your people skills.' No description, conveniently, of the loser they'd appointed with him.

Let's face it, he'd been flattered. They'd known exactly what sugared words to whisper in his ear as they lowered the noose.

'Impossible job to fill,' they'd told him. And they'd known. Oh yes, he was certain now that they'd known from the beginning. The boy was obviously thick as a divot, and if there hadn't been a push from someone with a bit of influence he'd still be out in the middle of the great galactic nothingness, sleeping, probably, or picking his nose.

'He'll grow into the job,' they'd assured him, 'gain stature along the way.' Of course he hadn't, and in the end, no one cared. There were so many more advanced corners of the universe requiring attention.

Mr B sighs.

At least Bob has gone out. Let him be someone else's problem tonight.

10

The dealer deals.

Mona's cards, a full house of aces and kings, makes her think that perhaps she's been a bit hasty in accusing Hed of cheating. Perhaps she's just been unlucky. Ha ha, she thinks, and pushes what is left of her chips into the centre of the table.

Hed lays down a royal flush.

The players leap up as one. Mona bursts into flame, and when Hed offers the next bet at double or nothing she accepts immediately, some might say precipitously. Never a player to quit while the going is good, Mona casts about for a stake.

Bob looks bored.

'Well?' says Hed. Menace rises from him like dust.

Mona's eyes come to rest on the Eck. With a quick lunge, she grabs him round the middle and sets him on to the table, where he stands, blinking.

'Here,' says Mona.

'What kind of a stake is that?' Hed's face registers disdain.

Bob yawns, pushes the hair out of his eyes. 'He's the last of the Ecks. After him, they're extinct.'

'Very valuable,' says Mona eagerly.

Trembling, the Eck seeks sympathy from one impassive face after another.

'Just one left. Rarer than rare.' Mona's eyes glitter unnaturally.

Estelle stands up. 'Stop,' she says quietly. And then louder, '*Stop!*'

Everyone turns to look at her.

'Put him back on the floor. He is a creature, not a thing.'

'He's *mine*,' insists Mona, 'and I can do with him what I like.' To prove her point, she pokes him. He gives a little cry and Mona turns to Hed. 'That's my stake. The last of the Ecks. His life. To do with what you will.'

Estelle turns to one of the other players. 'Make some black coffee, please.' She looks back at Mona, who is waving her glass over her head for a refill, and puts one hand out to stop the waiter from stepping forward. 'That's enough, Mona.' Her voice is calm. 'Eck, you can go.'

'No he can't,' Mona says firmly. 'He's *my* Eck.' Her eyes lock Hed's, glinting.

'He's *my* Eck, actually,' Bob mutters. 'You never even noticed him before today.'

Hed sneers. 'What would I want with him anyway? So he's the last of the Ecks. He's still worthless.'

The little creature droops.

Mona leans in, a bit loopy with gin, and lowers her voice. 'Ecks are said to have the sweetest-tasting meat of any creature in nine thousand galaxies.' She holds Hed's gaze and lowers her voice still further to a whisper. 'Just between you and me, that's why he's the last one.'

Bob rolls his eyes.

This proves too much for the Eck, who squeaks with outrage and crumples into himself. Estelle reaches out to him. 'No one,' she says quietly, 'is going to eat you.' She turns to her father. 'Are you?'

Neither Mona nor Hed will show weakness by being the first to look away. 'The sweetest meat in nine thousand galaxies?' Hed looks thoughtful. 'How is it that I have never tasted Eck?' He thinks for a moment and then holds out his hand. 'Done. I accept your stake.'

'Just a minute. He's my Eck, not yours.' Bob's glare takes in his mother and Hed. 'If anyone's going to eat him, it should be me.'

Estelle lifts the Eck off the table. 'Don't listen,' she whispers. To the assembled players, she speaks sternly. 'Stop this now. It isn't right. You know it isn't right. Bob? He's your pet. Don't let them do this.'

Bob slumps deep in his chair. 'Let's get on with the game. I've got stuff to do.'

Smiling grimly, Mona produces a brand-new deck of cards and hands it to the dealer, who unwraps it and deals. The game is over in less than a minute.

When he realizes what has happened, the Eck begins to wail.

Mona retires unsteadily, her eyes crossed. Bob follows, muttering. The players disperse.

Estelle places one firm hand on her father's arm. 'Daddy, you can't eat him.'

'A bet is a bet.'

'Only if you say it is,' says Estelle.

Emoto Hed smiles his not very nice smile. 'I'm quite looking forward to my first taste of Eck. And my last, obviously.'
He laughs a not very nice laugh.

The Eck shrinks.

'Not in front of him, please, Daddy.'

Hed drums his fingers. 'I won the Eck fair and square and
he's mine to eat if I want to.'

'I won't let him be eaten.' Estelle's face is composed and
just the slightest bit stern. Her voice is cool.

Hed's eyes darken. Black smoke rolls off him in stinking
waves. 'A deal,' he rumbles in a voice deep as death, 'is a deal.'

Estelle does not flinch.

Her father's presence becomes a devastating absence, a
malignant Hed-shaped void sucking all light and heat into
its core.

But his daughter is unfazed. Everywhere Hed looks he
meets her gaze. At last he sighs, ceases to smoke, becomes
manifest once more. 'Only, you know what an old softie I
am. He can have a reprieve.'

Estelle lets her guard down a fraction. Her eyes soften and
she places her hand on his arm. 'Thank you, Daddy. I knew
you'd see sense.'

'Six weeks. And then I eat him.'

She stiffens. 'Six weeks?'

'Six weeks. It'll give him time to get used to the idea.'

Eck scrambles to the floor and over to the furthest corner
of the room, where he slumps like a half-deflated football.
He does not think he will get used to the idea.

Quietly, so as not to offend, he begins to cry.

11

Mona slept like a child, a drunken child, her pale brow flushed, her arms flung out across the bed in abandon. Bob paced, desperate to leave, but not before a much-needed confrontation with his mother.

He sat down on the bed and shoved her.

Mona groaned; the lovely features crumpled in pain. 'Ohhh, ouch.' Her right hand drifted up from her side, settling on one soft cheek. She pressed her slender fingers gently against a throbbing cheekbone. 'Oh, Bob, my darling. It's you.'

'Yes, it's me, Mother. Me. *Alone*. Minus something, Mother.' He glared.

'You should never let me drink so much,' she said, with a brave attempt at a smile.

'Oh, ha. Like I could have stopped you.'

She groaned gently. 'A big handsome boy like you.' The words emerged slightly slurred, as if the act of speaking caused her pain. 'Against poor little me.'

'Poor little you?' Bob snorted. 'Look, I'm going now. But I want to know what you plan to do about my Eck.'

'Your Eck?'

Bob rolled his eyes. 'Don't you remember anything about last night?'

She hazarded a guess. 'Did I lose?'

'Duh.'

'Badly?'

'DUH.'

'Oh, well.' She closed her eyes again. 'What shall we do today? I'll feel better in a minute.'

'*Mother*.'

'Yes, darling?'

'You stole my pet.'

Her eyes fluttered open. 'Did I? Silly old me.'

Bob's eyes flashed fire. 'You stole my Eck and he's going to be *eaten*.'

'Don't tell me now, darling. It's too early. I haven't the strength.'

'It's noon, actually, and I want him back.'

Mona sighed. 'I'll get you another one, my darling. Ecks are always around, cheap as chips. Get under your feet like dustballs.' She frowned. 'Or at least they used to. Back before the crazy rumour about them tasting absolutely amazing.' She laughed weakly. 'Luckily, Hed knows nothing about that.'

Bob groaned.

Mona's eyes opened wide in horror. 'Hed *knows*? Who could possibly have been so indiscre–'

The expression on her son's face stopped her.

'Oh.'

'According to what *you* told the assembled company, Mother, he's not only the last of the Ecks, but the most delicious-tasting dish in nine thousand galaxies.'

'That doesn't seem right.' Mona appeared genuinely puzzled, though whether by the morality of the situation or the slightly suspect nature of the story, was unclear.

Bob leapt to his feet and began to pace. 'This is just the sort of thing you always do.'

'Always?' Mona frowned. 'Have I gambled away Ecks before?'

He stopped. Swivelled to face her. 'I want him back. I'm sick of you stealing my things.' His voice rose to a shout. 'GET HIM BACK.'

'Yes, darling. What a good plan. I'll do that. In a minute.' If only her son would make less of a racket. Or, better yet, disappear altogether. Never mind. She would wear something nice and go to see Hed and he would give her back the Eck. Of course he would.

In the meantime, breakfast might help the pounding pain behind her eyes. She would sort out the bet. But only when her head had stopped hurting. When Bob had stopped shouting at her. When she was feeling herself once more.

Perhaps not even then. But definitely not before.

12

Estelle took the long way back to Bob's, carrying the Eck in her arms. The creature weighed roughly the same as a year-old child and felt similarly heavy and compact, like a dumpling. He settled into her arms with a sigh, his nose curled gently round the back of her neck.

They stopped at a café, where Estelle ordered four poached eggs with bacon, sausage, beans and extra buttered toast, plus a side order of crispy waffles with butter, powdered sugar and syrup, three chocolate muffins and a bowl of hot milk. She cut the waffles and sausage into small pieces, and watched with amusement as the Eck attempted to stuff an entire chocolate muffin into his (already quite full) mouth.

It wasn't till he had finished the last crumb of waffle and drunk the last drop of milk that the Eck's eyes began to close and he slumped down on Estelle's lap.

The only other customer was a pretty blonde girl, who smiled at Estelle. Estelle smiled back.

'Oh my heavens,' said the girl, her eyes wide with wonder. 'What sort of creature is *that*?'

'He's from Madagascar,' Estelle said. 'And is somewhat rare.'

'*Very* rare, I'd say. I've never seen anything like him. And so tame! May I pet him?'

Estelle nodded, and the girl giggled as she stroked Eck's long flexible nose. 'I work at the zoo,' she said, pointing in the direction of the blue hippo pools on the side of the hill. 'And we don't have anything remotely like him. Has he got a name?'

'He's an Eck,' Estelle said, and Lucy later wished she'd asked the girl how to spell it, for she was unable to find reference to an Eck or an Ecc or an Ech or an Ecqu on the website of Malagasy fauna.

Estelle waited till Lucy had gone, paid the bill and scooped the bulging Eck up in her arms once more. Together they strolled in the glorious morning sun, the sleepy creature rousing himself now and again to stare over Estelle's shoulder. Bob never took him for walks.

Estelle talked to him as they strolled, not always about things he understood. But her voice seemed to enclose him in a warm place full of light, and he felt safe.

When she could no longer put off the inevitable, she made her way to Bob's flat and stood in the doorway, the creature in her arms, reluctant to give him up. The expression on her face was grave. 'My father has given him a reprieve,' she told Bob. 'A short one, unfortunately. Those of us with an interest will naturally involve ourselves in helping him. I trust you will treat him well in the meantime.'

'Eck,' sighed Eck, his thoughts straying to sticky waffles and jam.

Bob glanced at Estelle with no sign of recognition, then

at his pet. 'Well, it's about time you made it home. Who's the girl? Bring me my toast. I'm starving.'

Estelle tilted her head and looked carefully at Bob.

Bob huffed. '*What?*'

Estelle placed Eck on the floor and adjusted his sweater. 'I'll be back,' she said to his enquiring look. And left.

'So . . . a temporary reprieve, eh? Great. When you're done with the toast, tell B that I need him.' Bob poked Eck in the solar plexus with a pencil. The creature squeaked and trotted off with a wounded expression.

He returned in seconds. 'Eck,' he said.

Bob glowered. 'You didn't even ask him. Where's my toast?'

'Eck!'

'You ate it, didn't you?'

Eck jumped up and down in protest. 'Eck! Eck! Eck!'

Bob caught hold of Eck's prehensile nose and pulled him close. 'You're bad.'

Eck stood his ground, glaring. You're bad too.

'I'm not bad. I'm *God*.'

Bad God, thought Eck. Rubbish crap horrid God.

They stared at each other, hostile and unblinking, until at last Bob tired of the stand-off, picked Eck up and flung him into a wicker basket, wedged it under the bed and flounced off to find Mr B. Eck wept with rage, holding his tender nose.

'I need to talk to you.'

The older man did not look up from his work. 'Talk away.'

'I need your full attention.'

'Of course.' More easily said than done. Listening to Bob

43

was like watching a particularly enervating version of reality TV; one could engage fully only when armed with a good book, a drink and a head full of tertiary thoughts. Mr B arranged his features in a manner likely to express interest. 'Shoot,' he said genially.

'I'm going out now.'

'Righty-ho.'

'Don't you want to know where?'

'Of course.' Not. But he knew, without having to be told. A few millennia were more than enough to get inside the head of a self-important twank motivated exclusively by food, sex and the avoidance of pain.

Bob set his shoulders. 'I am going to see Lucy.' He paused, struck a pose and gazed towards the window, affecting indifference. A loud shuffling noise from Bob's bedroom heralded the reappearance of Eck, who positioned himself on the mantel behind Bob and mimicked the boy's sullen slouch precisely. Mr B stifled a laugh.

'Excellent. Send her my love. Use a condom. Try not to talk about your job too much – you know the effect it has on women.'

Bob frowned. 'Aren't you even going to . . .'

'No.'

The boy's frown deepened, his entire body forming a pout. Behind him, Eck adopted the stance in miniature, his face a perfect caricature of Bob's.

'Right, then. I'm off.' He didn't budge.

Mr B slid his spectacles back over his eyes and returned to work, waiting for the sound of footsteps.

None came.

The two held this pose as Mr B's watch ticked off the seconds. 'I thought you were going,' he said at last.

One fat tear ran down the boy's smooth cheek, the eternally fair cheek eternally uncreased with anxiety, despite the eternally God-awful facts of his existence.

'Off you go, then. I've work to do. I always have work to do, in case you hadn't noticed – moving my infinite mountain of sand with my infinitely small tweezers.'

Eck looked from one face to the other. He sidled sideways towards Mr B, choosing sides.

Bob's face crumpled. 'I need help.'

'Yes, indeed, matey, I need help too. I've got poisonous floods in one half of the world and crippling drought in the other. I thought you were going to sort out some of the wetness issues. Did you even read the notes I gave you? It wasn't difficult. Africa: wet. America: dry.'

'I did what you said.' God's outraged voice flew up an octave.

Hands on hips, Eck embodied disbelief.

'Did you? Did you really? Because, you see, I'm thinking that there's just the faintest of chances that you got it backwards. Maybe, just *maybe*, you weren't quite paying attention when I explained the situation to you with such care, so that you muddled your landmasses? Is that remotely possible?' Mr B paused and removed his spectacles, revealing eyes glittering with barely contained fury. 'Let me tell you why I'm asking. I'm asking because I've got four million people displaced by flood in Florida and five million dying of thirst in the Sudan. It's just a guess, a wild guess, but I'm thinking *just possibly* you mixed the two up.'

The boy looked away, his face holy with pain. 'It wasn't my fault. Your writing's so hard to read. And you *know* how I mix up my letters. Bad/dab/pad/bod. It's that disease. Dyspepsia.'

Mr B sighs. 'Not bad/bod. *Not* pad/pod. A-mer-i-ca. Af-ri-ca. This time I thought I explained the difference so that even *you* might remember. But you weren't listening, were you?' He pressed a hand to his forehead, hard, as if to contain the wrath within.

God rolled his eyes. 'Sor-*ry*,' he drawled.

Mr B breathed deeply, drumming his fingers on the pale maple. 'You see, you see, let me explain. *Sorry*, as a word, as a concept, used properly in this context, suggests contrition, regret, remorse. And, oddly enough, remorse is *not* what's communicating itself to me. I'm not *actually* getting a sense that you give a rat's arse whether the whole bloody world goes to hell in a hand basket while you pursue congress with this week's Zeppelin-titted trollop.'

The truth of this could not be denied. Bob had created the world and then simply lost interest. Since his second week of employment, he'd passed the time sleeping and playing with his wangle, while managing to ignore the existence of his creations entirely.

And was this an excuse for him to be rained with curses and loathing from all mankind? Oh no. Because here was the clever bit: *Bob had designed the entire race of murderers, martyrs and thugs with a built-in propensity to worship him.* You had to admire the kid. Thick as two lemons, but with flashes of brilliance so intense a person could go blind looking at him.

The older man replaced his spectacles and looked carefully at his charge. For whole moments at a time, you could almost feel sorry for him. He did look lost. And if (by some quirk of fate) Mr B happened to be in the mood to notice, he could see the isolation that enveloped Bob like a shroud, and the sadness too.

Well, it was his own damned fault. No one forced him to take a job for which he was singularly unqualified. No one forced him to create such a mess. And if his only friend was that execrable penguiny *thing*, whose fault was that? Not mine, thought Mr B.

The boy squirmed, long skinny legs wrapped round each other, rib-cage twisted ninety degrees from his hips in what appeared to be an impossible configuration of limbs. His elbows jutted out abruptly from his sides like some sort of drafting error and (independently aware of their awkwardness) his arms wound themselves round his torso like vines. Eck straddled his shoulder, alert for the swat of a hand. When it came, he ducked.

'I. Need. Help.' Lord, he hated asking for it. 'With Lucy.'

And Lord, how Mr B hated to give it. 'Can't you just do the usual? Appear to her in a vision, give her a stigmata or two, blacken up your eyes, assume your most mournful expression? Don't they always fall for the hollow-eyed holy-seer thing?' Mr B recognized the cycle: unrequited lust, idealized passion, consummation . . . and then he'd be on to the next, leaving the latest victim seduced, ruined and abandoned. What was wrong with him that (in how many dozens of millennia?) he'd never managed to learn anything useful from experience?

'I can't. Because . . .' His voice was hoarse.

Because she's perfect. You should see her, so beautiful . . .

'Because she's perfect,' Bob sighed. 'You should see her, so beautiful and clever –'

And kind!

'– and kind. This time I think . . .'

She could really be the one.

'. . . she could really be the one.'

Well, perhaps I'm predictable too, thought Mr B. They'd had a very long time to get to know each other. A very long time.

Bob narrowed his eyes. 'Are you going to help me or not?'

'Not.'

'Well, then.' The boy assumed a self-righteous air. 'I feel it only fair to warn you that whatever happens between Lucy and myself, whatever – as you put it – *congress* occurs, will be none of your business. So don't come round later asking me what happened, or blaming me, because, as of this minute, I am not telling you anything about my life, *ever again*.' Bob dematerialized into a pillar of molten silver and disappeared with a deafening crash. Eck scurried after him.

Mr B sighed. Thank heavens for a bit of peace and quiet. And if he never tells me anything about his life ever again, I'll rejoice for a million and twelve years.

13

Luke's PA waved and told her to go in.

Lucy knocked on his office door, softly at first, her heart thumping. It was just her luck to be called into *his* office, to get the verdict from *him*. But he couldn't dislike her enough to deny her the job. Could he? Even Luke wouldn't be so mean.

Receiving no response, she took a deep breath and tried again, with more force. Maybe he wasn't in after all. She bent closer to listen, her ear nearly touching the door, when it swung open abruptly, unbalancing her so that she stumbled and caught Luke hard in the chest with one elbow.

'Ouch.' He stared at her.

Lucy blushed. Why did this sort of thing always happen around him? 'I was just . . . you didn't answer.'

'Come in.' His voice was cool.

She sat down at the edge of a metal folding chair. It was warm in the office; sun streamed through a window propped open with a book. The air coming in from outside smelled of lilac and new grass.

Luke stared down at the paperwork on his desk, no

happier with this arrangement than she was. Why was it incumbent upon him to give her the news? He'd held out as long as possible, hoping for an excuse to reverse the decision. At last he shoved a folder at her across his desk. 'There,' he said, looking beyond her to the wall behind.

She picked up the papers and quickly leafed through. Contract of employment, permanent ID card. Yes!

'Congratulations.' His tone was flat. 'Any questions?'

Lord almighty, she thought, what is wrong with him? 'No, no questions. Thank you. I mean, I'm really happy. This is great.' She got up to leave but hovered an instant too long. 'I love my job, you know,' she said with dignity. 'And I'm grateful to have passed my trial.'

He said nothing.

With as much grace as she could muster, Lucy turned and left his office. Sweat trickled down the small of her back. Her knees felt weak.

Mica smiled at her as she shut the door. 'Well done. Now you're stuck here.'

'Thank you. What a relief.'

'You don't look happy enough.'

She rolled her eyes. 'I always feel like such a geek around him. And a fraud. He makes me feel as if I don't deserve the job.'

'Ignore him, sweetheart. The guy was born cranky. Some girlfriend left him a million years ago and he's been hissy ever since. You probably remind him of her.'

'Yeah, that would explain it.' She sighed.

The office door opened again and Luke strode out,

dumping an armful of files on Mica's desk. 'I'm off,' he said with a wave to his PA, and was through the door before either had a chance to reply.

Lucy felt furious. He was perfectly capable of acting normal, though not, apparently, to her. She slumped down in the chair next to Mica. 'Why is he so horrible?'

Mica shrugged. 'Some guys just are. I'd have him, though.'

Lucy snorted. 'You're much too nice for him. Can't you find some sweet boy who'll cook and clean and be the perfect wife?'

'Nope. Big shoulders, square jaw, that's what I want. Preferably straight.'

'You're an idiot, Mica. It'll end in tears.'

'I know.' He sighed. 'But I'll have had fun trying.'

'Well, you can have him. Maybe he hates all women. That would make me feel better.'

'Me too, honey.'

Lucy went back to work, cheered. She loved her job. She loved the animals, loved the pygmy goats, wallabies and Komodo dragons, the African spiders, penguins, dung beetles and giant crickets. She loved walking the llamas round the perimeter of the zoo, loved doling out protein pellets and parrot seed and grass for the hippos. She couldn't think of any job that would make her feel happier or more fulfilled. And if staying on meant avoiding Luke, well then, she would simply avoid him.

Bob and Eck entered the zoo via the visitor's entrance, passing through the turnstile unnoticed. Taking a map from the volunteer at the information booth, Bob turned it over a dozen times before heading off in the wrong direction. He was beginning to grow steamy with frustration and anxiety, silently appealing to Mr B for help while Eck hid under a thorny hedge, peering, a bit nervously, at the animals in cages. As Bob consulted the map again, a tall ruminant with deep brown eyes, pursed lips and a thick mass of golden blond fur nearly ran him down.

'Excuse me,' gasped the keeper, hauling on a red lead rope and bringing the llama to a skidding stop. 'We didn't mean to run you over.' The llama sneered at Bob, but the girl smiled a smile like the light at the end of a tunnel. 'Are you all right?'

Bob smiled back and Lucy experienced a peculiar sensation of weightlessness, as if gravity had momentarily abandoned her. She blinked. He was gorgeous. Dazzlingly, astonishingly, gorgeous. He glowed, as if lit from within.

'I-I really am terribly sorry. This is Izzy – a Peruvian Ccara llama.'

'I'm Bob.' Bob's eyes blazed. Lucy! In the flesh! Her gaze was sweet and full of warmth, her eyes an extraordinary cerulean blue. The temperature rose ten degrees throughout the zoo and tulip buds burst open with little muted pops, spreading instantly into full flower.

My beautiful, beautiful Lucy, he thought.

'Izzy, meet Bob. Would you like to walk my llama, Bob?' She offered him the lead, unable to look at him full-on, her hand trembling a little. 'Usually it's a treat reserved for children, but –' she cast about quickly for Luke – 'we haven't got any school groups this morning. Go on, you'll like it. Izzy's special.'

Bob took the lead from her, his eyes riveted to the pale damp skin of her forearm. He felt an almost overwhelming desire to bend down and kiss it, but ran his hand down the llama's neck instead, burrowing his fingers deep into the soft gold of its fleece. His eyes half-closed in rapture. 'She's so soft,' he murmured.

'He. Izzy's short for Isambard. Look there.' She pointed to his undercarriage and there, indeed, was a large swinging pair of boy-llama testicles. 'His fur's lovely, isn't it?' She laughed.

Bob swallowed hard, unable to tear his eyes off the girl of his dreams. You beauty, he thought. I've searched the world for a girl like you. Dreamt about you. I love you. I love you more than any other woman on the entire planet. There is no other as lovely as you.

All at once, the llama, which had been walking quietly, began to dance and toss his head in an attempt to slip his collar. Izzy sensed something amiss with the person leading him; he had no experience of such a creature, and what he perceived made him anxious.

Lucy, meanwhile, considered Bob, more boldly now. He looked as familiar as a brother or . . . the prime minister. But how? She was certain she didn't know him. And yet, *she knew him*.

Their eyes met. Bob smiled and Lucy found herself flattened, shaken to the core. The smile was big and deep and soft, a smile that seemed to encompass a thousand extra dimensions of friendliness – with longing, affection, incipient love, and multiple human lifetimes of anticipation thrown in.

Behind them, sheet lightning ripped across the cloudless sky.

No one had ever smiled such a smile at Lucy before, but it seemed to be the smile she had waited her entire life to receive. She smiled back. Eck tilted his head sideways from under his thorny hedge and wondered if he owed her the courtesy of a warning. He was loyal to his master up to a point, but she looked just the sort of girl to walk straight into a crocodile's smiling jaws.

'Oh, Lucy, Lucy,' Bob murmured, elbowing the stroppy llama aside. But Izzy took umbrage. He orgled: a braying sort of cry. He didn't like Bob's smell and he didn't like being elbowed, particularly by someone whose smell he didn't like. Orgling again, louder and more aggressively this time, he drew his head back to spit.

Lucy wasn't precisely clear about what happened next, but Izzy seemed to flicker and fizz, like the badly focused picture on an old-fashioned television set. The noise he made was strangled; he sat back on his hocks, eyes wild and bulging. By the time Lucy had gained control of him and turned back to speak to her new acquaintance, Bob was gone.

How weird, she thought, him disappearing like that. Maybe he's here with his girlfriend? A guy like that must have a girlfriend. But what would they be doing here, on Friday morning, at the zoo? It was all so mysterious. Lucy could have wept with disappointment. 'Never mind, Izz,' she said sadly. 'Plenty of other fish in the sea.'

A few minutes later she stopped in her tracks and frowned. How on earth did he know my name?

Behind her, twenty-eight rainbows spread silently across the sky like oil in a puddle.

14

'Come in, Mona,' said Hed, patting the chair beside him. In a dress made from a book of twelve first-class stamps, Mona looked quite ravishing. She was a good-looking woman, Hed thought. Shame about the goofy son.

'You know why I'm here, of course?' She struggled to maintain her smile.

Hed shrugged and shook his head. 'Not a clue.' He sat back, linked his hands behind his head and began to whistle.

Mona shifted. 'It's Bob's pet. You see, it wasn't really a proper wager, because, strictly speaking, the Eck didn't belong to me.'

Hed's face showed no expression. 'I'm afraid I'm going to have to file that under Very Much Your Problem Not Mine.' His fathomless blank eyes narrowed. 'A bet is a bet, Mona. And I am greatly looking forward to tasting the most delicious creature in nine thousand galaxies.'

'Oh, that!' Mona tossed her head with nervous gaity. 'Ha ha ha ha! I was only repeating something I'd heard. You know what rumours are like, idle gossip, hardly ever any truth in them at all.'

A noise emerged from Hed's throat; it increased in volume,

like an avalanche. His features twisted; his words exploded in the air around her; he was everywhere and nowhere at once, inside of her and out. 'I sincerely hope, for your sake,' he thundered, 'that it turns out *not* to be a rumour.'

Mona gasped.

'Or I might find myself something else to devour.' The last words disappeared in a wall of sound.

She dragged herself away, struggling through the roar, her limbs heavy and dead, the noise swallowing her whole, digesting her.

'How'd it go?' Bob was waiting for her at home.

'Wonderfully well, darling, marvellously.' Mona smiled palely.

Bob glowered. 'You're lying.'

She held one hand to her forehead. 'Of course I'm not, sweetheart.'

'I don't believe you. But I suppose we'll know soon enough.'

Mona's expression turned furtive. 'Bob, darling.'

'Yes?'

'You wouldn't like to do me an itsy-bitsy little favour, would you?'

'No.'

She sighed. 'It's only that, well, I'd happily get you ten new pets if you'd just agree to forget this one.'

Bob stamped his foot. 'No! You never think about my feelings. Gambling away my pet is just *so typical*. You always do exactly what you like, barging in, grabbing up my stuff, throwing my Eck away in some *poxy* poker game without a thought for *me*. Well, I *don't* want ten other pets, I want *mine* . . .'

57

Mona wasn't listening. Of course a bet was a bet, she thought. And there was her reputation to consider. Not to mention her safety. Particularly her safety. For she was frightened of Emoto Hed, who had something of a reputation for creative cruelty where unpaid debts were concerned. People disappeared, leaving behind nothing but very long, very piercing screams. Mona imagined that forever could become incredibly tedious when passed in a state of constantly accelerating agony.

And, really. How much did an Eck matter anyway? Hardly at all, as far as Bob was concerned. She, herself, felt that the extinction of the Ecks would sadden no one but other Ecks, of which there would be none. Problem solved!

Perhaps the time for self-recrimination was past. If Hed wanted the last of the Ecks as a meal, she supposed it was his prerogative.

Bob's voice had risen to a scream. 'Like NOW! You're not even listening to me! What kind of mother do you call yourself?'

Mona just hoped Bob's pet didn't turn out to be stringy and bitter. It would be just her luck if this particular Eck ended up having the worst-tasting flesh in nine thousand galaxies.

She looked up. 'Sorry, darling, you were saying something?'

Bob's response could not be transcribed.

15

Lucy couldn't stop thinking about Bob. He wasn't a bit like anyone she'd met before. Not that she had a type, but, if she had one, Bob definitely wasn't it – too young, too awkward, too skinny. And yet . . . those deep-set eyes. The beautiful face. The strange intensity. The smile. And even more than all that – the inexplicable density of him, as if he were some-how *connected* to everything: past and present, earth and sky, life and death. She frowned. How to explain the strangeness of him, her sense of knowing him without really knowing?

Her last boyfriend had worked for a software company and, really, she'd barely known him at all. They'd had some fun, gone to a few films, sat up late listening to music – but he'd never seemed terribly interested in who she was and how she might be different from everyone else. He'd listened politely when she talked, but the questions he asked were never the right questions. Sometimes she felt like shouting at him, demanding to know why he never said the right thing. Not that it was his fault, exactly. If she were perfectly honest, she didn't find many of his thoughts terribly interesting either, and when the conversation stopped she'd had to scramble for something to say.

But Bob? This was different. After only a few minutes together, she'd experienced a sort of a buzz in her blood, a feeling of connection and at the same time exposure. What did she know about him? Exactly nothing. For all she knew, he could be crazy or a criminal or worse.

And how had he known her name?

She thought about him as she fed and watered Isambard and moved on to the capybaras. They looked up as she entered their enclosure. Her favourite, a young male about the size of a sheep, trotted over and pressed his large blunt nose against her thigh.

'Hello, big boy,' she said, stroking the stiff coat. The raked half-closed eyes were sensual with drowsiness. Leaning almost all of his weight against her now, the gigantic rodent growled. 'Get off,' she said. 'I'll fetch some hay.'

Lucy pushed him and the animal teetered a few steps on incongruously slender legs. As she turned to go, the capy trotted after her, whining and pawing as she hauled half a bale of hay down into the enclosure and shook out the sections in a heap. Three non-dominant boars lay together in the outdoor mud pool, noses and ears sticking out as they wallowed, half-asleep, their backs breaching the surface like hairy submarines. They didn't seem to notice her, but they did notice food.

'Oh no you don't,' she said, backing away quickly as they clambered out of the pool and galloped towards her – muddy, food-seeking missiles. When fresh grass was hard to come by, the keepers added fruit, vegetables and a few scoops of grain to their diet, but supplies were short this week. There should still be apples and carrots, though. She held the enclosure gate shut with one foot and leaned over to open the apple store, scooping a dozen into her bucket. Hauling herself upright again, she released the gate just long enough to shift the bucket into both hands, gasping as the scraggly rump of one of the young boars flashed past her at a gallop.

'No!' she shouted, slamming the gate. 'Stop!'

The capy disappeared off towards the east gate of the zoo. Lucy clasped one hand over her mouth and cast about in dismay. Allowing an animal to escape was the most capital of crimes. What if someone found out before she could get him back? What if Luke found out and she lost her job?

Oh God, oh God, oh God. There was no way she could risk chasing around the perimeter of the zoo. Someone would see her and wonder what had happened. And she'd never catch him on her own anyway.

Lucy took a deep breath. OK. Something would occur to her. Maybe he'd come back of his own volition when he got hungry. Maybe some member of the public would capture him. She felt a terrible wave of despair. Poor thing had lived all of his short life in captivity; he wouldn't have a clue how to forage for food. And what if a dog found him? He may weigh as much as a grown man, Lucy thought, but he's still a rodent. Oh, Lord help me, she thought. Help me find him before someone else does.

That night, Lucy climbed into bed, too agitated to sleep. She thought of talking to God, her God – a benign, all-seeing sort of deity who didn't get too involved with the day-to-day running of life, but who (she imagined) liked to be kept informed – a sort of thoughtful, philosophy professor of a god, passing his days in contemplation of the moral complexities of good and evil.

'O dear Lord, what a day I've had,' she said to her idea of God. 'I've met a man and may have lost my job too. Actually, he's more of a boy. A boy-man. And an animal escaped. A capybara. Which is not good. But I'd quite like it if something more came of the meeting. With the person.' She broke off. 'Something meaningful. That isn't just a bit of fun, if you get my drift.' Here she paused, wanting to be precise. 'It would be so nice not to have to be alone all the time. And although we were only together for a few minutes, I felt something, a connection. I'm not talking about sex, exactly, it was more like . . . *wham*! *Lightning*.' She paused again. 'Not that no one's ever been interested in me before, and I do appreciate looking nice and all, but sometimes I get fed up with it – people just thinking, Woo hoo, she's hot.'

Perhaps, she thought, it would be best if she didn't go into the whole thing about leering boys with the Holy Father. 'I hope you don't mind my pointing out that it does put people off sometimes. Not that I'm complaining.' Was she? 'It's just that people seem not to see me sometimes. See *me*, that is, the real me.'

She lay silent for a few minutes. 'It's such a mess inside my head. I can't stop thinking about him. What if I never see him again? What if I never meet anyone I love?' She sighed. 'Or who loves me? And what about the capybara? That's such a disaster.'

Lucy exhaled and shut her eyes. 'I'm going to be in deep trouble if I don't get him back. I can't tell you how much I'd appreciate some help before anyone notices he's gone.' She screwed up her face, thinking hard, as if the choice had been put to her. 'I mean, if I had to choose, the capybara's probably more important in the short term and, really, I hate to be selfish, but in the long term?' That face, those eyes.

'Amen,' she said quickly, and, embarrassed by the absurdity of her theological monologue, pulled the covers up over her head.

Even on her own she felt self-conscious talking to God. But it made her feel better to talk, the way some people wrote in a journal. She didn't suppose God was listening to her, alone, and she wasn't so deluded or selfish that she imagined other people hadn't far bigger claims on God's time. But she felt better knowing that something (besides humans) was *there*. Not that faith was exactly easy. There were so many complications involved in belief, so many abstractions. And faith was so difficult to maintain in the absence of . . . of anything besides faith.

He hadn't even told her his surname. It was ludicrous to imagine anything other than a momentary spark between them. But . . . what did it mean that he seemed to know her, *her name*, even? And that whenever she closed her eyes she *saw* him? That face. She waited for the vision of him in her brain to fade, but waking and sleeping he was *there*. He haunted her.

Perhaps this was what love felt like. She could almost hear his voice whispering her name, feel his hands on her face, pulling her lips towards his. Her imagination conjured the caress of his hand on her hip and then . . . *oh*! The sensation so real!

Without sleep, tomorrow would be hopeless. Her job required so much attention to detail; she couldn't afford mistakes. *More* mistakes. The capybara's disappearing rump filled her head. Sleep! Lucy closed her eyes and tried to think of something nice, transporting herself to a warm beach on a summer's day, with seagulls and waves and the sun flowing down. She relaxed each muscle one by one, starting with her toes and her feet and her ankles, letting the weight of her body sink into the soft place created by her mind; she could almost feel the trickling sand between her fingers. She sank lower and lower towards sleep; waves of drowsiness lulled her softly, like long strokes of a hand, slowly, lower and lower, two hands now, each cupping a buttock and then moving, edging carefully down between her . . .

Oh my giddy aunt, she thought, shooting upright in the dark. He's here! I can actually feel his *fingers*! She flipped sideways off the bed in the dark, hauling the covers with her as she fell. Crouching, heart pounding, she flicked on the bedside lamp, fully expecting to see an intruder standing by the bed.

But there was nothing. Of course there was nothing. What would there be? Feeling foolish, Lucy switched off the light and crawled back into bed.

'Jesus,' she murmured. 'What's wrong with me? I'm going stark raving mad.'

Bob smiled at her, tenderly, from the dark.

16

Bob had recently taken to considering questions of great spiritual complexity. What was it that made one transcendently beautiful girl different from another? Why did he begin to ache with helpless need when a certain face combined with a certain outline? What message ran from his bollocks to his brain to say, 'Yes! It is she!'

Even God couldn't answer that one.

'Eck?' Eck peered at Bob's breakfast. Bob might go hours and days without eating and then consume an entire week's food at a single sitting. Now, he finished a dozen doughnuts, throwing the empty box to Eck.

There was so much to do. He needed to have sex with Lucy, get a replacement pet and find himself a mother who lived much, much further away.

He sat for quite some time, wondering how he might make all of these things happen.

Mr B was the obvious answer, of course. He hated to admit it, but he depended on Mr B, who busied himself with the stuff that Bob found boring, the day-to-day banal stuff, the general running of the world. It was great to be able to delegate politics and social issues (humanity, in general) to someone who could be bothered to deal with it, while he exerted his energy in the appreciation of his more delightful creations.

This thought led him to wonder why he hadn't made every woman on Earth in the image of Lucy, why he'd insisted on infinite variety. Perhaps it had been simple carelessness? Now that he thought about it, why hadn't he specified that all women had skin as soft and smooth as warm almond oil? He hadn't really considered it a priority at the time, and for a while the beasts of the field had taken up all his energy. Now, however, he realized how short-sighted he'd been. Had he really needed a beaver? A coelacanth? Wouldn't a world full of Lucys have been so much pleasanter than hoverflies and worms?

There was nothing he could do about it now, but he'd definitely be more careful in his next job. When this planet shut down, they'd give him another, and next time he'd fill it with achingly gorgeous girls, all desperate to have sex with him. Where was the downside?

In the meantime, he needed to focus, sort out the practicalities. A serious move on Lucy was required, and soon. One, because he would go mad if he didn't have sex with her. And two, because his loony mother was probably, right now, setting some insidious trap that would take nine hundred and ninety-nine per cent of his time and energy to evade.

He considered the options. Annunciation had been known to work. White robes, big wings, spooky lighting, golden halo. All he had to do was appear to the object of passion and make some sort of pronouncement. 'You have been chosen by God.' Full stop. Resist the temptation to elaborate.

Such an approach was particularly effective with women inclined to the ecstatic – nuns, seers, religious martyrs – but in these secular times he wondered whether it might not lead to shock, violent rejection or arrest. Things were different back then. Once, he'd appeared to a particularly edible girl as a swan. He couldn't remember why. Another time, as a bull. What a laugh. Good times!

Let's face it, he'd eked some serious mileage out of the God thing. Getting that old guy to drag his son up a mountain? Cool! Smiting of the first born? Yes! Turning the errant into pillars of salt? Fun! Once upon a time it had been all burning bushes, plagues of frogs and partings of the seas, scaring the living daylights out of his creations by booming down in scary voices and handing stone tablets out of the sky. Now he was barely allowed to make a parking space become suddenly available.

It was all Mr B's fault. The Crackdown, he called it. One joke too many. Just because of a few harmless pranks.

The guy had zero sense of humour.

So it was all rinky-dink stuff now, stuff that he could slip past B, who had taken to watching him like a hawk. Could life *get* any worse?

Bob ground his teeth. He'd have to be stealthy, devise a cunning plan. Adrenalin inspired a series of unworkably complex schemes. Mr B would be expecting something along his usual lines – a gigantic chimera or a dragon. So he'd confound him. Become a cat, a stray cat, a stray *tom*cat. Lucy would adopt him. And then, one night, while he lay on her knee rumbling with contentment, he'd lift her skirt with his paw . . .

Or he'd put Mr B off the scent. Transform himself into something small and innocuous. A spider. An ant. Eck! He'd disguise himself as Eck and steal away to seek his beloved. No one would ever suspect Eck of anything. Reaching Lucy, he would clamber up on to her lap and she would caress him gently, while his long sticky tongue explored her . . .

The thought depressed him. Who'd want to have sex with Eck anyway? Depressing little creature.

I know, thought Bob. I'll invite her to dinner!

It was so straightforward. He snorted with contempt. Mr B would never think of a plan like that. He, however, was God, and God was perfectly capable of writing to his beloved, a simple note requesting her presence at a designated time and place. He thought for a moment. They could always meet at the zoo, at closing time. Easy as pie. They would meet at the exit to the zoo and they would have a meal, and then she would take him back to her apartment where they would gaze into each other's eyes and hold hands and touch lips and possibly, with a little luck and a following wind, indulge in a few rounds of incredibly romantic rumpy pumpy ding dong merrily on high.

This was exactly the sort of situation Mr B should be working on day and night for him, *facilitating*. And he could do it too. Bob knew that it was easily within his capabilities. He'd know exactly what to write in a note that might be slipped into a mailbox or under a door, which door to slip it under, what paper to use, what tone to take. So why didn't he? He did what Bob asked (reluctantly, and with a good deal of foot-dragging), but what good was that? Bob hated

68

asking. *Take the initiative*, he wanted to shout. Think about what might make *me* happy for a change, then do it *as a surprise*. Asking all the time was such a pain.

Dear Lucy (read the note). He paused for a long moment. *Dear Lucy*. He tapped the pen on the table. *Dear Lucy* was a good clear start. Not *Dearest Lucy*. No, short was better. Short and to the point. *Dear Lucy*. He thought for a minute. *Please meet me at the exit to the zoo at closing time next Tuesday. Yours sincerely, Bob.*

As an afterthought, he added, *Remember me? I'm the guy who helped you walk the llama.*

He read it to Eck, who confirmed it as a great literary masterpiece.

Bob sat back, delighted. What woman could resist an invitation from God written in so persuasive a manner? There was authority, majesty even, in the prose. Lucy couldn't fail to notice.

The thought of seeing her again made him giddy. Was it possible that after all these years he had finally found a woman who would love him for his real true self? The him with emotions and feelings and needs beyond all that Supreme Ruler stuff? He licked the edge of the envelope, wrote 'Lucy' in big letters on the outside and gave it to Eck, who diligently padded off across town, slipped through the front gate of the zoo and under the door of the staff offices, placed it carefully inside Lucy's locker, polished off the packet of custard creams and a jarful of instant coffee granules by the employee kettle and returned home.

So, that was that. Now it was dark. Nearly midnight. Bob threw himself down on his bed. If he went to bed now, he'd wake all refreshed and renewed, bright as a button in time to meet his beloved after work next Tuesday.

On a whim, he nipped out to check on her, proud of holding back the steamroller of his love. He'd show his mother and that annoying Mr B that he was perfectly capable of having a proper relationship with a human.

Hours later, the sensation of Lucy's silky skin still lingered on his fingertips. How on earth was he supposed to sleep with so much anticipation churning in his brain, so much longing in his soul? Not to mention the terror of wondering whether his mother might suddenly ambush him again, demanding he accompany her to a game of tiddlywinks, at which he would lose his planet/sanity/the shirt off his back. He summoned Eck and put him on guard duty.

Bob tossed and turned for several long seconds before he slept. Eck stayed awake for the rest of the night, thinking about being dead.

17

Mr B received notice that his resignation had been received. *Thank you for your correspondence*, read the standardized letter. *We accept your request for termination with regret, and shall respond to your application for a new job by the end of your notice period.* Some bureaucrat had scribbled *July 14th* in the blank space below.

He stared at the bit of paper. Was that it? All the worry and careful planning, the excruciating care with which he'd made his decision, drafted and organized his thoughts . . . for a form letter? He would have experienced more outrage had he not been so relieved.

He rechecked the date on the form. The fourteenth of July. Less than six weeks. Not so long in the scheme of eternity.

Mr B dreamt of the planet he would go to next, a planet he could love, one that was orderly, sane and free of despair. But could he really leave? Could he simply fly off to some new challenge without a care in the world, shouting a last 'So long, suckers!' to all the oppressed species of Earth? Could he leave them to Bob with a clear conscience, with any sort of conscience at all? Had they even read his meticulous files, the catalogue of malpractice compiled across years of personal suffering? His letter had been a work of thorough documentation and well-reasoned pathos, driven by a keen (if he said so himself) intellectual rigour and a hopeful heart. Did anyone notice that Earth had been so mismanaged? Did anyone (but him) care? And what about his whales? Could he skip happily off without a backwards glance, leaving their fate to Bob?

He thought he probably could.

A glass of wine, a nice lunch of melted Gruyère on toast (the crusts for Eck), and he returned to work. There was a rhythm to the toil, a repetition that might have been soothing had the narrative not been so relentlessly grim: Babies and Battles, Brittle Bones and Baseball. ('*O merciful Lord in heaven, hear my prayer, let the opposing team contract a short-term, moderately debilitating illness that does not become evident until the seventh inning, O Lord, bad enough to allow us to win the game, the series and the championship without undue suspicion being cast in the matter of divine intervention, thank you very much, yours sincerely, etc., etc., amen.*')

The number of petitions loomed perilously close to infinite; the number of miracles Mr B could effect, pitifully low. His head hurt. Cancer. Concentration camps. Congo, Democratic Republic of, complete with exploitation by European settlers, relentless elimination of indigenous people, warlords and election irregularities, government corruption, famine, disease, ecological crises. And rape. Ninety-year-old women, one-month-old babies. Each day, a new crisis, a new massacre, a new threat of extinction, disease, internecine conflict, meteorological catastrophe.

Well, what do you expect when you skip through Creation in six lousy days?

Very creative, yes indeed. And now, as usual, *he* had to pick it apart. Day after day, strand by bloody strand, coaxing the Gordian knot to loosen its grip, begging and hoping it into submission.

Mr B shook his head. Behold man. Violent, self-serving and ruthless when in power; exploited, miserable and diseased when not. On the one hand there was slavery, war, inquisition and ethnic cleansing; on the other, Shakespeare, chocolate, the Taj Mahal. A fine balance.

Whales. He called up an abstract of International Whaling Commission guidelines, read it through, found the cross-reference to the actual petitioners taking issue (who could blame them?) with regulated harvest and the destruction of the oceans. 'Regulated harvest'. What a charming alternative to 'murder'.

The latest crisis was contamination, a potent cocktail of herbicides, fungicides and pesticides that poisoned the groundwater that poisoned the sea. And so the whales set off, the ones that remained, circling the globe in an increasingly desperate search for more congenial waters, a sea that they remembered from long ago as safe and welcoming.

Oh, the whales, thought Mr B, the poor whales.

He contemplated folders and boxes, Post-it notes stuck to his desk, a stack of coloured files piled to the ceiling, a to-do list with the ancient neglected appearance of a holy relic. Could he clear all this before he left?

He sighed. Of course he couldn't. But he was determined to make a final stand, to guarantee the safety of his whales

73

before he waved goodbye to the whole miserable enterprise.

He placed both hands over his ears in an attempt to shut out the sudden pounding of hailstones on his window and then looked up, startled. Hail, in a heat wave? A knot of dread began to form in his bowels.

Here we go, he thought, it's starting. Sex weather – excited, confused, arousal weather. How many times over the centuries had he experienced this development as a prelude to catastrophe? Mr B could not pretend that this was just some ordinary climatic variation. He recognized Bob's presence behind the sudden peculiarly urgent change of weather.

God help us, Mr B thought. With no actual hope that he would.

18

'What'cha doing?'

'What do I appear to be doing?' Mr B replied mildly. 'I'm dedicating every minute of my life, as usual, to the futile pursuit of order. I am but a humble fisherman engaged in the hopeless task of unravelling the frantic net of despair you have cast upon the victims of your creativity.'

Bob rolled his eyes. 'Yes, but *aside* from that. I mean what are you doing right now? Because I need advice.'

'A bit late for that, buddy boy. I could have offered oodles of advice back when you were playing 52 Pick-Up with alphabet spaghetti and calling it creation. But would you take advice then?'

'*Hello?*'

Mr B paused. Put down his pen. Rubbed his aching forehead. 'What can I do for you?'

'You spend all your time worrying about people you don't even know. And you don't ever stop to wonder whether I'm suffering too.'

'Are you?' Mr B raised an eyebrow. 'Well, I *am* sorry. Do tell.' Eck had crept on to his desk and was attempting to pocket a teacake. Mr B picked the cake up and replaced it on the plate. Eck snapped at his hand and missed.

The boy folded his arms across his chest and turned away. 'I'm not going to tell you now.'

'Excellent. If we're finished, then perhaps I could get back to work.'

Bob stamped his foot. 'You never pay attention to me! You don't care about anyone other than those poxy poor people in your poxy files.' He put on a nyah-nyah whine. '*Oh, look at me, I've got AIDS, I was in a war, my baby's dead.* If you're so worried about them, why don't you go live in the bloody Democratic bloody Republic of Tonga –'

'Congo.'

'*Bloody* Democratic *bloody* Republic of *bloody stupid-arse Congo.*'

Mr B regarded him dispassionately. 'How can I help?'

'Lucy.'

'Not again.'

'No, not *again*. We're in love.'

'In love? Sounds idyllic. So what's the trouble?' I know what mine is, Mr B thought. Every time you fall in love, my problems increase exponentially.

Bob squirmed and looked away. 'I want to have sex with her. Be with her. You know, the proper way.' The expression on his face softened.

If, after their many millennia of togetherness, Mr B had retained even an ounce of interest in Bob's emotional struggles, he might have experienced a twinge of sympathy. 'The proper way? And what way would that be?'

76

Bob's mouth twisted, his eyes glittered with unshed tears. 'You know. Flowers and love songs and that. Like *they* do it.'

'They, *humans*?' Mr B remembered another girl, another time, with the face of an angel and the sweetest manners, a child's soft mouth and an expression open and trusting as a lamb. She had seen Bob for what he was, and loved him anyway. Mr B removed his spectacles, hoping to erase the vision in his head. That romance had ended with floods, tornadoes, plague, earthquakes and the girl's execution for heresy, a few weeks before her fourteenth birthday. By special order of Pope Urban II.

Bob nodded.

'Well, you can't have it both ways. You can't be a god and live like a human. What are you going to do once you fall in love the "proper way"? Buy a nice suburban bungalow? Work in an office? Go to barbecues?'

'I don't think you understand.' Bob's tone was icy. 'Lucy and I are going to be together forever. We're getting married.'

'Together forever?' Mr B felt a little wild. 'Do you even know what that word means? If you hadn't created humans to grow old, die and rot in less time than it takes you to get dressed most mornings, *then* maybe you could have been together forever. But you and Lucy will *not* be together for anything remotely resembling forever. It's not possible.'

Bob said nothing. He gazed into the middle distance, looking wounded.

'Look.' This conversation was proving tiresome, and Mr B had work to do. 'Why not take her out for a meal, see how it goes and then make another date? Take it one step at a time. Deal with this week before you get on to eternity.'

Bob rolled his eyes. 'Oh, thank you. Fantastic advice. Thank you *so* much.'

'It might go down better than appearing to her as a giant reptile encased in a ball of fire and forcing yourself on her.'

'*Why do you always have to bring that up?* Why don't you just leave me alone?' Bob stormed out, slamming the front door behind him.

Thunder crashed. Electric rain fell in sheets.

19

'Daddy, I've become very attached to him.'

Her father didn't look up. 'That's unfortunate.'

'Nevertheless.' Estelle paused. 'I'd very much prefer it if you didn't eat him.'

Hed sat with a calculator, adding up figures. 'All well and good for you, but what about my wager? What if I start not collecting debts? Then what? Everyone and his penguin will be wanting an exception.' He looked at her. 'I'm sorry, but I can't be having that. Who'll keep you in frocks then?'

Frocks? Estelle looked at him.

He sighed, impatient. 'What do you propose I do? Tell Mona it was all a mistake? That a debt is not a debt?' His eyes softened. 'Of course, she is a good-looking woman. Funny how you can sit across a poker table from someone all these years . . .' Looking up, he saw Estelle staring at him thoughtfully. In an instant his face clouded with anger, and he brought his fist down on the table. 'No! No exceptions. And no more bothering me.'

Estelle waited for a very long time, unmoving, as he continued with his sums. She was not a girl to waste valuable time that might better have been spent thinking. 'I'm not saying you should cancel the debt,' she said at last, and then paused. 'But I have an idea.'

Her father sighed again. 'What sort of an idea?'

'A good one. It involves accepting something. In lieu.'

Hed's eyes were black and as fathomless as eternity. 'That won't do.'

'Surely that depends on what the something is.' They stared each other down. 'Daddy, for heaven's sake. You don't really want to eat the Eck, do you? I'm certain Mona just made that up about how delicious he is.'

'I hope, for her sake, that she didn't.'

Estelle's gaze remained steady. Hed thought he detected the flicker of a smile. He sat back in his chair and crossed his arms. 'Stop beating about the bush. Let's hear.'

'No,' she said. 'Not yet.'

He shrugged. 'Suit yourself. But what makes you think I'll find your plan acceptable?'

'Nothing,' she said.

There was a beat, and then Hed's face broke into a smile like the sun coming out from behind a cloud. He sat back in his chair and gazed at his daughter admiringly.

'You're a girl after my own heart, Estelle. Shame I can't convince you to play poker. You'd wipe the floor with us all.'

Estelle's mouth curled ever so slightly upward. 'I may do that anyway.'

20

Mr B found himself alone one minute and not the next. On a chair opposite him, Mona squeezed greyish water from the crocheted doily that comprised her dress.

'Oh! Hello, my darling. What appalling weather. How on earth do you manage to survive on this dreary little planet?'

Mr B shivered, though not with the cold. 'Yes,' he said. 'It's been terrible.' Increasingly terrible. Rain, storms at sea, thunder, gale-force winds – every violent nasty element you might expect to follow one of Bob's tantrums. If he didn't get together with Lucy soon, they'd all be blown away, struck by lightning or drowned.

And if he did? B sighed. It would probably be worse.

Mona examined his office. 'So, this is where you've been hiding.'

'Hiding, Mona?' He raised an eyebrow. 'How very nice to see you again.' Bob's mother was living proof that self-centred fecklessness could be inherited, but he couldn't quite bring himself to dislike her.

She peered at him. 'Darling, you look tired. Are you working too hard?'

'Of course not.' Of course not? He smiled. 'You, on the other hand, look lovely as ever.'

She exhaled deeply. 'To be perfectly honest, I feel a bit down.'

'Oh?'

'Bob's terribly cross with me for gambling away his pet.'

Mr B tried to look sympathetic while Eck, who had been standing under the desk, poked his head out a few centimetres and peered up. 'Eck?'

He patted the little creature absently. 'I thought you'd given up gambling.'

'It was wrong, darling. I know that now.'

Mr B looked thoughtful. 'I don't think we can allow him to . . .' He briefly mimed bringing a fork to his mouth.

'No, no, of course not. I'll figure something out. I'm certain Hed will be willing to compromise.'

Under the table, a gleam of hope lit Eck's small black eyes, but what little Mr B knew of Emoto Hed made him think that Mona's certainty was misplaced.

'And even if he won't, I've told Bob I'd get him another pet. Ten more. But he's not having it. So unreasonable!' She wrung her hands. 'I know he's my own son, darling, but I hope you'll excuse my saying that he can be impossibly stubborn. It must be dreadful for you, sharing a life with him. And it's all my fault.' Mona appeared genuinely contrite. 'But, you see, I was just trying to be a good mother.'

'Of course, Mona.'

'And any day now, Bob will rise to the challenge.'

It had been approximately ten thousand years. To Mr B, this seemed sufficient notice to rise to most occasions.

He smiled, a little tightly. 'Perhaps he will. But in the meantime I could very much do with some help.'

She brightened. 'I am utterly at your service, my dear. Just say the word.'

Mr B said a great number of words. He told Mona about Bob and Lucy and the weather. He told her about the state of his nerves and the despair he felt for Bob's creations. And then he took a deep breath, and told her that he had handed in his notice.

Mona's hands flew to her mouth. 'Oh, my heavens!' she cried. 'You've resigned? But you can't resign! You can't leave Bob to run the planet on his own.'

Mr B frowned. 'He *is* God.'

She waved dismissively. 'Yes, well, he may be God, but just between you and me, he's not much of a God.' She sighed. 'He's hopeless, in fact. You know it, and I know it, and all of his miserable little creations know it.'

Mr B examined the upper left-hand corner of the room.

'You're serious this time, aren't you?' Her eyes shimmered with tears.

He nodded.

'But how will he manage alone, poor thing?'

'If you'll excuse my saying, Mona, it's not Bob so much I'm worried about.'

'Oh, I see.' Mona's eyes overflowed. 'But you have to make allowances; the poor boy's suffered terribly.'

Mr B raised an eyebrow.

She sniffed. 'He's nearly an orphan.'

As Mr B understood the word 'orphan', being *nearly* one was tantamount to not being one at all. And if (by chance) some question remained, Bob's status as orphan seemed disadvantaged by his mother's presence here today. As for his father . . . Mona might not know which of her many lovers he was, but chances were he was still alive and kicking.

'Well,' she said, pulling out a small notepad, 'I shall certainly put my mind to the Bob problem. Just remind me what's required? Let's see. One: make Bob a better God. Two: get him to stop playing with mortals. Three: no more floods, rain, natural disasters, etc. etc. and four . . .' She raised an eyebrow in the direction of the Eck. 'No et-P-ay for inner-D-ay.'

Mr B blinked.

'Right. Is that everything? Yes? Excellent. Now don't you worry, my darling. Mona will take care of everything.' And then she was gone.

Once more, he wondered what would happen next.

'Eck.' The noise from knee level was mournful. Mr B reached under the desk and patted Bob's doomed pet. With a sigh, he opened a drawer and pulled out some ancient peanuts in a cellophane packet. Eck snaffled them up with his flexible nose and scuttled off into the corner to eat them. Mr B watched him.

Until the poker game, he had been quite a feisty little soul, falling upon food each time with a glorious bleat of joy. He was a different Eck now that his life had been truncated, and who could blame him? Each meal he ate was one closer to his last. This was not an easy concept to swallow. Being mortal, he would, of course, have died eventually, but now he knew exactly when, and why, and (to an unpleasant extent) how. Now, every tick of the clock brought him closer to oblivion.

Mr B felt depressed. Another doomed creature he couldn't help.

When next he checked, the little beast was asleep, his empty peanut packet cradled in his arms like a baby.

21

Newspapers reported the worst spring weather in the history of spring weather. The rain seemed to have developed a personality of its own – sharp and vindictive one minute, heavy and morose the next. So peevish was the mood that it might have been programmed by some gigantic, love-struck, miserable, sulking teenager.

Which, of course, it was.

Low-lying areas began to flood. Plastic bottles floated and bumped in casual rafts accompanied by the sordid ghosts of billowing carrier bags. Defunct sandbags sagged against doorframes; shop owners pressed gaffer tape on to window frames. Filthy water fed the sewers, which fed the canals, which fed the rivers and the bay, and ran eventually into the sea.

And still it rained.

At not yet ten in the morning, the vicar of St Christopher's church stared out of the window of his office while speaking emphatically and with some volume down the telephone.

Outside, the water was still rising; police and coastguard teams occupied themselves in the relocation of vulnerable citizens. Large pieces of furniture floated by, while individual articles of clothing hovered just below the surface, appearing and disappearing according to the movements of whirlpools. A pair of boys, balancing golf umbrellas between their knees, paddled an orange inflatable, peering into the windows of abandoned shops and flats as they passed.

Looking for loot, Bernard thought. Nice.

A dog swam past the window searching for somewhere to rest. He scrambled up on to a windowsill and lay with his thin heaving chest and front paws clinging to the ledge while his rear end still churned away, treading water. Poor old thing, mused the vicar, he won't last long there. And, sure enough, after a minute he was off again, paddling doggedly downstream past a long row of shops, searching for solid ground, in vain. Maybe the boys would find him and pull him on board their boat, make him some sort of mascot.

Maybe they wouldn't, and he'd drown.

'I haven't a clue what to do with these people.' Speaking slowly, to encourage comprehension at the other end, Bernard attempted to keep the impatience out of his voice. 'We've run out of Weetabix and coffee and blankets. And nappies and loo paper. And sanitary towels. The toilets are flooded so we're resorting to buckets, there isn't enough bedding to go around and the children are howling. There's tea and shortbread, but I don't dare put it out. We'd have a riot.'

He listened for a long moment.

'Well, yes, of course I understand, but . . .' He broke off at the sight of a large green reptile advancing on his office.

Mrs Laura Davenport had donned her husband's fly-fishing waders, jacket and oilskin hat to walk the mile from her home to St Christopher's church. She smiled at her old friend and tilted her head away from the phone conversation, assuming an expression of not listening.

She'd known Bernard since university and he'd barely changed since then – still slim and lanky, his face full of humour, almost no grey in the dark hair that fell over his eyes like a schoolboy's. Laura Davenport, although happy enough with her lawyer husband, had married her second choice. She would never acknowledge (least of all to herself) that twenty-five years later this remained a source of regret.

When at last Bernard put down the phone, her feet were cold and she longed for a nice hot cup of tea. Not that it would be proper to ask, of course. So many parishioners stranded. For her to have a house on a hill, dry furniture *and* a cup of tea might be considered one blessing too many.

She kissed his cheek and offered her best sympathetic frown-smile. 'No support from headquarters, then?'

Bernard shook his head. 'None whatsoever. They're up to their eyes in their own mess. Hail today, have you heard? Hailstones like cricket balls. Big enough to smash windows.' He exhaled slowly. 'In the meantime, we've got too many refugees and the Met Office is three forecasts behind. I get the distinct impression that even the Red Cross couldn't give a stuff about a parish church full of stranded locals.' He met Laura's eyes and smiled wearily. 'Hail. Whatever next?'

'Perhaps it's a sign.'

'Of . . .?'

Laura laughed. 'You tell me. You're the one with God's ear.'

88

'God's ear?' He winced. 'I can barely get the dean to take my calls.'

'I suppose it's quite appropriate when you think of it. St Christopher's providing respite for all these weary travellers.'

'God works in mysterious ways,' said Bernard. 'I've been thinking of tossing a dove out to see what it brings back.'

'You're not the first person to mention Noah. The papers are full of it.'

'It's my fault. Not the water, the people. I've got a boat, you see.'

Laura stared. 'A *boat*? You have a boat?'

He nodded happily. 'A little Zodiac. Worth more than my pension the way things are now. I've been sneaking out in it to bring back supplies.'

'And refugees?'

He shrugged. 'Only the most desperate. I'm gathering them two by two. Or three.'

'What a dark horse you are, Bernard. I should have known you'd turn up with a boat. But how on earth?'

'I won it in a raffle. Years ago. Kept it in my garage. Nearly forgot I had it. The funny thing is that it works. Lovely little putt-putt engine, just drained some petrol out of the car, mixed it with oil and off we went. Its range is limited by the flood, of course.'

'You *are* a clever man. Do you mean I might have left Andrew's fishing boots at home?'

'Of course.'

She unfastened the clips on her shoulders, stripped the rubber bib down and shimmied her way out of the waist-high rubber suit. 'Ugh,' she said. 'My amphibian days are over.'

'I'm almost sorry to hear that.'

'No you're not,' she said sternly. 'Now, come along, Bernard. You need to find something strenuous for me to accomplish.'

Bernard peered into the large shopping bag she'd left by the door. 'This is a good start,' he said, perusing the contents. There was a box of PG Tips, two packets of rice and six cans of baked beans, but Bernard wasn't as certain about the rest – chickpeas, gentleman's relish, mustard, a jar of tomato chutney with a handwritten label, jelly (lemon and raspberry), four bottles of Indian tonic, one large box of novelty teabags (apricot, grapefruit medley and green apple), half a bag of sultanas, an open packet of cream crackers, some icing sugar, organic dried mangoes, salad cream, a Christmas pudding, cans of herrings and smoked oysters.

'I'm sorry there's not more,' she said. 'But we're getting down to the bottom of the cupboard ourselves.' She peered at the sad selection of leftovers. 'It wasn't easy getting out of the house with this. Andrew loves smoked oysters.'

'How is Andrew?' Bernard asked, but they both knew the question didn't require an answer. Andrew was always fine. 'I don't like to go on about shortages in front of the parishioners. But I can't figure out how we're going to feed them.'

'You're doing the best you can.'

'No.' Bernard felt disheartened. Sometimes he was convinced that God only answered the prayers of the young and healthy, the ones who asked for love, or to get what they wanted for Christmas, or to pass their exams. For the

90

disillusioned middle-aged or the elderly, it struck him as just one hopeless petition after another. 'Please, God, help my husband love me again.' 'Cure my wife's dementia.' 'Make the children stop taking drugs.' Even he didn't believe that sort of prayer would be answered.

Laura looked down at the bows of her tidy patent-leather shoes. She wasn't entirely keen on Bernard's dejection, preferring him stalwart and rendered cheerful by the Lord. 'Come along,' she said. 'Let's see what we can do for the rabble.' As she followed him out of the tiny office, her thoughts strayed to a wholly involuntary image of the vicar pushing her back across his desk, her sensible tweed skirt ruched up round her hips. She shook her head to banish it.

'How's my Lucy?' asked Bernard, leading her through to the nave.

'Still tending the animals, still a virgin.'

'*Laura.*'

'Well, it's very worrying to think one's daughter might never find a man worthy of her ridiculously high standards.'

'Of course she will. She's just particular.'

'I'm sure you're right, but really, Bernard, you should try my job for a week. Mother of daughters.'

Since childhood, Laura's younger child had been as religious as her sister was stubbornly secular, always turning the other cheek and maintaining a firm grip on her moral values. Laura had intermittently worried that this was what came of making Bernard Lucy's godfather.

Of course there was nothing wrong with a modicum of Christian faith; it could even be considered a good and proper attribute for a young girl to possess. But as to its *degree*, well, you could understand why Laura and her husband worried. As young as six or seven, Lucy had been prone to visitations by angels, great winged apparitions that came nightly to sit on her bed. Neither parent knew exactly how to react.

Bernard made it his business to reassure them, explaining that the more powerful imagery of religion often caught the imaginations of small children and hardly ever led to an actual wedding to Christ, but Laura worried. Angels? Whatever next?

She emerged from her thoughts to find Bernard waiting, hand on the door to the main hall. 'Coming, Laura?'

She nodded.

As he opened the door, the milling crowd of refugees looked up as one.

Behind him, Laura began unbuttoning her ivory sateen cuffs, folding them up neatly above her elbows in preparation for getting stuck in.

22

Bob settled down in bed with a bucket of junk food. He needed to relax, to figure out his next move. He was fading away, dying of love. The mere thought of Lucy was enough to make him feel faint.

'Eck,' moaned Eck softly in the region of Bob's left ear, followed by a little probing sweep of his tongue. *Sexy*.

Bob smacked him.

Eck squeaked, but a minute later had installed himself in the crook of Bob's elbow and was nibbling BBQ wings. Bob stroked him absentmindedly.

'Hello, my darling.'

Bob looked up, snorted and turned back to his meal. At his side, Eck had moved on to a party-sized bag of cheese balls. He swivelled one beady eye.

'I think what you meant to say was, "Hello, Mother, how wonderful to see you."'

'Go away.' Bob flapped a hand in her direction. 'Why are you here? To gamble away more of my possessions? Marry me off to a shovelful of dark matter? Sell tickets to my nightmares?'

Mona frowned. 'That's no way to talk to your loving

mother. You're getting on now, darling; it's time you learned a little respect.' She composed her face into an expression of stern reproach, held it for a long moment, then relaxed and beamed at him. 'There. All done. You know me, petal, not one to hold a grudge.'

'That makes one of us. Look at poor Eck.' They both stared down at the little penguiny creature, who obediently switched on his mournful expression. 'Hasn't had a moment's peace since his death sentence.'

'He's got a reprieve.'

'Oh yes, how could I forget. His *reprieve*. Lucky, *lucky*, Eck. How long was it again? Forever? Oh no, wait. Six weeks. Less than five now. Nearly as good.'

'No need for sarcasm.' Mona frowned, a little peevishly. 'I know I did wrong, but I was hoping you might find it in your heart to forgive –'

'Please, stop, Mother. I am immune to your repellent displays of emotion.'

His mother shook her head sadly. 'Oh, Bob, darlingest boy, how very little you understand the depths of a mother's love.'

'Blah blah blah.'

Mona sighed. Was it her imagination, or was everyone on a mission to make her feel guilty all of a sudden? 'So, he's not pleased with his reprieve?'

Bob waved a hand at Eck. 'What do you think? Not long till . . .' He drew a finger along his neck. 'Din-dins.'

The Eck's eyes shot open, wide with terror.

'Speaking of which,' Mona's eyes slid sideways, 'I'm afraid you're going to have to stay away from that girl.'

94

'Speaking of what?' Bob's jaw dropped. 'What's she got to do with you? *Why* have I got to?'

Mona reached for his hand, which he snatched away. 'Aren't you being just a teensy bit selfish, my darling?'

'Selfish?' His eyes widened. '*I'm* selfish? You gamble away my pet's life in a poker game and you call *me* selfish?'

He stood glaring, while Mona's huge eyes telegraphed reproach. She sighed.

'Darlingest boy, let's not fight. I know I haven't been a perfect mother. But right now I simply want you to leave the girl alone. She's human. It won't work. And, according to Mr B, you're halfway to destroying the biosphere.'

From his place at Bob's elbow, Eck made kissy noises. Bob whacked him, pouting. 'I'm in love.'

'But honey-bunch, every time you fall in love, it ends in a firestorm. You lose interest, you ruin some poor girl's life, Earth erupts in natural disasters, millions die.' She traced the path of an imaginary tear down one perfect cheek. 'It saddens me.'

'How do you even know what happens in my life?'

'I read the papers, sweetheart. I keep in touch.'

'Papers? *What papers?*'

Mona waved a dismissive hand. 'People talk.'

'*Which people?*' Bob's head spun with exasperation. 'Look, why don't you explain why you've suddenly developed an interest in my social life, and then bugger off.'

'Darling. It's because I'm your mother.'

'*And?*'

'It's only . . .' She smiled, a sad little smile. 'It's just that you're getting a teensy-weensy bit of a reputation.'

Bob goggled at her. '*What's that got to do with you?*'

'Oh, sweetheart, you know how it is. Mothers always get blamed. It's not fair, obviously, but . . . *I* got you the job so *I'm* at fault. Ridiculous, obviously, but . . .' She shrugged.

He pressed both hands to his ears. 'I cannot *believe* what I am hearing. I'm ruining *your* reputation?'

Mona looked mournful. 'No mother likes to hear bad things said about her children.'

'*What* bad things? What are you talking about? I've done incredibly well! *Everyone* thinks so!'

Mona looked away and studied her nails. 'If you say so, darling.'

'Look.' He struggled to regain control. 'If I'm so completely useless, how did I get to be God?'

Mona blinked, face arranged in an expression of genuine sympathy. 'Perhaps no one else wanted the job?'

Bob sat down hard. That possibility hadn't occurred to him.

Estelle was an unusually competent individual, unusually competent even for a goddess, and given that goddesses did not habitually enter human-style professions such as law, medicine or accountancy, an argument might be made for the fact that her fine intelligence and thoughtful sensibility were underexercised.

Of course Emoto Hed required a great deal of careful management, and as his only child Estelle had nearly a full-time job. Her first few thousand years had been spent in her own quiet campaign to get the measure of her father without inciting his easily incited wrath.

She had learned a great deal from their relationship. A great deal about sidestepping danger, about subtle man-oeuvring and oblique angles. She had learned the uses of persuasion, of silence, of a steady gaze; had learned to hold her nerve and not back down – without presenting herself as a challenge. She had learned, occasionally, to be sneaky.

If Estelle had been born human, she might have employed these talents as a diplomat or an international negotiator. As a goddess, however, she was jobless, had always been jobless, and could easily remain jobless throughout eternity.

There was no need, after all, for her to make a living. Surely the responsibilities of a dutiful child to a dangerously unstable father were occupation enough?

Estelle might have remained content with this existence had she never attended the fateful poker game, never met Eck, never witnessed Bob's heartbreaking incompetence as God of Earth. But having done all those things, she had noticed lately that something had changed. She, in fact, had changed.

For one thing, she had begun to wonder whether there was any point to her existence at all.

In this state of impatience, she began to travel. She travelled to happy planets, productive planets, gigantic watery planets and tiny dry ones, planets comprised almost exclusively of ice, planets designed by highly intelligent creatures, planets upon which every inhabitant had the imagination of a bath plug or the aesthetic appeal of a pile of dung. Most of the creatures she met could not easily be described in terms an Earth human would understand, for, contrary to common understanding, 'aliens' did not possess huge eyes and truncated human limbs, but took the form of vapours, shadows or nanoparticles, of fleeting thoughts, absences or false memories.

Estelle observed these many new places and nearly fell in love with many of them. But in the end, none needed her, or expressed much in the way of sadness when she left. So her feelings of emptiness persisted, despite the fact that her knowledge of the universe expanded considerably.

'Where are you off to now?' demanded her father as she prepared for yet another far-flung visit.

She kissed him. 'Nowhere in particular, Daddy.'

'And what's wrong with staying here and making my breakfast?'

'I've left instructions for your breakfast while I'm gone.'

'Hmph,' he growled. 'You won't find what you're looking for, you know. Particularly if you don't know what it is.'

Estelle stopped for a moment. 'Perhaps,' she said, with a small smile, 'I'll recognize it when I see it.'

'Nonsense,' rumbled her father. 'Tit over arse. Choose a goal. Close in. Conquer.'

Estelle smiled. 'Haven't you heard, Daddy? The journey is the destination.'

'Claptrap,' thundered Hed. 'Souvenir tea-towel slogans.'

But Estelle would not be drawn into argument. 'When I find what I'm looking for,' she told him, 'you'll be the first to know.' And with that she set off once more, leaving her father grumbling and cross and, frankly, very dangerous indeed.

Hed hated admitting he missed her, but his numerous card-playing cronies and business associates impatiently anticipated Estelle's return, for her presence had the effect of water sprinkled on hot coals. And Hed's quadrant of the universe was gaining a reputation for functioning far less peacefully in her absence.

It was hard enough keeping a small zoo healthy and solvent without having to worry about which animals could swim. It made Luke wonder whether the victims of all those big Biblical cataclysms had started out like this – with a sense of annoyance and doubt, a general conviction that they were merely going through a strange patch of weather, followed by slowly accelerating disbelief, followed by the terrible realization that they were all going to drown.

So far, the crisis had remained just this side of manageable, but last night they'd had frost. And yesterday's hail broke six windows in the café. Luke sighed. Having recorded drought, deluge, equatorial highs, freezing rain and hail, the Met Office had ceased to post predictions online. Phone calls jumped straight to a recorded message: *We are experiencing difficulties with our switchboard. Please call back later.*

Just this morning, all the managers had been called together to devise a series of emergency plans. They'd never had to worry about extra heating in June, and then just when they managed to get the system running, the temperature leapt thirty degrees in a single afternoon and everyone felt in danger of being roasted alive.

At least, Luke thought, the zoo was situated near the highest point of the city and, though subject to the same leaks and blocked drains as the rest of the population, had remained relatively dry.

Whenever he pictured animals up to their bellies and chins in water, Luke felt sick – so much so, that he found it hard to cope even with the thought of evacuation. How? Where to? Using what vehicles? How had Noah managed to pack rodents in with snakes and predatory birds? Could they expect penguins to waddle calmly up ramps into Land Rovers, like Labradors? Had anyone invented a floating horsebox for dromedaries? What about the caimans and crocodiles? He couldn't imagine any of it happening smoothly and besides, what would he use for staff? When his keepers failed to show up to work these days, it might be due to floods, melted tarmac, icy roads or any manner of surreal meteorological phenomena in between.

Luke lived on even higher ground than the zoo, at the top floor of a turn-of-the-century chateau-style apartment block with a green turret in one corner. He'd bought the flat because of the turret, which he used as his bedroom despite its draughty windows and curved walls. It was impossible to furnish, but in the end he settled for piles of books and a bed on the floor heaped with blankets, to compensate for the indoor weather.

No matter what frustrations his life threw up, the sweeping views from his room consoled him. Three great open vistas to east, south and west made him feel like the captain of a ship, navigating a vast landscape. He didn't even have to imagine the wind in his face. But now, for the first time, the outlook disturbed him. Reflections from vast puddles below filled his room with a strange flickery light. At night, the water made undulating patterns on his ceiling, like messages he couldn't interpret. Hail banging against his windows sounded eerie. When he dozed off for a few minutes, he dreamt of little pounding fists trying to get in.

His alarm clock glowed pale green in the dark: 3.25 a.m. Another sleepless night.

Local government offices issued repeated reassurances that the problem was under control. But when the mercury climbed past 47 degrees a state of emergency was called, and when it began to snow the newspapers ran headlines screaming APOCALYPSE NOW!

With a sigh, Luke got out of bed, pulled on a pair of jeans and went to stand at the window. The night was awful and beautiful, black and silver like an old photograph, its entire surface overlaid with grey streaks of rain. For a moment he longed for the particular – not the whole drowning world, but something personal: a partner in the foreground, putting everything else into perspective. A child.

He stood for a long time, watching the scene below. Neon signs fritzed on and off. Frozen fog softened the outlines of the landscape, transforming rectangles and squares into gentle lozenges and oblongs. Finally, at 4 a.m., with the half moon fizzing in the sky like an Alka-Seltzer tablet, he went back to bed.

25

By the time he was fully awake, the bell had been ringing for several minutes. At this time of the morning? He'd only just managed to fall asleep again.

'Hello.' The person at the door grinned. He had never laid eyes on her before. 'I'm your downstairs neighbour.'

Oh joy, thought Luke. 'How can I help you?' He barely managed to sound polite.

'I really hope you can? Aren't you going to, like, offer me a cup of tea?' The girl cocked her head. She couldn't have been more than sixteen, with the kind of smooth-featured face that looked even younger. 'You're not a morning person, are you? That's OK. I'll make the tea.'

Was he dreaming? The girl he'd never seen before was now in his kitchen making tea.

'Where do you keep the teabags?' And, when he pointed, 'I don't suppose you have soy?'

He stared at her. 'Sauce?'

'Milk. Never mind. I'll have mine, like, black? But you should really, like, try soy. I used to have all sorts of problems with things like, you know, bloat?'

She handed him a cup of tea. Despite all the chatter, he

was glad of it. 'My name's Skype? I bet you're, like, wondering why I'm here?'

'I don't mean to appear rude, but, yes. I am.' He glanced at his watch. Six fifteen. What sort of mad person goes around making friends at this hour?

She had found a seat at his table and he was awake enough, now, to look at her properly. She wore a T-shirt and hooded sweatshirt over a pleated school skirt; her broad smile revealed slightly uneven teeth.

'I need a, like, job?'

At this hour of the morning? He wondered at her inflections. Was she unsure about her need for a job? 'Do your parents know you're here? What about school?'

'I've only got one parent, actually, and I'm old enough to, like, come up here without telling my mum?' She grinned. 'School's nearly over. The thing is, you work at the zoo?'

He nodded. 'How do you happen to know that?'

She reached into her pocket and pulled out a brown envelope. 'Your payslip. It came to us by mistake?'

Luke's smile lacked enthusiasm. He reached for the envelope, wishing he could exchange this conversation for another ten minutes in bed.

'The thing is, I really need a job. And what with all the weather weirditude, I bet you need help?'

'Doing what, exactly?'

'I can do anything. Phones, admin, sweeping up. I could work for free for a while if you don't believe me?' For someone on the begging side of a non-existent job interview, Skype remained remarkably upbeat. 'And, by the way, this weather isn't going to last? I've done all the star charts and my friend Betts who's *UH-mazing* with predictions and stuff says another few weeks, max?'

Another few weeks? Great. Luke sighed. 'Let me think about it, if you don't mind. I'm not, as you said, much of a morning person. Besides, we haven't got the budget. Especially now.' He stood up, the universal signal (please, God) for dismissal.

Skype appeared unfazed. 'Great! I'll just finish my tea and be gone? *Begone! Forsooth!* Don't you love words like that? *Zounds!* Anyway, I can't stay cos I've got tai chi this morning? You ought to come, it would do you, like, so much good?'

Luke couldn't think of an appropriate response, but despite himself he smiled. Maybe he could find something for her to do. Wear a mouse costume and do a dance. Cheer up the troops.

She hovered by the door. 'I bet you thought I was, like, never going to leave? Mum says I'm like chewing gum on the bottom of a shoe.' She laughed. 'Don't forget, any job at all? Really, cos I'm desperate?'

He shut the door and finished his tea. He'd lived here three years and didn't know any of his neighbours, except by sight. A woman in her forties had recently moved in downstairs. Skype's mother? She'd looked fairly normal.

Luke pulled off his T-shirt and turned on the shower. They could probably use a bit of ticket-office cover for the people who couldn't get to work. What kind of a name was Skype, for Christ's sake? She was exactly the sort of kid who drove him mad, with her question-statements and her New Age soya milk. But enthusiasm was thin on the ground these days. Everyone was grumpy. Him, most of all.

26

Bob couldn't ever remember days passing this slowly. Mr B was buried in work, unwilling to engage in conversation – particularly on the subject of Lucy. The file Bob had accepted with bad grace this morning remained untouched. No way was he in any state to concentrate on Bumblebee Blight, *obviously*, what with not even liking bees, *or* honey, duh.

Bob kept shaking his watch, certain it had stopped, unable to accept that no time at all had passed since last he'd looked. At one point he actually watched the hands go from noon backwards to eleven, and if he'd been on speaking terms with Mr B he might have accused him of implementing one of his stupid lessons in forbearance.

Eventually it was time. He'd already changed outfits a dozen times, and without B's interference had settled upon narrow black jeans with a finely knitted T-shirt. It was too hot for anything else. At the last moment, he pulled on a pair of black Converse sneakers, grabbed an umbrella and told Eck not to leave the flat under any circumstances.

He felt awkward, worried that he'd chosen the wrong outfit to make a good impression on Lucy, but the truth was he didn't actually look bad. His face, when not screwed up in resentment, was not a bad face. He had fine cheekbones, a straight nose and clear skin, and at this moment his eyes (so often glazed over from too much sleep or self-abuse) looked bright with anticipation.

Eck watched him go without regret.

And then Bob was at the zoo, standing by the employees' gate. Waiting.

He had no idea what time Lucy actually finished work. Opening hours were listed on a sign at the entrance, and an hour or so after closing had seemed reasonable, but to be absolutely certain he'd arrived an hour before. Perhaps she worked till eight each night. How was he to know? Shouldn't Mr B have offered a briefing, composed a helpful call-sheet? Either would have been useful – or even a bit of last-minute advice. But no, always occupied with more important things, that was Mr B all over.

He felt hot. Wretched. Where was she? He checked his watch. He'd been standing around for nearly three hours. Did humans do this all the time? What a colossal waste of energy. Sex or no sex, he'd much rather be somewhere else. Submerged in a cool infinity pool off the coast of . . .

Just then, Lucy appeared in a flimsy dress printed with brightly coloured butterflies. Bob blinked. A cool breeze swept in from nowhere.

'Hello.' She looked away, blushing. She was shy, of course she was. Lovely Lucy, modest creature. Hardly more than a butterfly herself. Yes, he thought, delighted, she was a butterfly, a flitting creature, at once delicate and rare.

She laughed. 'Stop looking at me like that.'

'Like what?' His entire face had disappeared behind huge infatuated eyes.

'Like *that*,' she giggled. 'Like a crocodile contemplating lunch.' She took his arm. 'I'm glad you've got an umbrella. I lost mine at work yesterday and do you think anyone's turned it in? I wouldn't. This weather beggars belief, don't you think? It's boiling hot one minute and snowing the next.'

Her smile immobilized him. 'C-c-come,' was all he managed to stammer. 'Let's find something to eat.'

She knew a first-floor place nearby with air-conditioning. He'd have agreed to sky diving in the black hole of Calcutta as long as he could rest his hand on the curve of her waist forever.

The restaurant was crowded with people seeking refuge from the heat. Bob and Lucy waited, drinking ice water by a fan, till a couple got up to leave. While Bob was still looking around, captivated at finding himself in so human a place, Lucy greeted the waiter and ordered wine. She propped her chin up on two plump white hands. 'Hello,' she said, tilting her head happily to the left.

He gazed back at her, full of wonder. 'Hello.'

'What are you thinking?'

'I'm thinking how incredible it is that I managed to find you.'

'Amazing,' she smiled. 'I was thinking just the same.'

'You were?'

Her face was solemn. 'I was. I thought this job might turn out to be kind of lonely. Most of the visitors have kids, and most of the staff are either too old or too young. Or too ugly.' She grimaced and looked away, feeling a momentary pang about Luke, who was neither old nor ugly. Just mean.

'And then you turn up in the path of Izzy and me like you dropped off a cloud or something.'

'I'm the answer to your prayers.'

She laughed. 'I'll be the judge of that. Come on.' Her voice dropped suddenly, turning low, seductive. 'Tell me. What really brought you to the zoo?'

Bob hadn't prepared an answer to this question. He couldn't tell her how he scanned the planet day after day for girls, ending up in all sorts of strange places. Ashrams. Igloos. Zoos.

'I love animals,' Bob said, thinking mainly of mermaids. 'All animals, really.'

At that exact moment the statement was true. At that exact moment, staring at the beautiful arc of Lucy's cheekbone, with the warmth of her smile radiating across the table towards him, his pride and passion for all the creatures he'd created threatened to overwhelm him. A tear came to his eye for all the good he'd done, all the wonders he could claim credit for. Tonight, the world was a perfect place. Sitting close to Lucy in the tiny restaurant, cooled by the fans while moonlight slid silently across the windows, he couldn't think of a single way to improve it. Too much heat, maybe. Outside, the temperature plunged. He gazed at Lucy, who gazed back at him.

'I sensed you loved animals. But you'd better fill in the rest. I don't know anything at all about you, not even your last name.'

He looked down. 'You couldn't possibly be interested.'

'But I am.' She sat back. 'Go on.'

'OK, then. Let's see.' Bob took a deep breath. 'I come from a galaxy about four hundred million light years away,

110

and came here ages ago when the job of supreme godhead was unexpectedly offered to me. Then I created everything, heaven and earth, beasts of the field, creatures of the sea and sky, etc., and one day while hanging around I saw your prayer and it all led up to me sitting here tonight with you.'

'Nice story,' laughed Lucy.

Bob shrugged. Unsmiling, he lowered his hand next to her elbow, settling his forearm gently beside a pool of tomato sauce and oily mozzarella. 'Everything in my life has led me to this moment, sitting beside you. So tell me all about *you*.'

'No, it's not good enough. What do you do? Where are you from? Seriously, this time. Your accent, for starters . . . I can't place it.' She folded her arms. 'Go on, start from the beginning.'

'The beginning?'

'Yup. "I was born . . . I grew up . . ."'

'I was born in . . . I grew up . . .' His eyes skittered to the corners of the room. 'We travelled all over the place when I was little. I learned lots of languages. That's why you can't place me.'

'Ha! I thought so. You don't sound like anyone I've met before. So – Africa? Asia? America? Was your father in the navy or something?'

Bob looked away. 'Something like that.'

'Much more interesting than my family. My dad's a solicitor, defends people with tax havens. Mum wears blouses with bows and helps my godfather out at the church. Very sensible.' She giggled.

An image of Mona floated uninvited into Bob's head. 'She sounds great, actually. My mother's a fruitcake.'

'Really?' Lucy looked worried. 'So, not really cut out to be a navy wife?'

Bob shook his head mournfully. 'She ran off. Soon after I was born.' This much, at least, was true.

Lucy reached for his arm. 'Poor you. You probably don't trust women an inch.' She wasn't entirely sure what to make of his family history, but nonetheless sensed something vulnerable in Bob, something lonely and worthy of love. Her fingers closed over his.

Bob kissed her and the room began to crackle and hum with sheet lightning. A bottle slid off the table. The electrical disturbance lasted only a few seconds, for the duration of the kiss. Lucy pulled back, a little dazed, hands trembling, eyes darting around the room. When she collected herself, she took in the broken glass, the stack of menus now splayed across the floor. The restaurant owner gripped on to the edge of the bar as if uncertain whether to trust his chair.

'What was that?' Lucy's eyes were wide.

'What?' He could still feel her mouth on his.

'*What?* You must have felt it.' She glanced at the other diners to confirm what she'd seen. Nervous laughter had lasted only a moment, and normal conversation was returning slowly.

Bob didn't seem to hear. He couldn't take his eyes off her. 'It might have been the foundations of the building settling . . . you know, all this water?'

Lucy nodded, frowning a little, and he pressed the entire bundle of her fingers to his lips. 'Lucy, I . . .' He could barely speak. 'You're so beautiful.' He disengaged one hand and touched her cheek with his fingers. 'So perfect. Such a perfect,

perfect girl.' Any words he might once have planned deserted him. He realized with a jolt that Lucy was *his* creation. How had he managed to make a creature so elegant, so eloquent, so full of empathy? And so willing to love him? He gazed at her with wonder, humble wonder for the existence of this girl. None of his powers allowed him to make sense of what he felt.

Tears filled his eyes and he had to turn away. The aloneness of his life up until this moment made him gasp. He thought of a boy, impaled through the gut on the uprights of a metal railing, gasping his last gasps of life. That's how he had always felt. Run through with loneliness.

Her glass was nearly empty and he tipped the last of the wine into it, his hand unsteady with emotion.

'Careful,' she smiled. 'You'll have to carry me home.'

'I would do that gladly.' He could almost feel her soft weight in his arms.

'You'd do yourself an injury,' she giggled.

Time passed and the hour grew late. The waiter settled quietly at a corner table with his accounts. They were the only customers left, talking softly together.

'I never thought I'd meet anyone in my job either,' Bob whispered.

'What is your job?'

'Oh, you know.' He looked away. 'Just one of those jobs. Executive consultancy sort of thing. Too boring to go into.'

'Aren't you a bit –' she frowned – 'young, to be a consultant?'

Bob shrugged. 'You know how it goes. Right time, right place.'

Business prodigy or family connections, Lucy thought.

Bob met her eyes. 'I don't want to talk about work. I want

to talk about you.' He leaned in close and whispered. 'Tell me a secret.'

'Me?' She laughed. 'I haven't got one.' And then, lowering her voice, expression grave, she said, 'I let one of the capybaras escape. I still haven't found him.'

Bob frowned. 'Capybara?'

'They're a kind of giant rodent. Like a guinea pig crossed with a hippo.' She looked mournful. 'Skinny little legs. Bristly hair. They're actually quite sweet.'

He vaguely remembered creating something of that description, but couldn't remember why. 'Will you be in trouble?'

Lucy giggled and cupped her hand round his ear. 'I could lose my job. But so far no one's noticed.'

Her warm breath aroused him. He turned his head to kiss her. 'Never mind about the job. I'll take care of you.'

They sat like that for a long time and Lucy tipped over into a state of perfect happiness. This is what it's like, she thought. This is how love feels, as if we're the only two people in the world, perfectly attuned, hiding together, united against the elements while the whole world hovers. I will never, ever forget this moment.

He kissed the crease of her elbow, closing it over his mouth.

Outside, the night was soft and crystal clear. It had turned cold. Men and women wearing flimsy clothing hurried home through the streets, shivering and hugging themselves. Seen through the large front window of the restaurant, the sky glowed with the cold white light of stars. A few flakes of snow fell. The waiter threw open the windows and turned off the air-conditioner.

Lucy gasped. 'It's happening again, look!' The sky was

filled with shooting stars. Bob sat back, smiling, while Lucy and the waiter leaned out and laughed like children. 'What a night. What a strange day, and series of days, but what a wonderful glorious night. If the world were to end tonight, I wouldn't complain a bit.' Her voice trailed off.

The waiter refused to charge them for the meal. Not on a night like this, he said. Bob and Lucy turned away from each other, shy to have been witnessed, and grateful too. Out on the street, Lucy shivered and Bob put his arm round her shoulders.

'It's heaven being cold. But strange.'

'Come on, let's find your rodent,' said Bob.

She looked at him. 'You'd help me? But he could be anywhere.'

Bob shrugged. 'Can't hurt to look. Come on,' he said, 'we'll try. We'll imagine ourselves lost capybaras and think where we'd go.'

'We'll never find him. They can swim like rats. And love to lie underwater with only their noses sticking out.'

'OK, we'll find a boat and search for noses.'

Lucy beamed. 'Really? You're, you're . . .'

'A god among men?'

'Yes.' She laughed.

'And you – are a goddess among women.' He did not smile. It was too important.

He found a boat, just where one should have been.

'How do you do that?' she asked.

He shrugged again, helped her climb aboard and pushed off.

'I'm a water nymph,' she said, trailing one hand over the side of the rowboat, drunk with wine and admiration.

They rowed through the entire flooded area below the zoo, peering into every little copse and shed, increasingly aware of the hopelessness of their mission. After an hour or so, every bobbing plastic bottle took the shape of a rogue snout, and the zig-zagging sweeps of the little boat turned ever more hilarious.

'Let's stop,' Lucy said at last, choking with laughter after spending ten minutes chasing a plastic beer keg. 'He could be anywhere. It's impossible.'

It wasn't far to Lucy's house.

Bob tied up the boat and they clambered over on to her balcony, standing silent in front of the French doors, watching the sparkle of moonlight on water. Boats glided quietly past; they caught the occasional murmur of a far-off conversation. At the end of the road, a couple drifted by playing a strange duet on violin and penny whistle. Bob kissed her lips, felt the blood pulse warm in her, willing the moment to go on and on. They kissed again, trembling with the hesitance of disbelief. It was a kiss as pure as the first kiss in the history of the world. Behind them more stars fell from the sky.

They kissed again, and then again, until Lucy at last pulled back while Bob hovered, anguished, incandescent, willing her to invite him in. For a moment she appeared to be bracing herself against a fierce wind, her expression woozy, her bones soft. But then she stiffened and gently pushed him away.

'Not yet,' she whispered, her expression soft and blurry with desire.

'I love you,' he whispered back.

Lucy closed her eyes and breathed deeply, inhaling the air

that contained his words. She needed to make it last, to extend desire, the wanting and not having, until the irresistible pull became stronger than any force on Earth. And then, she thought, we'll come together and experience a consummation of love that will shimmer forever, as long as we both shall live.

Bob shared Lucy's passion, but his plans were more short-term.

He wasn't thinking of forever, of growing old with Lucy as his wife, sitting together on a bench in some windswept seaside town, her elderly swollen ankles in stout black shoes, distended knuckles resting on arthritic knees. Such visions meant nothing to him because he would always be exactly as he was now, despite the passage of time. His humans would change, grow old and die, disappear from Earth and be forgotten, while he went on the same.

For this reason, it was the present that interested him, even in the deepest sincerest most passionate throes of love. Lucy now, not Lucy later. Of course he might have concluded the issue in a variety of non-legitimate ways, disappearing and reappearing in Lucy's bedroom, making a slight alteration in the arrangement of time and space. But even Bob had the wit to recognize that no matter how it's framed, rape is still rape – which besides falling morally short of suitable (as Mr B had explained to him, time and again) took most of the pleasure out of conquest. Besides, he loved her. And he wasn't totally devoid of self-control. He could wait until next time, holding her image in his head. He didn't want to wait, obviously, but he would.

He sighed and met her eyes. 'Hey.'

'Hey, yourself. I really should go . . .' She smiled. 'Give me your number and I'll text you tomorrow.'

He shifted a little, looked away.

'Where's your phone?' She'd pulled hers out, ready to record his number.

'I don't carry one.'

'Landline, then.'

He shook his head.

She stared at him. 'You're living with someone.'

'I am *not*.' He dipped his head, looking up at her through his fringe, like a pony. 'I just don't . . . like . . . phones.'

'Really.' She felt sick.

'Really! Truly.'

Lucy frowned at him, doubtful, wanting to believe. 'Wow,' she said at last. 'I thought everyone had a phone.'

'I guess they do. But I'm not really like everyone . . .'

'I think I noticed that.' Staring at him, hands on hips, she looked suddenly formidable. 'Swear to God you're not living with someone?'

What the hell. 'Swear. Do I look married?'

She hesitated. 'No. You don't look married.'

He held out his palms to her and slowly she gave him her hands. They were cold.

'Where do you live?'

He has never shared this information. It is not as if he has had to register for tax, or have a newspaper delivered. Besides, his abode is, you might say, unfixed – in that he and Mr B have a tendency to move around quite a bit. As whim and necessity require it.

When he looks up, Lucy is squinting at him. He can feel

118

the importance of the moment. He exhales and says the address quickly, and she repeats it to herself, *number twelve*, mouthing the words slightly. She nods, as if this is all she requires to believe that he is real.

Her shoulders dropped a fraction. 'OK, so, carrier pigeons, then?' There was still doubt in her voice, but he observed with joy that the crisis had passed.

'I'll have to find you in person. You can see the advantage.'

He kissed her again. Slightly dazed, Lucy opened the door, hesitated, then pulled it shut behind her. He didn't go, but stood gazing at her through the glass, while she watched the sky behind him, criss-crossed with trails of light.

What a girl, thought Bob. What a girl.

'She's just a garden-variety God-bothering professional virgin,' Mr B said, without looking up. 'Please take your boots off in the house. And if you don't mind, I'd appreciate a transfer of attention from your loins to the worldwide meteorological situation.' Peering through his spectacles he indicated the window, where water was now threatening to slosh over the windowsills. The respite had passed, and once again it was raining. 'It's past a joke.'

Bob scowled. 'It's all my fault, is that what you're saying?'

'Yes, that's precisely what I'm saying. And if you'd be so good as to stop sulking, we might achieve some degree of improvement. Really, now, what could be simpler?'

'You don't understand, do you? You *know* I can't just turn it off.'

'But you could try, surely?' He always managed to put on a pleasant face, despite the ache in *his* heart.

'I *am* trying.'

Very trying, thought Mr B.

In the middle of the Pacific, tsunamis gained momentum. Tornadoes devastated Kansas and the eastern Chinese coastal province of Jiangsu. An upside-down rainbow had been spotted over Sicily. News updates reported snow falling on the Sahara desert. While right here at home, the temperature raced up and down between boiling and freezing and stars fell out of the sky more or less at random.

And all because the Almighty had fallen head over heels in love with an assistant zookeeper. It wasn't a joke, and would become less of a joke as the situation progressed. God falls in love; thousands die. Mr B couldn't, in all conscience, leave Earth in such a state.

'Here,' he said, handing a file to Bob. 'Some helpful hints on weather catastrophes around the world, and how to prevent them. If at all possible. If you would be so kind.'

Bob snatched the file and stomped out without a word. But what about me, he thought. What about the fact that I'm in love? Doesn't that matter more than these stupid jobs?

Two hours later, Mr B leaned back in his chair, yawned and rubbed his eyes. The familiar throbbing ache had emerged above his left temple. Outside, occasional rumbles of thunder punctuated the steady drizzle.

Mr B's plan went along the lines of whisking his charge away to safety in a haze of smoochy bliss – after which the rain would stop and life would return to normal in time for him to wave goodbye to Bob and his miserable planet without a backwards glance. Of course it wouldn't solve the problem for good. Life would only remain stable till the next drop-dead gorgeous waitress/tree surgeon/dog-walker caught Bob's eye. But by then it would no longer be his problem.

Thinking of Bob's previous failed relationships, Mr B succumbed to a deep resignation. As the unwilling puppet master, he would tug gently on each string, controlling the movement of one foot, then another, pulling an arm back from a fondle that could endanger them both. He might cause a head to nod and a shoulder to shrug, but while he was concentrating on this, a sweaty hand might creep forward of its own volition to caress a tender length of thigh.

And which one of them, on which end of the strings, could be considered less free?

27

Eck had determined to enjoy the last few weeks of his life, but was finding it increasingly difficult. Bob spent most of his time mooning over Lucy and Mr B worked all the time, so there was no one to nudge and joggle him out of his low spirits. In the past, he and Bob might play computer games together or watch a film; they'd had tournaments to see who could balance the most dinner plates on one finger or eat the most cake. Sometimes Bob showed him pictures of naked girls and asked which he liked best, but Eck couldn't choose. He found short noses unattractive.

Time seemed to be passing so quickly.

On this day, he woke from a depressed doze to see Estelle waving at him through the window. At first his heart leapt to see her, but on second thoughts he approached with some trepidation. It was this girl's father, after all, who planned to eat him. Perhaps her show of friendliness was merely a ruse. Perhaps her father had sent Estelle to nibble him first, to make sure sadness hadn't made him bitter.

But could the expression of kindness on her face be false? She held out her arms to him. 'You seem thinner,' she said, frowning.

Despite being quite a suspicious Eck, he found it impossible to deny the inherent appeal of Estelle's face, particularly in comparison with the other faces he knew. She didn't smile at him in a threatening way, or a way that suggested she wanted something, or was just barely managing not to laugh at him. She smiled in a way that made him feel as if he were the creature she most wanted to see in the whole entire world.

No one had ever looked at Eck in quite this way, and he was so moved by the experience that he forgot his suspicions and shuffled forward into her arms. He remembered how she had held him on the night of the terrible game, and screwed his eyes shut to erase the rest of the memory. He hadn't known it was possible to experience so many intense feelings at once – misery, love, hunger, suspicion, excitement and of course the ever-present terror of mortality. The enormity of it made him quiver like a leaf.

He lay still, eyes closed, while she explained about her absence and her travels, the places she'd been and the creatures she'd met, and then she stroked and tickled him, and spoke to him in her singy voice. It was only much later that she gently disengaged herself and reached for her large leather bag.

The Eck scrambled up, eyes wide with alarm. Estelle's bag looked exactly like the sort of thing you threw over the head of a man about to be hanged.

'Here,' she said, and handed it to him. 'I brought you some things.'

Trembling with dread, Eck peered into the horrible bag. On top was a cake and beside it a long sandwich stuffed with roast beef, pickles, tomatoes and cheese.

Throughout his life, the Eck had dreamt constantly of being full – full of happiness, praise or kindness, yes – but most persistently, full of food. And now here, on this most inauspicious of days, Estelle appeared and offered as much sandwich as he could eat, followed by three cakes of perfect deliciousness, fresh scones with jam from a planet that specialized only in jam, a jar of celestial gherkins, pancakes rolled with exquisite condiments unknown in the Milky Way, fruit pies, and the sort of rich, creamy cheese Eck imagined one might eat in heaven. Even if the purpose of the snack was to fatten him up for the kill, it was still extremely nice.

'Bob's not here?'

Eck shook his head. He was unable to tell whether she was pleased or disappointed, for her expression remained neutral.

Conversation did not flow at first. Eck's mouth was not designed to hold more than half a sandwich and it currently held three. His greed amused the girl, who offered him delicacy after delicacy. The sheer volume of food caused his cheeks to bulge and his eyes to roll back in his head. And all the time he ate, she told him tales of things he had never even thought to imagine. The sound of her voice thrilled him almost as much as the stories and, despite the depressing facts of his fate, he felt almost happy.

'I'm sorry I haven't been to see you,' said the girl.

The Eck nodded.

'Now I'm back,' she said. 'And do you know why?'

Eck examined the question from every angle. It seemed a bit risky to guess.

Estelle looked at him, her expression steady. 'It's because

I like you. And also because I'm extremely unhappy about my father's bet.'

Not as unhappy as I am, thought Eck.

'I . . .' She paused to select precisely the right words. 'I am doing what I can to influence him. But in the meantime, I should like us to be friends.'

Eck nodded, a bit uncertainly. He supposed that in the absence of a future, a friend might be nice.

'Shall we go outside?'

Eck drooped.

'It's all right – you're allowed.' She looked up and saw Mr B watching them from the doorway. 'Hello,' she said. 'We're going out for some air. Would you like to join us?'

Yes, he would like to join them. The thought of passing a few hours drifting about in the company of Estelle was irresistible. But there was work to do. Always. Too much work. An infinity of work. So he declined, politely, with regret.

As they went out, Estelle turned back to face Mr B. 'Next time,' she said.

It sounded more like a plan than a query.

She took Eck to the zoo, and despite the rain they spent a happy afternoon in the company of the penguins, who fascinated Eck the way monkeys fascinate small children. So similar and yet so different.

When a keeper came past with a bucket of fish, Eck hid behind Estelle, though the keeper-girl didn't look as if she were noticing much of anything beside her own thoughts.

'Eck,' Eck whispered to Estelle, and Estelle nodded. So, this was the girl Bob had fallen for. The nice girl from the café. What a shame. And what a small world Earth was, she thought, relieved that Lucy was too distracted to notice them. She doubted her description of Eck's provenance would stand up to scrutiny a second time.

When it came time to drop Eck off at home, the girl waylaid a possible bout of weeping by producing a slightly shop-worn pork chop from her coat pocket. Eck stretched his snout in its direction.

'Do help yourself,' she said.

The creature helped himself. 'Eck,' he mumbled, and she saw big mingled tears of joy and sadness well up in his eyes. Long watery trails ran down to his chin.

Estelle placed a reassuring hand on his shoulder. She would have loved to tell him not to worry, that it would all turn out fine, but she couldn't be confident that it would. Her father was a particularly tricky individual. And she, it must be said, was distracted by her quest . . . for heaven knew what.

Eck shook his head and snuffled her hands and arms; then with some deference, and when she seemed not to object, he licked her carefully with his long sticky tongue. She tasted of fresh limes and rainwater.

'Shall we meet again tomorrow?' She watched him with her head tilted slightly to one side, her eyes simultaneously cool and warm.

Eck shook his head gloomily. Bob would be home any minute. He would never allow Eck to have a friend.

'Next day?' she said.

The creature brightened. Perhaps Bob would have disappeared by the next day. Perhaps by the next day, the world as he knew it would have changed into something else.

Everything might have altered, as it seemed to do with disconcerting frequency these days.

'OK, then, next day,' said the girl, and waved goodbye.

A friend, thought Eck. Of course she probably wanted something from him, but he didn't mind. He couldn't afford to be selective about friends, having had no other offers, and none likely in the foreseeable future. After which he would be dead.

Mr B stood at the window and watched her disappear into the drizzle. His brow was as creased as ever, but his eyes, uncharacteristically, shone.

28

'Who is that girl?' Mr B asked Bob.

'Which girl?'

'The one Eck's taken a shine to.'

'Oh, her. Miss Plainy-Pants. Her father's that scary Mafi-oso guy. The one who's going to –' They both looked at Eck, who stood defiantly in the corner of the room, staring into the middle distance. 'You know.'

Mr B nodded.

Only in the afternoons, when Estelle came to see him, did Eck perk up at all. The strain of living under a sentence of death bled his spirit.

They ate in silence. Eck had stopped begging at the table for scraps; even his insatiable hunger seemed to have waned. Hunger was just another pain he endured now as evidence that he was still alive – along with despair. If he starved, well, maybe it wasn't the worst way to die.

'And she's the daughter?'

'Who?'

'Miss Plainy-Pants.'

Bob shrugged. 'Eloise. Esmerelda. Weaselly thing.'

Mr B dissented silently. Not weaselly. With her long straight nose, pale skin and high forehead, the girl might have walked straight out of an early Renaissance painting. Not at all weaselly. She was slim and graceful; she moved without flapping or fuss.

Returning to work, Mr B flipped through his files of pleading humans, page after page, avoiding their eyes, trying to answer their prayers, his brain flitting back to . . . Esmerelda?

One file slithered out, an Indian child with serious brown eyes and a depth and complexity of expression. He had rabies, and the petition came from his father. Mr B stared down at the child's face for some time. Untreated, he knew, the boy would develop a vast, unquenchable thirst as his throat and jaw muscles grew rigid with paralysis. Death would follow in a matter of hours.

Mr B rubbed his head. It wasn't that he didn't like to fix things. But every adjustment led to unexpected repercussions, a chain of reactions certain to render the original deed null and void. He'd had plenty of experiences like that: the sweet child saved from death, who grew up to be Vlad the Impaler.

Mr B felt like some sort of cursed accountant, with figures that eternally refused to add up.

But sometimes he had no choice. For himself, as much as for anyone. This time, just the slightest nudge, a tap, almost. Enough so that a visiting doctor from a UN special task force might slip over sideways, a mile or two off his intended path. Enough to cross paths with the boy's father.

Of course these operations took time, were as technical as the isolation of a single grain of sand on an infinite stretch of beach. And who knew what else the nudge displaced? The tap that slipped the doctor sideways could slide a lorry into a crowd, topple a climber into a ravine, nudge a surgeon's blade. And for what? To postpone a single incident of death or suffering because one face in ten billion had caught his eye?

Was he the only one who found this situation intolerable?

Moving the Indian boy's file caused the whales to slither out of the heap and on to the floor at his feet. In his head, Mr B heard their desperate voices. Thirty-metre baleen whales had been sighted in unfeasibly warm seas, searching for krill that were searching for phytoplankton. Others turned up gasping on beaches, their sonar confused by hunger and illness and noise. The tiniest ecological shift had already begun to make life impossible for them, thanks to an elegant anomaly in their biology – for Mr B, a far more accomplished creator than Bob, had devised a food chain with just two short links. Plankton to whale. So beautifully simple. Until something went wrong with the plankton.

The whales did not plead with sad looks or sagging shoulders. Their huge, impassive faces expressed nothing but the eternal stoicism of their race. Mr B could face them in a way that he could not face the humans, who were, after all, created in the image of Bob, complete with all Bob's tragic flaws and an infinite chocolate-box selection of tragic outcomes.

He couldn't bear the thought of those plangent voices being silenced forever, but he knew that they would soon cease to ask for help, having despaired of it coming. He bent down slowly, with a grunt, and lifted the file up on to his desk.

I will help you, he said silently to the whales. For my own sake as well as for yours, I will help you.

He wondered that the cetaceans had remained loyal to him, that they knew they were different. They were the only species with the intelligence to contact him directly, bypassing not only human intervention, but also Bob, for they (quite sensibly) did not believe in him.

Their keen brains and their beauty touched him almost as deeply as their faith in his power to save them. He could not leave without knowing that his own creations (at the very least) had been saved from painful oblivion.

His thoughts strayed once more to Eck's friend, as he jotted down a message, for immediate delivery.

I will help you.

29

Accompanied by the shuffling feet and muffled snorts of wild boars and oryx, Lucy swept water from the corridor with a wide brush. It was the perfect occupation; anything requiring more concentration would have been impossible.

Outside, the rain came down in vengeful sheets, slamming against the metal roof with a violence that suited her state of mind. Emotional overdrive had rendered her fantasies almost hallucinogenic: those lips, the slender fingers, the deeply shadowed, troubled eyes.

She felt skinless. Every thought in her head was of him.

CRR . . . *AACK*! Thunder seemed to emanate from inside the building, inside her head. She pressed both hands over her ears to shut it out.

Who could she talk to? Who would understand? Her body no longer seemed to belong to her; she was flotsam caught in a howling whirlpool . . . and Bob, Bob was the force.

'Sleeping on the job?'

She jerked up, began sweeping the water again, vigorously. Luke. Of course. 'Nearly finished here. Just stopped to catch my breath.' She couldn't keep the edge out of her voice.

He looked at her. 'No rush. Just checking to see if you needed help.'

Right. 'Thanks. I'm fine.'

CRRR . . . *ACK!*

'Christ!' he said. 'That was a bit close.'

She felt wary of him, and frightened. The way he looked at her was so critical. Did he suspect about the capybara, or was he just keeping an eye on her, watching for a slip-up?

Water had begun to run down the inside of one wall and Luke swore, then hesitated for a moment as if about to say something else.

Lucy steeled herself, but when she looked again there was something in his expression that stopped her. His face was neither critical nor contemptuous. More . . . puzzled. Concerned. And then he smiled at her, actually smiled, and she nearly looked over her shoulder because it seemed so unlikely. But before she could clarify the odd encounter he was gone, and she shook him out of her head. There was barely room for him in it anyway.

She needed to see Bob again, needed his arms round her to stop the buzzing anxiety in her blood. What spell had he cast? Nothing existed in her life except his face, his hands, his eyes. Need tugged at her like the pull of the moon on the sea, exerting a force so great she thought she might die of it.

And then he was beside her.

She gasped. 'Oh, Bob. I was just . . .'

'Shhh.' He put a finger to her lips, took her hands in his and kissed her mouth and eyes, burying his face in her hair.

'My God,' she sighed, face flushed, eyes half-shut.

Yes, he thought.

She clung to him.

'I want to be with you. Properly,' he murmured, and she nodded. Her compliance thrilled him.

They couldn't stay here. He kissed her again, delighted by the feel and the smell and the taste of her. 'Lucy,' he said. 'My darling. Can you meet me tonight? Now?'

'I . . .' She hesitated. 'We've all volunteered to work late tonight. I'm not sure I can get out of it.'

He frowned. 'Well, what if I came with you? I can help too.' They could work side by side, almost like equals, and then afterwards . . .

She looked doubtful. 'Are you sure?'

'Of course.' He set his face in an expression of confidence that faded to something uneasy. 'Will I know what to do?'

She laughed. 'Of course.' Lucy imagined them working together, showing him off to her workmates. 'You'll be fine. It'll be really useful to have another pair of hands.'

'OK, then, let's do it.' He kissed her again.

'Two minutes,' she gasped, and pointed him in the direction of the staff offices.

Inside the low building, it felt crowded and humid. Sheet lightning illuminated the room at erratic intervals. Bob wrinkled his nose. Humans smelled stronger than he remembered.

Lucy was the last to arrive. She slipped her arm through Bob's, took a deep breath and led him over to the group by the coffee machine, feeling unaccountably embarrassed when Luke introduced himself and offered his hand. Bob took hold of it, grasping it loosely at arm's length without moving. To her mortification, he seemed to have forgotten how a handshake worked. Luke blinked, and withdrew carefully. He caught Lucy's eye.

She looked away, blushing.

Well, well, well, thought Luke. What a strange one he is. If he were a dog, I'd give him a wide berth.

All the hay, straw and sawdust bedding had to be restacked on to piles of wooden pallets. Rain had already seeped through the corrugated iron roof and pooled on the floor. There were twelve volunteers in six teams of two. Lucy and Bob held hands, staking out their partnership, which left four others, including Luke, who paired up with the new girl from the ticket office.

Where on earth had Luke found her, Lucy wondered, checking out the girl's vegan neo-hippy-eco-ethnic dress sense. Her black hair was cut short, with a single skinny plait down the back, and Lucy noticed that she treated Luke with easy familiarity, which was impressive. Even the staff who liked him kept a bit of a distance. Maybe she has lots of brothers, thought Lucy, trying to eavesdrop on the girl's stream of babble.

'I should be at home,' Skype was saying, 'like, revising? Which is, like, bullshit, obviously, when the world is, like, coming to an end?'

'That's not what you said last time. A few more weeks of bad weather, wasn't it?' Luke was all reproach.

'A few weeks?' She shrugged. 'Or a few million years? Who knows?'

Luke again caught Lucy's eye, this time with a little

half-smile. Once more, the intimacy of the glance shook her.

'C'mon, Luke, let's go.' Skype was tugging on his sleeve now. 'Our team's on, like, hay bales?'

He smiled, to himself this time, and followed her.

The bales were heavy and awkward to lift and it was exhausting work, but Bob and Lucy toiled stoically for the first half hour. To her surprise, Lucy discovered that she possessed more strength and stamina than her partner, for Bob began to flag well before tea break. Jollying him along with kisses and encouragement, Lucy found herself unaccountably irritated by the sound of Luke and Skype laughing as they worked. He seemed to enjoy having an adoring girl in tow. And what kind of stupid name was Skype, anyway?

At tea break, Lucy fetched two cups, returning to find Skype hunkered down on a bale talking to Bob. The combination made her flinch.

'So, like, I didn't have a job, and I went up to Luke and I was, like, OK, so why don't you give me one? A job, I mean? And he did?'

Bob looked nonplussed.

Skype leaned in. 'Don't you think this is all just so *UH-mazing*? You know what I mean?'

Bob didn't. He took a nervous step backwards.

'Like the weather and all of us working together to, like, save the animals? I feel like Noah with the flood.' Skype leapt to her feet and climbed nimbly to the top of the bales, suddenly raising her voice and punching the air for emphasis. 'And God said, *BEHOLD*, I shall bring a flood of water upon the land, to destroy all flesh and *EVERYTHING*

136

SHALL PERISH!' She lowered her arms. 'What a miserable old shit God must be.'

Eyes huge, Bob cast about desperately for Lucy, who had just arrived with the tea and a packet of biscuits.

Skype gave a little wave and scarpered back off to Luke.

'What was that about?' Lucy asked.

Bob stood unnaturally rigid.

'Sorry I couldn't save you.' Lucy handed Bob his cup of tea. 'Only another half hour, and then we'll go.' She'd had enough, more than enough. The sexy feeling of working beside Bob had worn off, leaving her tired and depressed. The rain had stopped briefly, but a rumbling thunderstorm seemed to be building again from some distance away. Through the high windows, lightning continued to flash.

'It's really tragic, all this peculiar weather,' Lucy said as they left the zoo together. She stopped to stare at a ruined pushchair, overturned in a puddle. 'So many lives messed up.' They walked in silence for a moment. 'I heard on the news that the death toll is in the thousands.'

Bob shoved his hands in his pockets and looked away. 'It's not my fault,' he muttered.

Lucy laughed a little quizzically and took his arm. 'Of course it's not.'

But Bob fidgeted, disgruntled and obscurely guilty, and she had to push the hair out of his eyes, make faces at him, tangle her feet in his, and nearly trip him up in the knee-deep water. What happened to the other Bob? she wondered. The one who can't keep his hands off me?

'Let's go home,' Lucy whispered in his ear, nuzzling his

neck, and at last he broke off from his conundrums and complexities of thought. She drew her jacket tight, wishing Bob would put his arms round her. He was in his shirtsleeves. 'Aren't you cold?'

But he wasn't. 'I don't feel the cold,' he said, which was perfectly true.

They walked and walked. Great forks of lightning flashed on all sides; thunder crashed overhead. But the sky was clear, and no rain fell.

Bob seemed out of sorts and finally Lucy could take no more. She hauled him into a doorway and kissed him passionately, and at last he seemed to notice her. They kissed again; Bob wound her hair round his fingers and stroked her face. 'That's better,' she murmured, her head pressed into the crease of his neck.

At her house, she fumbled with the door, and then they were inside, still kissing. Taking her face in his hands, he lifted the hair off her neck and dipped his head to kiss the exposed skin of her shoulder. Her skin tasted tangy and sweet. He took her arms and wrapped them round his waist, holding them there, nuzzling deep into the softness below her jawbone, kissing her ear, her eyelid, the corner of her mouth. She felt herself being drawn deeper and deeper into a dark place, spinning beyond time.

Another crash. Panic rose suddenly in Lucy, displacing passion. *What?* she thought wildly. *What's happening?* Wrenching free, she caught sight of herself in the mirror and stopped, startled. The girl staring back at her had hair that hung loose in tangled pale ropes, burning cheeks, huge dilated pupils, bruised lips. She was wild with wanting, wild with fear, beyond control. Is that me? she wondered. Is that *me*?

Flash! Crash!

Panting, she turned to Bob and stared in wonder at the light flowing round his outline – dripping from his fingertips, his eyes, as if he were too full of light to contain it.

Lucy shivered and hugged herself. Who *is* he?

Blinking with confusion, she retreated to the kitchen. 'Cup of tea?'

'Tea?' The light around him flickered and died. Bob stared.

'I have chamomile and builder's.' She tried to smile from behind the breakfast bar, but it was misery she felt. Misery, confusion and fear.

'No.' He ducked round the edge of the worktop to her and, frowning slightly, put his hands on her shoulders.

She spun away. 'I'll just put the kettle on. If you don't mind.'

He looked on with a pained expression as she filled the kettle, checked her answerphone, stacked the mail neatly in a wooden box beside the toaster. He wanted to scream when she pulled out a sponge and began scrubbing at a spot of jam on the laminate worktop. And then she stopped.

'Bob,' she said carefully, not daring to look at him, 'I think you'd better go.'

He came to her once more and pulled her close, earnest with need, but she slipped out of his arms. 'Please. If we start again, I won't be able to stop. I need . . .' What did she need? Someone who wasn't Bob? 'I need . . . more time. A lot more time.'

'Well, bravo for her, I say.'

'A bit unnatural, though, don't you think, darling?' Mona

frowned. Then brightened. 'Still, it's helpful.' She consulted her list, which had begun to look battered. She hadn't yet succeeded in making Bob a better God . . . or fixing the weather . . . and as for Lucy . . .

Mona sighed, and disappeared.

Mr B fervently hoped Bob's courtship of Lucy would be successful. It seemed the only way to adjust the world's meteorological problems without entering Bob's Wonderful World of Sexual Dismay too quickly. The hour of hazy sunshine this afternoon had encouraged him. A few much-needed rainclouds had even materialized over central Africa. But the thunder was disturbing.

'I'd say the girl is obviously quite gaga over you.' He spoke cautiously.

Bob looked gloomily at the floor. 'I love her more than the moon and the stars. And all that stuff.'

'Of course.' Mr B paused, wondering how much Bob cared for the moon and the stars, if at all. 'Well, clever old you. She's obviously a girl worth having.'

'You don't even have the first idea. She's amazing. She's miraculous. She's the most incredible, beautiful girl. And *I* made her.'

Mr B raised an eyebrow.

Bob recoiled. 'Not like *that*. I made the people who made her and the ones who made them and the ones who made them. And so on and so on, back and back and back. And each set of perfect combinations came together because of the way *I* made them.'

'You *are* a genius.'

'I am.'

'And your decision to move slowly is an excellent one . . .'

Bob's laughter was scornful. 'You're giving *me* advice on how to seduce a woman? You? Mr Useless Old Past-It with bells on?'

What a wit the boy had. What a keen knife's edge of irony. What a bloody prodigy he was, oh, yes indeed, a definite genius in too many realms to count. 'So, what are you going to do about it?'

'I told you, I'm going to do everything the right way this time. Just like humans do. I'll talk to her parents. Get them to give me her hand. In marriage.'

Mr B looked at him. Marriage?

'That's what people do.' Bob adopted his superior tone.

'How fascinating.' Mr B stared. 'Are you quite certain that's what you want?'

Bob snorted. 'Am I certain? Am *I* certain? Of course I'm certain. I'm beyond certain. I'm ridiculously certain.'

Mr B removed his spectacles and rubbed the bridge of his nose. 'Your mother is worried about you, you know.'

'My mother? *You've been talking to my mother?*'

'Only casually.'

Bob exploded. 'There is *no such thing* as a casual conversation with my mother. Every single word will be twisted beyond recognition until before you know it you're playing Russian Roulette in a wind tunnel with a psychotic dwarf, having wagered your birthright for a piece of cheese . . .'

Mr B blinked. 'Forget your mother. It was only a short chat.' He cleared his throat. 'There's a little favour I'd like to ask, however. A problem I need help solving.'

'No.' Bob pivoted on one superior heel and stormed out. The door slammed.

Mr B sighed. Bring on the fourteenth of July, he prayed, to no one in particular.

30

Bernard had always been a little shy about prayer. Having spent nearly twenty years as an army chaplain, he'd developed a definite unease about the job God was doing here on Earth. It was no surprise, therefore, that his bond with the Almighty, the most intense of his life, involved long and difficult conversations more than actual worship. And yet he wouldn't have chosen any other way to live, for he believed fervently in man's potential to improve life on Earth.

This was a political and philosophical belief as much as a spiritual one, requiring faith in concepts such as right and wrong, good and evil, salvation and grace. Bernard wanted very badly to believe that he and God had a single goal, and that the goal involved the eradication of suffering. Not that he believed, exactly, that suffering could be eradicated. But he believed in *the process*, the desire to make things better. Without human perfectibility as a goal, he could see no purpose to life on Earth.

In the early days of his career, he had considered the army good and useful and necessary. Even as that conviction waned, he had for many years felt that his presence in a war zone served a purpose, made life better for his men. When even that faded, he had returned to civilian life, and nowadays battled on the frontlines of the suburban middle class. His professional career, when he could bear to think about it, struck him as a slow tapering-off of worth.

Bernard had never been tempted to treat the Bible as literal truth, but all this vengeful weather disturbed him. Looking around the church at his parishioners, each valiantly trying to make the best of being marooned, he began to sag under a feeling of hopelessness. Perhaps the end of the world really was nigh.

'Hello, Mrs Edelweiss,' he said, pouring out a cup of tea. 'How are you this morning?'

She stared at him. 'How should I be, sleeping in a room full of strangers?'

Bernard flinched. 'Yes, of course, it's intolerable. But until we find you alternative housing, I'm afraid . . .' The woman was in her eighties, her hands twisted with arthritis. She should not be sleeping on a camp bed in a church hall, sharing four toilets with ninety others. 'We're doing our best to get you somewhere more comfortable, as soon as . . . look, the rain has –'

But as they both turned to the window, it was obvious that the rain hadn't. Only, it wasn't rain, as such. It looked as if the bottom of a lake had begun to spill over the church eaves. Bernard stared in wonder. The uninterrupted weight of water was dense as a wall.

Mrs Edelweiss was one of dozens around the room silently telegraphing the vulnerability and shame she felt at tolerating these conditions badly. Everywhere Bernard turned, he felt eyes upon him, apologetic, accusing. The old people had become accustomed to invisibility in a way the sturdy middle-aged were not; they had given over hope of being first in line for comfort or food or consolation. Their humility embarrassed Bernard. He checked his watch and grimaced, as if suddenly remembering an important engagement, then retreated to his tiny office behind the altar. He closed and locked the door and slumped into his chair. Un-Christian though the sentiment was, he wanted these people out of his church.

There came a tap on the door, and a familiar voice whispered, 'Bernard?'

He stood and unlocked it. 'Laura. Sorry. That wasn't meant to keep you out.'

A whiff of something distinctly Bernard puffed out at her as he opened the door – a hint of leather and candles and starched shorts; something arousingly vicarish. She handed him a cup of tea, wiping both hands on the apron she wore round her waist. 'Never mind. Tea and biscuits have been served, and we're all settling down to some nice Haydn quartets. Even the children are listening. Very good for the savage beast, you know.'

Breast, he thought, averting his eyes. Savage breast.

He pulled a chair out for her. 'Sit down for a moment. You've done too much.' Her efficiency implicated him somehow.

'I've actually come for a reason – more people have arrived and I thought you really ought to do the proper thing – welcome to Noah's ark, etc.'

'Yes, of course. Thank you.' He rose to his feet without enthusiasm. More refugees.

*

A youngish couple with two small children stood at the entrance to the church. The man, ginger-haired with freckles and pale eyes, put his hand out to Bernard.

'Hello, vicar. I'm afraid we've come for the high ground. Geographically speaking, that is.'

Bernard smiled. 'Please claim it however it serves you best.'

'We're stuck,' said his wife. 'Our kitchen's under half a metre of water, which,' she looked concerned, and even a little frightened, 'froze solid last night. In summer!' Indicating the two little girls, she added, 'This is Giselle, and Tamsin. I'm Rosalie. And Tom.'

'Welcome.' What a nice-looking family. Perhaps they'd come on Sundays when the emergency was over. They'd have to if they planned to get their little girls into St Anthony's C. of E. primary. Not for the first time, Bernard wondered who had less shame, the families playing this game, or the church insisting they play it.

Laura nudged him.

'There's someone else.'

He turned in the direction indicated by her chin.

'Hello,' he said. 'Can I help?'

'No.'

The vicar frowned. Something about this young man set the hairs on the back of his neck prickling, and his first impulse was to turn him straight back out into the rain. The muscles in his arms tensed. He opened his mouth to speak again, but was interrupted.

'Don't worry, I don't want your tea. I'm looking for her.' The young man pointed at Laura, his finger aimed at her nose.

Bernard's smile did not include his eyes. 'How fortunate, then, that you've found her.'

The young man ignored him, speaking directly to Laura. 'I need to talk to you.'

Mrs Davenport straightened her back, tipped her head slightly towards the ceiling and peered at the interloper along the short straight slope of her nose. In a pinch, she thought, I could probably take him. He may be young but he doesn't appear to be very fit. It wouldn't be difficult. Spike heel to instep, knee to groin, fingers in eyes (don't be afraid to gouge), heel of hand extended full force into Adam's apple. These thoughts distracted her, so that she barely noticed that the personage was speaking once more.

'I would like to discuss your daughter.'

She didn't recognize his accent. It appeared to contain a slight Russian inflection, or (could it be?) Chinese. And the slightest trace of – though perhaps she was mistaken – something Latin American? Portuguese?

'Which daughter?' Laura had no doubt which daughter he meant, though the thought of either of her children mixed up with such a creature made her shudder.

'Lucy.'

Lucy, of course. Carina's boyfriend was the son of an old family friend. Darling Carina, ambitious and unimaginative. A most restful sort of child. But Lucy . . . it figured that a girl with a compulsion for bringing home injured, abandoned and otherwise unsavoury mammals would somehow hook herself up with *this*. She stared at Bob with her hardest, coldest eyes. 'I'm Laura Davenport,' she said.

'I know who you are.' The young man glanced around. 'Is there somewhere we can talk?'

Could the boy actually have sneered a little? There was no mistaking the peculiar arrogance of his reply. Bernard had backed off to a tactful distance, watching the strange young man out of the corner of one eye. Now he took a step forward. 'Why don't you use my office? I'm happy to stay if you like, Laura.' His look was pointed.

'Thank you, but that shouldn't be necessary.' She drew back the corners of her mouth ever so slightly and spoke with an Arctic froideur. 'Follow me, . . .?'

'Bob.' He did not offer his hand.

'Bob.' She marched off towards Bernard's office, trusting the boy to follow. She left the door open. Neither sat.

She waited.

'I have an interest in your daughter.'

Of course he did. Lucy attracted a great deal of interest – what mother could possibly remain ignorant of that fact? Laura was somewhat disturbed by her daughter's wanton ability to arouse. So different from her own tidy sexuality.

'What sort of interest, precisely?'

'I am deeply and passionately in love with her.'

Deeply and passionately in love? The creature's use of language was as quaint as his accent – antique, almost, as if he'd studied with an Edwardian schoolmaster. She struggled to place him. Born in Hong Kong, perhaps? Educated at Eton? And why was it suddenly so hot? Long habits of discipline prevented her from clawing at her clothing, undoing every button and clasp. It will pass, she told herself. It will pass.

'And I believe I have made significant progress in winning her affections.'

'Why do you imagine your progress might interest me?' Laura's syntax acquired a patina of antiquity to match her opponent's. 'Lucy no longer lives at home and my influence over her, what little I have, does not include selecting her suitors. From what I understand, she is perfectly capable of organizing her social life entirely on her own, though of course I don't expect her taste to be suitable in every case.' She paused, giving him time to absorb the barb. 'In fact, I fail to comprehend the necessity for this conversation at all . . .'

Something extraordinary interrupted the flow of her lecture, and Laura could not be certain, then or later, exactly what that something was. Bob appeared to grow taller, and had it not been so patently unimaginable, she might have sworn that he began to morph, first into a dragon, then a gigantic cyclops, a minotaur, and a satyr of considerable height and breadth with eyes that glowed and hair shot through with fire. She blinked, wondering if perhaps she were having a stroke, squeezed her eyes shut and reopened them.

Bob stood before her exactly as he had a moment earlier.

Well. She had obviously imagined it. Of course she had. And yet, why hadn't she noticed the peculiar intensity of him before? There was something at the core of him that felt as dense as the centre of the Earth. How had she failed to notice how he sucked all of the surrounding light into himself, swallowing it down until the edges of his figure glowed a fiery white?

Laura shook her head once more. Who *was* the boy? Even his eyes appeared to have changed colour and texture. Had they been molten amber before, threatening to flow out of his sockets like lava? She stared.

His voice was low, impatient. 'I should like to ask you for your daughter's hand,' he said, and when she looked alarmed, added, 'In marriage.' He stared at her expectantly and stood, cross-armed and impatient, tapping the floor with his foot.

As if from a trance, Laura came back to herself, feeling damp and slightly thick-headed. The room no longer felt unbearably hot. What if this peculiar boy-man were some sort of crazy stalker? She'd have to phone Lucy the moment he left.

Steadying herself against the wall, she took a deep breath. Lucy was a good girl. She always had been. Engaging and friendly. Her involvement with this strange person disturbed Laura greatly.

'The answer,' she said, 'is no. I'm afraid Lucy will have to make that sort of decision for herself . . . um . . . what did you say your name was?'

'Bob.'

'Bob . . . what?'

The young man didn't answer. He made no move to go.

'I should like to know . . .' she began. How had he found her? And what was all that odd – a cyclops? A minotaur? *Really?* She could barely form the questions that filled her brain. 'Did Lucy give you my address?' But this wasn't her address. She was in Bernard's church, more than a mile from home. 'I hope you don't mind if I ask whether my daughter is aware that you've come to see me today?'

'I don't mind at all,' said Bob, and disappeared.

31

Estelle observed her father patiently. 'Surely you can finish for the day,' she said. 'You've been working much too hard lately.'

'Too much to do, as ever,' Hed growled. He looked up at her. 'When did you get back?'

'Just now. And there is something I'd like to discuss with you.'

Hed grimaced. What had happened to the days when his daughter (or anyone else, for that matter) sought him out for the sole purpose of a pleasant chat? Nowadays it was all, 'Daddy, could you please' and 'Mr Hed, I have a proposition'. . .

He wondered what was coming next. Likely she wanted something. Oh blast, he thought. I hope she's not planning to go on about that idiot wager with Mona. Of course he had to go through with it now. And he supposed the sweetest meat in nine thousand galaxies was something to look forward to, even if it had to be swallowed along with his daughter's disapproval.

'Yes, Estelle?'

'I've been thinking, Daddy.'

'Admirable.' He scowled.

'I've been wondering about Bob. How he got his job.'

Hed's face registered surprise. Not what he'd been expecting at all. He rubbed his jaw. 'Well, I'd have to think. A poker game. Yes, definitely a poker game. Not one you attended. Mona won the job from me and passed it on to Bob.' If ever you needed proof of the evils of gambling, Hed thought. 'Why do you ask?'

'Just curious.'

The look Hed gave her was that of a man accustomed to discerning truth from untruth the way most men knew whiskey from gin. 'And?'

'And nothing.' Estelle's expression was mild.

He drummed his fingers on the desk impatiently.

'Well,' she said at last. 'What about me?'

'What *about* you?'

'Why didn't you offer the job to me?'

Hed sat up, genuinely astonished. 'It never crossed my mind.'

She waited.

'Of course, by all means, have a job if you like, but not that one. Nasty little place, gloomy location, miles from anywhere and completely buggered up by Mona's idiot son. Not the sort of thing suitable for you at all.' He stared at her some more. 'If you're wanting a position, I'll make enquiries, of course. But why not work for me? Handle my portfolio. Too many bits and pieces to manage properly these days, and impossible to get trustworthy stewards.' He sat back, eyes narrowed. 'Tell me, Estelle. You've said yourself how many interesting places and creatures you've encountered on your travels. So why this obsession with Earth?'

She thought for a moment. 'I've taken an interest in Earth because it needs help.'

'Demolition is what it needs,' growled Hed. 'Far too much of a mess to sort out now. And anyway, like it or not, that idiot Bob is God.'

'Forever?'

Hed shrugged. 'Who else would have him? Or it?'

Estelle hesitated. 'What if something were to change?'

Hed snorted. 'Exceptionally unlikely.'

Estelle was silent.

'Tell me,' her father said. 'What other things have you been thinking about?'

At this very moment, Estelle was thinking about her future. She had made up her mind long ago that the family business was not for her, for she was quite certain that she did not share her father's ruthless streak (though in this, she was substantially mistaken). Over a period of time, she had slowly been coming to a conclusion.

'I've been thinking about the Eck, Daddy.'

Hed closed his eyes, and his complexion darkened.

She waited, perfectly composed, till the shroud of smoke around him receded. 'I'm not asking you to do anything. You won him fair and square.'

'Fine. In which case, the conversation is closed. I never want to think about that idiot creature ever again. My chef is making arrangements for a nice pink peppercorn sauce to go with him. Though how he's supposed to know what sort of sauce is best for a creature he's never tasted . . .' Hed shrugged.

'But do you remember when I mentioned something in lieu?'

Hed's expression was stony.

'I didn't want you to think that I'd dropped the idea.'

'I hadn't thought about it. At all. To be perfectly frank.'

'Only . . .'

Hed glowered.

Estelle's smile, small and amused, nonetheless had the power to turn blood to ice. 'I am quite determined.'

'Determined, eh?' The look Hed aimed at his daughter contained more than a touch of menace. 'Determination can be a wonderful thing. And also utterly, totally pointless. If you get my drift.'

'Entirely, Daddy.'

'Well, then. Conversation over.'

Estelle stood and kissed him. 'I think you mean, "To be continued".'

Hed did not smile back. Except later. Just a little. To himself.

32

'You'll be glad to hear that my meeting with Lucy's mother went well.'

Eck looked up.

'I think she liked me.'

The little beast squinted, dubious.

'Though I don't suppose it matters, really. I'm God, she's not. I don't have to ask her anything. I'm just trying to do things the right way. Be polite. For Lucy's sake. Actually, to be perfectly honest, I don't give a damn if she approves or not.'

'Eck?' What about Lucy, he mused. I bet she cares.

Bob looked glum.

Though bursting with news about his new friend, Eck knew better than to share it. The effort of keeping the secret caused his nose to twitch.

Bob looked away, feigning indifference. 'You think Lucy's amazing, don't you?'

Eck shrugged. He hadn't seen enough of her to know. She clearly wasn't as amazing as *his* friend.

'And that we should be together forever?' Bob's eyes remained fixed on the window.

Eck hesitated. Forever seemed a strange concept to apply to a human. Lucy would live longer than he, a doomed Eck – but still, she was human. What would happen when she grew old and died?

And what about me, he wondered. Just a few weeks left. Will anyone miss me, or ever think of me when I'm dead? And does it matter? Will I even know?

He tried not to think about such things, but when he did, it was as if an imponderably large black hole had gaped open in his stomach and he was falling into it.

A shoe hit him in the temple and he yelped in pain.

'*Eck!*' He rubbed his head.

'That's what I thought too.' But Bob didn't appear cheered by this confirmation.

Whenever Eck thought about the world after he was gone from it, he felt dizzy and full of terror. An eternity dead, while the rest of the world went about its business not thinking about him at all – how could that be? It seemed cruel to him, being put on Earth just long enough to comprehend the full horror of extinction.

He'd tried to take the subject up with Bob. Why, he had asked, do I have to die?

In his heart of hearts, he'd been hoping that Bob would answer with an explanation of how he'd made an exception for his special pet; how, despite everything, Eck would live on into eternity – rather like the dodo in the Natural History Museum, he thought, only livelier.

But Bob hadn't corrected him. He hadn't laughed tolerantly and smacked him on the shoulder, and said, 'Don't be a dolt. Of course I'll make sure you live forever, you daft

Eck.' He hadn't even jabbed him in the ribs and reminded him about heaven or the afterlife. Bob had merely shrugged and turned back to the TV, and by the time he noticed Eck again it was obvious that he'd forgotten the question.

So the answer to the question about whether he would have to die, Eck gathered, was yes. Yes, he would have to die; yes, he would be forgotten and the world would go on forever without him. With no mitigating circumstances to make the horror easier to swallow.

It strained his relationship with Bob. Why did you bother creating me, he wanted to ask. Why bother giving me a brain and a realization of how miserable existence can be? Why did you invent creatures who die, and worse, who know they are going to die? What is the point of so unkind an act of creation?

But Bob hated difficult questions, and Eck's place in the household was tenuous enough already. For one thing, he ate too much. For another, he had an endless supply of questions. The funny thing was (only it didn't seem so funny to him) that being filled with questions only somehow made him feel emptier.

It didn't help that Bob had already placed an order for a new pet.

Mr B was somewhat kinder, making certain he had regular meals, and even giving him a pat once in a while. But no one seemed to take much of a serious interest. Dead Eck walking, that was him.

He tried to keep out of trouble, and occasionally thought about running away, finding another place to spend his last days. But his courage always failed him. He was just an Eck, and not a particularly fine specimen of an Eck, if what Bob told him was true. Without Bob, he wouldn't even have the dignity of being someone's pet.

'Nothing,' Bob said to him on any number of occasions. 'You are nothing.'

In his heart of hearts, Eck believed that he was nothing, for wouldn't God know about such matters?

Being nothing made him sad.

33

'Lucy, darling. You know I hate to pry, but, really, the man – the boy – was insupportably rude.' Worse than rude. 'I'm not entirely sure how to describe it –'

At the other end of the telephone, Lucy made an impatient sound. 'Is there anything else? Because I don't want to talk about it.'

'Well, no . . . there's nothing else, and I can understand perfectly that you don't want to talk about it. I don't want to talk about it either, in point of fact. Only, he did come looking for me, hunting me down, if you must know. And he asked me for your hand in marriage . . . which you have to admit is a trifle odd.'

Marriage? Lucy trembled. Marriage? *Oh my God.*

'Lucy?'

'Yes, I'm here.'

'In this day and age, darling? Why approach me? He barely knows you, and he certainly doesn't know me. And how did he know where to find me? You say you didn't give him the address and, even if you had, he didn't find me at home. I don't like it, darling. It feels wrong.'

'He asked permission to marry me. Some parents might consider that a nice thing.'

Laura sighed. 'It's not *what* he asked, darling, it's how.'

'Are you suggesting that wanting to marry me makes him some sort of sociopath, Mother? A pervert? *Do you want me to call the police*, Mother?'

'Of course not.' Though Laura wondered if perhaps that wouldn't be such a bad idea. 'I'm only thinking of you.'

'Look, Mother, if it makes you feel better, I'll investigate, find out all about him. One of my friends knows his family,' she lied.

'Which friend?'

'Oh for heaven's sake,' Lucy said, thinking of the skinny, rather unprepossessing boy of her dreams. 'Are you suggesting that he's dangerous?'

Laura frowned. Odd, unpleasant, inappropriate, surreal? Yes. But dangerous?

Yes.

She could see him clearly now – the childish manner, the weird density of him, with something threatening underneath, something violent and peevish.

'Goodbye, Mother.' Lucy put down the phone. It was so typical of her mother to be suspicious of anyone who wasn't part of her circle, anyone different from the ambitious, ordinary sons of her friends. He loves me. Why couldn't she understand that?

And yet . . . Lucy could not pretend to be free of doubt. She tried to push it out of her head. Was she the sort of girl who got what she wanted only to run away? He'd said he loved her. He'd said it.

But who *was* he?

Bob considered the encounter with Lucy's mother. Their exchange of ideas had been a good start, he thought, though he'd much rather have reduced her to a thimbleful of ash.

He trembled at the thought of Lucy; a bubble of happiness exploded in his chest. *We*, he thought. Lucy and me: *together*. He marvelled at the power of this human girl to make the terrible solitude of his life recede. This was what happiness felt like – this wondrous, miraculous alternative to dread.

He needed to set the scene, to keep her love safe in a bottle, like a firefly.

All of this thinking frustrated him. So much to organize. If only Mr B were a proper sort of helper, *he* could do it, take a few moments out of his frantic schedule of sick children or raped women or whatever his boo-hoo cause of the week happened to be.

Bob rolled his eyes. Sick, starving, it was all the same. He couldn't see what the big deal was. Any observer with half a brain knew that there'd always been an underclass – serfs, slaves, untouchables – and, furthermore, that they probably deserved their horrible fates. He hated that Mr B wasted all his time (valuable time the man could be spending on, like, *hello*, me?) fussing over the huddled masses like some pathetic old hermit granny do-gooder.

He knocked at Lucy's window. She came slowly and peered out into the grey incessant rain and the tide of water below her, uncertain, expecting no one. When she saw it was Bob, she smiled, but her greeting was guarded.

'I've just stopped by . . . I just hoped . . . would you like to have a picnic with me?'

Despite herself, Lucy giggled. 'In this weather? Shall I wear a wetsuit?'

The thought of Lucy in a wetsuit struck him speechless for a moment. 'Um. That won't be necessary. We'll have sunshine by Saturday.'

She laughed then. 'Oh, really? What are you? Some kind of weatherman?'

'Some kind,' he mumbled.

Her face became solemn once more. 'So, a picnic. On a boat?'

'Yes,' he said firmly. 'On a boat.'

Lucy paused, considered her reservations, then pushed them aside. 'OK, Mr Weatherman. A picnic on a boat it is. Shall I bring the picnic?'

'Yes, perfect! I'll bring the boat.' Could she hear his exultation in the silence that followed? 'OK. Well. See you Saturday, then.'

Neither of them moved.

'Look, Bob . . .'

'Lucy . . .'

They both stopped. The rain paused, droplets hovering uneasily in mid-air.

'Lucy,' he began, taking both her hands. 'Lucy, I know we haven't known each other long, but . . .'

'Bob, I'm not sure . . .'

'But I feel terrible when I'm not with you.' He released her and ran one distraught hand through his hair. 'I'd leave you alone if I could, but I can't . . . I can't *breathe* without you. I don't think you understand how unhappy I've been.'

When their eyes met, the charge nearly knocked her over. What *was it* about him? She didn't even seem to have a choice; he needed her and so she needed him back. It was terrifying and exhilarating at once, like riding the crest of a gigantic wave.

They stood together but apart, both trembling, and then slowly she stepped forward and laid her head against his shoulder. He tightened his arms round her and the grey afternoon peeled away, exposing a soft pink summer sky of extraordinary beauty, radiant with warm amber light. Bob was Midas, turning the world to gold; in his arms, Lucy glowed. As the moments passed, the space around them melted and blurred, and it became impossible to tell where one of them ended and the other began.

'I'll think of something,' Bob murmured, kissing her hair. 'I'll think of a way we can be together. I will.'

And then he pulled back from her and smiled, and his smile sealed her in a lozenge of bright warmth.

A little dazed, Lucy moved away. The pale oval of her face lingered, flickering for a few seconds after she closed the shutters and disappeared. Bob reached his hand out to grasp her, but touched only air.

He stood motionless at the window for a long moment. It was late of course, but he was far too wound up to go home. Every particle of him fizzed with desire, with something greater than desire.

He thought of Mr B and the usual dinner with the usual conversation. 'You haven't', 'you didn't', 'you should have'.

According to Mr B, he embodied all the deadly sins: indolence, lust, a refusal to clear up his room, crankiness (well, who wouldn't be?), insubordination, dyslexia . . . how many was that? Normally he didn't much care what Mr B thought of him, but today, this minute, bathed in the silvery shimmer of Lucy light, he couldn't bear the thought of returning to his ordinary life.

He found a boat and pushed off into the soft still radiant dusk.

34

Mr B hadn't seen Bob in hours and, pleasant as the experience was, he had begun to feel nervous.

Where could the boy be? Mr B didn't like Out There, especially after dark. The complications of nightclub bouncers, marauding wolves and armed gangsters unsettled him; dark alleys and swooping bats sent him scurrying back home to a nice supper of steak and peas and all that was familiar and brightly lit. It wasn't that he was frightened of the dark, exactly. He was frightened of how Bob's creatures ran amok in the dark. Gangs and guns and attack dogs were the consequence of his creations' aggressive paranoia, yet another flaw that Bob hadn't quite anticipated in his design of *Homo sapiens*.

What would happen if Bob failed to return? Measures would have to be taken. He rubbed his forehead. But which measures? You couldn't just take to the streets with a sandwich board proclaiming that you'd misplaced the Heavenly Father. A search was in order, but how, and where to start?

Lucy, obviously. Damn the girl. And damn the vast frothing juggernaut of Bob's sex drive. For a very few moments, Mr B had dared to hope that this particular romantic adventure might not end in cataclysm. But what would change the pattern of a history as long as theirs?

With a huge sigh, he pulled on a dusty waxed canvas raincoat, tugged on a pair of wellies and flipped the Victorian-style collar up over his ears. Lord only knew what sort of weather he'd encounter. The stiff coat creaked round him like a tent, its folds rendering him smaller and less significant, even, than usual.

From his window he could see that a sailboat had dropped anchor in their road. He slowly unfurled his black umbrella. Two of its ribs pointed crazily sideways.

Despite the extreme unlikelihood of finding Bob swinging along the tops of the lampposts like Gene Kelly (a song in his heart and ready for love), Mr B still peered up the canal that had once been a street.

There was nothing.

Mr B hated so many of man's wondrous creations: engines and mobile phones and fast-food outlets, not to mention knives and jackhammers and garrottes. In the past, he had hated crossbows and armour and coins. Pisspots. And instruments of torture. He loathed the noise and smell of Outside – the roaring vehicles with their damp diesel stink, which clung to his skin, and the horrible whine of planes slicing up the sky. To him these things represented everything sordid and backwards about Earth.

'No, Eck.' He pushed the little creature's snout out of the crack of the door and closed it behind him.

A dinghy awaited him and he stepped into it.

The peculiar dazzle of city nightlight caused him to blink. He shuddered as his boat slid past an old woman balanced on a windowsill, gazing blank-faced at the rising water. They were so close that he could smell the rotting human scent of her through the plastic sweet camellia of her perfume. She smiled at him and he turned away, ashamed.

At Lucy's there was no sign of Bob, thank goodness. Just a nice girl tucked up in bed asleep. After the first wave of relief, Mr B felt stirrings of panic. Where next? Where could he be? Bob's incurious nature meant that he rarely wandered aimlessly. Would he bother cruising for women, replace Lucy before the object had been achieved? Mr B knew him better than that. His passion might fade in a matter of hours or days – but not now, not yet.

He headed for high ground, searching bars and pool halls, red-light districts and clubs. He asked phony wise men on the tops of real mountains whether anyone had come through seeking advice for the lovelorn. He checked strip clubs and casinos on six continents. He peered into the dark corners of opium dens and coffee shops, interviewed any number of all-night bartenders and working girls, wandered along the observation platforms of the Empire State Building and the World Financial Center in Shanghai, took the lift to the top of the Burj Khalifa. And, finally, he gave up, exhausted by failure, frustrated by the difficulties thrown up by seven billion identikit creatures of Bob's design.

No sleep was possible. He didn't feel like going home.

As he paddled steadily through the outskirts of the city, the artificial light slipped away and, with it, the trapped-fly buzz of humanity. He stopped for a moment, drifting in silence through the drizzle. The moon had just begun to rise, a great orange disc, majestic and strange. Little boats manned by dark silhouettes bobbed in the floodwater; soft voices came to him across the land that was no longer land. Mr B sat motionless, mesmerized by the tiny percussion of rain-drops, plinketytink, like plucked strings. A path of silver moonbeam crossed the floodwater towards him and he slipped into it, shifting his paddle so that he drifted along its length. He felt he might follow it forever.

How beautiful it is, he thought. The entire world appeared to have paused on an in-breath.

His and Bob's rather spartan flat offered little opportunity to appreciate nature, except perhaps in memoriam – the beauty of what had once been, recorded now in prayers aimed at them from every corner of the world. Save the tigers, save the oceans, save the ice-caps. The images he saw all arose out of catastrophe.

But just for a moment he viewed the place in terms of what could be. And on this night, it was impossible not to notice that the world was touched with magic. In this moment he felt a suspension of despair, a ceasefire in the world's torment. Stars burned silver in the great black sky, carrying messages to Earth from a billion miles away. No horizon split the seamless night. Not a person would petition him to change this moment. It just was, and it was good. And for a moment he too was good.

On the other side of the flood lake, Bob hung facedown over the edge of his little rowing boat, nose nearly touching the water, fingers leaving silver trails in the dark. It was nice out here. The night seemed created just for him, full to bursting with the possibility that something wonderful might happen quite soon: sex, fulfilment and love, all wrapped up in one beautiful sparkly package. After he had opened the package he would be happy ad infinitum, and nothing would ever disturb him again so long as he had Lucy and her love.

For they *would* be together, that much he knew for certain. All that was left to figure out were the details of their shared life. He wasn't accustomed to organizing things without Mr B, but it couldn't be that difficult; if the old codger could do it, he could. He would find a place for them to live happily ever after.

No world was as beautiful as this world he'd created, Bob thought, none so delicately poised between life and death. Mr B might berate the short-lived race he'd made, berated it all the time, in fact. But he was proud of the experiment, proud of the weird evanescence all those short lives produced. OK, maybe it wasn't so nice for them, but at least they didn't drag along day after bloody day, always the same. Always alone.

Would it really be better, he wanted to ask, if it were always this nice? Would anyone bother to notice? Or would they simply pass through a night like this, unmoved?

And (this was more to the point) if life were without flaws and no one ever changed or died, what role would God have?

A muffled sound of voices reached him. Above, the stars glittered so large and bright, he thought he might throw a net and pull them towards him like whiting. Boats slid past him in the inky dark but failed to enter his thoughts.

Mona stared at the oily water through the shell of a bobbing glass egg. The moonlight depressed her. She didn't like her son's sordid little planet, felt guilty for him and Mr B, so wrong was the pairing.

It was all the fault of the damned gambling.

Many years ago, a bet had led her to marry off one of her daughters to a vast shapeless draw-hole of infinite gravity who had (understandably, Mona thought at the time) been finding it difficult to establish a permanent relationship. Mona never saw that particular daughter again, but even without the girl's reproach she knew she'd done wrong.

It was another bet that landed a rather sweet ex-boyfriend in eternal slavery at the far reaches of Cygnus A. Another game resulted in a particularly unpleasant weekend for Mona in the company of the most obnoxious creature in the Pinwheel Galaxy – a gigantic slimy beast with thousands of groping fronds.

Mona's little glass egg wobbled a little on the wake of a passing boat. She looked up at the handsome young man at the helm, realizing with a start that it was her son. She sat up. When he wasn't sneering and whining, he looked . . . quite beautiful. The unformed quality of his features would improve with age. But would he ever grow up?

Mr B spotted Mona's illuminated egg and managed to catch her eye. She waved as they drifted past one another, Mona receding in the night until she was nothing but a lazy glow.

Seeing Mona brought Mr B's thoughts back to Bob, his insistent denial of the future. How could he fall in love with one of his creations and expect it to end happily? Who knew better than he what happened to them over time? Who, after all, had created the poor things, making no provision for the retention of beauty and hope? Not to mention hair, eyesight, hearing, the ability to walk, control of the sphincter.

A sliver of guilt pricked Mr B. What if Bob had got wind of his resignation? What if he'd found out and felt betrayed by what was, after all, a colossal betrayal?

In the distance he caught a final glimpse of Mona's glowing egg and suddenly his heart felt heavy and inert. Had he ever been happy? Would he ever be happy again?

How can I leave this world to Bob? Who will guide him in the care and feeding of his unhappy planet? Who will instruct him in what little could be done to improve life for its inhabitants? Who will tolerate his extremes of stupidity, stick by him through thick and thin (mainly thick)? Who will instruct him in the subtleties of responsibility, kindness, self-control? Mr B sighed, removed his spectacles, wiped his eyes.

Estelle drifts by in her little boat, near enough for Mr B to see that she cradles something in her lap. It is the Eck, a softly purring Eck, eyes twitching and half-closed with bliss as she strokes him. She murmurs sweet words to him and he wriggles a little, snuggling closer; the sound he makes isn't one Mr B has ever heard before – a sigh of such perfect complexity that it rewrites everything he has imagined Bob's pet capable of feeling.

Something about this scene ignites a tiny flame in Mr B's heart and he cannot tear his eyes from it. Estelle is not beautiful – but the pure clarity of her features makes her as irresistible to him as an angel. He would like to be in the boat with them, in the place of the Eck. He would like to be held in the arms of this clear-eyed, clear-voiced girl, who seems to be the only creature among all his acquaintances who cares for something besides self-glorification and the gratification of her own desires.

It might cause considerable surprise to the informed observer (who does not exist) to note that Mr B's eyes begin to fill with tears. They overflow and spill down along the deep soft creases of his careworn face as he sits very still in the centre of the unstill world and weeps rivers of salty water for all the lost souls, including his own.

Seven comets streak across the dawn.

35

By the time Saturday arrived, the sun was blazing and Mr B felt marginally more hopeful.

Bob finally emerged from his room, dressed in jeans and trainers, sunglasses, an expensive T-shirt and a cashmere sweater. He'd slung a jacket and straw bag over one shoulder in an attempt to look French and posed for a moment by the window, his right profile artistically in shade. After a few seconds, he spun round, enquiringly.

Mr B didn't look up. '*Très jolie.*'

Bob slammed the door on his way out.

The weather was holding up nicely, Bob thought, arranging a great bed of Moroccan cushions in the sunshine. He gave his felucca a little push off the side of the building and floated off, testing it for comfort, throwing himself down upon the bed of pillows, clasping his hands beneath his head and closing his eyes against the sun. Wow, he thought. This would be nice even without Lucy.

Creation looked pretty damned impressive in good weather. Big sun, blue sky, fluffy white clouds; the trees artistic shades of orange, red and gold. Even the flood sparkled and winked with diamonds of reflected light. Birds chirped. Bob frowned. His world was perfectly fine. Gorgeous, in fact. And he never got any credit for it. It was so typical. Nothing he did was ever good enough. It was *so unfair*.

He glanced at his watch. Almost noon. Time to pick up his girlfriend. *His. Girlfriend*. Were there two more beautiful words in any language? With the sweep of a giant oar, he turned the boat towards Lucy's house. It slipped silently through town, past a vast flotilla of less noteworthy craft, until at last it bumped gently against the corner of Lucy's first-floor flat. He could see his true love through the window, everything about her redolent of freshness and beauty and life.

When she saw Bob's boat, Lucy clapped a hand to her mouth in delight. Bob bowed and she opened the French doors, stepping out on to her balcony and then on to the edge of the felucca. He offered a hand to help her and for a moment they clung tightly to each other as the boat rocked. Steadying himself, Bob shoved the boat off the corner of the building and they were adrift.

'It's magic,' Lucy murmured. 'Where on earth did you get it?'

'Egypt,' Bob answered, concentrating hard on steering them into open water. 'From the Nile.'

Lucy frowned. 'No, seriously,' she said.

'Seriously.' He met her eyes with a steady gaze. She smiled, a little doubtfully.

'Sit down, sit down,' he commanded gaily. 'You'll tip us if you kneel on one side like that.'

She sat.

The weather was perfect. People on every street hung out of windows, grinning, calling to one another, delighted by the return of sunshine and the unexpected warmth. Even in a world of boats, Bob's barge did not escape notice. There were catcalls and wolf-whistles from the men. Children and young women waved, hoping for a ride. Lucy, glowing, unpacked sandwiches and a bottle of wine while Bob guided the craft round a corner, its oar set slightly to one side.

What a wonderful adventure, she thought. Imagine, showing up at my window with such a beautiful boat!

On the other hand, it was strange. No one she knew had money for a boat like this. Did he come from a rich family? Was he a drug dealer? A bank robber? Was he one of those Eurotrash types you read about in *Hello!* with a year-round tan and a huge bank balance? Did it matter?

When Bob's hand slid under her hip to arrange the rug for her, she allowed his fingers to press against her as she swept her soft lashes towards the sky.

They drank and they ate and they kissed. After all the rain, they lolled tipsy in the sunshine, which warmed their faces and filled their limbs with the sense of something rare and uncanny.

I am God, thought Bob. The almighty all-powerful God. And what a smashing good world I've created, complete with this gorgeous girl. What a *brilliant* realm of pleasure. What a beautiful flood. What perfect sunshine. What a fabulous genius of a boyfriend I am.

He lowered himself down beside Lucy, pushed his arm under her head and rubbed his cheek against hers. The two giggled and joked and touched, skin to skin, giddy with happiness, igniting currents of pleasure on every exposed surface. After weeks spent dodging the wind and rain, warm sun against warm flesh upon warm wool felt like a benediction.

Bob and Lucy gazed at each other, and each thought silently that this was the moment to which all other moments had led. Bob looked at Lucy and knew – he *knew* – that with her by his side he would never be lonely again, would never again suffer the heart-wrenching isolation of his position. Lucy would share every aspect of his life, the good and the bad; she would love him and be loved. Yes, she was mortal, but perhaps – *why not?* – perhaps he would renounce the position of God for her! It wasn't exactly fun any more. To tell the truth, each year seemed drearier than the one before. Who could have guessed that his wondrous creation would generate so many problems? Enough, he thought. Enough responsibility, enough nagging! Why had he never before thought of quitting the whole enterprise? As the idea came to him, it filled him with hope.

Perhaps it was the wine, perhaps it was love's sweet intoxication, but the plan Bob unspooled for Lucy swept them both along on a wave of optimism. A picture formed in their heads as they drifted along aimlessly in the sunshine, and it was the same picture for both – of freedom and happiness forever.

'Lucy, dear Lucy.' Bob's voice cracked, as if it were a huge effort to speak at all. 'You are the world's most wondrous woman.'

'I'm not,' she whispered back. 'You've just lost your mind, that's all.'

He nodded. 'I have.'

His eyes made her dizzy, but her expression, now, was serious. 'You might tire of me in a week, a month.' She put her hand on his arm, turned her mouth to his.

'Never,' he murmured, believing with every fibre of his glorious being that their love was indeed eternal, that he and Lucy would be together forever and ever and ever – forever, that is, until she grew old and infirm, lame and deaf and crotchety, until bits began falling off her and she withered up and started to smell funny and developed arthritis and arteriosclerosis. And then died. Which would be relatively soon, when you compared her lifespan to his.

She turned, half sat and looked at him, really looked, determined to find out what lay behind his strangeness. His eyes were like quicksand, pulling her down and under, where she had nothing to grasp. And yet a tiny scrap of her refused to succumb entirely; a tiny scrap of instinct whispered: danger.

'I feel . . .' She hesitated. 'When I'm with you, I can't imagine being anywhere else. And yet . . .' She glanced away, and then back, baffled.

He smiled.

Lucy shook her head. 'I don't know how to understand it.' She was earnest. It all made sense to her now, the empires lost for love, the families and fortunes sacrificed. If this is love, she thought, I have grossly underestimated the power of it.

Bob watched her, and knew that he too had been wrong

178

about the world. It had been veiled even from him, its creator, and now lay before him in a fullness of glory.

Did I create this too? And if I'd done it better or different, would Lucy exist?

He drew her hand gently to his cheek and pressed it there, kissing her wrist. If they could merge into a single entity, then everything would be peaceful for all time. For what seemed like hours they kissed sweetly, indolently.

Gradually he became more urgent. 'Marry me, Lucy. Sleep with me,' he whispered, nuzzling her ear, her hair, her neck.

She pressed against him, wanting nothing more than his body against hers.

He looked at her. 'Let's elope.'

She almost laughed, but stopped when she saw that he meant it. How could she not be tempted by these prospects, torn between elation and a niggling voice of fear? How could she not?

'You went to see my mother,' she said.

For an instant he looked stricken. 'I want everyone to know how we feel. How serious I am. The whole world. Not just you.'

The afternoon was fading. Lucy said nothing as he guided the boat towards her home. At the door, Bob lingered, taking hold of her shoulders. 'You haven't answered me,' he said, his voice soft.

She shook her head.

'Promise me you'll think about it,' he whispered, and she nodded. 'I'll let you go, now.' He did not release her, but kissed her, again.

'Yes,' she said, her lips against his mouth. And then again, at last, with perfect certainty, 'Yes.'

'Yes?' He tries to say more, but joy renders him speechless. And what happens between them is not like any description of any act of love that she has ever read or heard about or seen. She imagines that this is what it is to be infinite, flying and lost, with no past or future. The pleasure she feels is at once infinitely reassuring and infinitely dangerous, and when it is finished she wants it to start all over again, or never to end.

'I love you, Lucy,' he says, kissing her eyes. 'Let's run away.'

What she experiences with Bob short-circuits her brain. She feels as fragile as the filament of a bulb, as flickering and evanescent. 'Run away where?' Was he madly in love, or just mad? Was love meant to be so much like falling?

He hesitates, casting about wildly. 'A place I know. A little place far from anywhere and anyone else.' He thinks of a planet he once visited, ten billion light years away. 'It belongs to a friend.' He catches her look of doubt. 'He hasn't used it in years. It would be as good as ours.'

'I'll think about it.' And she speaks the truth, for she will be able to think of nothing else – a little place, and just the two of them. Perhaps, a cosy stone cottage, a warm fire, a view of the sea . . . with this astonishing feeling and the beautiful boy who loves her to distraction.

And the slim blade of anxiety that hovers, inexorably, over the scene.

For now, she wants him to go. So she can think about everything that has happened.

He kisses her goodbye with such tenderness that her limbs

can barely support her weight. When finally he is gone, she melts down the wall and sits, hugging her knees, a little dazed with the knowledge of exactly how much sex simplifies and complicates everything.

36

Bob's success in mortal-style seduction left him feeling triumphant – he paddled slowly through the night in his beautiful boat, light and powerful, keen as a laser.

'Hello, my darling.'

He shrieked and leapt over the side of the boat with a great splash.

'So sorry, my sweet, did I startle you?'

Climbing back aboard, he spluttered, 'Yes. Now please go.'

Mona put on her most engaging pout. 'But I've only just arrived. And, look, you've got just enough wine left for a teensy little –'

Dripping and furious, he snatched the bottle from her hand.

'Never mind the drink, then.' Mona's smile looked strained. 'Well, so! She certainly seems like a lovely girl. The hair, the smile, the whole . . .' She indicated helplessly. 'But if you'll just . . .'

Bob turned away. 'Just what? Oh, I get it – you noticed that I'm a teensy bit less suicidal than usual and you've come to fix that?'

Mona sighed. 'The thing is, my darling – she's mortal.

Not her fault, obviously, but a problem nonetheless. Think about it. Thirty years from now, when she's fifty-one and you're . . . you're the same as ever.'

'So what?'

'OK, not thirty years. Forty years. Sixty. She'll be a decrepit old mortal and you'll be exactly the same as you are now. Nineteen? Twenty? I'm so terrible with birthdays.' Mona peered at him, offering a small sympathetic smile. 'It never works, my darling.'

'I'll make it work.'

'Oh, but, my sweet, you won't.' She dipped her head in sympathy. 'How many mortals have you been with? One? Ten?'

He glared. 'How many have *you* been with?'

Mona smiled and averted her gaze. 'Oh, heaven knows. I've lost count. I do like mortals, that's true.' When she turned back to him, her expression was serious. 'But I'd never fall in love with one. Imagine the explaining you'd have to do. Think of the look on Lucy's face when you tell her who you are.'

Bob's bravado dropped suddenly and his eyes filled with tears. His shoulders sagged. 'You don't want me to be happy.'

His mother's face was all tenderness. She placed an arm round him, drawing him close. 'Of course I do, my darling. Of course I want you to be happy. But not like this. This won't make you happy. And it won't make her happy either. In actual fact, it will probably scare her to death.'

Bob wanted to spend forever with Lucy – he did not want their relationship to end with the sort of mistakes he had made in the past. He would not appear in her bedroom as a vast pawing bull, or a ten-foot eagle with scales. He did not want Mr B to dispose of her afterwards, when he tired of the game. So, he was immortal and she wasn't . . . their relationship could still work. He'd make it work.

For a moment he imagined himself her equal, with nothing between them but true love and a long peaceful future. Surely, as God, he could manage that?

Mona watched him, the conflict on his face writ large. 'Sweetheart?'

Bob swung round and glared at her. 'Go away.'

'I know some very nice goddesses –'

'No.'

'Only, they're really quite nice. And immortal.'

'Great. So if I don't like them I'm stuck with them hanging around forever.'

Mona sighed deeply and Bob veered on to the offensive. 'Do you think you have even the faintest *clue* about the sort of girl I'm attracted to? Don't make me laugh.' He laughed, bitterly.

The thought of a girl chosen for him by his mother was, frankly, repulsive. He could see her exactly. She'd either be hideously prim or a good-time girl like his mother (which would be far, far worse). She'd be possessed of a too-eager smile, big white teeth and a thick cardigan. Or twelve heads and big leathery paws. Either way he felt sick. Whatever girl his mother might dig up for him was definitely not a girl he wanted to meet, much less spend the rest of his life with.

'Darling,' she began, and something in her tone made him pause. 'I want you to be happy. I want it more than anything. And if I could pull some strings, or beg some higher power to allow you and Lucy to live happily ever after, I would.

But it doesn't work like that, my darling.'

Bob stared at her. 'But I love her.'

'I know you do. I'm sorry.' She embraced him and stroked his hair. 'I'm so sorry,' she murmured.

Bob broke away. He swept one hand roughly over his eyes, brushing away the tears. His expression hardened. 'I'll make it work,' he said. 'Mr B will help me.'

Mona hesitated. 'Did it ever occur to you that your Mr B might not always be around to help you?'

He looked at her as if she were mad. 'No, of course it never occurred to me. Of course he'll always be here. It's his job.'

She wanted to tell him that it was time to take control of his own life and his own planet because quite soon there would be no one else to do it for him. But she lacked the appetite for confrontation and, in any case, what the hell. It would all turn out fine no matter what. Lucy or no Lucy . . . who would even remember in a hundred years?

'Perhaps you're right after all, darling. You and Lucy, together forever.' Mona threw her hands up as if tossing caution, quite literally, to the wind. 'Live the dream! Go for it!' And she laughed her best devil-may-care laugh.

But Bob had lost interest – he was gazing, fascinated, at the brightly graffitied wall of an old brick warehouse as the felucca drifted slowly past. On it was written:

THERE IS NO GOD

37

A safari park on the outskirts of town had been calling all week looking for places for a couple of young lions, twenty-two gazelle and an entire herd of zebras.

Luke rolled his eyes. 'What'd you tell them?'

'I told the guy to stuff them in a taxi and send them over.' Mica made a gun with one hand and pointed it at his right temple.

'OK, thanks. Any other crises?'

'Other than the obvious, no, but you'd better give him a ring. I turned him down in every language I could think of and he didn't seem to be taking it in.'

Luke nodded and took the Post-it note with the number scrawled on it. He felt sorry for the safari park, but another week of meteorological freakery and he'd be in exactly the same position.

'What're you doing here so early, anyway?' He glanced at his watch. It wasn't much past 6 a.m., only just light outside and drizzling.

'You said you'd sack me if I didn't start keeping the same hours as you.'

Luke nodded absently. He'd been working sixteen-hour

days for God knew how long, trying to make up for the shortage of staff and the excess of problems. 'Thanks for coming in. I appreciate it.'

'You bloody well should. I hate mornings. Getting in at nine was bad enough.'

'You'll go to heaven, Mica.'

Mica put a hand on Luke's arm and batted his eyes. 'Only if you take me.'

But Luke wasn't listening. He'd come into work on Saturday in a state of elation. Sun, everywhere. It was straight out of some demented cola advert. Not boiling hot, not freezing cold, no hail or sleet or snow. Just a perfect beautiful breezy sunny day. Even the reptiles in their dim homes must have felt something in the change of barometric pressure – snakes and lizards he hadn't seen for days, weeks, had emerged to sit on branches and blink.

This is too good to last, he'd thought. And it hadn't.

Now he saw Lucy on the other side of the courtyard, hauling a flat trolley loaded with four bales of straw through the greyish drizzle. Something about her (was it the hunch of her shoulders?) appeared less buoyant than usual. Perhaps it was going badly with the strange boyfriend. Without an ounce of guilt, Luke hoped so. Not that he was interested in her, but he wouldn't have liked any of his staff hanging around with that guy.

What was it about women, he wondered, that they fancied such obvious losers? What could Lucy possibly see in Bob, besides the good looks of a serial womanizer? The vibes he gave off chilled Luke's blood, and he didn't like the thought of them together. OK, so Lucy had never been his favourite employee, but it was impossible to miss the fact that she'd been utterly steadfast throughout the crisis, not once claiming an inability to get to work. Perhaps he'd underestimated her.

He trotted through the gloom and took the handle of her trolley. She forced a smile. 'I'm fine,' she said, attempting to take the load back from him. 'It's not that heavy.'

But he held fast and they walked in silence through the rain. 'I'd have killed to get anyone in at this hour a few weeks ago,' he said at last. 'Maybe the weather's not such a bad thing after all.'

'Oh,' she sighed. 'Don't even joke about it. I felt so happy on Saturday when I thought it might actually be over.' *When I had sex with Bob. Amazing sex. Or was it love? Amazing love? Either way, he hadn't called. Why hadn't he called? Even without a phone, he should have goddamned called. He said he'd find me.*

Together they heaved and shoved the bales into the storage bin.

'Thanks.' Lucy looked uncomfortable. 'But I'm perfectly fine doing it myself.'

'Mmm.' Luke stood for a minute, considering the checklist in his head. Food deliveries had been sporadic this week; they'd have to start thinking about emergency rations. The pigs seemed listless and the heating in the camel's enclosure was on the blink. He'd managed to borrow a horse rug to keep the animal warm, but hadn't counted on the difficulties of getting the camel to stand still while they fastened it. The usually placid beast kicked and shrieked whenever they approached, shivering with cold and fear till Luke was ready to wring his s-bend neck.

He looked up and found Lucy staring at him with a slightly puzzled expression. 'Don't look so worried,' he said. 'I'm just having a quiet panic about getting through the week.'

She shrugged. 'We'll help.'

'Yes.' He turned to go, but on second thoughts turned back. 'Thanks,' he said, as if he meant it this time. 'I know you will.'

38

'Darling . . .'

Bob groaned.

Mr B looked up from his work. 'Hello, Mona. You're looking charming, as ever.' She was dressed in what appeared to be a few strands of seaweed.

'Do you like it? Straight off the catwalk.' She spun round.

Bob mimed two fingers down his throat accompanied by hairball gagging, and turned away.

'Gorgeous, Mona.'

'Excuse me.' Bob's face wore an expression of outraged incredulity. 'When you two fossils have finished exchanging pleasantries, do you think you might pay attention to me and my plight?'

Mona turned to him, her face a picture of maternal sympathy. 'I'm so sorry, sweetheart,' she said. 'Remind me again what your plight is?'

Bob rolled his eyes. 'Hello? *Lucy?* My one and only transcendent true love? Am I so *completely insignificant* that you *can't even recall* our last conversation?'

'It's not that at all, not one bit, dear one. It's just that I thought we'd resolved that particular question . . .'

'The question of my heart? Of the only possibility for happiness I'll ever have?'

Mona coughed a little. 'Darling boy. You know I worry about your happiness. Which is why I'm afraid I'm going to have to forbid you to see Lucy ever again.'

Bob stared at her, aghast.

'Yes, forbid you. No more mortals.' She reached over and patted his arm, shooting a furtive glance at Mr B, who looked away. 'Mother knows best.'

'Don't be absurd,' he choked. 'You can't stop me.'

'Well, I can, obviously.' Mona smiled modestly.

Bob's eyes swivelled wildly. 'You would actually *sabotage* my relationship?'

'Sabotage?' Mona appealed to Mr B. 'Have you ever known me to indulge in sabotage?'

The older man shrugged. He had certainly known her to indulge in chaos and pandemonium. Not to mention carelessness and drunk and disorderly conduct. But sabotage? Not that he could remember offhand. 'Though a bit of sabotage,' he mused aloud, 'might be just the ticket at the mo–'

The noise that emerged from Bob's mouth shattered every window in the room.

Bob tore at his hair and rent the hem of his garment. He was God, the Almighty, the All-powerful Everlasting Father, King of Kings and Lord of Lords. With the Mother of all Mothers.

Mona waved and disappeared, throwing a kiss that appeared to encompass them both while Bob stormed off to his room.

Mr B did not pursue him. I give up, he thought. No matter which way this heap of shit slides, it is still a heap of shit.

His head throbbed and he could not see a way through. Fine, he thought. Let Bob's relationship with Lucy explode however they (or Mona) willed it. He was tired of chasing them all over the planet. In a very few days now, Bob would have to make his own decisions. He might as well get used to it now.

Mr B sighed. If he were honest, he'd have to admit that his own role in this bizarre tragicomedy seemed to have shrunk, leaving him more of a bystander than ever. Perhaps this was in preparation for his departure. Once he heard about his transfer, every single one of them could go to hell for all he cared.

But even as the thought came to him he knew it to be untrue.

If I didn't care, he thought, my head would not hurt. If I didn't care, my eyes would not ache and my gut would not churn and none of this idiocy would bother me. Indifference is the key, he mused, but I seem to have no talent for it. I care about Earth and all of Bob's tragic creations. I care about Estelle, and I care about Eck, he thought, though I cannot allow myself to think of him, for there is nothing I can do to reverse his fate. I care about Mona, despite a clear understanding of her faults.

And then a funny thought occurred to him, so funny that he began to laugh. And once he began laughing he could barely contain himself. How pathetic I am, he thought. I even care about Bob.

When next he looked up, Eck's friend was staring at him.

'Hello,' she said.

He pushed his spectacles back with one finger and smiled at her. 'I don't think we've been properly introduced.'

She held out her hand. 'I'm Estelle. My father won Eck in a poker game and is planning to eat him.'

Well, thought Mr B. She certainly gets straight to the point. 'Yes,' he said. 'It is a very sad state of affairs.'

She nodded.

'Have you spoken to your father?' Surely she, of all people, could change his mind.

Estelle nodded, and he thought he saw something dark flicker behind her eyes. Power flowed round her like a shield. He was interested to note that, despite her mild appearance, she was Hed's daughter.

'There's no progress to be made there,' she said carefully. 'But there may be another way. Only . . .' Her level gaze met his. 'I need help.'

Who doesn't, Mr B thought. 'I'm at your service,' said he. 'But . . . I feel I should tell you I don't expect to be here much longer.'

'Oh?'

'It's not exactly common knowledge . . . and of course it mustn't be.' He took a deep breath. 'I've resigned.' There, he thought. I've said it.

Estelle's eyes widened. He was interested to note that she was not, in fact, entirely unflappable.

'How soon will you go?'

Mr B shrugged. 'Very soon indeed. A matter of days.'

The colour rose in her pale cheeks. 'You're going to leave Earth to Bob?' Her distress nearly prevented her from speaking. 'What will become of it? He cares about nothing but himself.'

'And Lucy. The assistant zoo-keeper.'

'No,' said Estelle. 'That doesn't count. She's human.'

Was she right about that? Mr B removed his spectacles. 'I couldn't be more sympathetic to your concerns, but you must try to see it from my perspective. I've spent more millennia with Bob than I wish to contemplate, many thousands of years attempting to stem the gush of misery on this planet. And every minute of every day represents nothing to me but more failure.' He shook his head. 'I can no longer endure it. I cannot continue to assist him in this particular endeavour.'

Estelle looked at him, really looked, and saw everything she needed to see. Then she turned away and began to think. And, being an excellent thinker, she began to see a bigger picture, one informed by her travels and experience. One in which a whole raft of problems might slot together to form an elegant conclusion.

She looked back at Mr B, whom she found to be a most sympathetic individual. 'And Eck?' she said. 'He hasn't much time left either.'

He nodded. 'I will do what I can to help.'

39

'I want you to get rid of her.' Bob is back.

Which her, Mr B wonders. Not Lucy, surely?

'My mother. She's driving me insane. Get rid of her.'

Mr B is consumed with an irresistible urge to laugh. 'Get rid of your mother? How do you propose I do that?'

Bob does not answer. He stuffs an entire croissant into his mouth, hoping that his inability to speak will deflect attention from the fact that he has no intention of doing so.

Mr B shrugs. 'I couldn't get rid of her if I tried. She's indestructible. A universal force.'

The boy's face clouds over with annoyance. 'Well, then, *force* her to go away and stop ruining my life.'

'No can do, buddy boy. Your mother's your own problem. I'm as powerless in the matter as you are.'

Bob flushes with rage. 'But she listens to you,' he shouts. 'She likes you!'

'You're her son. She likes you more,' says he, sipping his coffee, unsure if the statement he has just made is true. 'Why don't you reason with her?'

'Hello? Have you *met* my mother? She's immune to reason.

She's made up her mind about Lucy, and who knows what she's plotting.'

'She is, of course, perfectly correct about Lucy.'

Bob's eyes roll back. For a moment, it looks as if his head might explode.

Mr B thinks. 'I could talk to her,' he says at last. 'But I should like something in return.'

'In return?' The boy looks genuinely nonplussed. 'Why should I do anything for you in return?'

'Because . . .' Mr B finishes his coffee and replaces the cup gently in the saucer. 'Because, if you don't, there's no deal.'

Bob's eyebrows shoot up. 'What? What are you talking about? Of course there is. There's always a deal.'

'Says who?'

'Says everyone. It's obvious. You have to. I'm the boss, you're not. You do what I say. End of story.'

'Ah. Now, you see, that is where you're wrong, technically speaking. In point of fact, my compliance is key to the execution of your desires.'

Bob chokes. 'Do you mean to say that if you don't *want* to do what I say you don't have to?'

Mr B nods.

'Since when?'

A shrug. 'Since always.'

Bob staggers to his feet, appalled, then sits down again with a crash. 'Why have you never mentioned this?'

'Why bother? My job is to comply with your wishes, so that's what I've done. But nothing actually *forces* me to do so.' Mr B pauses. 'It's what you might call a loophole.'

'*A loophole?*' Bob nearly screams the words. 'Are you

insane? If anyone's going to create a loophole around here, it's me. And this is not one!' He collapses in his chair.

'Indeed.' The older man sips his coffee.

Their eyes meet, and a current of something deeply unpleasant passes between them.

Bob has stopped chewing and looks as if he might cry. 'You don't care about me at all. No one cares about me except Lucy. Not even my own mother. Not even you.'

Lucy doesn't care about you, Mr B thinks. Not the real you, at any rate. She has no idea who – or what – you are. But I do. He looks away, and when he turns back, his expression is mild. 'Of course I care for you. Just as you care for me.'

Bob stuffs another piece of croissant into his mouth.

'So I suppose you'll be sorting out your most recent problems on your own, then.' Mr B dabs at his mouth with a large white linen napkin.

Bob stops chewing. 'Why not?' he says, gathering together what remains of his shredded dignity. 'I am God, after all. And I don't need you.'

'Good for you, that's the spirit.' Mr B rinses his cup in the kitchen, and returns, humming, to his desk.

40

A tap on the window of his bedroom wakes him from a deep and satisfying sleep, in which he is dreaming of doe-eyed virgins with budding breasts and silky skin ministering unto him with a variety of filthy acts. At the foot of the bed, the Eck tosses and turns uneasily.

Bob resents being awakened more than he can express.

'Go away,' he mutters, flinging the other arm out wildly, hoping to land a blow on whatever intruder dares to bother him. But the arm connects only with air, and the rapping continues, becomes louder, in fact, until he is forced to open his eyes and sit up and demand that whoever is making that awful racket should stop instantly or face the wrath of –

There is a splintering crash.

'Hello.' Estelle has stepped through the broken window and now stands at the foot of his bed. She looks larger than he remembers.

Bob gapes.

'I'm sorry to burst in on you this way, but I've come to take your Eck.' Her voice, despite being quite soft, hurts his ears.

With a little cry of joy, Eck scrambles towards her. Bob reaches out and grabs him by one ear. He yowls.

'Not so fast.' Bob maintains his grasp on Eck's ear. 'You can't just come here and take away my pet. He's got a reprieve, remember. Tell your father he'll have to wait for his dinner.'

Eck shrinks in terror.

Estelle becomes very still. 'Your pet will be gone for good in a matter of days if you continue to ignore his predicament.'

'I don't ignore him.' Bob is outraged. 'Just tonight I made him bring me some food, didn't I, Eck?'

Eck nods, looks from one to the other. He trembles with uncertainty.

'Release him, please.' Estelle's gaze is steely.

Bob hmphs with resentment, but he releases the Eck, who stands frozen to the spot. Estelle bends down and holds her arms out to him, but he no longer knows whom to trust.

From her bag, Estelle produces a cake and, instead of breaking off a piece, offers him the entire thing. He sways, torn between fear and the lure of the snack.

'Bad Eck!' shouts Bob. 'Stay!'

That seals it. The Eck scuttles over to Estelle, gingerly plucks the cake from her hands and allows her to pick him up as he eats. He settles into the crook of her arm.

Bob fumes. 'Put down my pet.'

'No.' She does not look at him.

'You'll regret it.' He is God.

She turns to go.

Bob mumbles furiously and pushes the hair out of his eyes. What gives her the right to so superior an attitude? He is frightened of Estelle but will not admit it, even to himself.

As she exits with his Eck, something snaps.

Bob closes his eyes and, with an enormous roar, brings the building down upon them all. It falls in on itself, a vast bouncing hole filled with filthy water and rubble. The collapse throws up a crashing wave that slams against the building opposite and turns back on itself in the narrow road. Like the casualties of a terrible disaster at sea, people scream and weep and bleed and drown, leaving dark stains on the surface of the water, along with the contents of their homes and bowels and skulls.

Well, thinks Bob, with satisfaction. I think that gives me the last word.

He turns to go, stepping carefully over the body of a young woman crushed in what is left of the stairwell. Surely it is time that he and Mr B found a new place to live in any case, maybe bigger, in a better neighbourhood, with more windows and a nicer view. He is considering the possibilities when a figure steps in front of him. It is Estelle. She is very much alive, but she holds the unconscious bloodied body of his pet.

'How could you,' she says, her voice icy with rage. 'How could you be so cruel? He's never done anything but serve you in the most humble manner. And this is how you repay him? *He* is not immortal.' Her voice rises only slightly, but the intensity of it causes him to tip backwards. 'You are so appallingly self-obsessed that you can't even manage to love your own pet. What kind of a God does that make you?' Her eyes flash with a fathomless whirling black fury.

Bob reaches out to Eck, but Estelle steps away.

'Don't you dare come near us.' Her voice is brittle as frozen steel. 'You don't deserve the loyalty of an Eck. You deserve *nothing*.' She stands very straight, could annihilate him with her gaze. '*You are nothing*.'

Bob transforms himself into a thick cloud of icy black gloom and seeps his way back home, to his and Mr B's new home, which looks more or less identical to their previous home with the exception of his bedroom, which is considerably smaller than before, and Mr B's, which is considerably larger.

'Did somebody say "help"?' Mr B looks up from his work.

'Yes, help. Please help me,' gabbles Bob, a miserable wretch-like version of his former self. 'Everything's gone wrong. Get rid of Estelle and my mother and I'll do whatever you like in return.'

Mr B peers at him thoughtfully. 'Well,' he says, 'I'll see what I can do. In exchange, I'd like you to sort out the weather.' He pauses, clears his throat and hands Bob the file marked W, for whales. 'And see what you can do about this.'

Bob's eyes widen.

'It's a big file,' admits Mr B. 'But this is your chance to do something grand and wonderful. Like you did in the beginning. Take it. Read it. Remind yourself why you're God.'

Bob accepts the file. His mouth is slightly open, his expression bleak.

Mr B watches him go. He has no idea what to think.

41

'Hello. May I sit down?'

Lucy moved her tray over to make a space.

'You look deep in thought. I'm not interrupting?'

'No, no. I know what you're going to say – I'm miles behind on my timesheets.'

Luke stuck a forkful of steaming noodles into his mouth. 'Ow-ow-ow, *hot*.' He made a face. 'We've abandoned timesheets for now.'

'Oh.'

He concentrated on his lunch, not looking at her. 'How's it going?'

Could it be a trick question? Lucy shrugged. 'Fine. I mean, we're overstretched, obviously. There are only four of us in today.' She bit her sandwich and chewed slowly, watching him.

He nodded. There was an awkward silence.

'Skype managed to get in.' She forced a smile.

'Yes. Of all people.' He could see now that she looked tired; the delicate tissue under her eyes bruised violet with fatigue. He fought an almost irresistible desire to trace the half-circles with his finger.

That look again. Of complicity. Lucy released his gaze a split second too late. Embarrassed, she turned away. 'She's not so bad if you tell her what to do.'

'Don't know when she finds time to work. She's slaving night and day on my horoscope,' he said. 'And the ley lines under the zoo. And the weather, of course. She's very tuned in, you know, to the paranormal.'

Lucy made her eyes huge and innocent. 'Anyone with an ounce of spirituality could, like, intuit that?'

Luke smiled. 'How's Bob?'

She blushed furiously. Nothing. She'd heard nothing. Why hadn't he called? Or come to see her? Had it meant so little to him? Had *she* meant so little? Was sex all he wanted? And the talk of love – was that nothing too? The sandwich in her throat turned to clay. She wanted to cry. 'I-I haven't known him very long.' Christ, she thought. I sound like an idiot.

'Ah. So it was love at first sight, then?'

'Oh, please don't.' She couldn't joke about it and scrabbled to change the subject, but came up with nothing. *Why hasn't he called?* Tears filled her eyes.

He peered at her, gently now. 'I'm sorry. It's none of my business.'

Lucy swiped at the tears with an angry hand. 'It's fine.'

'Don't mind me. I'm just jealous.' Luke's expression was almost tender.

Lucy looked up. Was he still teasing her?

He twirled up another forkful of noodles, blew on it this time, and then held it aloft, in tribute. 'Here's to a long and happy life together – for you and Bob.'

And the instant he said those words, Lucy knew, as if

staring into a particularly reliable crystal ball, that what Luke had wished for her would never come to pass. She felt the blood drain from her face.

He stopped chewing. 'I've said the wrong thing again.'

'No, no, no.' She turned away. 'Happy ever after. Right.'

Luke downed the last of his coffee and stood to go, a little awkwardly, adding as an afterthought, 'You don't know anything about a missing capybara, do you?'

Oh, Christ.

'Never mind. He probably just decided to go for a swim.' Luke's phone bleeped and he pushed back his chair, picking up his tray in one hand and waving a brief goodbye.

She watched him go, thinking how much her mother would approve of *him*. Gainfully employed. Tall. Nice looking. Possibly funny. No obvious mysteries – except why, after months of the silent treatment, he had suddenly turned nice.

Men were horrible, she thought. Hot one minute, cold the next. How could a normal person be expected to keep up with all the twists and turns . . .

Bob had seemed nice, too. Better than nice.

Oh, *damn the lot of them.*

By the time she made it home that night, she felt exhausted. Pouring a glass of wine, she flopped down on the sofa and tried not to think about Bob. Impossible. A minute later she was on her feet, pacing, furious, unable to settle.

She'd had it with waiting around for him to drop by with his little miracles, was tired of wondering how and when he'd appear next. It was time she saw him on her terms, asked what he meant by having sex with her and then disappearing. The bastard.

I can't stand any more of this, she thought, and in a wildly uncharacteristic gesture hurled her glass against the wall. From somewhere across the city a gigantic BOOM echoed the explosion of shards. It was mysterious, but strangely satisfying.

I must talk to him, she thought. If he won't get in touch with me, I'll go to his house. What have I got to lose?

She had his address and there was nothing to stop her dropping in on him. In fact, there had never been a reason not to visit him except, she realized now, how frightened she was of what she might find.

Navigating the city was difficult these days, but she walked as far as she could and then found a reasonably honest-looking water taxi to take her the rest of the way. It even had a little putt-putt motor, for which she agreed to pay extra.

'Some kind of incident in that neighbourhood,' said the driver without changing expression, after which he fell silent.

Incident? What sort of incident? By the time they arrived, the sun had disappeared over the horizon and though the sky was still light, the city below was nearly dark. And from fully half a mile away it became clear that something was wrong. Revolving lights in blue and red swept the dark water and the walls of adjoining buildings; police and rescue boats, filled with the injured wrapped in silver blankets, came past. Their little boat tossed left and right on the wake. At the end of Bob's road, puddles of floodwater appeared black in patches, and when Lucy dipped her hand in, it came up red. She recoiled in horror.

'What happened?' she asked, and a distraught woman

told her that a suspected gas explosion on Bob's street had caused an entire building to collapse. Debris floated everywhere – large pieces of furniture hung just below the surface, antimacassars and bedsheets pursued the boat in jostling competition to disable the little propeller. Lucy's driver rescued a bamboo curtain rod and used it to push debris away.

Lucy felt sick. Was it Bob's building? Was that why he hadn't called?

She stared at the terrible gap left by the explosion and then glanced along the street. Nine, ten, eleven . . . surely, this *was* number twelve. Her heart began to thump painfully and she wanted to howl with fear, but when she turned her attention to the next building, she exhaled, relieved. Number twelve. Still standing. But how strange. And the one that blew up? Number eleven and a half?

'Hello?' She directed her boatman further along and called across an open window. It wasn't exactly easy to drop in on someone unannounced in the middle of an emergency in the middle of a flood. She called louder. 'Hello!'

Indeed, the presence of a visitor seemed so unlikely that at first Bob wondered if he'd imagined it. He was hard at work on the whale problem, locked in his own world. His head hurt and he had reached no solution. He put his hands over his ears to block out the noise. What now? Why couldn't everyone leave him alone?

Three windows opened on to the street from the living room; to the right a fourth led to Bob's bedroom, to the left, a fifth opened out from the kitchen. Mr B's study and bedroom were at the back. The living room that Lucy scanned could have belonged to anyone. Was this the right place? Decorated in neutral colours with unobtrusive furnishings, it had the slightly impersonal look of a show apartment. Lucy peered past the mid-range modern furnishings (white L-shaped sofa, glass table, chrome-framed chairs) and could just pick out another room beyond. But no, this couldn't be right. Bob wouldn't live like this. He'd have books, African masks, animal prints. Interesting relics from his travels. She searched along the front of the building. It appeared to be the only flat on the first floor. Could it be? As she tried to knock again, the boat swung away from the wall and carried her along to the right.

It was harder to see into this room, which was darker, but she could make out a large bed, and a somewhat confusing variety of pictures on the walls. A huge poster of Michelangelo's *Creation of Man* faced off a naked woman astride a shiny Italian motorbike. Adam and God had eyes only for each other, but the girl with perfect golden buttocks stared over one shoulder seductively at Lucy, who stared back, perplexed.

And then she saw Bob. He looked damp and unkempt. She crouched in the boat, gripping on to his windowsill, watching him pace back and forth. He hesitated occasionally, stopping to tug at his hair or hold his hands over his ears. Through the window she could hear him making an odd noise, halfway between a growl and a moan.

She blinked at the scene, fighting waves of nausea.

The third time she called his name he looked up. She tried to smile at him, but he seemed disorientated, distressed. He looked like a madman.

'Bob?' She had to shout to be heard through the window.

He did not appear to recognize her.

'Bob? Are you OK? Why haven't you . . .?' She could not go on. He stared at her blank and wild-eyed. No. Not at her, through her.

The magnitude of her mistake choked her; she wished herself anywhere in the world but here.

'Please,' she said to the taxi driver. 'Please! Turn around, take me away from here.' As they began to back away, Bob seemed at last to see her. He ran to the window and threw it open, reaching for her.

She shrank away, trembling.

'Lucy!' His voice was hoarse, unnatural. 'What are you doing here?' Oh, Christ. He covered his face with both hands. Perfect. Estelle on his case. *And* his mother. And now Lucy, here. It wasn't that he no longer loved her, of course not – only, the timing was bad. Worse than bad. If he didn't sort out the whales, Mr B wouldn't get rid of his mother and Estelle. And as long as his mother and Estelle stuck around, the prospect of any happiness in his life with Lucy was doomed.

Bob tried to refocus on the Lucy he loved, the Lucy with whom he planned to spend forever. But he couldn't. His feelings had shifted. Not in the way Mr B had predicted, no . . . but, really, he was so distracted. And here on his own territory she seemed more of a nuisance than anything.

'Look!' He was shouting, though he didn't realize it. 'Look, you can't come in now. It's complicated. I have to do something about the whales, the fish, the oceans in general. I've got to save them. I might have an idea, but it's tricky; it's been a long time since I created anything this big, if you get my meaning, too long. Millions of years.' He laughed weirdly, wildly.

Oh my God, she thought. At first, it had seemed possible that his distress could somehow be related to the accident, or even his consulting job. But what sort of consulting required a person to save the 'oceans in general'?

Bob waved a hand at her dismissively. 'I can't explain, you wouldn't understand.' He rolled his eyes and waggled his head back and forth. 'It's all about the planet, blah blah blah. All part of a day's work. And anyway, don't you know?' He stopped, and began to laugh uproariously. 'I only rest on the seventh day.'

He's psychotic, she thought. Delusional. Her first impulse was to cry, but a stronger instinct told her it was not safe to remain here.

She turned to the taxi driver once more. 'Go,' she said. 'Go *now*.'

Bob continued to cackle; he seemed to have forgotten her altogether. His arms were waving now. He was muttering in what sounded like a foreign language, or a combination of languages, and his eyes had lost their focus.

She had lost her virginity to a madman. She wished she could have it back.

42

Laura Davenport was preoccupied. It had taken forever to convince herself that the responsible thing to do was to challenge Lucy about the strange young man she was seeing. Only now that she had determined to confront her, she could get no answer on Lucy's phone.

Lucy rarely left the house this early; perhaps she'd had to, on account of the weather? Laura left messages, waited an hour, and tried her at work. But the person who answered the phone at the zoo didn't seem to know anything about her whereabouts.

'Probably couldn't get here because of the weather? It's, like, a total nightmare?' As if to prove the point, a great crash of thunder echoed down the line.

'But she's not answering her landline. Or her mobile.'

'Wish I could help?' She could hear the shrug in the girl's voice. She sounded young. 'We're trying to sort out the animals. Though, between you and me, I'm pretty sure the rain is, like, nearly finished?'

Despite her anxiety, Laura was taken aback. 'How could you possibly know?'

'Tarots? I did a reading this morning and all signs are for, like, change?'

Laura put the phone down slowly. What an odd conversation. She shook the words out of her head, threw on her coat and grabbed the car key from a Chinese bowl by the front door. The engine sputtered at first but then caught, and she set off at speed, travelling half a mile before reaching an uncrossable ford. It was mere luck that a police barricade stopped her going forward, for she would have ploughed on regardless. She pulled up at the last moment and took out her phone.

'Bernard, oh, thank heavens you've picked up. I can't raise Lucy anywhere and I have such an awful premonition. I know it's terrible to ask when you're so overtaxed, but I really must get to her.'

He left immediately.

A trip that might have taken six minutes by car took nearly an hour. By the time he arrived, Laura was rigid with anxiety and, without a word, Bernard swept her off to Lucy's, following the motorway as best they could, dodging larger craft and makeshift pirate transport. Laura gripped the wooden thwart with bloodless hands, her eyes turned inward, as Bernard brought the boat expertly alongside Lucy's balcony. Laura slipped over the railings with surprising grace. She knocked loudly on the glass, falling back in relief when Lucy appeared at the window.

Laura folded her anxious daughter into a ferocious hug. 'I was so worried.' Her voice trembled. 'I phoned . . .'

'Flat battery.' Lucy pulled away, impatient.

In the corner of the room, Bernard waited for what came next, while Laura busied herself in the kitchen with the tea. As she handed a flowery mug to Lucy, the girl's composure sagged and her eyes overflowed. 'Oh! Oh!' she said, in a distressed bleat. 'Mother.' She began to weep.

Laura froze.

'He said he loved me.' Lucy wiped her eyes on her sleeve and took a deep breath, attempting to stem the flow of emotion without success. 'He said he wanted to marry me and be together forever.'

But, thought her mother, *but*?

'He said I was the only woman in the world for him.' She stopped and covered her face with her hands, choked and shaking with misery. 'I feel such an idiot.'

Laura put down the tea. She desperately wanted to approach her daughter, but didn't dare, for fear of inciting her ire. Instead, she tried to radiate sympathy from the spot. It was agonizing.

Lucy didn't move.

'Darling? Can you tell me?'

'It doesn't matter,' she said angrily. 'It's over.'

To hide her relief, Laura stepped forward and embraced her daughter. 'My poor darling. He's not worth weeping over. If he doesn't appreciate a girl like you . . .' But, even to her own ears, the words sounded quaint. What man ever warranted the tears shed on his behalf?

'It's fine.' Lucy struggled free of her mother's arms. 'You don't have to say all that.'

Hovering by the window, Bernard was the unwilling witness to this intimate scene. Laura saw him glance at his watch. She crossed over to him and touched his elbow.

'I'm so sorry, Bernard. It's not what I expected.' She spoke softly, even laughed a little. 'Thank God.' She had imagined a bath full of blood, dismembered limbs, the awful dangle of feet. Now she could admit it.

'We had to come. And she's all right, that's the main thing.' Laura looked smaller than usual, and older. He felt an almost overwhelming urge to gather her up in his arms.

'Go, Bernard. A little heartbreak, that's all. Part of the human condition. It won't be the last time.' The look they shared spoke of the sympathy and wisdom of age, of its disappointments and yearnings, its habit of unacknowledged feelings. Without intending to, Laura took hold of Bernard's hand in both of hers and laced her fingers tightly through his. It was as good as an admission, and for a moment neither dared to move, except to run one soft thumb along one warm palm. In the future, both would think of the moment with doubt, wondering whether they had imagined the gesture.

Bernard kissed his tearful goddaughter on the cheek, buttoned his jacket against a sudden icy wind and left, nearly bumping into a ragged, distraught-looking youth perched on the ledge of a nearby building with his coat pulled up round his face. The boy muttered and growled at him, like a dog. One of the homeless deranged, Bernard thought. I should probably offer him a lift.

But he didn't.

43

Estelle has been a vigilant nurse. She is there when he blinks open his eyes and there again when he recovers enough to feel thirst. The water she brings in a glass tastes good. When she strokes his brow, her hand is cool.

She stays with him as he slips in and out of a feverish sleep; her voice, light and cool, falls around him like snow. She tells him stories of her plans in such a manner that he wants to survive.

Estelle holds him in her arms. His nose lies against the outside of her left breast and across her armpit, curling over her shoulder in a soft hook. She smells to him like linen and teacakes. Hour after hour she lulls him to sleep and lulls him awake again. He wonders if he has, after all, died. This is how he imagines heaven.

Eventually his wounds will heal. In the meantime, his feelings for her have knitted them together like two parts of the same bone.

Meanwhile, Bob has been thinking about the oceans until his brain feels wild and spinning and hot. He has managed to stop the rain; the city is already returning to normal. But sort out the whales? It is too much. He has tried, really he has, tried until he is nearly delirious with the effort. The rest of the world has become a blur; he is no longer conscious of anything beyond the turmoil inside his head.

Mr B does not seem to realize how hard it is for him to accomplish things on his own, he, who once created an entire world from nothing. He has not bothered trying to fix anything in a very long time. It seems he has forgotten how.

Hunched and miserable, he dozes off, dreaming of Lucy – beautiful, gentle, Lucy, beckoning to him with open arms and lips of ineffable softness. Oh, Lucy, Lucy! A terrible vision jolts him awake. *She came to find him and he sent her away*. Why? What had he been thinking? Now he must see her. The power of love courses through him, bolstering his resolve, spurring him on.

He arrives at Lucy's jittery and distraught, pauses on a nearby window ledge to calm himself. He breathes deeply, running dirty fingers through matted hair. His eyes are red with lack of sleep, his clothes ragged. He does not want to frighten her but cannot help the way he looks. The past few days have been dreadful.

'Lucy!' he cries, pounding on her window. 'Lucy, it's me!'

But the shutters are closed and locked and it is not Lucy who answers. 'Go away, or we'll phone the police and have you put away.' Lucy's mother's voice through the front door quivers with rage. 'We'll have you . . . flayed!'

Flayed? Bob frowns. Who would you hire to carry out a flaying in this day and age?

'Go away.' Lucy's voice is muffled but her pain penetrates wood and glass and pierces his heart. 'Please, go away. Go away, and never, ever come back.'

He hears a noise that might be a sob and then the other voice chimes in with unnecessary enthusiasm. 'You are lower than the lowest of the low!'

And the muffled retort: 'Thank you, Mother. I think I can handle this.' She thinks of the boy she thought she loved. He is not well. He needs help. But from her? No, not from her.

'What about our cottage by the sea?' he shouts through the door. With a pang, he remembers that there is no cottage by the sea. Though he can hardly be blamed for not sorting it out; life has been unusually demanding of late. 'Lucy? Lucy, my darling, my love, please, please, open the door.'

'Go away, you monster!' It is the other voice again.

Abruptly, it stops, and the noises within turn querulous. Then there is silence. He can imagine Lucy's mother hissing advice: *Don't say a word, it'll only encourage him.*

Bob is suddenly tired of acting human and materializes inside the flat. Lucy begins to scream. None of this is going the way he wishes it would. Lucy and her mother run from him, cowering. He hears the locking of the bathroom door, as if a locked door could make the slightest difference.

Their fear annoys him. It's just me, he wants to shout. Me, Bob!

He hears the sound of her fear, choking and gasping, and knows that what his mother and Mr B have been telling him all along is true.

'Lucy,' he whispers into the crease of the bathroom door. 'I thought we might be happy.' Tears choke him. On the other side of the door, Lucy squeezes her eyes shut in terror and prays.

*

At home, he sags against a wall, his heart heavy with despair. What becomes of him now is a matter of total indifference.

He looks up.

'I'm sorry about your friend.' Estelle stares down at him. Her expression, as usual, is serene.

'Sorry?' He sounds peevish and wild. 'No problem! Sorry for what? The conspiracy to ruin my life? Never mind!' His rage and disappointment have found an object. Great jagged sheets of electricity flow off him.

Estelle does not appear to be frightened. She does not, in fact, appear moved in any way. As if embarrassed, the electrical field begins to fade. It fizzes a little, hisses, then stops altogether.

Estelle waits. She watches him. 'You haven't asked about Eck.'

Bob glares, furious. 'Eck? Of course I haven't asked about him. Why should I? Has he asked about me?'

Estelle considers Bob. It is not that she feels any particular responsibility for Earth, but she finds it impossible to imagine a world ruled by such a God, especially once Mr B has gone. Bob without Mr B is unthinkable. Mr B, at least, does what he can. He does *something*, despite the perfectly accurate sense that it is not enough.

'Eck is due to be eaten in two days. Have you thought about how to help him?'

Bob casts about, desperate. *Eck?* He's supposed to save *Eck?* But who's going to save *him?* He tears at his hair; his head threatens to explode. It's all too much. Lucy, his mother, Estelle. The whales, Mr B. Eck.

'I can't save Eck. I have to sort out the oceans. The whales.

In order to get rid of my mother.' He slumps, waves a hand at her, feebly. 'It's too complicated to explain.'

Estelle looks at him, at the gaunt face and staring eyes. Her brain ticks over. His mother? The whales?

I can't cope, thinks Bob. I may be God, but I can't cope. Let me go to bed and stop thinking; let me close my eyes and ears, curl up in bed and sleep. I need comfort, he thinks peevishly. Where's my Eck?

Bob misses him.

Estelle's brows draw together. A muscle in her neck tenses. Once more, she attempts to move the players around the board in her head, like chess pieces. She will know when they have all assumed their proper squares.

Bob kicks the wall of his bedroom. He feels beleaguered, wrong-footed, oppressed. Why should he care about that miserable penguiny stump? What has Eck ever done for him? Other than run errands and do what he's told, which is what he's paid to do in any case. OK, not paid. None of it makes him worthy of *love*, for pity's sake. He's only an Eck, and not even one of the better ones. How dare she look at him that way. How *dare* she make him feel guilty.

Estelle takes her leave, thoughtful.

He is alone, pacing, distressed. And then all at once outraged pride pricks him, and his energy comes together in a surge. He needs to feel powerful again, needs to feel like a god. His face is hot, his brain buzzing with the fever of creative possibilities; suddenly, a job that appeared insoluble has myriad solutions, each bolder and more dangerously unconventional than the last. Whales. Oceans. His powers may be rusty from lack of use, but a stubborn resolve overtakes him. In a great flash of resentment and fury he sets something in motion. A terrible noise like the sucking of a whirlpool seems to emanate simultaneously from the very centre of the Earth and the outermost reaches of the galaxy.

Something glorious is born.

There, he thinks, collapsing on to his bed, exhausted. There. Now what?

44

Today is the first day of the rest of my life, thinks Mr B.

Nothing that happens on Earth is any longer his problem. He clutches the envelope; inside are details of his new job. Without pausing, he rips it open. First time through he skims, searching for key words.

Years of valued service ... creativity, enthusiasm and skill ... our deepest admiration ... not toiled without notice ... in recognition of the highest standards ...

A warmth flows through him, a buzz of happiness unlike any he has ever known. Perhaps all the pain and misery have been worthwhile, just for the sweetness of this moment. What bliss to be acknowledged at last. He feels like singing, skipping for joy.

He jumps to page two. There is a description of his next job, '*as a reward for sterling performance*'. Oh, happiness upon happiness! He knows the planet; it is one of the best – sane and orderly, with an ancient structure, a perfect climate, a wise and contented population. He will be top God, sole God, with a full support staff that he imagines will prove entirely unnecessary. It seems wondrously, impossibly perfect.

Returning to his desk, Mr B experiences a temporary setback at the sight of his files spilling in heaps on every surface. This is the usual state of things, but he sees it with the eyes of a man surveying a place for the last time. So many petitions, so many prayers that will remain unheard unto eternity. Perhaps once he is gone, Bob will rise to the occasion.

Perhaps.

Perhaps (despite the accolades he now has in writing), perhaps he has not managed to fulfil the conditions of his job so well after all. Is he at fault? Has he failed to carry out the responsibilities that are within his control?

'*Highest standards . . . sterling performance . . .*'

His heart, which has been beating in frantic rhythm for hours, abruptly slows. The heaviness to which, over the years, he has become accustomed, returns to his limbs and for a moment he thinks he may sink to the floor. A pain at the centre of his being increases, radiating down both arms, up into his neck and jaw and head, down his trunk and both legs. He feels as if he is made of lead. If he did not know better, he would imagine that he is having a stroke.

'*Valued service . . .*'

How can he leave all of this behind? How will Bob alone take responsibility for Earth? At least he has managed, over the years, to satisfy the occasional request, reverse the fortunes of one in a thousand, one in a million, in ten million. At least he has *tried*. He has cared, genuinely cared, for the poor unfortunates created in the headlong rush of Bob's indifference, those destined to live out their fates in succeeding doomed generations, ad infinitum. He has cared for them as individuals as well as en masse. He has saved a few, eased some suffering, diverted a massacre where he could. One or two mothers' hearts have offered him thanks, despite the infinite number who have wept oceans of tears and cursed Bob's indifference.

His head is bowed; he half leans on his desk.

It is he, not Bob, who cares for this world.

Bob is not, and never has been, fit to rule. He is a cog. A boob. A cur.

He is no God.

If there even is such a thing as God, thinks Mr B. If there is such a being, it cannot be Bob.

He hesitates, and all at once a realization explodes in his brain like a bomb. He groans, gripping the desk to avoid falling.

Why has he never seen it before? *The obviousness of it.*

With purest clarity he realizes that Bob is not the God to whom the multitudes direct their entreaties. Bob is not the all-merciful, the all-seeing, all-knowing deity of grace and wisdom and compassion. If there is such a being, it is not the indifferent, underage parent of this world, the thought-less creator. It is the *other*, the one who has struggled day after day to make things better, to answer a few prayers, right a few wrongs, who has suffered along with his planet and tried to fix things, in however small a manner, to change a detail here and there for the good of mankind, for the creatures, for all who suffer and long for a better life.

No. Bob is not God.

He is.

45

The fourteenth of July dawns full of promise: crystalline air, sharp colours, the edges of all things precisely defined. The rain has stopped and already pavements and roads have begun to re-emerge from beneath the floodwaters. The inhabitants of Bernard's church have returned home. Lucy can use her front door. No comets or balls of lightning trouble the sky. It is not raining frogs.

Earth looks ravishing.

It is dawn, and for the first time in weeks, Luke allows himself a lie-in for a few minutes after the alarm goes. It is his birthday, and nearly all the news is good. Through the window, he can already see that it has the makings of a beautiful day. The sky is clear, the land dry, the eerie reflections have gone from his walls. Light pours in through the tall glass window; he moves his face into a patch of sun.

He would like to wake up with someone, a woman worth crawling out of the warmth for. On a morning such as this, he would pad through to the kitchen to put the coffee on, present it to her as an offering. He would happily suffer the cold floor beneath his feet in exchange for the happiness of returning to bed for a few minutes to drink coffee and talk.

It has been nearly three years since his last relationship and the thought of it no longer fills him with bitterness. He chose his turret in a spirit of self-denial, he now thinks. Locking himself off from the world. He laughs at himself. Such a princess. Perhaps he has had enough of exile.

Below him in the city, on a wooden bench, Mr B sits, deep in thought.

All these years of service, based on a misunderstanding. He has left it to Bob (Bob the immature, the pathologically inept) when really it was his responsibility. What peculiar instinct for deference led him to this place?

He sits motionless for a very long time, until the feeling ebbs a little. It is no longer relevant. His contribution has been recognized and any minute now he will be off to greener pastures. Slowly he lifts his head and straightens his back, heaving a deep sigh. But he is not alone.

The man beside him is a decade or two his junior, a bit rumpled, peering at him gently through tortoiseshell glasses and clutching a china mug full of coffee. The man has a kind, wry demeanour and an air of knowing the pain of the world.

Mr B hasn't seen him arrive.

'Dry at last,' Bernard says, smiling. 'Hallelujah.'

Mr B turns away, embarrassed by his red-rimmed eyes.

Bernard's expression turns to one of concern. 'It's the weather, you see. Such a relief. But you've obviously . . . had a bad day? I'm terribly sorry.'

Mr B shrugs. 'It's not your fault. It's the job.'

'Mine too,' Bernard says cheerfully, his fingers moving unconsciously to his dog collar. 'Bloody business, religion. Don't know what bastard thought it up.'

Mr B looks at him. Sighs. 'Someone too young and too stupid to think it through properly. Someone so indifferent to life and death he thought it didn't matter.'

Bernard laughs, a little anxiously. 'Well, that would certainly explain it.'

'It's not right. Mortality is a terrible notion.' Mr B looks up at Bernard and lowers his voice, conspiratorially. 'It's not like this everywhere, you know.'

Bernard is not sure what sort of answer is required. He has begun to suspect that the man on the bench – despite his sympathetic face and manner – may be mad.

They sit in silence, watching an elderly man creep carefully along the pavement beside his slow-moving dog.

'How old do you suppose you have to be,' muses Mr B, 'not to mind dying?'

Bernard has not yet figured out how to make his escape. His profession requires a sympathetic response, and he does, after all, feel some genuine sympathy for this man and his mental-health problems. 'One hopes,' he says, 'after a long life, surrounded by loving family and the memory of good works . . .'

'That it might not seem such a bad prospect?' Mr B frowns. 'Now, you see, I think that's untrue. The occasional person genuinely doesn't mind. But most do.' He removes his spectacles and begins cleaning them on his handkerchief. 'Something about eternal nothingness really rocks the boat.'

Bernard chokes a little on his coffee and Mr B studies his face, bemused.

'Don't tell me that you, of all people, believe in God?'

Bernard shrugs apologetically. 'It tends to go with the job.'

'Yes, of course . . . and I don't mean to presume. But, *really*. What sort of god could you possibly manage to worship?' Mr B shakes his head. 'If ever a place were devoid of wisdom and guidance, this is it.' He peers at Bernard. 'Surely.'

The two men pause to watch the emergence of life around them, as people stretch their legs on dry ground for the first time in weeks: mothers guiding toddlers, entwined couples, slouching teenagers with skateboards. A man in an expensive suit tears bits off his sandwich and throws them to the ducks; a young woman shouts into her mobile phone.

'Just look at them trundling along pretending that cataclysmic nothingness isn't waiting for them just round the bend. I watch them sometimes and I think that it doesn't really matter how much I worry about them. It's all over so fast. A bit of suffering – an entire lifetime, even. It's nothing, really.' He pauses. 'In the greater scheme of things, they may as well be fruit flies. So what if no one answers their prayers? Poof! Wait a minute or two, and your problem is gone. Dead. Buried. Forgotten.'

Bernard glances around to see if they are being observed.

'I don't mean to shock you.' Mr B looks sorrowful. 'You strike me as a man who's seen most of what's shocking in life already.'

'Yes, but . . .'

'I know. It's not easy. Of course the whole concept's wrong. An expiration date on life?' Mr B blinks. 'Still. What's done is done.' He replaces his spectacles carefully, hooking the arms round first one ear then the other.

When Bernard stands up, the other man looks suddenly

as if he might cry. 'Don't run off, please. I'm sorry. I talk too much.'

Bernard sits. 'Do you think the strange weather is finished? At least we could be thankful for that.'

Mr B thinks about it. 'Of all the things happening today, yes, I suppose we can thank God for that. But who whipped up all the chaos in the first place? Him, in his infinite self-indulgence. So he buggers the place up, and maybe, sometimes, if he can be bothered, he stops us all from drowning in the aftermath.' He lowers his voice and leans in to Bernard. 'The whole construct is wrong, don't you see?'

Bernard looks puzzled. 'Sorry. Which construct, exactly?'

'Creation. Man, animals, the whole kit and kaboodle. Far too rushed, no follow-through, no consultation.' His head droops. 'Mistake after mistake. This fool of a God lacked the experience not only for creation, but for humility as well. So he slaps it all together in a few days and goes to bed thinking he's a genius.' Mr B shakes his head. 'The result –' his hand sweeps in an expressive arc – 'is this.'

Bernard perches on the edge of the bench, blinking at Mr B.

'OK, it doesn't look so bad today. But just you wait. Some awful new thing will begin any minute. It always does.' The older man shrugs. 'It's not cruelty, you see. It's thoughtlessness. Negligence.' He looks away and his face sags. 'Who knows,' he says softly. 'Perhaps even a lack of clarity as to the nature of his responsibility.'

Churning in Mr B's brain is a great stinking stew – of faith, commitment and love in the face of indifference, betrayal, despair. The world is not just full of suffering – it is full of perversity, of things that go horribly wrong more or less at random. For the hell of it.

'Sometimes,' he says, 'I don't understand how we go on.'

From a long habit of sympathy, Bernard places a reassuring hand on his shoulder. 'We go on because we have no choice.'

Mr B stares at Bernard with his deep sad eyes and sighs. 'Perhaps the way to proceed is to think of life on Earth as a colossal joke, a creation of such immense stupidity that the only way to live is to laugh until you think your heart will break.' He looks upwards to the branches, rich with summer green, stares through them to the sky beyond.

There is a catch in Bernard's voice. 'What you say makes my position untenable.'

'It is,' says Mr B with infinite tenderness. 'So is mine. So is everyone's.'

Mr B does not see his companion go. The next time he looks up, he is alone – still with the letter in his hand, the answer to his prayers.

After a time, he picks himself up and walks slowly home, clutching his future tightly to his chest.

'I should be happy,' he thinks.

46

Mr B enters this place for what must surely be the last time, followed closely by Mona.

'Hello, darlings!' She leans down and kisses Bob, who swats at her with one apathetic hand. He has spent the night huddled in the dark at the bottom of his wardrobe, thinking of Lucy and hoping the world would come to an end before dawn.

It will certainly come to an end for Eck, who is today due to be served up to Emoto Hed, lightly sautéed in butter and topped with a delicious peppercorn sauce.

Mona helps herself to a large glass of champagne. She hands another to Mr B, who puts it down.

'You're looking peaky, my darling,' says Bob's mother, reaching to feel God's forehead with the back of her hand.

'That's because my life is ruined.' Bob coughs and shudders, every muscle cramped and aching from his night on the dusty cupboard floor.

'Oh, dearest, I am sorry.' She frowns for an instant, then beams. 'But never mind that now.' She refills her empty glass.

Bob rolls off the large, L-shaped sofa and crawls over to Mr B. 'Could I speak with you for a moment, alone?'

The older man follows him out.

'I've done it.'

Mr B looks down at him, surprised. 'You have?'

'Yes. But just FYI, when I requested that you get rid of my mother, I didn't also require you to get rid of the only girl in the world I ever loved.'

'Lucy?' Mr B is somewhat bemused by so many turns of events. The safest course of action seems to be to say nothing.

'And, by the way, my mother is still around.' Bob is too dispirited to continue. With the last dregs of his energy, he crawls back to the sofa, pulls himself up on to one end and closes his eyes. The final image to imprint itself upon his waking eyeball is a fish.

Estelle, with her usual air of quiet resolution, has arrived accompanied by a nervous and much thinner Eck. The air of doom surrounding him is palpable. Mona has temporarily disappeared, perhaps to fetch more champagne. Mr B takes the seat beside Estelle and places one hand on Eck's sad, snuffling nose.

'I promised Bob I'd get rid of Mona,' he says.

She turns to look at him. 'I know,' she says.

Another mystery, thinks Mr B.

Outside in the world, a murmur has begun, rapidly increasing in volume. Mr B is first at the window. Estelle is next; they stare, transfixed. Mona crowds in, still clutching her champagne. She begins to laugh, clapping one hand over her mouth like a delighted child.

They all turn to look at Bob, who sleeps so deeply he could be dead.

It is a miracle. There are hundreds of them. Thousands. They hover just above tree level, basking in the warm sun. They are rising, each at a different pace. In the early moments they lie still, as if stunned by lightness. One shudders, like a dog, and lowers his tail – an experiment. He flows upwards towards the clouds, cautious at first, his great bulk light as air. Another joins him, and another.

There are too many, now, to count. They are big and small, in all shades of black and grey and green and fawn and mottled blue, giant baleens, majestic orca, sperm whales, humpbacks, grey whales, porpoises, pilots, beaked and minke whales. By the time the last ones have floated free of their inky dank soup, the leaders have risen to the height of a mast, a mountain, an aeroplane. Some swoop together like birds, birds of unimaginable size and bulk, their smiling mouths ajar. They click and twitter and boom out their gratitude, the sweetness of joy rumbles up from the depths of each gigantic gorge.

It is not just the whales who have learned to fly.

The other creatures of the oceans rise up too: great electric eels, whole shimmering shoals of silvery minnows, giant tuna, delicate transparent jellyfish, stingrays flapping their prehistoric wings, squid the size of luxury cars. The sky is crowded now, the faces of observers transfigured with ecstasy and fear. Mr B feels as if he has returned to the enchantment of that first time, when Bob created all that the waters brought forth abundantly.

Only this time, they are brought forth abundantly into the sky.

Wherever the great whales have struggled against annihilation, they rise. They frolic in the sky.

Estelle holds out her hand. A sardine evades her fingers with a flick of its tail. On the street below, everyone stares upwards. They have poured out of homes and schools and shops; they lean out of windows and doorways. They stand on balconies, gawping, astonished. The spectacle is so extraordinary that no one looks away. Men and women of all ages, children, babies, dogs and cats – everyone stares, faces turned to the sky.

Bob stirs. Opens one eye. *See?* says his expression. *I did what I said I'd do.* A second later he is unconscious again.

With tears in his eyes, Mr B looks at what Bob has wrought. It is miraculous, extraordinary, yes. But *a solution*? How will this solve his problem? What will happen next? He wants to shake Bob, demand to know what he was thinking, require him to return things to the way they were, to fix the oceans *properly*, *for God's sake*.

He looks at Bob and sees a hopeless callow schoolboy, selfish and lazy, obsessed with sex. But can he deny that there is also the strange energy, the flashes of brilliance, the miracles? Bob doesn't plan or consider consequences, but once in a while, when he puts his mind to it, he achieves magnificence. And then, a minute later, the vast tangled mountain of chaos reveals itself.

Bob blinks awake. He registers Mr B's gaze and in return sees only what he might become, and most dreads.

Around the world in every place without hope or light, the people stand, faces upturned with wonder. For a brief instant in the long and painful history of the planet, wars stop, blood feuds are forgotten, no one is murdered or desperate or sad. The entire world hesitates, uncertain and amazed. Perhaps, some think, the Red Sea really did part. Perhaps stone tablets truly did come down from the sky.

If whales can fly, surely more miracles are possible? Tomorrow another; the day after, another?

And maybe, thinks Mr B, before it all goes horribly wrong (for he feels certain that the world has witnessed a moment, nothing more), he can do something about the seas, so that when the creatures return home their lives will be better.

When their lives are better, so is his. That is where he differs from Bob.

What am I? he wonders. I am the one who bullies and prods, who cajoles and begs and pleads. I am the one with the files and the lists and the knowledge of life and death. I am the one who yanks Bob out of bed to do what needs to be done. I am the brain and the conscience of Bob; what is Bob without me? What am I without Bob, he wonders.

He looks at Estelle, who looks back at him with eyes that are calm and cool and kind.

They will soon know.

47

Emoto Hed has arrived with his chef. The expression on his face is grim. He suspects diversions, is impatient with the peculiar behaviour of the fish. Mona tries to smile. She turns to Mr B; panic boils in her head. Get it over with, she seems to be saying. She will not be safe until the transaction is complete.

Fish swim past the windows.

Bob is no longer asleep. He slouches beside Mr B, who has placed the transfer document face down upon the table. Beside Mr B stands Estelle. She holds the injured Eck in her arms, his nose on her shoulder. Silent tears trickle softly to the floor.

Estelle glances down at the document. She looks again. Blinks. What she sees causes her eyes to open very wide, to forget, for an instant, the fate of the Eck.

Hed's chef sharpens his butcher's knife against a well-used sharpening steel. *Swoosh, swoosh, swoosh.* The noise is sickening. Something dreadful is about to happen here, while outside, fish continue to swim through the air. Despite the miserable drama unfolding before them, the entire company hesitates briefly as a gigantic blue manta ray performs a series of swooping slow somersaults across the windows of the flat. For twenty seconds (or is it twenty years?) they all turn to gaze at the afternoon sky.

But now Emoto Hed nods to indicate readiness. His chef prises the Eck from Estelle's arms. She barely seems to notice.

For the first time, the assembled cast can see his injuries, the terrible bruises, unhealed gashes, the great lump on the side of his head. He sports a heavy bandage on one arm. Emoto Hed looks appalled.

'You expect me to eat *that*?'

The chef whispers in his ear. His finished meal will show no sign of the creature's flaws; any irregularities in the meat will disappear beneath the silky sauce. The chef squeezes and prods poor Eck, nodding and making mental notes for marinating and cooking times. At last, he raises the knife, tests it carefully with his thumb and positions it just in front of Eck's throat, planning the depth and the angle of his cut.

'Stop.' It is Estelle.

The colour rises in Hed's face, which begins to twist with rage. Mona shrinks, thinking of his terrible power, of everything that is at stake. But Estelle, unfazed, takes a step forward. She stays the knife by placing one firm hand on the chef's arm.

'I offer Mona,' she says in her clear soft voice. 'In lieu of the Eck.'

Hed looks intrigued. 'To eat?'

Mona gasps and collapses.

'If you like,' says Estelle calmly. 'But it would be a waste.

Alive, she will play cards with you day and night and amuse you in a thousand different ways. She is extremely beautiful and will make an excellent companion, although she did lie to you most shamefully about Ecks being delicious. Didn't you, Mona?'

Mona's eyes flicker open. From her position on the floor the assembled company all appear to be gazing down at her. Is there a right answer to this question? One that won't inspire Hed to convert her to a long thin scream of eternal agony?

Hed looks from one to the other, from the odd little damaged penguiny thing to the voluptuous golden goddess.

'So he is *not* the most delicious creature in nine thousand galaxies?' Hed's fury threatens to bring down the ceiling.

'Not exactly,' whispers Mona at last. Though secretly she is thinking that the one *she* ate was the most delicious in at least two or three thousand galaxies.

What follows is the most ominous pause in nine thousand millennia. The room itself seems to tremble.

At last Hed speaks. 'Well,' he says, and shrugs. 'If I can't eat the Eck, I'd only have to throw it away.' He looks at Mona with an expression that is not a great deal more pleasant than a threat, and before she can react he leans down to take her arm. With a sound like a great inhalation of breath, they disappear.

Bob glances at Mr B. The fish are saved and his mother is gone. Things are looking up.

Only one question remains.

With a flourish, Mr B lifts the authorization for his new job from the table. He holds it at arm's length for all to see.

Closing his eyes, he imagines the pleasure of freedom from Earth, life on his orderly new planet, how happy he will be.

'Ahem.' In time-honoured tradition, he taps a knife on Mona's champagne glass. 'I have an announcement to make.' He speaks to what remains of the assembly, which is, in truth, a bit of a disappointing audience: Bob, Estelle, Eck. And Emoto Hed's chef, who looks uncomfortable. A guest at the wrong party. 'I am afraid I shall be leaving you.'

'Off you go then.' Bob rolls his eyes.

'For good.'

'You're leaving Earth?' Bob's mouth drops open. 'No you're not. I won't allow it.'

'I'm afraid it's a done deal.'

Bob's voice booms with the power of outrage. '*I AM GOD. YOU CAN DO NOTHING WITHOUT MY PERMISSION.*'

'Terribly sorry, but technically speaking I'm afraid that's incorrect. My resignation has been accepted, and I have received transfer orders to a new planet. Quite a beautiful planet, in fact.' Mr B radiates bliss. This is his moment, the one he has imagined over and over, year after year, millennium after millennium.

Bob's face has gone purple with fury. He shrinks to the size of a button and expands like a huge balloon.

Estelle stands very still. Watching.

Mr B continues: 'I hope you will not consider me immodest if I quote from this letter: *In recognition of your sterling service in the face of insurmountable odds, etc., etc., etc., exceptional forbearance combined with creativity of the highest order, we are pleased to offer you –*' he skims down

– '*with our highest admiration . . . effective immediately.*'
Overcome with the emotion of the moment, he wipes tears
away with the back of his hand. 'I shall miss you all, and
trust you to carry on, without me, the job I sought to do,
and to remember in my name that there is much to accomplish on Earth, despite what often appears to be the most
hopeless burden of woe . . .'

'La la la la la la!' Bob has closed his eyes, placed a finger
in each ear and begun to sing, loudly. Hed's chef wanders
off to the kitchen to rifle through the pantry cupboards,
searching for something for lunch. Only Estelle and Eck
attend Mr B now. Estelle's pure brow is slightly creased, but
she smiles at him with tender sympathy. Eck's eyes have
grown heavy. They close.

When there is no one left to witness them, Estelle gently
takes the papers from him. With exquisite tact, she turns them
over. Her finger slips down across the writing on the back of
the envelope until it comes to the address. The addressee. Her
finger rests long enough for Mr B to read the name carefully,
something he has not done before.

He gasps. It cannot be. Staggering a little, he groans, grabbing on to the windowsill. Then he clamps his eyes shut; his
entire body shivers violently.

Bob is suddenly alert. What's this? He removes his fingers
from his ears. What new development is this?

Estelle hands the transfer papers to Bob, who scans them
quickly. His petulant lip quivers, his eyes widen. He frowns,
confused. When the truth finally dawns on him, he grins and
whoops.

'Me!' he shrieks. 'The transfer is for me! I'm the genius!'

He jabs his finger at the paper. 'Me! Me! Look! It says so right here in black and white!' His voice rises. 'I am king of the gods, the best, the bravest! I'm the dog's bollocks; I'm the one with the fabulous new job! Hello? Would you like to see my *promotion*? *My* promotion? Who's the clever one, now? Me! *Exceptional forbearance and creativity of the highest order?* Me! *Sterling service in the face of insurmountable odds?* Me! *I'm* the one who gets to leave.' He begins to dance around the room, tucking in his chin, pumping his arms, lifting his knees and chanting: 'New plan-et! New plan-et! New plan-et!'

When Mr B opens his eyes once more, he is calm. He exhales a long hiss of breath. Estelle puts her hand on his arm. Her expression suggests that this is not so bad an outcome as it might seem.

'What about Lucy?' Mr B cannot resist the temptation to ask.

Bob's face drops, but only for an instant. 'I'll go and fetch her! I'll take her with me!' he cries.

They all freeze. And then Mr B exercises his first genuine act of earthly omnipotence. For an instant he concentrates very hard.

There is a hollow *boom* and quite suddenly, Bob is gone. One moment he stands among them. The next moment, poof! Nothing. Silence. A long silence.

'Well,' Mr B says at last, very softly, with an air of bemusement.

Estelle smiles at him, the most admiring of smiles. 'Well done,' she says.

Outside the window, the fish continue to swim through

the air. I have my work cut out for me, he thinks. Cleaning up after Bob, after his idiot inspirations, the ones that everyone thinks are so brilliant but which achieve precisely nothing. Mr B wonders how much time he has before the fish begin to die and fall from the sky, to smack and kill people on the way down, and then to lie and rot and stink in their hundreds of thousands and create a public health hazard of such proportions that the Black Death will seem as insignificant as a sore toe.

In the morning, he will think of all that must be done. He will go to his desk, push aside the piles of prayers that await him and return the fish to the seas. But right now, something far more urgent requires his attention. He turns to Estelle.

'Will you stay?' he asks, a little tentatively.

'Of course,' she says.

Of course. His heart soars.

For now, this makes him God enough.

48

Luke catches the bus to work. Like everyone else, his eyes remain glued to the sky – to the glorious spectacle, the strangeness, the inversion of everything he has always expected. The miracle is only a few hours old, and he cannot imagine a time when it will appear less magical, less hopeful than it does now.

I wonder what will happen next, he thinks, impressed and a little frightened by the spectacle. He would like to have stayed in his tower to watch the world reveal its next miracle. It is difficult for him to contemplate a continuation of real life, but there are animals to be cared for. An image of Lucy appears to him, as it has begun to do nowadays when he thinks of . . . almost anything. Above him, beautiful flashes of fishes fly.

Damn. He's missed his stop and the bus continues down to the bottom of the hill. When it stops again, he can see the aqua concrete walls that contain the penguin pools up the long slope above him. He leaps off the bus and begins to walk briskly uphill, feeling the stretch in his Achilles tendons and the backs of his knees. The day is clear and fresh, and, despite the unexpected climb, he feels optimistic, particularly when he sees Lucy (*ah, to feel the perfect synchronicity of the planet, if only for an instant!*) walking ahead of him. If he hurries, he will catch her up. *Whoever would have thought?* he will say to her, and then, *But why not? We are living in an age of miracles!*

The hill is steep and he begins to run. She stops when he says her name. He leans on her shoulder for a second to get his breath back.

'What a weekend!' he says to her.

Lucy shakes her head, her face transfigured by grief. 'I never want to think about it ever again as long as I live.'

'But the fish!' protests Luke, wrong-footed by the strength of her unhappiness. 'The fish are magic!'

Lucy thinks of the boyfriend she imagined she had and all that she is unable to understand. Who is Bob? What did he mean about fixing the oceans? And the strange, awful behaviour of the fish? A coincidence?

Luke reaches out his arm and snatches a tiny wriggling perch from the air. He holds it tickling in his hand for a heartbeat, grasps Lucy's wrist and places the fish in her palm, folding her fingers gently round it. Despite herself, she giggles and tosses it up into the sky. It swims off.

She sighs. 'Yes, the fish are magic. A great and terrible magic.' The moment is over. Her face turns blotchy and her eyes blink rapidly. She turns away so he won't see, and they walk in silence till they reach the gates, show their employee passes and are clicked through the turnstile.

Out of delicacy, he pretends not to notice her distress, but he keenly desires to look into her eyes and state with conviction that all will be well and all manner of things will be well.

A flash of jealousy, triumph and righteous ire rises up in him, and at the same time he feels a great rush of gratitude to Bob, for being so obviously the wrong man.

She turns away from him, but he is quicker. He takes her arm. 'I found your capybara,' he whispers close to her ear. 'He set up camp on a little island half a mile away. Happy as Larry. A bit hungry, maybe. Pleased to be home.'

Lucy's face transforms and lightens, quick as a child's. 'Oh, clever you,' she cries. For an instant her unhappiness evaporates. It will return, but for now she throws her arms round him, wondering how it is possible that she is doing such a thing. The sun, which has already gilded the edges of the day, seems to settle on the two of them like a kiss.

He pulls free and grabs her hand, his brain struggling to retain the brief imprint of her body on his. He experiences a moment of sudden, glorious clarity and breaks into a trot, pulling her along behind him. By the time they reach the enclosure she is laughing. He does not let go of her hand. And so they stand, while the impossible fish float overhead, gazing at Lucy's capybara and (a little unbelieving) at each other, wondering at the state of miracles.

They are flooded with hope.

More books by the
award-winning

meg
rosoff

How I Live Now
'Timeless and luminous' Observer

Just in Case
'Intelligent, ironic and darkly funny'
Time Out

What I Was
'A wonderful, captivating writer. 5*****'
Daily Telegraph

The Bride's Farewell
'It's already a classic' Sunday Times

Follow Meg's blog at www.megrosoff.co.uk